“十二五”普通高等教育本科国家级规划教材
首届黑龙江省教材建设奖优秀教材
会计学与财务管理系列教材

CHENGBEN KUAIJI

# 成本会计

（第三版）

主 编 张 林 王 佳
副主编 李新海 陈 欣



科学出版社
北 京

## 内 容 简 介

本书主要对成本会计的内容体系进行阐述，包括成本会计的形成历史、发展趋势以及现行的成本核算、计算方法。本书主要分为四部分内容，第一部分为总论，介绍了成本会计的形成历程、职能、概念和工作组织；第二部分详细阐述了制造业产品成本核算的主要内容，包括产品成本核算概述、要素费用的归集与分配、部门费用的归集与分配、生产损失的核算、生产费用在完工产品成本与在产品成本之间分配的核算、成本计算方法概述、成本计算的常用方法、报表编制分析；第三部分介绍其他主要行业的成本核算；第四部介绍成本会计前沿相关内容。本书为满足读者需要，每章除主要内容外，还包含知识拓展、案例分析、思政课堂等应用练习内容，将成本会计知识与实践应用有机结合，帮助读者全面、深入掌握成本会计知识。

本书可作为高等院校的会计学与财务管理等相关专业的教学用书，也可供广大财务工作者及管理人员参考。

**图书在版编目(CIP)数据**

成本会计 / 张林，王佳主编. -- 3版. --北京 ：科学出版社，2024. 9.
（“十二五”普通高等教育本科国家级规划教材）（首届黑龙江省教材建设奖优秀教材）（会计学与财务管理系列教材）. -- ISBN 978-7-03-079539-7

Ⅰ. F234. 2

中国国家版本馆 CIP 数据核字第 2024AF4711 号

责任编辑：王京苏 / 责任校对：姜丽策
责任印制：赵 博 / 封面设计：楠竹文化

科学出版社 出版
北京东黄城根北街 16 号
邮政编码：100717
http://www.sciencep.com
天津市新科印刷有限公司印刷
科学出版社发行 各地新华书店经销
*
2012 年 6 月第 一 版 开本：787×1092 1/16
2018 年 3 月第 二 版 印张：19 1/2
2024 年 9 月第 三 版 字数：471 000
2025 年10月第十七次印刷

**定价：58.00 元**

（如有印装质量问题，我社负责调换）

# 总 序

“会计学与财务管理系列教材”于2007年5月第一次出版，2012年和2018年第二次和第三次再版，截至2022年初已历经15年。此系列教材发行总量近60万册，部分教材已经累计印刷数十次。全国有数十所高校的数万名师生在使用这套教材，对这套教材给予了充分肯定与持续信任。

在服务广大读者和师生的同时，系列教材得到了诸多荣誉：《基础会计学》《高级财务会计》《财务管理》《初级财务管理》《会计制度设计》被评为普通高等教育“十一五”国家级规划教材，并获得省级教学成果一等奖；《基础会计学》《财务管理》分别获得黑龙江省第十四届社科成果一等奖、二等奖；《基础会计学》《中级财务会计》《财务管理》《成本会计》被确认为省级精品课程配套教材；《基础会计学》《成本会计》荣获教育部“十二五”普通高等教育本科国家级规划教材。《财务数据库系统设计与实践》《会计信息化理论与实务》入选科学出版社“十四五”普通高等教育本科规划教材。一套教材能够获得如此多的奖励与成就，皆源于广大读者的支持与厚爱。

伴随着大数据、人工智能、移动互联、云计算、物联网、区块链等新科技的高速发展，新业态、新模式和新理念不断涌现，新的会计规范接连出台，新的理论不断产生、完善。我们必须重新思考会计和财务管理等相关专业人才培养的目标和定位，确保相关教材无论从内容上还是形式上都与时俱进，以助力培养更多符合社会发展的创新型、应用型、复合型高素质专门人才。

为此，本系列教材进行第四次改版。承蒙读者15年的关注与厚爱，我们将踔厉奋发、笃行不怠，以将此套教材打磨成为“经典教材”为奋斗方向。

本次再版修订，本系列教材继续保持所具有的优势特色。

（1）知识体系完整，相关教材内容衔接紧密。

（2）内容全面，逻辑严谨，知识点讲解准确，语言表述通俗易懂。

（3）理论与实际结合紧密，操作性、应用性强。

（4）习题资料及案例内容翔实，突出学生的能力训练和综合素质培养。

（5）注重现实，放眼未来。多本教材对学科研究前沿做出专题介绍，实现了良好的专业发展引导和思维拓展，有利于培养学生创新意识。

此外，教材的主编又根据实际情况做出相应的修订，主要包括以下几种情况。

（1）随着时代进步所形成的新思想、新理念、新方法及科学研究新成果，在相应教材中予以反映。

（2）针对相关法律、法规、会计准则和会计制度所做的修订，同步更新相应教材中的内容。

（3）增加最近几年出现的引起理论界和实务界普遍关注的经典商业案例。

（4）部分教材的习题资料进一步充实完善。

（5）由读者建议而适当调整的内容。

本系列教材在第四次修订中，得到科学出版社的责任编辑王京苏、郝静的大力支持，也得到许多读者提供的意见与建议。在教材编写过程中，借鉴和参考了国内外学者的相关研究成果，在此一并表示感谢。

张劲松
2022 年 2 月

# 前 言

党的二十大报告指出，“中国共产党的中心任务就是团结带领全国各族人民全面建成社会主义现代化强国、实现第二个百年奋斗目标，以中国式现代化全面推进中华民族伟大复兴”“高质量发展是全面建设社会主义现代化国家的首要任务”。2023 年 3 月，习近平在第十四届全国人民代表大会第一次会议上强调，“要完整、准确、全面贯彻新发展理念，加快构建新发展格局，深入实施科教兴国战略、人才强国战略、创新驱动发展战略”①。习近平总书记系列重要讲话，为进一步推动我国经济高质量发展提供了根本遵循，指明了高等人才创新培养的前进方向。

成本是商品价值的重要组成部分，是为达到一种目的而放弃另一种目的所牺牲的经济价值，在经营决策中具有重要的影响，是建设现代化经济体系、实现高质量发展的微观影响因素。新时代数字经济高速发展，要加快建设现代化经济体系，着力提高全要素生产率，严格管控企业生产成本，推动经济实现质的有效提升和量的合理增长，成本核算与管理信息尤为重要，企业必须重视成本核算，加强成本会计工作。

本书在写作过程中，深入贯彻习近平新时代中国特色社会主义思想，持续深化思想认识、扎实开展理论研究，积极探索实践方式，将习近平新时代中国特色社会主义思想与成本会计专业知识融合，使成本会计知识体系更为完整、全面。本书既介绍了成本会计的形成过程，也介绍了成本会计的发展趋势，尤其对成本会计的具体核算内容、成本会计计算方法、各行业成本核算方法及成本会计前沿知识等内容做出了详细阐述，便于学生更好地把握成本会计的过去、现在和未来。

本书体系完整、逻辑清晰、语言简练，注重理论与实践的紧密结合。本书共十一章，由张林、王佳担任主编，李新海、陈欣担任副主编，张林编写第一、二、八章，王佳编写第三、四、六、九章，李新海编写第五、七章，陈欣编写第十、十一

① 《在第十四届全国人民代表大会第一次会议上的讲话》，http://jhsjk.people.cn/article/32643813[2023-03-14]。

章。研究生李修茹、王磊、赵阳阳、万佳宁、柴宇欣、曹雪寒参与资料整理与校对工作。由于笔者对成本会计学的理解和把握水平有限，书中难免存在疏漏之处，恳请读者批评指正。

编 者

2023年10月

# 目　录

# 第一章 总论

**本章逻辑框架**

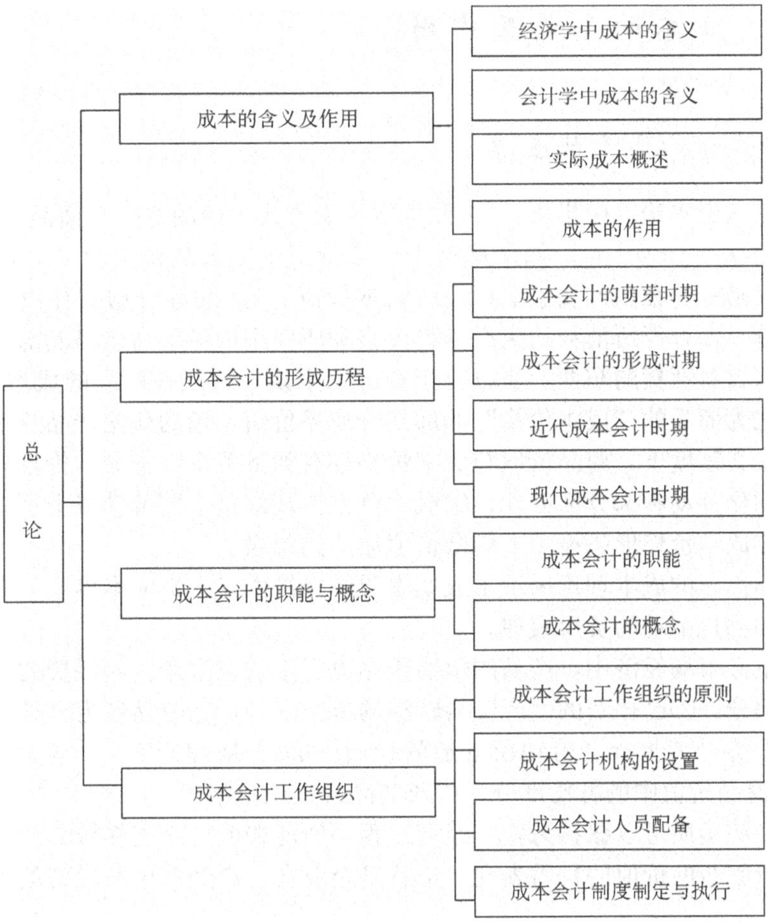

**本章重要概念**

成本　成本会计　成本会计形成　成本会计职能　成本会计工作组织　成本会计制度

**本章内容引言**

学习成本会计，首先要明确成本的含义和成本的作用，成本的含义可以从经济学、会计学的不同角度进行探析，理论成本和实际成本存在联系与差异。成本会计的发展经历了早期（包括萌芽时期和形成时期）成本会计时期、近代成本会计时期和现代成本会计时期三个阶段，每一阶段都有其发展特点。现代成本会计的主要职能包括成本预测、成本决策、成本计划、成本控制、成本核算、成本分析和成本考核，从其职能角度对成本会计进行定义，可以有狭义成本会计和广义成本会计之分。为了有效地进行成本会计工作，充分发挥其应有作用，必须加强成本会计工作的组织，也就是要建立健全成本会计机构，配备必要的成本会计人员，制定和推行合理的成本会计制度。

## 第一节　成本的含义及作用

### 一、经济学中成本的含义

马克思在《资本论》中指出："按照资本主义方式生产的每一个商品 $w$ 的价值，用公式来表示是 $w=c+v+m$。如果从这个产品价值中减去剩余价值 $m$，那么，在商品中剩下的，只是一个在生产要素上耗费的资本价值 $c+v$ 的等价物或补偿价值。商品价值的这个部分，即补偿所消耗的生产资料价格和所使用的劳动力价格的部分，只是补偿商品使资本家自身耗费的东西，所以对于资本家来说，这就是商品的成本价格。"马克思在这里称之为商品的"成本价格"的那部分商品价值，指的就是产品成本。

在资本主义制度下，商品价值与成本价格存在如下关系：①成本价格只体现商品所耗用的全部物化劳动和部分活劳动；②成本价格体现的是个别劳动或个别企业耗费的实际劳动量；③成本价格形态掩盖了剩余价值创造的源泉。

总之，马克思的成本理论揭示了成本本质的经济内涵，把成本界定为商品生产中耗费的活劳动和物化劳动的货币表现。

在社会主义市场经济中，产品的价值仍然决定于它在生产上所耗费的必要劳动，具体包括三个部分：①已耗费的生产资料转移的价值（$c$）；②劳动者为自己劳动所创造的价值（$v$）；③劳动者为社会劳动所创造的价值（$m$）。从理论上讲，上述的前两部分，即 $c+v$，是商品价值中的补偿部分，构成商品的理论成本。

成本的经济实质可以概括为生产经营过程中所耗费的生产资料转移的价值和劳动者为自己劳动所创造的价值的货币表现，也就是企业在生产经营中所耗费的资金的总和。

### 二、会计学中成本的含义

美国会计学会（American Accounting Association，AAA）在《成本概念与标准》

中曾将成本定义为“成本是为了实现一定目的而付出（或可能要付出）的，可以用货币测定的价值牺牲”。

1956 年，美国会计学会成本概念与标准委员会将成本概念修订如下：“成本通常指为了取得或创造有形或无形的财源，而有意放弃或将予放弃的一定量价值。”

1957 年，美国注册会计师协会（American Institute of Certified Public Accountants，AICPA）下属的名词委员会发布的第 4 号会计名词公报指出：“成本是指为取得或将能取得资产或劳务而支付的现金、转让的其他资产、结付的股票或承诺的债务，并以货币衡量的数额。”

1980 年，美国财务会计准则委员会（Financial Accounting Standards Board，FASB）发布第 3 号财务会计概念公告《企业财务报表的要素》，把成本解释为经济活动中发生的牺牲，即为了消费、储蓄、交换、生产等所放弃的资源。

日本大藏省颁布的《成本计算标准》指出：“成本是指经营者为获得一定的经营成果而消费的物质资料或劳务价值。”

此外，加拿大、英国、澳大利亚及国际会计准则委员会（International Accounting Standards Committee，IASC）均对成本概念有过近似的表述。

1963 年，中国人民大学出版社出版的教材《工业会计核算》将成本表述为“产品成本是指工业企业用于生产和销售一定种类与数量的产品所耗费的全部支出……从价值方面体现着生产过程中活劳动和物化劳动的耗费”。

1988 年，在中国成本研究会编写的《成本管理文集》中，有人指出：“成本是为了实现一定目的（目标）而付出的（或可能将要付出的）可用货币测定的价值牺牲或代价。”

1993 年，财政部颁布的《企业会计准则》指出：费用是企业生产经营过程中发生的各项耗费。直接为生产商品和提供劳务等发生的直接人工、直接材料、商品进价和其他直接费用，直接计入生产经营成本，企业为生产商品和提供劳务而发生的各项间接费用，应当按一定标准分配计入生产经营成本。企业行政管理部门为组织和管理生产经营活动而发生的管理费用和财务费用，为销售和提供劳务而发生的进货费用、销售费用，应当作为期间费用，直接计入当期损益。

由此可以看出，生产成本是指一定期间生产产品所发生的直接费用和间接费用的总和，也称为产品生产成本或制造成本。生产成本与费用是一对既有联系又有区别的概念。首先，成本是对象化的费用。生产成本是相对于一定产品而言所发生的费用，它是按照产品品种等成本计算对象对当期发生的费用进行归集所形成的，在按照费用的经济用途分类时，企业一定期间发生的直接费用和间接费用的总和，则构成一定期间的产品的生产成本。对于上述费用来说，费用的发生过程也就是产品成本的形成过程。其次，费用指某一期间为进行生产而发生的费用，它与一定的期间相联系。产品成本指为生产某一产品或几种产品而消耗的费用，它与一定种类和数量的产品相联系。一定期间的费用可能分属于不同的产品类别，一定类别的产品成本可能由多个期间的费用组成。

成本和费用是相互转化的。企业在一定期间发生的直接费用按照成本计算对象进行归集，间接费用则通过分配计入各成本计算对象，将本期的费用予以对象化，转化为成本。在产品完工结转产成品成本并通过销售以后，产成品成本则转化为一定期间的销售成本，成为费用，计入当期损益。

在成本会计中，成本是指对企业生产经营过程中各种经济资源价值牺牲进行对象化计算的数额。生产经营过程，也是各种经济资源的价值牺牲或耗费过程。在这个过程中，企业为了获得一定形式的资产，就必须投入人、财、物资源。这些资源经过一定的生产经营转换（如制造加工阶段），变为另一种形态的资产（如产成品、半成品或在产品）。那么，为了正确确定产品这项资产的价值，就必须以产品为对象，对制造加工过程中所耗费的各种经济资源进行系统的确认、计量和归集以计算其取得成本。在制造企业中，由于生产经营的阶段性特征明显，成本计算在不同的阶段就具有不同的成本计算对象。例如，在原材料采购阶段，其成本计算对象就是企业所采购的各种原材料，据此所计算的成本称为原材料的采购成本；在生产阶段，其成本计算对象就是企业所生产的各种产品，据此所计算的成本称为产品生产成本。

由于成本与管理结合密切，成本的内容往往要服从于管理的需要，所以，成本是一个发展的概念。随着社会经济的发展，企业管理要求的提高，成本概念和内涵都在不断发展、变化，人们所能感受到的成本范围逐渐扩大。从其过程结构来看，它已不仅仅局限于生产过程的成本，而是伴随着产品的设计、开发、生产、销售和使用的全过程。从其内容结构来看，它已不仅仅考虑与生产、销售和售后服务相关的直接消耗的物化劳动和活劳动的价值，而是对事前、事中、事后成本的一种全面考虑。就所涉及的对象而言，成本又是一个含义既广又深的综合性概念。它已不仅仅是人们所熟悉的生产成本问题，而是随着会计管理职能的逐渐扩大，由所引入的诸如质量成本、差别成本、边际成本、机会成本、战略成本和环境成本等所组成的新型的成本范畴。

综上所述，会计学的成本可以定义为人们进行产品生产经营或为达到一定目的，所耗费资源（人力、物力和财力）的货币表现。它有以下几方面的含义。

（1）成本是将生产和销售一定种类与数量产品而耗费的资源以货币计量的经济价值。因此，成本是由生产和经营一定种类与数量产品所发生的各项费用构成的。

（2）成本作为实现一定目的而付出资源的价值牺牲，可以是多种资源的价值牺牲，也可以是某些方面的资源价值牺牲。

（3）从更广的含义看，成本是为达到一种目的而放弃另一种目的所牺牲的经济价值。在经营决策中所用的机会成本就有这种含义。

（4）成本能够以货币计量。

### 三、实际成本概述

产品成本是成本会计的核心概念。从成本的一般含义出发，我们可以将产品成本定义如下：产品成本是指企业为了生产一定种类和数量的产品而发生的生产耗费。事实上，产品成本属于成本，但成本并不等于产品成本。成本范畴是很大的，包括各种各样的成本内容。成本会计难以对所有的成本项目进行研究，所以现在的成本会计教材主要研究产品生产成本。在产品生产成本中，实际应用成本是理论成本的具体化，也称实际成本，其按照现行制度规定的成本开支范围，以正常生产经营活动为前提，是生产过程中实际消耗的物化劳动的转移价值和活劳动所创造价值中应纳入成本范围的那部分价值的货币表现。

按照我国现行会计准则的规定，产品的生产成本以制造成本为核算范畴，即实际应用成本只包括为生产产品所发生的直接材料、燃料和动力、直接人工的费用及生产过程中发生的制造费用（包括生产车间发生的物料消耗、车间管理人员薪酬、生产用固定资产折旧费、维修费、租赁费、办公费、水电费、劳动保护费、季节性及修理期间的停工损失、保险费、低值易耗品摊销、产品设计检验费等）、废品损失和停工损失等。以上所规定的实际成本主要是保证企业成本核算口径一致，防止乱挤成本，保持成本的可比性。这样可以看出实际成本主要受客观条件和国家相关制度的约束，而与理论成本存在差异。

例如，在实际工作中，为了促使企业厉行节约，减少生产损失，将一些不形成产品价值的损失性支出也列入产品成本之内，包括废品损失、停工损失等。此外，工业企业行政管理部门为组织和管理生产经营活动而发生的管理费用、为筹集资金而发生的财务费用、为销售产品而发生的销售费用，由于在发生时难以按产品归集，为了简化成本核算工作，都直接计入当期损益，冲减利润，而不计入产品成本。因此，实际应用中的产品成本，是指产品的生产成本，不是指产品耗费的全部成本。从理论成本和实际成本的关系可以看出，实际成本以理论成本为理论基础，又结合实际情况有所变化，满足管理的需求；同时实际成本又检验理论成本，对理论成本有丰富和发展的作用。正确处理两者关系，对理顺当前成本核算和管理工作，对发展成本理论、提高经济效益都有重要的意义。

## 四、成本的作用

### （一）成本是生产耗费的补偿尺度

成本是以货币形式对生产耗费进行计量并为企业的简单再生产提出资金补偿的标准。企业只有按照这个标准补偿了生产中的资金耗费，企业的简单再生产才能顺利进行。否则，企业就无法保持原有的生产规模。同时，补偿份额的大小对企业及整个社会都有重要的现实经济意义。在价格不变的情况下，成本越低，企业的纯收入就越高，企业为自身的发展及社会创造的财富就越多。反之，用于补偿的份额增大，企业的纯收入就减少，甚至产生亏损。这样，企业不仅不能为社会创造财富，企业自身的生存与发展还会受到影响。

但是还要看到，上述成本只是成本价格。在商品经济条件下，由于价格是价值的货币表现，价格总是围绕着价值上下波动，经常发生背离。所以，成本价格作为补偿价值的货币表现，与其补偿价值也会不一致。例如，材料费用并非所费材料的价值，而是它的价格，在某些情况下，其价格与价值一致，在供求数量有较大差异时，按成本价格确定的补偿量，与价值的补偿就会产生较大的差异，出现补偿不足的现象。同时，会计上还有一些无法精确计算的因素使成本价格同客观上的补偿价值发生背离。例如，固定资产磨损价值的计算带有很大的主观性，也使得成本中固定资产折旧费用与固定资产实际损耗的价值不一致。因此，产品价值中的补偿价值只构成产品成本的基础，补偿价值与补偿价值的货币表现在量上也允许存在差异。认识到这一点，对理解成本是生产耗费的补偿尺度并正确计量企业盈利有重要意义。

**（二）成本可以综合反映企业的工作质量**

由于成本是生产耗费的综合反映，所以产品设计的好坏、生产工艺是否合理、劳动生产率的高低、固定资产的利用程度、原材料的使用是否合理与节约、产品产量的变动、产品质量的好坏、企业生产经营管理水平等都能通过成本直接与间接地体现出来。因此，成本又是反映企业工作质量的综合性指标。

**（三）成本是制定产品价格的基础**

在市场经济条件下，产品价格是产品价值的货币表现。制定产品价格要考虑的因素很多，如国家价格政策，以及税收、信贷等经济政策，还有产品在市场上的供求状况等。在现实的经济社会中，还无法准确地计量产品的价值，制定产品价格只能以成本为基础，也就是以产品成本为制定产品价格的最低经济界限。产品价格若低于其成本，劳动耗费就无法得到补偿，企业就难以生存。但是，作为制定产品价格依据的成本，不是指一个企业的个别成本，而是指生产该产品的部门平均成本或社会成本。

**（四）成本是进行经营决策的重要依据**

在市场经济条件下，市场竞争异常激烈。企业要在激烈的市场竞争中取胜，就要面向市场，采用科学的现代化管理手段进行生产计划的安排、工艺方案的选择、新产品的开发等，从而做出正确的决策。同时，为了更好地对企业的生产经营活动进行管理和控制，还必须定期与不定期地对企业的生产经营情况进行分析，从而采取有效措施，促使企业完成各项计划任务。只有及时提供准确的成本资料，才能使预测、决策和分析等活动建立在可靠的基础之上。因此，成本指标就成为进行经营预测、决策和分析的重要数据资料。

## 第二节 成本会计的形成历程

成本会计是在借贷记账法形成以后，随着社会经济发展逐渐产生和发展的。关于成本会计的形成与发展历程，会计学界存在一些不同的观点，但概括起来，成本会计的形成与发展大致有以下四个阶段：成本会计的萌芽时期、成本会计的形成时期、近代成本会计时期、现代成本会计时期。

### 一、成本会计的萌芽时期（1880 年前）

1494 年，意大利数学家、传教士卢卡·帕乔利的《算术、几何、比与比例概要》（国内学者译为《数学大全》）一书正式出版，标志着借贷记账法的正式形成。但有学者研究发现，自 14 世纪后的两个世纪内，无论是复式簿记的发明人卢卡·帕乔利，还是其继承人，既未试图将会计记录方法应用于工业，也未曾将成本明细分类账应用于工厂，其原因之一是当时会计的发展由商人的活动决定，成本信息对商人的商业决策没有什么影响。商品的价格起伏不定，研究过去一年的记录，对来年的收益并没有多大帮助。“经验远不及新的商情重要。”

16～17 世纪，是西方资本主义国家工场手工业的发展时期。这一时期的工场手工业遍布冶金、纺织、采矿、制盐等行业。工场手工业与家庭手工业相比，需要投入更多的生产要素，生产规模更大，劳动生产率也明显提高。因此，如何精确计算生产的投入和产出，就成为会计所面临的新问题。这样，成本会计也就应运而生了。

比较早尝试成本会计的是德国的雅格布·富格尔（Jakob Fugger）家族。雅格布·富格尔家族为了核算矿产开采和冶炼成本，突破了传统的簿记方法，专门设置了一些账户用于成本核算。例如，用“矿产和铸造场”账户专门记录各种材料和人工费用；用“冶炼场”账户来反映营业费和装运费等事项，然后通过汇总计算矿石的生产成本。

意大利的成本实践活动源于佛罗伦萨市的梅第奇（Medici）家族在 1531 年创立的纺织合伙手工业工厂。该工场将原材料——羊毛在日记账中进行核算，将人工费单独设账核算，然后在“织物制造和销售”暂记账户中对各批原料的成本和收入进行比较，以便计算出一个经营期内全部织物的利润。

普拉廷印刷厂是由法国人克里斯托费尔·普拉廷于 1555 年在安特卫普创办的，1563 年改为合伙企业。在成本核算方面，他们设置了“原材料”账户，并建立了反映工资支付情况的工资账，当某一规格的印刷品制成后，再将印刷品生产过程中所耗费的纸张、劳务费等转入“书籍制成品”账户，从而使生产过程的核算与销售过程的核算得以分开。印刷厂中原材料账户、书籍制成品账户及工资账户，都是根据成本核算的目的来设立的，并在成本计算中起到关键作用，因而在成本会计发展史上占有重要的一页。

在 16～17 世纪的工场手工业时期，由于生产力水平低、科技不发达、企业规模普遍较小、产品品种单一，整个市场产品供不应求，处于卖方市场状态，消费者只是产品的接受者，并无多大的选择余地。在这种条件下，企业经营活动的重心自然是想方设法地提高生产效率、增加产量，成本核算只是企业生产经营活动的一个附带职能。当时产品按照订单生产，工厂主为了规定产品的价格，必须正确估算成本，把成本视为制定价格的工具，比控制生产耗费更重要。特别是设备制造商和工程建造企业，更需要估算成本，以作为投标报价的依据。那时人们计算成本只将直接材料和直接人工看成产品成本，将间接费用看成一种生产损失。也未能有效结合成本记录和财务会计记录，甚至在总分类账中也不反映产品成本的结转情况，时常用统计方法来计算成本。对原材料采用实地盘点，先确定期末结存量，再来计算耗用量，而不采用永续盘存法。可见，处于萌芽时期的成本会计，其内容与方法都相对简单，成本计量主要是借助统计方法来实现，成本记录大都是在会计账户体系之外进行的，所提供的信息也较为单一和零散，距离成本管理的要求甚远。因此，当时所进行的关于成本会计的种种尝试，只能看作成本会计的萌芽。

18 世纪 60 年代，工业革命首先在欧洲资本主义国家展开，传统的纺织、冶金、煤炭等工业中大量采用先进的机器设备，生产规模和生产效率大幅度提高。19 世纪末 20 世纪初，欧美先进的资本主义国家出现了工业技术革命和技术发明的高潮，历史上又称其为第二次工业革命。工业革命和技术革命给经济领域带来了巨大的变化，也为成本会计的发展贡献了前所未有的动力和机遇。为顺应社会经济发展趋势，满足企业加强费用控制的需要，成本会计逐渐成形和系统化。

18世纪中叶，英国人已经发展出迄今仍在使用的基本成本计算方法，即分批法与分步法。1750年，詹姆斯·多德森（James Dodson）在《会计人员或簿记方法》中介绍了制鞋厂的分批成本计算法，多德森将每种规格的鞋子按不同的材料计算价格，使鞋子的材料总成本等于耗用兽皮及皮革的总成本，这种处理方法，就是现在分批成本法的开端。1777年，汤普森（Wardhaugh Thompson）以亚麻制袜为例，从亚麻"存货"账户开始，经过纺麻、漂白、染色、织袜及修整等各道工序的价值流转，最后算出每双袜子的成本，并在账户中列示了各步骤记载用量、用工数量及价值的复式分录，可以说这是分步成本法的萌芽。

最早比较全面地讨论成本计算内容的要属英国的克朗赫尔姆（Cronhelm）。1818年，他在《簿记新法》一书中专列一章"单一产品的复式记账"，以毛纺厂为例，叙述了成本计算的简单方法，并最早采用了永续盘存法。

1865年，C. G. 戈特沙尔克（C. G. Gottschalk）在《会计核算制度基础及其在产业设施上的应用——尤其是矿业经营、制炼工厂、制造工厂》一书中，较为详细地论述了特别费用与一般费用的概念，并设置相应的账户。其中，特别账户用以反映工厂某部门或各部门的会计事项；一般费用账户用以记录非特别账户反映的有关经营的各种应负担的费用。

1820～1880年，成本会计处于发展的停滞阶段。正如著名会计学家M. 查特菲尔德所描述的："在1885年以前，无论是会计师或实业家，对从理论上或实践中总结工厂会计都不感兴趣。业主将自己的成本核算法视为工业秘密。簿记教科书一般都忽视成本计量问题，而且论及成本的教科书屈指可数，对后世的实务几乎没有影响。英国和美国在19世纪70年代的成本核算只是勉强比400年以前的梅第奇的方法好一些。"

## 二、成本会计的形成时期（1881～1920年）

19世纪80年代以后，情况发生了重大变化，成本会计发展进入"第一次繁荣时期"。一方面，工厂大量使用重型机器设备，折旧费增加，间接费用越来越大，产品品种也日益增多，间接费用的分配变得复杂起来，为了准确地确定成本，必须研究与完善成本计算方法；另一方面，工厂规模扩大，生产经营复杂化，产品面向全国，竞争日趋激烈，在决定产品价格时，成本占据主导地位，特别是大型企业的发展更推动了成本会计的迅速发展。

1885年，美国亨利·梅特卡夫（Henry Metcalfe）的《工厂成本》一书出版，被称为"第一部成本会计著作"。他在书中所提出的主要成本归集方法的原理被现代成本会计完全继承下来。

1887年，英国电力工程师埃米尔·加克（Emile Garcke）和特许会计师约翰·曼杰·费尔斯（John Manger Fells）合著的《工厂会计》一书正式出版。该书是19世纪最著名、最有影响力的成本会计专著之一。加克和费尔斯把成本计算的程序簿记化了，从原材料到产成品的一系列总账的主要成本计算程序是非常完整的。通过原材料、工资账户将原材料费和人工费过入"生产"账户，并在该账户借方记录现金出纳账户，直接用于生产过程的支出；定期从“生产”账户将生产成本过入“产品”（产成品）账户，“生产”账户余额为在产品；产品销售时，将销售品的成本过入“营业”账户借方，将售价计入贷方；原材料账户、生产账户、产品账户的余额反映为期末库存，“营业”账户余额为毛利。从而完成了成本记录与财务会计的完全结合，这种账务处理程序迄今基本未变。加克和费尔斯还对间接费用作了解释和划分，并主张用劳动时间去分配间接费用，可见，他们的成本会计思想已进入相当成熟的阶段。

1889 年，G. P. 诺顿（G. P. Norton）的《纺织工厂簿记》一书在伦敦出版。他在书中提出将生产账和经营账作为成本核算的主要账簿。他认为生产账是根据成本资料而做成的生产成本报告书，而经营账则是详细分类反映最终利润的报告书，进而对费用的分类、费用的摊配等内容进行了探讨。

1896 年，J. S. 刘易斯（J. S. Lewis）的《工厂的商业组织》一书出版。在该书中，刘易斯针对间接费用的不同处理办法，提出按商业会计中费用账户的做法，将开办费用账户中反映的实际费用直接向损益账户结转，而且认为所有的开办费、折旧费、工厂和建筑维修费、租税、销售费均应分类汇总在损益账户的借方，以便对间接费用作一次性核算。这种做法在当时被认为是比较简化而有效的。

19 世纪末，荷兰开始将商业簿记与“必须为测定生产成本提供实际资料”的工业簿记相区分。第一次世界大战后，K. G. 西蒙（K. G. Simon）的《工业成本会计与管理组织》一书出版，在该书中，西蒙把成本会计作为得出制造过程管理原理的基础，使会计与企业管理之间的关系有了进一步的发展。

1901 年，英国管理专家哈密尔顿·丘奇（Hamilton Church）对间接费用进行了系统的研究，在《工程杂志》上发表了 6 篇有关间接费用分配的文章，指出采用劳动时间和主要成本配比等方法来分配间接费用存在弊端，主张工厂应分为许多小型车间或生产中心，并规定它们的机器小时费用分配率。即当产品经过小型车间或生产中心加工时，按所耗机器小时数乘以规定的分配率来计算出各车间或生产中心应承担的间接费用。所有这些都初步奠定了成本会计的理论与方法基础。

到了 20 世纪初，德国的成本会计思想逐步系统化和标准化。最明显的是 1905 年弗里德里希·莱特纳的《工业经营的成本核算》一书。该书用丰富的例解对间接费用的分类和摊配标准进行了系统的研究，并提出建立部门成本核算制度的思想。此外，1906 年，德国机械工业协会成立了研究成本核算问题的委员会。3 年后该委员会在柏林发表了《机械厂的成本核算》文件，规范了机械行业的成本核算制度。进而，德国经济生产委员会于 1920 年提出了《成本核算基本方案（草案）》，从而统一了成本核算方法和各种成本概念，对德国成本核算的成果进行了系统总结，确定了实际成本计算制度。

总之，1881～1920 年，成本会计发展最快。在这一时期，成本会计的基本结构系统形成，尽管许多企业在 1930 年前还未正式将成本记录和总账账目相结合，但结合的方法已经设计出来。基本公认的是，一切实际费用都要分配于有关的生产工序，相应分配于个别批次的程序也应拟订出来。虽然制造费用的分配不一定必须与一般会计记录相结合，但制造费用的分配已经是平常的事了。

## 三、近代成本会计时期（1921～1945 年）

20 世纪初，资本主义从自由竞争阶段向垄断阶段过渡。随着社会生产力的迅速发展，社会资本逐渐向大企业集中，企业规模不断扩大，促使经营管理复杂化，而且大量生产带来的平均利润率下降，迫使企业必须改变凭经验或惯例进行管理的传统方法，转而依靠专门知识，创造和应用科学的管理方法，加强计划组织、协调和控制等职能，实现内部管理的标准化、专业化和数据化。

美国人 G. 查特·哈里森（G. Charter Harrison）根据埃默森的观念，为伊利诺伊州（Illinois）科瓦尼城的轮毂制造公司设计了一套完整的标准成本会计制度。哈里森的《有助于生产的成本会计》和《标准成本论》分别于 1924 年和 1930 年出版，两书对标准成本计算进行了全面的论述，同时系统地提出了标准成本差异分析的计算公式，从而真正确立了标准成本的计算基础。标准成本制度的诞生和发展，将成本会计从单纯的事后核算成本前移到事中成本控制，使企业工程技术人员、管理人员及生产工人都增强了控制成本的意识，这有利于企业成本的降低和节约，它不仅是一种成本制度，而且能够满足企业损益计算的需要，从而将成本控制与成本核算有机地结合起来。以标准成本法为中心的科学成本会计体系是成本会计发展的重要历史阶段，此时的成本会计定义为“成本会计是用来详细地描述企业在预算和控制它的资源（指资产、设备、人员及所耗的各种资料和劳动）利用情况方面的原理、惯例、技术和制度的一种综合术语”。

20 世纪 30 年代，制造业迅猛发展，成本会计也有了新的发展。为适应制造业环境变化的需要，成本会计发展为以分步成本会计和分批成本会计为主要内容的完整体系。1925 年，美国劳伦斯的《劳氏成本会计》一书出版，1935 年陀耳的《陀氏成本会计》出版，两书均在标准成本与差异分析的基础上发展了成本会计，形成了主要服务于制造业的成本会计体系。此时的成本会计被定义为“用以记录及分析一特定企业的各项支出，研究及解释其所得的资料，并借以作为经营及管理企业的指针。就狭义而言，成本会计，专指制造企业的会计”。

在这一时期，预算控制作为成本会计控制制度的另一方面被引入成本会计体系，它与标准成本制度是成本控制的两大支柱。1921 年，美国《预算与会计法案》的颁布对企业预算控制起到了催化作用。1922 年，麦金西（J. O. Mckinscy）的《预算控制》问世，对以后较长时期内预算控制的发展产生了巨大的影响，被誉为预算控制方面第一部专著。同年美国成本会计师协会第三次会议以“预算编制和使用”为专题展开研究，则将预算控制引向深入。预算控制的初始，是采用固定预算（也称为静态预算）方法，即根据预算期间某一业务量（如产量）计划水平来确定其相应的预算数。但是产量变动使预算数和实际数无法比较，影响了预算控制的实际效果。1928 年，美国一些会计师和工程师根据成本与产量的关系，提出分别制定固定预算和弹性预算方法。弹性预算是根据计划期内可以预见的某一业务量（如产量）的各种水平来确定相应的预算标准，使间接费用实际数同计划数更具有可比性。这样，企业预算可以合理地控制不同属性的费用支出，有助于正确考核经营者的工作成绩。所以，弹性预算是 20 世纪 30 年代成本会计的最大进步之一。

成本会计的应用范围也从原来的工业企业扩展到各种行业，并深入企业内部的各个主要部门，特别是应用到企业经营的销售方面。

## 四、现代成本会计时期（1945 年以后）

第二次世界大战以后，工业的迅猛发展带动了科技的飞速发展，同时，科技的发展又促进了工业经济的发展，生产自动化程度越来越高，产品更新换代速度越来越快，市场竞争更加激烈。激烈的市场竞争使实业家的经营理念发生了巨大变化，由原先的生产导向型逐渐转变为顾客导向型，这一理念的转变给企业家的生产目的、生产流程、管理方法等带来巨大影响，也给成本会计带来了深刻的变革。目标管理理论的应用直接导致目标成本会计的产生，按照顾客的需求确定目标价格与目标利润，然后再确定目标成本，从而控制从产品设计到产出、分发、销售等各个阶段的技术工艺消耗的成本。

在这一时期，成本会计有了重大的发展改变，其主要内容包括以下七个方面。

### （一）实行变动成本计算法

这种成本计算模式只把变动成本计入产品成本，而把当期固定费用从销售收入中扣除，免去固定成本的分配计算程序。变动成本计算法早在 1936 年就由美国会计师乔纳森·N. 哈里斯提出。但这种方法由于也存在一定缺陷，未被美国税务当局认可。直到 1947 年，匹兹堡厚玻璃公司玻璃部成功地采用了变动标准成本制度，才使这种方法得到了更多人的关注和支持。美国证券交易委员会和国税局规定企业只要将公开发表的数据调整为包括固定性间接费用，则可以采用这种方法。从 20 世纪 50 年代开始，美国会计界关于变动成本法的研究逐渐增多。实务中这种方法在实际成本制度和标准成本制度条件下都可采用。它不仅是一种可以减少计算工作量的成本核算方法，同时还为企业进行预测和决策创造了有利条件，因此它是企业经营管理所需的重要方法之一。一般来说，变动成本法的优点多于缺点，它完全可以有效地在企业内部使用。

### （二）实行目标成本计算

20 世纪 50 年代后期，由于美国产品已经占领国际市场和日本市场，日本为了打开市场只能采纳低成本战略。日本人发现产品的绝大多数成本在生产开始之前已经被研发设计锁定，使得成本控制的重点应放在研发设计上而不是生产上，而控制研发设计成本的关键是采纳新的技术和材料。于是将会计方法与工程技术有机结合就形成了独具日本特色的成本管理模式——目标成本制度。目标管理是美国管理学家德鲁克（Peter P. Drucker）在《管理实务》（20 世纪 50 年代出版）一书中首次提出的，以后由乔治·奥迪奥恩在《目标管理》（1965 年出版）一书中作了全面论述。由于目标管理和全面预算的结合，成本管理向着目标化方向迈进。目标成本会计运用预测理论和方法，建立起数量化的管理技术，对未来成本发展趋势做出科学的估计和预算；运用决策理论和方法，依据各种成本数据，按照成本最优化的要求，研究各种方案的可行性，选取最优方案，谋取企业的最佳效益，从而使成本会计向预防性管理方向发展。

### （三）实施责任成本核算

随着企业规模日益扩大和管理日趋复杂，管理由集权制转为分权制。为了加强企业内部各级单位的业绩考核，1952 年美国会计学家希金斯（J. A. Higgins）倡导责任会计，将成本目标进一步分解为各级责任单位的责任成本，进行责任成本核算，使成本控制更为有效。

**（四）推行质量成本核算**

质量成本是指为了保证和提高产品质量而支出的一些费用，以及因未达到质量要求而发生的损失成本。质量成本核算是按产品从形成直到消费的全过程对发生的各种质量成本进行的货币形态的核算，它是质量成本管理的基础，也扩大了成本会计的研究领域。随着工业生产的发展，企业对质量管理日益重视。从20世纪20年代开始，质量管理几经变革，从质量检查阶段发展到统计质量管理阶段，直到20世纪60年代，形成全面质量管理理论。在20世纪50年代，质量控制部门就发现，需要一种新的管理方式，即以货币为基础的新的管理统计方法（质量成本）。到20世纪60年代末，质量成本概念基本形成，并确定了质量成本项目、质量成本的计算和分析方法，从而扩大了成本会计的研究领域。在这方面，美国质量管理专家朱兰（J. M. Juran）等对此进行了系统研究，并出版了大量著作，做出了很大贡献。

**（五）推行价值分析**

1947年，美国通用电气公司采购部门工程师麦尔斯（L. D. Miles）提出价值分析概念。当时他在采购工作中发现购买材料只是为了获得材料的“功能”，而不是购买材料的本身，因而只要材料功能相同，就可以相互替换。于是他就从代用材料开始，通过不断实践，总结出了一套在保证产品质量前提下降低成本的科学方法，当时叫作价值分析。这种方法节省成本效果显著，广泛应用于航空、造船、电子、汽车等部门，后来迅速推广至日本、西欧等国家和地区，形成了完整的科学体系，被称为价值工程。

**（六）应用作业成本法**

20世纪50年代，源于日本丰田汽车公司的成本企划，即目标成本管理方法，其理论观点和指导思想给传统成本会计带来了巨大的冲击：按照詹姆斯·A. 布林逊在其《作业会计》一书中的解释，作业是企业为提供一定量的产品或劳务所消耗的人力、技术、原材料、方法和环境等的集合体。作业成本会计以“作业”为企业管理的起点和核心，摒弃了传统的以“产品”为企业管理核心的观点，引导管理人员将注意力集中在发生成本的原因——成本动因上，其作业概念的丰富内涵必将引起一场重大的成本会计变革。

作业成本法（activity-based costing，ABC）是20世纪80年代由美国学者创建的。作业成本法是一种以作业为基础的成本计算和管理系统。它以作业为中心，通过对作业成本的确认、计量和成本动因的选择，提供相对准确、真实的产品成本信息，从而提高决策、计划的科学性和有效性；通过对所有作业活动进行动态的追踪反映和作业分析，尽可能消除“不增值作业”，改善“增值作业”，提高“顾客价值”，提供及时有用的信息，将损失、浪费减少到最低程度，从而促进企业管理水平的不断提高，对各种作业的间接费用采用不同的间接费用分配率进行成本分配。它是对传统的成本计算方法的革新。

**（七）实施战略成本管理**

自20世纪60年代美国经济学家安索夫（H. I. Ansoff）全面提出公司战略概念以

来，战略管理日渐成为理论与实践研究的新热点。战略成本管理（strategic cost management）最早于20世纪80年代由英国学者西蒙提出，他当时对战略成本管理仅作了一些理论性的探讨。美国哈佛商学院的迈克尔·波特教授在《竞争优势》和《竞争战略》两书中为我们指出了运用价值链进行战略成本分析的一般方法。美国管理会计学者杰克·桑克等接受了西蒙提出的观点，在迈克尔·波特研究的基础上，编写了《战略成本管理》一书，并于1993年出版，使战略成本管理的理论方法更加具体化。1998年，一向推崇作业成本制度的英国教授罗宾·库珀也提出了以作业成本制度为核心的战略成本管理体系。进入20世纪90年代以后，日本成本管理的理论界和企业界也开始加强战略成本管理方面的研究，提出了具有代表意义的战略成本管理模式。因此，总体来看，国外学者对战略成本管理的研究是从20世纪80年代末开始的，其研究的出发点是成本管理系统如何为新兴的企业战略管理服务。

战略成本管理就是战略管理在成本控制与管理领域中的应用和发展，其强调在成本管理过程中，不仅要控制成本，而且要提高企业在市场竞争中的战略地位。

战略成本管理以企业的全局为对象，根据企业总体发展战略而开展。战略成本管理的首要任务是关注成本战略空间、过程、业绩，可表述为"不同战略选择下如何组织成本管理"，即将成本信息贯穿于战略管理整个循环过程之中，通过对公司成本结构、成本行为的全面了解、控制与改善，寻求长久的竞争优势。它把企业内部结构和外部环境综合起来，企业的价值链贯穿于企业内部自身价值创造作业和企业外部价值转移作业的二维空间。因此，战略成本管理从企业所处的竞争环境出发，其成本管理不仅包括企业内部的价值链分析，而且包括竞争对手价值链分析和企业所处行业的价值链分析，从而达到知己知彼、洞察全局的目的，并由此形成价值链的各种战略。

区别于传统的成本观念，战略成本管理作为一种全面性和前瞻性相结合的管理技术，在开放竞争的环境下，扩展了成本概念的外延，动态地获取了成本相关信息，这主要包括价值链的分析、战略定位和成本动因分析。

综上所述，成本会计的方式和理论体系，随着发展阶段的不同而有所区别。从成本会计的方式来看，在早期成本会计阶段，主要采用分批或分步成本会计制度计算产品成本，以确定存货成本及销售成本；在近代成本会计阶段，主要采用标准成本制度和成本预算制度，为生产过程的成本控制提供了条件；在现代成本会计阶段，加强事前成本控制，广泛应用各种会计方法与理念控制成本开支，增加企业效益。从会计理论体系而言，早期成本会计理论只是简单的成本知识和管理经验的逐渐积累与形成，难以形成完整体系；在产业革命完成、现代化大工业进一步发展的环境下，成本会计需求日渐增多，会计理论体系正式形成，其主要内容侧重于成本计算结果的准确合理及成本会计核算；在现代成本会计时期，成本会计环境不断发展与变化，在相关学科理论的支撑下，成本会计理论研究不再局限于成本计算的范畴，而是更加侧重于成本控制与评价，会计理论体系更加完善且成本会计方法多样，具有多学科融合、发展多样性的特征，以满足成本管理需求。与传统的成本会计相比，现代成本会计理论更重视成本计算与成本控制的有机结合。

## 五、我国成本会计发展的回顾

### （一）改革开放前计划经济体制下的成本会计（1949～1978 年）

新中国成立后，我国社会主义经济体制逐渐建立、国民经济慢慢恢复，新中国会计模式初步形成。在这个阶段，中国经济处于计划经济体制下。成本会计主要集中在国有企业和政府部门中，其目的是支持计划经济的实施和资源配置。成本会计更多地关注资源的使用和效益，而不是经济效益。在此期间，经历了初步统一会计制度建立时期（1949～1952 年）、引进苏联会计模式时期（1953～1957 年）和会计制度自我建设时期（1958～1978 年）。

（1）初步统一会计制度建立时期（1949～1952 年）。这一时期初步形成了我国统一企业会计制度体系的框架，也为社会主义计划经济体制下的会计秩序建立奠定了坚实的基础。但是，初步形成的统一会计制度还保留着不少传统会计的痕迹，因此统一会计制度在延续两年半后根据苏联会计模式进行了改造。

（2）引进苏联会计模式时期（1953～1957 年）。从 1953 年开始，财政部决定借鉴苏联的会计模式，开始考虑改变所有企业都执行一套会计制度的做法，根据企业生产规模的大小和经济业务繁简的不同，对所执行的企业会计制度在要求上适当区别，于是以不同生产规模为标志的不同行业的会计制度开始出台。由此，适应当时国民经济结构和计划经济管理体制要求的企业会计制度体系-框架初步形成。

（3）会计制度自我建设时期（1958～1978 年）。此阶段我国正处于“大跃进”、国民经济三年调整和“文化大革命”时期。1958 年 6 月，《国营工业企业统一成本计算规程》等 6 项制度废止；在“大跃进”运动中 10 余种会计报表被合并为 1 张会计报表，1000 多个报表项目删减为 66 个，致使会计数据不能准确及时全面提供，对国民经济宏观管理和有效决策造成了影响。1961 年底，财政部颁布了《国营企业会计核算规程草案》《国营工业企业会计科目和使用》，1962 年颁布了《国营工业企业会计报表格式和编制说明》，恢复了部分会计制度。1965 年 7 月财政部颁布了《企业会计工作改革纲要（试行草案）》。1965 年 11 月财政部印发《工业企业会计科目和会计报表格式（草案）》《工业企业简易会计制度（草案）》，将 58 个会计科目删并为 26 个，将 15 种会计报表减为 6 种，成本会计核算与成本控制功能有所淡化。在过度强调会计阶级属性的背景下，减少了借贷记账法的适用范围，大量的工商企业开始推广使用增减记账法，成本会计核算方法和制度建设突出了服务计划经济的特点。表 1-1 列示了改革开放前计划经济体制下的成本会计相关制度。

**表 1-1　改革开放前计划经济体制下的成本会计相关制度**

| 时间 | 内容 |
| --- | --- |
| 1949 年 12 月 | 财政部设立会计制度处，1950 年 9 月将会计制度处调升为会计制度司，具体管理全国的会计制度建设工作 |
| 1950 年 7 月 | 新中国成立后实行第一个统一会计制度：《中央重工业部所属企业及经济机构统一会计制度》 |
| 1953 年 1 月 | 财政部颁布《国营工业企业统一成本计算规程》，这是新中国第一个成本核算制度 |

续表

| 时间 | 内容 |
| --- | --- |
| 1958 年 6 月 | 财政部印发《关于改革企业会计制度办法的通知》 |
| 1959 年 3 月 | 国家计划委员会、财政部印发《关于加强成本计划管理工作的几项规定》 |
| 1959 年 8 月 | 财政部印发《关于国营工业企业生产费用要素、产品成本项目和成本核算的几项规定》 |
| 1961 年 2 月 | 国家计划委员会、财政部印发《关于加强国营企业成本管理工作的联合通知》 |
| 1965 年 11 月 | 财政部印发《工业企业会计科目和会计报表格式（草案）》《工业企业简易会计制度（草案）》 |
| 1973 年 5 月 | 财政部印发《国营工业、交通企业若干费用开支办法》《关于加强国营工业企业成本管理的若干规定》 |
| 1973 年 12 月 | 财政部印发《国营工业企业成本核算办法》 |

### （二）有计划的商品经济时期的成本会计（1978～1992 年）

随着改革开放的推进，中国开始引入市场经济元素，企业改革和外资引进迅速增加。在这个阶段，中国的成本会计面临新的挑战和机遇。中国采纳了一些国际会计准则的原则和实践，开始关注企业经济效益，并逐渐形成了一套比较完整的成本会计体系。1978 年，党的十一届三中全会作出把党和国家的工作重点转移到社会主义现代化建设上来和实行改革开放的战略决策，我国从此步入了改革开放和集中力量进行社会主义现代化建设的历史时期。为了适应我国经济体制改革和对外开放的要求，国务院对会计制度体系进行了恢复与修订。1984 年 3 月国务院发布的《国营企业成本管理条例》对以往成本会计制度进行总结，对企业成本开支范围、成本核算、成本管理责任制及成本监督等问题做了明确的规定，并规定企业采用完全成本法来核算产品成本，在我国成本会计发展史上具有标志性和突破性的意义。在改革开放的总方针指引下，有计划的商品经济体制在我国逐步确立，企业由单纯的生产型企业向生产经营型企业转变，逐步发展为相对独立的经济实体。成本作为提升企业经济效益的关键因素，受到广泛重视。表 1-2 列示了有计划的商品经济时期的成本会计相关制度。

**表 1-2 有计划的商品经济时期的成本会计相关制度**

| 时间 | 内容 |
| --- | --- |
| 1978 年 9 月 | 国务院修订《会计人员职权条例》 |
| 1979 年 1 月 | 财政部恢复会计制度司的职能，修订并颁发第一套会计制度 |
| 1984 年 3 月 | 国务院发布《国营企业成本管理条例》 |
| 1985 年 1 月 | 财政部修订重印《国营工业企业会计制度——会计科目和会计报表》 |
| 1986 年 12 月 | 财政部发布《国营工业企业成本核算办法》 |
| 1990 年 12 月 | 国务院发布《总会计师条例》 |

### （三）社会主义市场经济体制建立和完善时期的成本会计（1992～2012 年）

随着中国经济的快速增长和市场经济的发展，中国的成本会计进一步发展和完善。在这个阶段，中国的成本会计逐渐与国际接轨，采用了一些国际会计准则和国际会计体系。中国出台了《企业会计准则》和《成本会计制度》，以规范企业成本会计的实施，并逐步提高会计信息的质量和透明度。

1992 年以前，我国会计制度从统一会计制度的建立到分行业、分所有制、分经营规模的会计制度的形成，总体上来看是符合我国当时特定国情的。

1992 年初，邓小平同志的南方谈话提出了三个“有利于”思想，标志着中国改革开放第二次浪潮的掀起，对中国 20 世纪 90 年代的经济改革与社会进步起到了关键性的推动作用，助力了我国经济发展以及会计制度的进一步优化。

1992 年 10 月党的十四大提出了“建立和完善社会主义市场经济体制”的宏伟目标。1993 年 11 月召开的党的十四届三中全会提出要“建立适应市场经济要求，产权清晰、权责明确、政企分开、管理科学的现代企业制度”。伴随着我国社会主义市场经济体制的建立和完善，我国成本会计的发展也取得了举世瞩目的成就。在此阶段，我国会计准则与国际会计准则实现了实质性趋同。涉及企业成本核算内容包括存货、固定资产折旧、无形资产摊销、职工薪酬、借款费用等项目，对成本要素的确认和产品成本的范围都进行了规定，企业成本会计核算得到进一步完善。表 1-3 列示了社会主义市场经济体制建立和完善时期的成本会计相关制度。

**表 1-3　社会主义市场经济体制建立和完善时期的成本会计相关制度**

| 时间 | 内容 |
| --- | --- |
| 1992 年 11 月 | 财政部发布了《企业会计准则》《企业财务通则》《企业会计制度》《企业财务制度》 |
| 1992 年 12 月 | 财政部印发《工业企业会计制度》 |
| 1997 年 5 月 | 第一个具体企业会计准则出台，后又陆续发布了 16 项具体会计准则，我国会计规范向国际会计惯例趋同 |
| 2000 年 12 月 | 财政部印发《企业会计制度》 |
| 2004 年 5 月 | 财政部印发《小企业会计制度》 |
| 2006 年 2 月 | 财政部发布新的会计准则和审计准则体系 |
| 2006 年 12 月 | 财政部全面修订《企业会计准则》《企业财务通则》 |
| 2009 年 9 月 | 财政部印发《中国企业会计准则与国际财务报告准则持续全面趋同路线图（征求意见稿）》 |
| 2011 年 9 月 | 财政部印发《会计改革与发展“十二五”规划纲要》 |

### （四）新时代的成本会计发展（2012 年至今）

中国特色社会主义进入了新时代，这是我国发展新的历史方位。2012 年 11 月在北京召开的中国共产党第十八次全国代表大会，是在我国进入全面建成小康社会决定性阶段召开的一次十分重要的大会。从党的十八大开始，中国特色社会主义进入新时代，中国特色社会主义道路、理论、制度、文化不断发展，在新时代全面深化改革的过程中，成本会计也在不断发展和演进。新时代成本会计发展趋势主要包括精细化成本、系统集成与自动化成本、环境成本、数据分析和预测成本、社会责任成本等方面。总的来说，新时代成本会计趋向于更加精细、集成化、数据驱动和全面考虑企业的环境与社会责任。这将帮助企业更好地管理成本，做出更明智的决策，并实现可持续发展的目标。

2013 年 8 月财政部印发《企业产品成本核算制度（试行）》，并于 2014 年 1 月 1

日起实施。该制度对产品的定义、行业的划分、作业成本法和标准成本法的应用以及产品成本核算对象的多元化等问题都进行了明确的规定。《企业产品成本核算制度（试行）》是我国企业会计制度体系的重要组成部分，也是我国成本会计制度发展史上的标志性制度，对于规范企业产品成本核算行为，提高产品成本信息质量，促进企业和经济社会的可持续发展具有重要意义。

国家“十三五”规划提出“坚持创新发展、协调发展、绿色发展、开放发展、共享发展”的新发展理念，将加快改善生态环境、推进低碳发展、加大环境综合治理力度作为重要议题提出。在此理念指导下，成本会计制度加快推进，在此之后相继颁布石油石化行业、钢铁行业、煤炭行业、电网经营行业、油气管网行业等重污染、新能源等行业细则，进一步加强各行业企业产品成本信息的真实性、完整性，加强企业的成本管理，提高环境经济效益，促进各行业可持续发展。2016 年 7 月，财政部印发了《基本建设项目建设成本管理规定》，为推动各部门、各地区进一步加强基本建设成本核算管理，提高资金使用效益，提供核算依据和政策指引。2019 年底，财政部为促进事业单位加强成本核算工作，提升单位内部管理水平和运行效率，夯实绩效管理基础，印发了《事业单位成本核算基本指引》，并相继发布公立医院、科学事业单位、高等学校等具体指引，使制度建设逐渐系统、完善。表 1-4 列示了新时代的成本会计相关制度。

**表 1-4 新时代的成本会计相关制度**

| 时间 | 内容 |
|---|---|
| 2013 年 8 月 | 财政部印发《企业产品成本核算制度（试行）》 |
| 2014 年 12 月 | 财政部印发《企业产品成本核算制度——石油石化行业》 |
| 2015 年 11 月 | 财政部印发《企业产品成本核算制度——钢铁行业》 |
| 2016 年 7 月 | 财政部印发《基本建设项目建设成本管理规定》 |
| 2016 年 9 月 | 财政部印发《企业产品成本核算制度——煤炭行业》 |
| 2016 年 10 月 | 财政部印发《会计改革与发展“十三五”规划纲要》 |
| 2018 年 1 月 | 财政部印发《企业产品成本核算制度——电网经营行业》 |
| 2019 年 12 月 | 财政部印发《事业单位成本核算基本指引》 |
| 2021 年 9 月 | 财政部印发《企业产品成本核算制度——油气管网行业》 |
| 2021 年 11 月 | 财政部印发《事业单位成本核算具体指引——公立医院》 |
| 2022 年 9 月 | 国务院办公厅印发《关于进一步优化营商环境降低市场主体制度性交易成本的意见》 |
| 2022 年 9 月 | 财政部印发《事业单位成本核算具体指引——科学事业单位》 |
| 2022 年 10 月 | 财政部印发《事业单位成本核算具体指引——高等学校》 |

2020 年 10 月，党的十九届五中全会审议通过了《中共中央关于制定国民经济和社会发展第十四个五年规划和二〇三五年远景目标的建议》。新发展阶段强调高质量、高效率发展，成本和绩效的有效控制与管理，资源的整合与高效分配已成为实现高质量发展的必要条件。在数字经济、低碳经济、绿色创新、高质量发展等经济背景下，成本会计面临新的挑战和要求，成本会计需要借助数字技术的力量，提高成本核算的准确性和

实时性，并为企业的决策和战略提供更好的支持。成本会计人员需具备数字技术的应用能力、数据分析能力和创新思维，以适应数字化时代的变革和发展。

2022年10月中国共产党第二十次全国代表大会胜利召开，大会强调，“加快发展数字经济，促进数字经济和实体经济深度融合”。新时代经济发展过程中，在“互联网+”、工业4.0、数字经济的影响下，数据要素与信息技术已逐步成为核心生产要素，数字经济和实体经济融合发展，数字赋能传统产业升级转型，智能生产推动企业创新发展，推进企业关键工序智能化，生产控制自动化和供应链优化，推动产业科技创新、工艺创新和管理创新，助力产业转型升级，节能减排，低成本高效率生产，切实实现企业降本增效。党的二十大报告从战略和全局的高度，明确贯彻全面建设社会主义现代化国家各项部署，着力实现高质量发展，推进共同富裕等要求。同时，明确了进一步深化财税体制改革的重点举措，提出“健全现代预算制度”，成本和预算紧密相关，可以预期，我国成本会计必将紧随时代步伐，在提高全社会资源配置效率、贯通国民经济循环各环节、提高国家治理体系和治理能力现代化水平等各方面的同时，为经济的高质量发展做出更大的贡献。

## 第三节 成本会计的职能与概念

### 一、成本会计的职能

成本会计的职能，是指成本会计在经济管理中的作用和功能。成本会计的职能服从会计的基本职能，即具有核算与监督两个基本职能。成本会计的职能随着经济发展和管理要求在不断拓展。结合成本管理工作的具体实践，现代成本会计的主要职能有以下七种。

#### （一）成本预测

预测就是以过去的历史资料和现在所能取得的信息为基础，按照事物发展的规律，运用人们所掌握的科学知识和实践经验，来预计、推测事物发展的未来。根据过去和现在预计未来，根据已知推测未知，这是预测的主要特点。预测的理论依据是预测对象的发展趋势具有一定的规律性，这种规律可以被人们认识和掌握，从而对其发展的未来进行科学的估计。

长久以来，由于受科学技术发展水平的限制以及缺乏有效的预测工具，人们并没有把这种探索未来的活动，作为一种专门学科的研究对象来对待。预测活动仅是分散在各个领域中，其重要性也鲜为人知。进入20世纪50年代后，科学技术高速发展，生产社会化程度极大提高，经济情况日益复杂，人们对科技力量及其对社会发展影响的认识已提高到一个新的水平，且深切地感受到科学预测未来的重要性和必要性，同时在客观上也掌握了比较可靠的科学手段。在这样的条件下，人们的预测活动从分散、落后的时期，经历了20世纪40～50年代的萌芽阶段、60年代的形成阶段和70年代的发展阶段，最后终于形成一门自成体系的现代预测科学。

自20世纪60年代以来，西方国家不仅重视对自然现象变化的预测，更重视对社会现象变化的预测。在经济领域，开展经济预测已经成为现代企业发展的日益重要的手段与活动。经济预测是人们对未来经济活动可能产生的经济效益及其发展趋势事先提出的一种科学测算。目前，国外大型企业内部都设有预测机构，它们开展有关的经济预测活动，围绕企业的竞争能力，产品的销售价格、销售数量、发展方向、市场潜力，企业的目标利润和成本水平，以及新产品的开发等方面做了大量科学的预见，企图从对未来的预测中找到企业摆脱困境的出路，以使企业少担风险，减少损失，在竞争中求生存和发展。实践证明，开展预测分析的经济效果是极为显著的。成本预测是经济预测的一种，它是根据历史成本资料和当前有关经济信息，在认真分析研究企业各种技术经济条件的现状、所要采取的管理措施以及外部环境条件变化的基础上，确定企业未来一定时期的成本水平和目标成本。认真做好成本预测工作，对企业全面开展成本管理、加强经济核算、改善经营管理、降低产品成本、提高经济效益，具有十分重要的意义。

开展成本预测，有助于掌握未来的成本水平及其变动趋势，帮助企业决策者提高自觉性，减少盲目性，做出正确的成本决策。成本预测的任务在于根据企业的经营总目标，确定一定时期的目标成本和选择达到目标成本的最佳途径。其实质就是要动员企业内部一切潜力，用最少的人力、物力和财力的消耗来完成既定总目标的过程。企业在进行市场预测、品种预测、利润预测后，能否实现目标利润，取决于成本降低的幅度。成本预测是对影响产品成本的各种因素进行认真分析研究，指明企业降低成本的方向和途径，并与企业内部经济责任制紧密结合，作为企业各部门和班组制定增产节约及降低成本措施的基础，引导全体职工努力实现成本降低目标；同时，通过成本预测，预计企业产品在市场竞争中的地位和盈利水平，针对薄弱环节，加强成本管理，克服盲目性，增强预见性，促使企业趋利避害，发挥企业的优势和潜力，使有限的人力、物力和财力发挥最大的经济效益。

### （二）成本决策

成本决策是现代成本会计的一项重要职能。决策是对两种或两种以上备选方案，利用有关决策的理论和方法进行比较分析，权衡利弊，从中选择最优方案的一项活动。决策正确与否，直接影响着企业未来的经济效益和经营前途。为了使决策能符合客观实际，取得最佳效果，要善于根据有关数据进行可行性研究，而成本数据通常是一项关键性的因素。成本决策是按照既定或要求的总目标，选择达到目标成本最优化的活动，其核心问题是提高经济效益。更具体来讲，成本决策是在成本预测的基础上，利用各种决策成本数据，对各备选方案进行分析比较，从中选择最佳经济效益方案的活动。成本决策对正确地制订成本计划、促进企业降低成本、提高经济效益都具有十分重要的意义。

### （三）成本计划

成本计划是成本会计的组成部分，属于成本的事前管理。成本计划是在成本预测和决策的基础上，为保证成本决策所确定的目标成本的实现，通过一定的程序，运用一定的方法，将以货币形式规定计划期产品的生产耗费和各种产品的成本水平，作为计划执行的考核依据下达到各执行单位的书面文件。

成本计划是企业内部加强成本管理、建立经济责任制，实行成本指标归口、分级管理的基础。企业制订既先进又切实可行的成本计划，才能确定各部门、各单位在成本管理工作中应承担的任务，并在日常生产中据此控制和监督生产耗费，检查和考核成本计划的完成情况。因此，成本计划是推行经济责任制、加强企业成本管理、节约生产耗费和降低产品成本的有力工具。

成本计划是企业组织全体职工有计划地降低产品成本的重要手段。在成本计划编制过程中，企业要发动群众修订各项消耗定额，拟订增产节约措施，保证国家计划任务的完成，充分挖掘企业内部潜力。这样，成本计划的编制过程也是发动群众的过程。成本计划也就成为广大职工努力降低成本的奋斗目标，从各方面降低生产耗费，为实现成本计划规定的目标而努力工作。企业各级领导在组织生产经营活动中，也能做到心中有数，有计划地开展成本管理，从而有利于调动企业内部各方面积极因素，增产节约，有效使用一切人力、物力和财力，努力改善经营管理。

成本计划是进行企业成本考核的一个重要依据。企业在编制成本计划时，要从多方面收集和整理资料，使企业的成本计划具有可行性。成本计划表明在现有的生产经营条件下，如何使成本水平符合预测的要求，以及为达到这一目的，企业在生产经营活动中应进行哪些部署和安排。成本计划一经确定，对各部门便具有约束力，成为企业对生产耗费进行控制、分析和考核的重要依据。

成本计划是企业编制财务计划的重要依据。成本计划与企业经营过程中的许多经济指标有密切联系，成本计划为其他经济计划编制提供了依据。例如，企业编制正确的利润计划必须以正确的成本计划为依据。借助成本计划，企业可以有计划地确定各部门创造的收入和纯收入，正确安排消费和积累的比例关系，提高企业效益，搞好综合平衡。

**（四）成本控制**

**知识链接**
成本控制的方法

成本控制主要运用成本会计的方法，对企业经营活动进行规划和管理，将成本的规划与实际相比较，及时发现与预定的成本目标之间的差异，采取纠正措施，保证实现预定的成本目标，争取使实际成本低于预定的成本水平，使企业成本不断降低，提高工作效率。

成本控制有广义和狭义之分。广义的成本控制包括事前控制、事中控制和事后控制。事前控制也称为前馈控制，是在产品投产之前，进行产品成本的规划，通过成本决策，选择最佳成本方案，规划未来时期的目标成本，编制成本预算，以利于成本控制。事中控制也称为过程控制，是在费用发生过程中，进行成本控制。它要求实际成本支出数量按照目标成本的要求来进行。但在实际中，往往发生超支或节约，这种超支或节约称为差异。差异是一种重要的信息，将差异及时反馈给有关部门，有助于及时纠正偏差或巩固成绩。事后控制也称为后馈控制，是将所揭示的差异进行汇总、分配，计算产品的实际成本。狭义的成本控制仅指过程控制，不包括前馈控制和后馈控制。

**（五）成本核算**

成本核算是从价值补偿的角度出发，反映生产经营过程中各种费用的支出及生产经营业务成本、期间费用等的形成情况，为经营管理提供各种成本信息。成本核算是对生产经营过程中所发生的各种费用，按照一定的对象和标准进行归集与分配，以计算各成本计划对象的总成本和单位成本。成本核算既是对产品实际生产耗费的反映，也是对生产费用实际支出的控制。

**（六）成本分析**

成本分析是成本会计的重要组成部分，以成本核算提供的数据为主，结合有关计划、定额、统计和技术资料，应用一定的方法对影响成本升降的各种因素进行科学的分析，查明成本变动的原因，以便进一步认识和掌握成本变动的规律，充分挖掘企业内部降低成本的潜力。

通过成本分析随时查明各项定额、费用指标和成本计划的执行情况，可以迅速采取有效措施，将各项消耗和费用开支控制在预先制定的标准限度内，达到降低成本的目的。通过系统、全面地分析成本计划完成或没有完成的原因，企业可以对成本计划本身及其执行情况进行评价，对成本管理的经验教训进行总结，从而逐步认识和掌握产品成本变动的规律，以便今后更好地完成计划任务，并为下期成本计划的编制提供重要依据。开展成本分析，对各种备选方案进行经济效果的比较，为确定最佳方案提供客观依据，这对企业正确进行生产、技术和经营决策，提高经济效益，具有重要的意义。

**（七）成本考核**

成本考核是在财务报告结束时，通过把报告期成本实际完成数额与计划指标、定额指标、预算指标进行对比，来评价成本管理工作的成绩和水平的一项工作。成本考核是成本管理的最后一个环节，也是检验成本管理目标是否实现的一个重要环节。

成本考核将成本指标分解落实到各个责任部门后，形成责任成本。用责任成本的形式对成本进行考核也是为了贯彻经济责任制，使各级管理人员的成本目标明确，并使各个责任中心的成本目标同整个企业的成本总目标统一起来。我国企业中的成本考核常对车间、部门、班组实行成本指标归口分级管理，将分解后的成本指标与实际成本完成情况进行比较，衡量车间、部门、班组经济责任的落实与贯彻执行的质量，并将其作为奖惩的主要依据。

上述成本会计的各职能既相互独立又相互联系。成本预测是成本决策的前提，成本决策是成本预测的结果；成本计划是成本决策目标的具体化，成本控制是为保证实现成本决策目标而对成本计划执行进行的监督；成本核算是对成本决策和成本计划的检验；成本分析在于找出影响成本的各种因素，并对成本决策正确性做出判断；成本考核是实现成本决策目标的重要手段。其中成本核算是成本会计最基本的职能，成本预测、成本决策、成本计划，必须以过去的成本核算资料为重要依据，成本控制离不开成本核算提供的信息反馈，成本分析和成本考核更需要成本核算提供成本计划指标、实际完成情况的数据资料。因此，离开了成本核算，就谈不上成本会计，更谈不上其他职能的发挥。

## 二、成本会计的概念

通过对成本会计的产生发展历程及成本会计的职能的分析，成本会计可以分为狭义成本会计和广义成本会计。

狭义成本会计包括成本资料的确认、归集、计量、分配、记录，以及报告最终产品的总成本、单位成本，侧重于产品成本的计算、核算，一般包括成本核算和成本分析两个职能。广义成本会计则包含成本会计职能的全部，其实质是成本管理。

现代成本会计可以这样定义：以企业生产经营活动过程中所发生的成本作为会计对象，采用专门的理论与方法，按照成本最优化要求，对成本的形成全过程进行预测、决策、计划、控制、核算、分析、考核，以提供各种有助于信息使用人进行决策和成本评价的相关信息，促使企业提高产品质量，降低成本，提高经济效益，是使企业生产经营实现最佳运转的一种管理活动。

## 第四节 成本会计工作组织

为了更好地发挥成本会计职能，实现成本会计目标，企业需要结合自身的生产经营特点和管理要求，合理组织成本会计工作。成本会计的组织工作主要包括三个方面：设置成本会计机构，配备成本会计人员，制定与执行成本会计制度。

### 一、成本会计工作组织的原则

#### （一）成本会计工作应与企业的业务类型和企业规模相适应

成本会计工作应与企业的业务类型和企业规模相适应是指企业成本会计组织机构的设置、成本会计人员的配备，应与企业的业务类型和生产经营规模相适应，以便全面、正确地进行成本核算和成本管理工作。

#### （二）成本会计工作应与企业生产技术、工艺相结合

各企业要贯彻成本会计工作应与企业生产技术、工艺相结合的原则。成本作为一项综合性的经济指标，受多种因素的影响，特别是产品的生产技术和工艺在一定程度上影响成本的高低，企业的财务会计部门结合产品的生产技术和加工工艺来确定成本核算，选择成本计算方法，在提高产品质量的同时不断地降低成本，提高企业经济效益。

#### （三）成本会计工作应与经济责任制相结合

为了降低成本，实行成本管理上的经济责任制是一条重要的途径。成本会计工作是一项综合性的价值管理工作，涉及面宽、信息广，因此，企业应摆脱传统上只注重成本会计事后核算作用的片面性，充分发挥成本会计的优势，将其与成本管理上的经济责任制有机地结合起来，使成本管理工作得到更好的效果。

#### （四）成本会计工作应与成本管理相结合

成本管理是成本会计的根本目的，仅仅进行成本核算没有实际意义。成本核算所提供的成本资料是进行成本管理的依据，要发挥成本管理对生产的控制作用，必须有有效的成本核算所提供的真实成本资料；同时，成本管理作用的实现，有助于更好地进行成本核算，取得真实的成本资料。

#### （五）成本会计工作应建立在广泛的群众基础之上

要加强成本管理，实现降低成本的目标，就不能仅靠几个专业人员，而必须充分调动广大群众在成本管理上的积极性和创造性。为此，成本会计人员还必须做好成

本管理方面的宣传工作，经常深入了解实际生产经营过程中的具体情况，与广大群众建立起经常性的联系，吸收广大群众参加成本管理工作，增强广大群众的成本意识和参与意识，以便互通信息，掌握第一手资料，从而把成本会计工作建立在广泛的群众基础之上。

## 二、成本会计机构的设置

企业应根据自身特点设置相应的成本会计机构。采取一级核算方式进行成本核算的企业，应在会计机构中设置成本会计科室。成本会计科室在会计机构的领导下负责本公司成本的预测、核算、分析和考核工作。采取分级核算方式进行成本核算的企业，除了在企业的会计部门中专门设置成本会计科室，进行公司一级成本核算以外，还应结合公司各部门的特点，在分厂、车间设置专职的成本核算人员，进行分厂、车间的二级、三级成本核算。对此，企业的成本会计机构可分为以下三个层次。

### （一）成本会计工作的领导机构

根据技术与经济相结合的原则，成本会计工作的领导机构应由总经理、总会计师、总工程师组成。总经理对本单位的成本水平与经济效果全面负责，总会计师对成本费用预算的编制与控制、对成本核算的质量与经济效果负责，总工程师对产品设计、产品质量和技术组织措施的经济效果负责。三者既有分工，又有合作，对企业成本核算与监督负全面责任。其具体工作有五项：①制定企业成本核算与监督制度。②建立、健全企业成本会计工作的组织机构。③确定企业的目标成本，批准企业的成本与费用计划。④监督企业成本与费用计划的执行情况。⑤调动各方面降低成本费用的积极性。

### （二）成本会计工作的职能机构

成本会计工作的职能机构，即企业的财会部门，应会同成本会计工作的领导机构制定企业成本核算和管理制度，进行成本预测，汇总编制成本与费用计划，分解成本指标，组织成本核算和控制，进行成本与费用计划执行情况的考核，为领导机构做出决策提供全面资料。

### （三）分厂、车间与班组的执行机构

根据成本指标归口分级管理原则，在成本会计工作职能机构的指导下，各分厂、车间及其他职能部门应制定本部门成本核算与管理规定，落实计划任务，组织部门成本与费用核算，控制部门成本与费用的实际支出，检查分析，定额执行，正确、及时填报各项原始记录，上报有关成本报表。

## 三、成本会计人员配备

企业成本会计机构应配备数量适宜、工作踏实、精通业务并具备相应技术职称的专业人员。成本会计人员应结合企业特点钻研业务，为企业降低成本费用提出建议与意见，参与生产经营决策，切实发挥领导的参谋作用。

成本会计机构的负责人是企业成本会计工作的领导者和组织者，应在总会计师和财会部门领导的指导下，依据成本核算与管理的相关法规和制度，根据本企业的特点，拟定企业的成本会计制度和办法，检查成本会计人员对有关法规、制度、办法的执行情

况，不断改进工作，提高管理水平。

成本会计人员是成本会计法规、制度、办法的执行者，首先，应严格遵守法规和制度；其次，在成本核算与管理过程中，检查企业内部各单位有关成本费用计划、法规、制度的执行情况，及时发现成本核算与管理工作中的问题；最后，研究企业成本核算与管理的特点和规律，提出合理化建议。

## 四、成本会计制度制定与执行

成本会计制度，是组织和从事成本会计工作必须遵守的规范，是会计法规和制度的重要组成部分。制定与执行成本会计制度，可以使企业的成本会计人员执行国家有关的方针、政策，保证成本会计资料真实、完整。

成本会计有关的法规和制度，分为以下五个层次。

### （一）我国《会计法》及相关法律

《中华人民共和国会计法》（简称《会计法》）是制定其他会计法律规章和从事会计工作的根本大法。《会计法》于1985年由全国人民代表大会常务委员会颁布实施；1993年12月与1999年10月、2017年11月、2024年7月先后四次修正或修订。通过修正或修订，《会计法》强化了企业领导者的会计责任，为提高会计信息质量提供了重要保障。与会计核算有关的相关法律对成本会计工作组织也有影响，如《中华人民共和国公司法》《中华人民共和国企业所得税法》等。

### （二）《企业财务会计报告条例》

《企业财务会计报告条例》是保证《会计法》贯彻实施的会计行政法规，由国务院制定，2001年1月1日起施行。《企业财务会计报告条例》针对对外提供财务会计报告的真实性与完整性进行了规范。众所周知，财务会计的两大课题——存货的计价和收益的确定，都与成本计算的正确与否有着密切的联系。成本会计对产品成本的计算正确与否，直接关系到本期已销售产品成本和期末未销售产品成本的划分是否正确，从而决定着本期收益计算和存货计价是否正确，最终表现为据此编制的资产负债表、利润表及现金流量表能否正确、真实地反映企业的财务状况和经营成果。因此，制定企业的成本会计制度，必须依据《会计法》与《企业财务会计报告条例》。

### （三）《企业会计准则》和《企业财务通则》

《企业会计准则》是指国务院财政部门根据《会计法》和有关法律、行政法规的规则制定的，关于会计核算、会计监督及会计工作管理等的制度，是对处理会计事务所制定的规章、准则、办法等规范性文件的总称。它包括基本准则、具体准则、准则指南三个方面的内容，《企业财务通则》是指国务院财政部门根据《会计法》和有关法律、行政法规的规则制定的，为加强企业财务管理，规范企业财务行为，保护企业及其相关方的合法权益，推进现代企业制度建设的规范性文件的总称。

### （四）企业内部财务会计制度

企业内部财务会计制度是由各企业根据《会计法》《企业会计准则》《企业财务通则》等有关法律、行政法规，结合本企业具体条件自行制定的财务会计制度。企业的成本会计工作是本企业会计工作的重要组成部分，也应符合本企业财务会计制度的规定。

**（五）企业内部成本会计制度、规程和办法**

各企业为了具体规范本企业成本会计的工作办法，还应根据上述各种法规和制度，结合本企业生产经营的特点和管理要求，具体制定本企业的成本会计制度、规程和办法。它是企业进行具体成本会计工作的直接依据。其内容主要如下：①成本开支范围的规定；②关于成本会计科目、成本项目和成本计算方法选择的规定；③成本定额制定的规定；④成本岗位责任制度；⑤成本预测和决策制度；⑥目标成本制定和成本计划、费用预算编制制度；⑦成本控制制度；⑧成本核算制度；⑨成本信息提供和相关报表编制制度；⑩企业内部结算价格和内部结算办法制度；⑪成本分析和改善成本措施的落实制度；⑫成本考核和奖励制度；⑬其他有关成本会计的制度。

上述企业内部成本会计制度的前两项要根据国家统一的制度规则制定，企业不能随意改变。成本会计制度制定以后，企业要严格执行，保持其相对稳定性。成本会计制度也要随着经济形势和客观环境的变化适时修改，以保证成本管理的先进性。

第一章重要术语　　第一章案例分析　　第一章思政课堂

## 课后练习题

**一、单项选择题**

1. 按照现行制度规定的成本开支范围，以正常生产经营活动为前提，根据生产过程中实际消耗的物化劳动的转移价值和活劳动所创造价值中应纳入成本范围的那部分价值的货币表现称为（　　）。
   A. 产品生产费用　　B. 产品实际生产成本
   C. 产品理论生产成本　　D. 费用
2. 在正常生产、合理经营条件下的社会平均成本，是生产商品的价值中物化劳动价值和活劳动价值的货币表现，也称为（　　）。
   A. 产品生产费用　　B. 产品实际生产成本
   C. 产品理论生产成本　　D. 费用
3. 一般说来，实际工作中的成本开支范围与理论成本包括的内容（　　）。
   A. 是有一定差别的　　B. 是完全一致的
   C. 是不相关的　　D. 是可以相互代替的
4. 初级的成本会计也就是狭义的成本会计，是指（　　）。
   A. 成本计划　　B. 成本决策　　C. 成本核算　　D. 成本分析考核
5. 归为费用的已耗成本，如果不能够“对象化”则构成（　　）直接在利润表中反映。
   A. 当期产品成本　　B. 已售产品成本
   C. 未售产品成本　　D. 期间费用

**二、多项选择题**

1. 生产过程发生的耗费有（　　）。

A. 劳动手段的耗费
B. 劳动方式的耗费
C. 劳动指标的耗费
D. 劳动对象的耗费
E. 活劳动的耗费

2. 商品的理论成本包括（　　）。
A. 生产中消耗的生产资料的价值
B. 劳动者为自己的劳动创造的价值
C. 劳动者为社会创造的价值
D. 为资本家创造的价值
E. 为满足社会需要创造的全部新价值

3. 成本会计环节一共有七个，其中包括（　　）。
A. 成本计算
B. 成本记录
C. 成本分析
D. 成本考核
E. 成本确认

4. 对成本会计工作组织方式的说法，正确的有（　　）。
A. 成本会计内部工作组织方式分为集中核算与非集中核算
B. 大中型工业企业一般采用分散工作方式，中小型企业一般采用集中工作方式
C. 会计法规与制度制定的原则是“统一领导、分级管理”
D. 成本会计人员应不断提高自身素质
E. 成本会计有关的法规与制度的制定，主要考虑国家需求，可以不考虑企业的需要

5. 成本核算的主要作用在于（　　）。
A. 补偿生产耗费的尺度
B. 综合反映企业工作质量的重要指标
C. 制定产品价格的基础
D. 进行经营预测、决策和分析的重要依据
E. 企业竞争的主要手段

6. 一般说来，企业应根据（　　）来组织成本会计工作。
A. 本单位生产经营的特点
B. 对外报告的需要
C. 本单位生产规模的大小
D. 本单位成本管理的要求
E. 行业发展的特殊性

7. 下列对成本会计描述正确的有（　　）。
A. 以货币为主要计量单位
B. 管理对象是资金耗费和价值补偿
C. 是一个系统
D. 有其特定的目标、结构、功能
E. 是一项管理活动

**三、判断题**

1. 从理论上讲，产品价值中的补偿部分，就是产品的理论成本。（　　）
2. 在实际工作中，某些不形成产品价值的损失，如废品损失也计入产品成本。（　　）
3. 对于管理费用、财务费用、销售费用，为简化核算，一律计入产品成本。（　　）
4. 实际工作中的产品成本，是指产品所耗费的全部成本，不是指产品的生产成本。（　　）
5. 现代成本会计实际就是成本管理，即所说的狭义成本会计。（　　）
6. 实际工作中，确定成本的开支范围，应以产品的理论成本为理论依据。（　　）
7. 企业应根据外部有关方面的需求来组织成本会计工作。（　　）

8. 成本会计只在工业企业中存在，其他行业企业无成本会计核算。（　）
9. 成本的经济实质，是生产经营过程中所耗费生产资料转移价值的货币表现。（　）
10. 狭义成本会计是对生产经营过程中发生的费用进行归集和分配，计算出有关成本计算对象的总成本和单位成本，并加以分析和考核。（　）
11. 成本会计除计算产品成本之外，还要收集管理所必需的成本资料，供企业经营决策之用。（　）

## 四、名词解释

1. 成本会计　2. 理论成本　3. 实际成本　4. 成本核算

## 五、思考题

1. 如何理解成本的内涵？
2. 成本指标有何作用？
3. 简述成本会计的发展演进过程。
4. 成本会计的服务对象是什么？
5. 简述成本会计的职能和任务。
6. 如何设置成本会计的组织机构？
7. 现代成本会计有哪些内容？它们之间存在什么关系？
8. 简述对成本会计人员业务素质的具体要求。
9. 简述成本会计的制度框架。
10. 实际成本与理论成本背离有哪些原因？

# 第二章

# 产品成本核算概述

## 本章逻辑框架

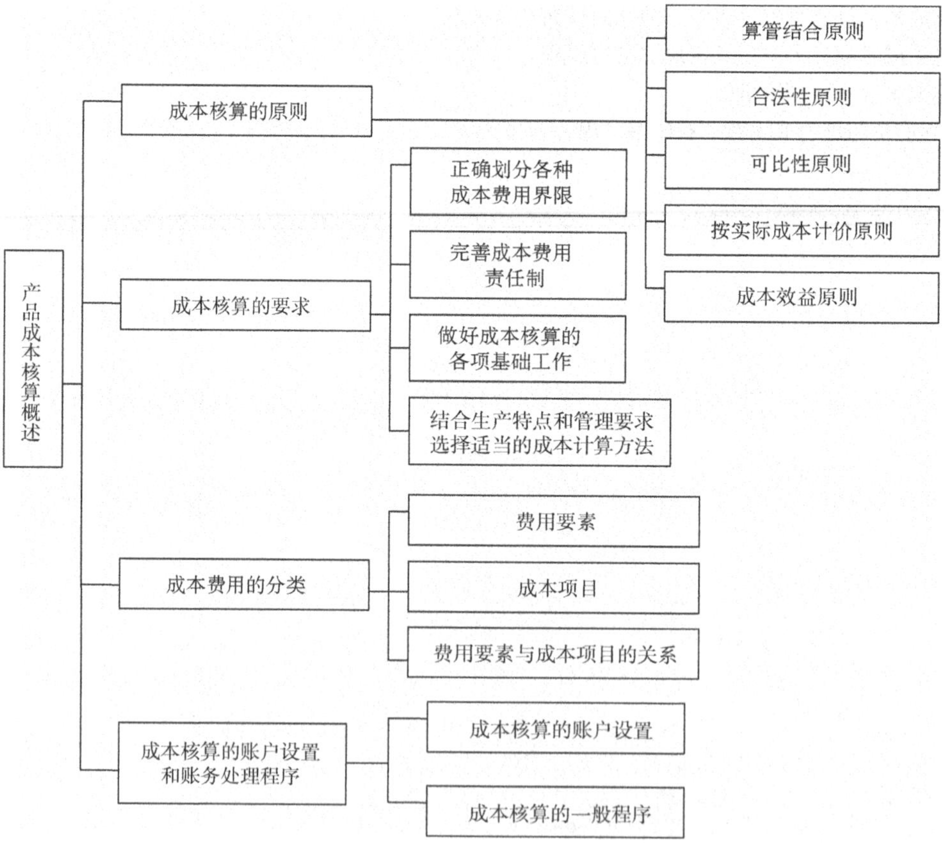


## 本章重要概念

成本项目　费用要素　生产成本　制造费用　期间费用　成本核算原则

**本章内容引言**

进行成本核算是成本会计的主要工作，为了更好地完成成本核算，必须遵循成本核算的一般原则，做好成本核算的基础工作。成本费用的分类是成本核算的主要内容：按照经济内容分类形成费用要素，按照经济用途分类形成成本项目，这两种分类对成本核算有重大影响。进行成本核算还需要设置专门的账户，这些账户的结构、用途有自身特点，使用这些账户对发生的业务进行会计处理，会形成一个完整的成本核算程序。

## 第一节 成本核算的原则

### 一、算管结合原则

现代成本会计的主要特征是成本核算与成本控制相结合，而成本控制在一定程度上可以理解为成本管理，在成本管理者的决策中，成本核算提供的会计信息是最为重要的。成本核算一定要以成本管理为目标，所提供的成本会计信息才能具有较高价值。如果企业的成本核算提供的会计信息与企业成本管理的决策无关，那么成本核算就失去了存在的意义。根据决策有用的目标，成本会计提供的信息应当：如实反映企业生产产品及产品成本费用开支的所有情况，包括生产过程中拥有或控制的经济资源、对经济资源的要求权，以及经济资源及其要求权的变化情况；如实反映企业的各项成本费用的金额及其变动情况；有助于管理层及有关各方正确、合理地评价企业的产品质量、费用开支水平、成本构成等；有助于企业管理层和有关各方根据相关成本会计信息做出理性的成本决策，以降低成本，提高效益。在成本核算过程中，可以遵循成本管理的要求，适当调整成本核算内容的详略，以判断成本管理作为核算标准是否合适。

### 二、合法性原则

合法性原则是指计入成本的费用，必须符合国家法律、法规和制度的规定，不符合规定的费用就不能计入成本。成本是企业为生产产品、提供劳务发生的各种经济资源的耗费。生产经营过程同时也是资产的耗费过程。费用开支标准是对某些费用支出的数额、比例所做出的具体规定。计入成本的费用必须符合国家的法律法规、方针政策、制度的规定。例如，目前制度、准则规定购置和建造固定资产的支出，购入无形资产的支出，对外投资的支出，被没收的财物，各项罚款性质的支出，以及捐赠和赞助性质的支出等不能列入成本开支。又如，管理费用、财务费用和销售费用等作为期间费用处理，不能计入产品成本。企业严格遵守国家规定的成本开支范围和费用开支标准，是国家对企业核算产品成本提出的一项最基本的要求，这样既能保证产品成本的真实性，使同类企业及企业本身不同时期的产品成本内容一致，具有分析对比的可能，又能正确计算企业的利润并进行分配。

在制造业中，国家相关法规允许以下费用列入产品成本开支范围。

(1) 企业生产单位为生产产品所实际消耗的原材料、辅助材料、备品备件、外购半成品、燃料、动力、包装物、低值易耗品等费用。

（2）企业生产单位为生产产品所发生的固定资产折旧费、修理费和租赁费用。

（3）企业生产单位支付给职工的工资、津贴、奖金、补贴和计提的职工福利费等薪酬支出。

（4）企业生产单位由生产因素引起的废品修复费用或报废损失，季节性停工、修理期间停工所支付的薪酬等支出。

（5）企业生产单位为组织和管理生产所支付的办公费、差旅费、运输费、保险费、水电费、设计制图费、试验检验费、劳动保护费、邮电费。

（6）企业生产单位为生产产品使用的无形资产的摊销。

（7）企业生产单位为生产经过相当长时间的生产活动（生产周期超过一年）才能达到预定可使用状态的产品而发生的借款费用。

## 三、可比性原则

可比性原则是指各个会计期间采用的成本会计方法应保持一致，如制造费用分配方法、辅助生产费用分配方法、产品成本的确认方法等，某种方法一经确定，不能随意变更，确实需要变动的，应在成本报告中予以说明，注明变动的原因、变动后对当期损益的影响等。这一原则的确立，使得同一企业不同会计期间的成本会计信息具有前后期的可比性，有助于信息使用者对费用成本发展趋势及存在问题进行分析评价。

## 四、按实际成本计价原则

知识链接
计划成本法的应用

在成本会计的发展历程中，不同国家的成本核算的计价标准不同，如美国成本会计一直坚持标准成本计价。按照我国的成本会计制度规章的要求，我国成本核算必须按实际成本计价，包括两方面的内容：一是生产所耗用的原材料、燃料、动力、职工薪酬和折旧等相关生产费用都要按实际成本计价；二是完工产品成本要按实际成本计价。

原材料、燃料、动力、职工薪酬和折旧按实际成本计价，是指材料、燃料、动力、职工薪酬等相关生产费用要按其实际耗用数量、工时和实际单位成本计算，折旧要按固定资产原始价值和规定使用年限计算。必须指出，这里原材料的实际单位成本，不一定就是某次采购的实际成本，而是由已入账的各次原材料的账面实际成本，采用先进先出法、加权平均法、移动平均法等计算的实际单位成本都可以。原材料、燃料的明细账，也可按计划成本计价，但是在计入产品成本时，仍需要将计划成本调整为实际成本。

至于完工产品按实际成本计价，同样是指产品完工转出时，账面上已归集的属于该产品的实际成本随之转出，不能多转或少转，但它并不排斥“库存商品”账户按计划成本（或定额成本、标准成本）计价，实际成本与计划成本（或定额成本、标准成本）之间的差异，另设账户登记。

## 五、成本效益原则

成本核算的内容涉及整个产品成本形成的全过程，对每一项费用的归集分配都需要付出成本与代价。如果对每一项费用的归集分配都付出同样的代价，则会使企业增加核算成本，因此，在成本核算中，要坚持成本效益原则，也就是成本核算工作本身也要讲效益。在成本核算过程中，凡是企业成本管理需要的重要指标，成本核算以此为重点，加强核算；而对次要的项目在核算时可以简化。在费用控制的过程中，需要重点控制的费用，可以增设相关的成本项目；而对非重点控制的费用，则可以将几项费用合并为一个成本项目简化核算。成本核算的繁简取舍标准就是成本管理是否需要。为满足企业成本管理的需要，成本核算不仅要进行成本会计要素的确认、计量、记录，还应该根据成本管理的要求对成本管理所需要的变动成本、固定成本、目标成本、责任成本等指标进行相应的核算。

考虑到成本核算的成本效益原则，在进行成本核算时，所采用的成本计算步骤、费用分配方法要根据每一企业的具体情况进行选择。对一些主要的产品或成本项目采用比较复杂、详细的方法进行分配和计算，而对一些比重不大、费用额度较低，对产品成本影响不大的费用，则可采用简化的方法，进行合并计算和分配。因此，按照重要性原则进行成本核算，既减轻了成本核算的工作量，也加快了成本核算的速度。

## 第二节　成本核算的要求

### 一、正确划分各种成本费用界限

为了正确核算产品成本，保证产品成本的真实可靠，还需要在不同时期、不同产品及产成品和在产品之间正确地分摊费用，分清有关成本费用的四个界限。

**（一）分清计入产品成本和不计入产品成本的费用界限**

企业发生的各种费用支出，不是全部都计入成本的。对企业在生产经营过程中发生的一些资本性支出，如购建固定资产、无形资产的支出，不应列入产品成本，而应计入资产的价值中；对与生产经营无关的营业外支出，也不能计入企业成本。对收益性支出，则应根据其发生的地点和用途，计入各产品成本或期间费用中。

**（二）分清本期成本费用和下期成本费用的界限**

凡应由本期产品成本负担的费用，无论是否在本期支付，都应全部计入本期产品成本；不应由本期产品成本负担的费用，即使在本期支付，也不能计入本期产品成本。应正确核算跨期费用，按受益期限摊销或预提，不能任意摊提，人为地调节产品成本。

**（三）分清各种产品成本的界限**

属于哪一种产品成本负担的费用，就应计入哪一种产品成本；对不能直接计入各种产品成本的费用，应根据谁受益谁分摊、多受益多分摊、少受益少分摊的原则进行分配。在进行费用分配时，不能为了简化成本核算方法或其他目的，将费用随意在各种产品中进行分配，即不得将应计入可比产品的费用，计入不可比产品成本中，或将应计入不可比产品的费用，计入可比产品成本中；也不能将应列入亏损产品的费用，计入盈利产品成本中，或将应列入盈利产品成本中的费用，计入亏损产品费用中。

**（四）分清在产品成本和产成品成本的界限**

企业应采取合理而简便的方法，在需要时将累计发生的生产费用在产成品和在产品之间进行分配，不得人为地任意压低或提高在产品的成本，保证成本计算的真实性。为了保证准确地将费用在完工产品和在产品之间进行分配，使各期的成本指标具有可比性，在产品的成本计算方法一经确定，不应经常改变。

## 二、完善成本费用责任制

企业规章制度是以责任制为核心的。责任制度就是规定企业内部各单位、各类人员的工作范围、应负的责任及相应权利的制度。企业建立的内部经济责任制，是将岗位责任制、内部经营承包责任制、按劳分配原则三者有机结合而形成的，有利于调动各方面的积极性。为了正确地进行成本计算，考核各责任单位的成本水平，强化成本管理，必须完善成本责任制。要完善成本责任制，应做好如下四项工作。

**（一）建立健全责任成本制度**

责任成本是指以各责任单位为成本计算对象所计算的成本。企业在进行成本计算时，最后计算出产品成本是非常重要的。但是，产品成本是将产品作为成本计算对象的，所以，它不能反映每一责任单位的工作业绩，不便于将每一责任单位的责任成本的高低与其应承担的责任及经济利益相联系。因此，进行成本计算时，还应创造条件，计算出每一责任单位的责任成本，便于对每一责任单位的责任成本进行考核和分析。

**（二）建立健全内部成本管理体系**

内部成本管理体系是一个非常复杂的系统，涉及企业的所有部门和全体职工。该系统的完善程度，运行是否合理，直接关系到成本责任制的推行。因此，应建立一个运行自如、合理的内部成本管理体系，并使之逐步完善。

**（三）建立健全成本评价考核制度**

成本会计不仅要计算产品成本，并对产品成本指标进行分析，而且还需要进行评价考核。企业应评价考核每种产品成本的升降及各责任单位的责任成本高低情况。要对成本进行评价考核，就应建立一套有利于加强成本评价考核的成本信息收集、整理、对比、计算的方法和程序，确定成本评价标准，使成本考核形成制度，促使成本指标不断降低。

**（四）建立健全成本责任奖惩制度**

计算出产品成本及责任成本后，应对各责任单位可控制成本的高低进行分析，实行规范、严格的奖惩制度，以鼓励先进，督促落后，调动各部门及人员不断降低产品成本的积极性，促进企业经济效益的不断提高。

## 三、做好成本核算的各项基础工作

在进行成本核算时，要想正确计算成本，各项基础工作是非常重要的。如果基础工作做得不好，就会影响成本计算的准确性。只有会计部门和其他各部门密切配合，才能做好成本核算的各项基础工作。

**（一）健全原始记录**

原始记录是按照规定的格式，对企业生产经营活动中的具体经济业务所作的最初记载，是反映企业经济活动情况的第一手资料，是编制成本计划、进行成本核算、分析消耗定额和成本计划完成情况的依据。由此可见，根据企业的具体情况，建立健全严密科学的原始记录制度，对加强企业的生产经营管理、正确计算产品成本是非常重要的。

企业设置的原始记录主要包括以下五个方面。

(1) 反映设备使用情况的原始记录：反映设备交付使用、维修、事故、安全生产等情况，如固定资产交付使用表、设备运转记录、事故登记表等。

(2) 反映物资动态的原始记录：反映材料物资验收入库、领用、退库、结存等情况，如收料单、材料入库单、领料单、限额领料单、领料登记表、材料退库单、材料报废单、材料盘盈盘亏报告单等。

(3) 反映生产活动及产品产出的原始记录：反映生产组织、在产品和自制半成品转移、产品质量检查、产成品入库等情况，如生产加工通知单、工序进程单、停工通知单、废品通知单、产品完工通知单、半成品入库、调拨、报废及盘点盈亏报告单、产成品入库单等。

(4) 反映劳动工资方面的原始记录：反映职工人数、职工调动、考勤、工时利用、工资结算等情况，如职工录用通知书、职工调动通知单、请假单、考勤表、加班加点记录、工资奖金表等。

(5) 反映费用开支的原始记录：反映水、电、劳务、办公费、差旅费开支等情况，如发票、账单、车船飞机票等。

企业成本核算部门应会同计划统计、生产技术、材料供应、劳动工资、设备动力等各有关职能部门，根据成本核算和有关职能部门管理的需要，建立健全原始记录和凭证，并规范各种原始记录和凭证的格式、填写要求、传递程序和保管要求，加强对原始记录和凭证内容的审核，以保证原始记录和凭证的真实与准确。

原始记录是一切核算的基础，因此，原始记录必须真实正确、内容完整、手续齐全、要素完备，以便为成本计算、控制、预测和决策提供客观的依据。

**(二) 实施有效的定额管理**

定额是指在一定生产技术组织条件下，对人力、财力、物力的消耗及占用所规定的数量标准。企业在生产过程中对材料、工时消耗和费用开支等，凡是能制定定额的，都要通过科学的方法，参照过去的执行情况，制定出既先进又切实可行的定额。科学先进的定额，是制订成本计划的基础，也是进行成本核算的重要条件，是对产品成本进行预测、控制和考核的依据。与成本核算有关的消耗定额主要包括工时定额、产量定额、材料、燃料、动力、工具等，有关费用的定额，如制造费用预算等。

产品的消耗定额是编制成本计划、分析和考核成本水平的依据，也是审核和控制耗费的标准。企业应当制定和修订先进而又可行的原材料、燃料、动力和工时等项的消耗定额，并据以审核各项耗费是否合理，是否节约，借以控制耗费，降低成本。但由于消耗定额服务于不同的成本管理目的，可表现为不同的消耗水平。当企业编制成本计划时，是根据计划期内平均消耗水平制定定额的；当定额作为分配实际成本标准时，是以能体现现行消耗水平的定额为依据的；当企业为实现预期利润而控制成本时，是以企业实现预期利润必须达到的消耗水平为衡量尺度的。定额制定后，为了保持它的科学性和先进性，还必须根据生产的发展、技术的进步、劳动生产率的提高，进行不断的修订，使它为成本管理与核算提供客观的依据。

**（三）建立和健全材料物资的计量、收发、领退和盘点制度**

企业在生产经营过程中发生的各种材料物资的增减变化，除要进行价值核算外，还要进行数量核算，计量工作是进行数量核算的依据。如果没有准确的计量，就不能提供材料物资准确的数量变化资料，无法进行成本计算，也就不能保护财产物资的安全完整。同时，生产过程中增减的材料物资，其质量规格是否符合规定的要求，直接关系到产品的质量和经济效果，为了保证入库材料物资的数量与质量，必须做好计量与验收工作，准确的计量和严格的质量检测是保证原始记录可靠性的前提。为了正确计算成本，对各种材料物资的计价和价值的结转应严格执行国家统一的会计制度。各种方法一经确定，应保持相对稳定，不能随意改变，以保证成本信息的可比性。

为了保证领退的材料物资准确无误，还必须及时办好领料和退料凭证手续，使成本中的材料费用相对准确。材料物资等存货品种、规格多，进出频繁，尽管严格管理，但由于种种因素，账面不符的情况还是经常存在。需要对库存物资和在产品进行定期或不定期的清查盘点，防止积压浪费、霉烂变质、贪污盗窃等情况的发生，并且对账面调整做到账实相符，确保成本中的材料等费用更加准确。

**（四）做好厂内计划价格的制定和修订工作**

计划管理基础较好的企业为了分清企业内部各单位的经济责任，便于分析和考核内部各单位成本计划的完成情况，明确各单位工作业绩及总体评价与考核的需要，还应对材料、半成品和厂内各车间相互提供的劳务，如运输、修理劳务等制定厂内计划价格，作为内部结算的依据。厂内计划价格应该尽可能接近实际并相对稳定，年度内一般不作变更。

制定结算价格主要有以下依据。

（1）内部转移的材料物资等，应以当时的市场价格作为内部结算价格。

（2）材料物资、劳务等也可以以市场价格为基础，双方协商定价，作为内部结算价格。

（3）企业生产的零部件、半成品等在内部转移时，可以用标准成本或计划成本作为内部结算价格。

（4）在原有成本的基础上，加上合理的利润（一定利润率计算）作为内部结算价格。

除上述计价方法外，企业也可以根据生产特点、管理要求及具体情况来确定其合理的结算价格进行结算。内部价格制定后，应将相关规定印制装订成册，颁布实行，各部门不得擅自改变，以维护企业内部价格的统一。

**（五）颁布科学、完善的规章制度**

规章制度是企业为了进行正常的生产经营和管理而制定的有关制度、章程和规则。规章制度是人们行动的准绳，是实施有效的成本管理的保证。

企业内部与成本会计有关的规章制度主要包括计量验收制度、定额管理制度、岗位责任制度、考勤制度、质量检查制度、设备管理和维修制度、材料收发领用制度、物资盘存制度、费用开支规定及其他各种成本管理制度等。各种规章制度的具体内容应随着生产的发展、经营情况的变化、管理水平的提高等客观条件，不断改进，逐步完善。

### 四、结合生产特点和管理要求选择适当的成本计算方法

企业在进行成本核算时，应根据本企业的具体情况，选择适合本企业特点的成本计算方法。成本计算方法的选择，应同时考虑企业生产类型的特点和管理的要求两个方面。在同一企业中，可以采用一种成本计算方法，也可以采用多种成本计算方法，即同时使用多种成本计算方法或结合使用多种成本计算方法。成本计算方法一经选定，一般就不应经常变动。

## 第三节　成本费用的分类

### 一、费用要素

企业的生产经营过程，也是物化劳动（劳动对象和劳动手段）和活劳动的耗费过程，因而生产经营过程中发生的费用，按其经济内容分类，可划分为劳动对象方面的费用、劳动手段方面的费用和活劳动方面的费用三大类。在这一分类的基础上，再将费用分为若干要素，称为费用要素。具体可以分为以下几项。

（1）外购材料，指企业为进行生产经营而耗用的一切由外部购入的原料、主要材料、半成品、辅助材料、包装物、修理用备件和低值易耗品等。

（2）外购燃料，指企业为进行生产经营而耗用的一切从外部购入的各种固体、液体和气体燃料。

（3）外购动力，指企业为进行生产经营而耗用的一切从外部购入的各种动力，包括电力、热力和蒸汽等。

（4）职工薪酬，指企业应计入成本费用的职工薪酬（包括工资、奖金、津贴和补贴，福利费，社会保险费，住房公积金，工会经费和职工教育经费，等等）。

（5）折旧费，指企业根据固定资产经济利益实现方式确定的折旧方法提取的折旧费用。

（6）修理费，指企业为修理固定资产而发生的支出。

（7）利息支出，指企业计入期间费用等的借入款项的利息支出（减利息收入后的净额）。

（8）税金，指应计入管理费用的各种税金，如印花税等。

（9）其他支出，指不属于以上各要素的费用支出，如差旅费、租赁费、外部加工费及财产保险费等。

费用要素是一种反映费用原始形态的分类。将费用划分为若干要素进行反映与核算，可以明确地反映出各要素费用的耗费情况，并能将物化劳动的耗费明显划分出来，为国家计算国民收入提供数据资料，也可为企业控制流动资金占用及编制材料采购计划提供依据。但是这种分类核算的不足之处在于不能反映各种费用的经济用途及它们与产品之间的关系，不便于分析这些费用的支出是否节约、合理。

## 二、成本项目

费用按经济用途分为应计入产品、劳务成本的费用和不计入产品、劳务成本的费用，也就是计入产品成本的生产费用和直接计入当期损益的期间费用两类。

期间费用是指不能直接归属于某个特定产品成本的费用。它是随着时间推移而发生的，与当期产品的管理和产品销售直接相关，而与产品的产量、产品的制造过程无直接关系，即容易确定其发生的期间，而难以确认其所应归属的产品，因而不能列入产品制造成本，而应在发生的当期从损益中扣除。期间费用包括直接从企业的当期产品销售收入中扣除的销售费用、管理费用和财务费用。当期的期间费用是全额从当期损益中扣除的，因而，其发生额不会影响下一个会计期间。

在企业产品生产的过程中，发生的能用货币计量的生产耗费，称为生产费用。为具体反映计入产品成本的生产费用的各种用途，提供产品成本构成情况的资料，生产费用被进一步划分为若干个项目，即产品生产成本项目（简称产品成本项目或成本项目）。

### （一）直接材料

直接材料指直接用于产品生产消耗并构成产品实体的原料、主要材料、外购半成品费用，以及有助于产品形成的辅助材料耗费，也称为“原材料费用”。

### （二）燃料和动力

燃料和动力指直接用于产品生产的各种燃料和动力费用。

### （三）直接人工

直接人工指直接参加产品生产的直接生产工人的职工薪酬，包括直接生产工人的职工工资、奖金、津贴、补贴及其福利费、社会保险费、住房公积金、工会经费、职工教育经费等。

### （四）制造费用

知识链接
制造费用和管理费用的区别

制造费用指企业各个生产单位（车间）为组织和管理生产所发生的各种管理费用，包括各个生产单位（分厂、车间）为组织和管理生产所发生的生产单位管理人员工资、奖金、津贴和补贴，福利费，社会保险费，住房公积金，工会经费和职工教育经费，以及生产单位房屋、建筑物、机器设备等的折旧费、设备租赁费（不包括融资租赁费）、修理费、机物料消耗、低值易耗品摊销、设计制图费、试验检验费、劳动保护费等。

企业可以根据生产特点和管理要求对上述成本项目作适当调整。规定或调整成本项目时，应该考虑以下几个问题。一是费用在管理工作中有无单独反映、控制和考核的需要。二是费用在产品成本中比重的大小。三是为某种费用专设成本项目所增加的核算工作量的大小。对管理上需要单独反映、控制和考核的费用，以及产品成本中比重比较大的费用，应该专设成本项目，如增设“燃料与动力”成本项目；否则，为了简化核算工作，不必专设成本项目，如小型工业、企业生产规模小，为简化核算可只设“原材料”“人工费用”“制造费用”三个成本项目，或者可只设“原材料”和“加工费用”两个成本项目。需要协作加工较多的企业，为了综合反映上一生产步骤发生的生产费用，可增设“自制半成品”成本项目；生产过程中产品损耗较大的企业，为了完整反映产生的废品造成的损失费用，可增设“废品损失”成本项目；为了完整反映停工对企业带来的损失，可增设“停工损失”等成本项目。

将生产费用划分为若干成本项目，可以明确地反映直接用于产品生产的材料费用是多少，直接用于产品生产的人工费用是多少，以及耗用于组织和管理生产的各项支出是多少等，这不仅有助于从用途上掌握费用的构成，而且对了解企业各项费用定额（计划、预算）的执行情况，分析费用支出是否节约、合理，控制费用的发生，加强成本、费用管理等，都有重要的作用。

### 三、费用要素与成本项目的关系

费用要素与成本项目，是成本会计中两个非常重要的基本概念，它们之间既有联系，又有区别。

从联系上看，费用要素与成本项目都是对企业某一特定费用所作的分类，有些费用要素与成本项目的名称也非常类似，如材料、职工薪酬等，它们都反映了企业的耗费。另外，就核算程序而言，成本项目的金额总是由费用要素转化而来，费用要素中的生产费用要素形态都将转化并归属于不同的成本项目中。当然，这里的费用要素与成本项目间的对应关系，既可能是一对一的关系，也可能是一对几的关系。

费用要素与成本项目间的区别主要表现在以下几个方面。

#### （一）分类的标准不同

分类的标准不同是两者最根本的区别。费用要素的分类标准只是经济内容而不论用途；成本项目的分类标准只是经济用途而不论内容。费用要素是指具有相同经济内容的各不同用途的耗费之和，而成本项目是指具有相同经济用途的各不同内容的生产耗费之和。正因为费用要素与成本项目的分类标准不同，所以两者间的对应关系错综复杂：同一费用要素，可能有多种经济用途，从而与多个成本项目相对应；同一成本项目，也许包含了多种不同的费用内容，从而又与多个费用要素相对应。

#### （二）被分类的费用不同

费用要素是对总费用进行分类，而成本项目只是对总费用中的生产费用进行分类。将生产费用按经济内容进行划分所得到的若干类别便称为生产费用要素。

#### （三）费用所属的时期不同

费用要素只反映本期发生的费用，而成本项目可能包括本期和以前几个时期发生的费用，即费用要素反映的费用具有时期性的特征，而成本项目反映的费用具有对象性的特征。

此外，费用要素与成本项目在具体的划分类别及各自的作用等方面也存在区别。

## 第四节　成本核算的账户设置和账务处理程序

### 一、成本核算的账户设置

成本核算的主要目的是归集生产费用，计算产品成本。为了核算生产费用，需要设置相应的账户进行总分类和明细分类核算。企业需要设置的账户包括“生产成本”“制造费用”“长期待摊费用”等。

**（一）“生产成本”账户**

“生产成本”账户是用来核算产品生产成本项目的发生以计算产品成本的账户，为了分别核算基本生产成本和辅助生产成本，还应在该一级账户下，分别设置“基本生产成本”和“辅助生产成本”两个二级账户。企业根据需要，也可以将“生产成本”账户分设为“基本生产成本”和“辅助生产成本”两个一级账户。现分别介绍这两个账户的结构与用途。

*1.“基本生产成本”账户*

基本生产是指为完成企业主要生产目的而进行的产品生产。“基本生产成本”账户核算生产各种产成品、自制半成品、自制材料、自制工具、自制设备等所发生的各项费用。企业生产中发生的直接材料、直接人工等直接费用，直接计入该账户的借方及其有关明细账户。间接费用应先通过“制造费用”账户归集，月终按一定标准分配计入该账户的借方及其有关明细账户。已完工并验收入库的产成品、自制半成品，应从“基本生产成本”账户的贷方转入“产成品”“自制半成品”账户的借方，“基本生产成本”账户的月末余额，就是基本生产活动形成的在产品的成本。该账户应按产品品种等成本计算对象分设基本生产成本明细账，也称产品成本计算单或产品成本明细账。账中应按成本项目分设专栏，登记各产品、各成本项目的月初在产品成本、本月生产费用、生产费用合计、本月完工产品成本、完工产品单位成本和月末在产品成本等，其一般格式如表 2-1 所示。

**表 2-1 产品成本计算单**（基本生产成本明细账）

车间： 产品：

| 年 | | 摘要 | 产量 | 成本项目 | | | 成本合计 |
|---|---|---|---|---|---|---|---|
| 月 | 日 | | | 直接材料 | 直接人工 | 制造费用 | |
| | | 月初在产品成本 | | | | | |
| | | 本月生产费用 | | | | | |
| | | 生产费用合计 | | | | | |
| | | 本月完工产品成本 | | | | | |
| | | 完工产品单位成本 | | | | | |
| | | 月末在产品成本 | | | | | |

*2.“辅助生产成本”账户*

辅助生产是指为基本生产服务而进行的产品生产和劳务供应，如工具、模具、修理用备件等产品的生产和修理，运输等劳务的供应。“辅助生产成本”账户核算的是基本生产车间及其他部门提供产品、劳务所发生的各项费用。辅助生产提供的产品和劳务，有时也对外销售，但这不是它的主要目的。辅助生产所发生的各项费用，计入“辅助生产成本”总账科目的借方；完工入库产品的成本或分配转出的劳务费用，计入该科目的贷方；该科目的余额，就是辅助生产活动形成的在产品的成本，也就是辅助生产活动形成的在产品占用的资金。该科目应按辅助生产车间生产的产品、劳务分设辅助生产成本明细账，账中按辅助生产的成本项目或费用项目分设专栏进行登记。

**（二）“制造费用”账户**

“制造费用”账户核算的是企业生产产品和提供劳务而发生的各项间接费用。费用发生时，计入“制造费用”账户的借方及其有关明细账。月终根据企业成本核算办法的规定，按一定标准分配计入有关成本计算对象，从“制造费用”账户的贷方转入“基本生产成本”账户的借方及其有关明细账户。“制造费用”账户应按不同车间、部门设置明细账。除采用年度计划分配法和累计分配法分配制造费用外，该账户月末一般无余额。

**（三）“长期待摊费用”账户**

“长期待摊费用”属于资产类会计科目。该科目核算企业已经发生但应由本期和以后各期负担的分摊期限在一年以上的各项费用。该科目应按费用项目进行明细核算。企业发生的长期待摊费用，计入该科目的借方。摊销长期待摊费用时，计入该科目的贷方。该科目期末借方余额，反映企业尚未摊销完毕的长期待摊费用的摊余价值。

## 二、成本核算的一般程序

成本核算的一般程序就是对生产过程中发生的各项要素费用，按经济用途归类计入产品成本的过程。制造企业的生产特点各不相同，对成本核算和管理的要求也不尽相同，根据企业的具体情况，可以选用不同的产品成本计算方法。尽管产品成本计算方法不同，但却存在产品成本核算的一般程序。在生产过程中所发生的各种耗费，有的直接计入产品成本，有的要先进行归集，然后经过分配再计入产品成本。月终，对既有完工产品又有月末在产品的产品，需将计入该种产品的生产费用在完工产品和在产品之间进行分配，计算出完工产品和月末在产品成本。完工产品要从生产过程转入成品仓库，经过销售，产品成本流转到主营业务成本账户，以计算销售损益。产品成本核算的一般程序如下。

**（一）根据成本开支范围规定，审核生产费用支出**

根据成本开支范围的规定，对各项费用支出进行严格审核，确定应计入产品成本的费用和不应计入产品成本的期间费用。

**（二）编制要素费用分配表**

对生产中产品所耗用的材料，可以根据领料凭证编制材料费用分配表，发生的人工费用，可根据产量通知单等产量工时记录凭证编制工资费用分配表等。凡是能直接计入成本计算对象的费用，根据各要素费用分配表可直接计入“基本生产成本”账户、“辅助生产成本”账户及有关明细账户。不能直接计入成本计算对象的费用，对其进行归集，计入“制造费用”账户及其有关明细账户。

**（三）编制跨期费用分配表**

将本月发生的长期待摊费用归集后，应将本月摊销额按用途进行分配，编制长期待摊费用分配表。对尚未支付但应计入本月产品成本的预提费用，也应编制预提费用分配表。根据所编制分配表的数据资料，计入“辅助生产成本”“制造费用”等账户及其明细账户。

**（四）归集和分配辅助生产费用**

对归集在“辅助生产成本”账户及其明细账户的费用，除将完工入库的自制工具等产品的成本转为存货成本外，应按受益对象和所耗用的劳务数量，编制辅助生产费用分配表，据以登记“基本生产成本”“制造费用”等账户及其明细账户。

**（五）归集和分配制造费用**

将各基本生产车间的制造费用归集后，应区分不同车间，于月终编制制造费用分配表，分配计入本车间的产品成本，计入“基本生产成本”账户及其明细账户。

**（六）归集和分配废品损失**

在生产过程中，难免会出现废品，如果废品损失的份额较大，则企业应该单独设置“废品损失”成本项目并且开设相应的账户进行核算，通过废品损失分配表将发生的损失在相关账户之间进行结转，确定由合格产品负担的废品损失，计入“基本生产成本”账户及其明细账户。

**（七）确定和结转完工产品成本**

经过以上费用分配，各成本计算对象应负担的生产费用已全部计入有关的产品成本明细账。如果当月产品全部完工，所归集的生产费用即为完工产品成本。如果全部未完工，则为期末在产品成本。如果只有部分完工，则需要采用一定的方法将成本在完工产品与期末在产品之间进行分配，以确定本期完工产品成本，并将完工验收入库的产成品成本从“基本生产成本”账户及其明细账户结转至“库存商品”账户及有关明细账户。

**（八）结转已销售产品成本**

已销售产品的成本要从“库存商品”账户及其明细账户转到“主营业务成本”账户及其明细账户。

成本核算的一般程序，如图 2-1 所示。

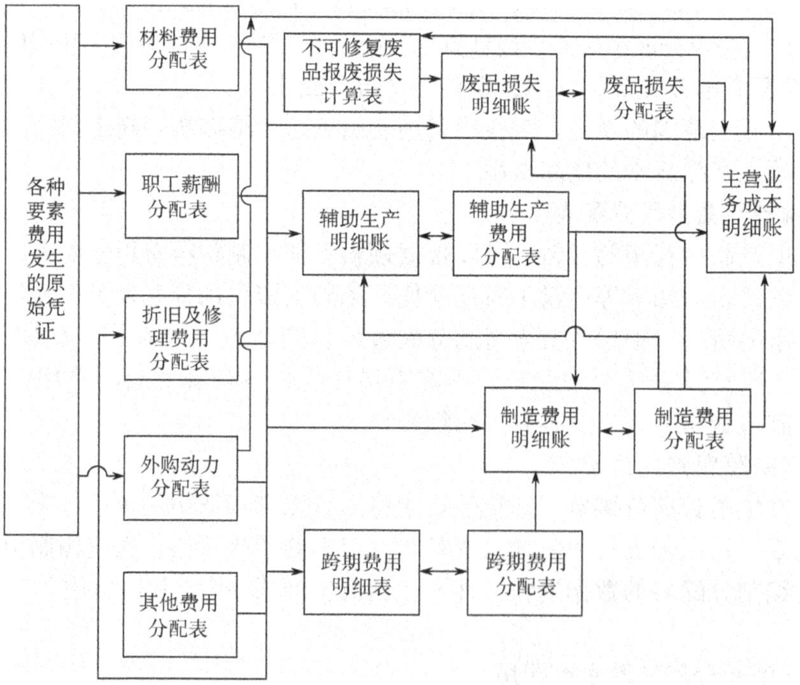


图 2-1 成本核算的一般程序

说明：①根据各种原始凭证编制材料、工资等要素费用分配表，根据原始凭证及各要素费用分配表登记有关明细账；②编制跨期费用分配表，根据跨期费用分配表登记有关明细账；③编制辅助生产费用分配表，根据辅助生产费用分配表登记有关明细账；④编制制造费用分配表，根据制造费用分配表登记有关产品成本计算单；⑤编制废品损失计算表，将发生的废品损失计入废品损失和相关产品成本明细账；⑥计算完工产品与在产品成本，将完工产品成本转入库存商品明细账；⑦将已销售产品成本结转至主营业务成本明细账。

第二章重要术语　　第二章案例分析　　第二章思政课堂

## 课后练习题

### 一、单项选择题

1. 下列可以计入费用的项目是（　　）。
   A. 购入无形资产的支出　　B. 非正常原因发生的停工损失
   C. 固定资产的盘亏损失　　D. 基本生产车间支付的办公费
2. 下列属于生产费用的项目是（　　）。
   A. 支付的借款利息　　B. 销售机构支付的广告费
   C. 厂部支付的办公费　　D. 生产车间支付给生产工人的工资
3. 为了防止利用费用待摊和预提的方法人为调节各个月份的产品成本与期间费用，人为调节各月损益，应（　　）。
   A. 正确划分各个月份的费用界限
   B. 正确划分各种产品的费用界限
   C. 正确划分完工产品和在产品费用界限
   D. 正确划分生产费用与期间费用界限
4. 企业的各项财产物资应当按取得时的实际成本计价，物价变动时（　　）。
   A. 可以随其变动计价　　B. 不能随其变动计价
   C. 不得调整其账面价值　　D. 除国家另有规定者外，不得调整账面价值
5. 下列各项中属于生产费用要素的有（　　）。
   A. 原材料　　B. 折旧费　　C. 燃料和动力　　D. 制造费用
6. 下列项目中不属于生产费用要素的是（　　）。
   A. 外购材料　　B. 外购燃料
   C. 利息支出　　D. 原材料
7. 下列项目中，属于成本项目的是（　　）。
   A. 税金　　B. 折旧费　　C. 工资及福利费　　D. 工资
8. 下列不应计入产品生产成本的费用是（　　）。
   A. 生产工人工资　　B. 按生产工人工资提取的福利费

C. 分厂、车间机器的修理费　　D. 租入固定资产的租赁费

9. 下列应计入产品生产成本的费用是（　　）。

A. 宣传广告费　　B. 利息支出

C. 厂部的设备维修费　　D. 基本生产车间的设备折旧费

10. 生产费用按经济用途分类，可以（　　）。

A. 反映各时期各种费用的构成和水平

B. 考核各项费用定额或计划的执行情况

C. 为编制企业的材料采购资金计划提供资料

D. 便于查找成本升降原因

11. 成本项目中的工资和福利费是指（　　）。

A. 直接参加制造产品的生产工人工资及福利费

B. 全部职工工资及福利费

C. 基本生产车间管理人员的工资及福利费

D. 销售机构人员的工资及福利费

12. 生产费用按其与生产工艺过程的关系分类，可以分为（　　）。

A. 直接计入费用和间接计入费用　　B. 直接生产费用和间接生产费用

C. 变动费用和固定费用　　D. 直接生产费用和间接计入费用

13. 在用一种原材料同时生产几种产品的联产品生产企业中（　　）。

A. 直接生产费用可以直接计入某种产品成本

B. 间接生产费用也可以直接计入某种产品成本

C. 直接生产费用和间接生产费用都不能直接计入某种产品成本

D. 直接生产费用可以直接计入而间接生产费用不能直接计入某种产品成本

14. “基本生产成本”账户核算的内容是（　　）。

A. 销售产品发生的广告费

B. 厂部使用机器的折旧费

C. 基本生产车间为生产产品所发生的一切费用

D. 支付的房产税、印花税

15. 正确划分各种产品的费用界限，是为了防止（　　）。

A. 乱挤成本费用

B. 少计成本费用

C. 混淆生产费用和期间费用

D. 在盈利产品和亏损产品之间，以盈利补亏损，掩盖超支

## 二、多项选择题

1. 工业企业的费用包括（　　）。

A. 生产费用　　B. 销售费用　　C. 财务费用　　D. 营业外支出

E. 管理费用

2. 为了正确计算产品成本，必须正确划分（　　）。

A. 成本费用与非成本费用的界限　　B. 产品制造成本与期间费用的界限

C. 各个不同期间费用的界限　　D. 各种产品费用的界限

E. 完工产品与在产品的费用界限

3. 为了正确地计算产品成本，必须防止（ ）。
   A. 乱挤成本和少计成本
   B. 利用费用待摊和预提的方法，人为调节各月产品成本
   C. 在可比产品与不可比产品之间、盈利产品与亏损产品之间任意增减费用，以盈补亏，掩盖超支
   D. 任意提高成本，降低月末在产品费用，人为调节各月产品成本
   E. 混淆生产费用和经营费用，借以调节各月产品成本和各月损益
4. 下列各项目应计入生产费用和期间费用的有（ ）。
   A. 固定资产的盘亏损失　　B. 生产产品工人的工资
   C. 广告宣传费　　D. 由于自然灾害等原因而发生的非常损失
   E. 车间的机物料消耗
5. 下列各项目中，应计入期间费用的有（ ）。
   A. 厂部管理人员工资
   B. 销售机构经费
   C. 基本生产车间管理人员的工资及福利费
   D. 筹集资金所支付的利息
   E. 支付的房产税、印花税
6. 为了正确计算产品成本和期间费用，应做好以下各项基础工作（ ）。
   A. 正确划分各种费用界限
   B. 建立健全定额管理制度
   C. 建立存货的计量、收发领退和盘点制度
   D. 建立和健全原始记录
   E. 制定和修订厂内计划价格
7. 下列各项目中，属于生产费用要素的有（ ）。
   A. 折旧费　　B. 废品损失　　C. 停工损失　　D. 制造费用
   E. 外购材料
8. 下列各项目中属于产品成本项目的有（ ）。
   A. 管理费用　　B. 财务费用　　C. 制造费用　　D. 废品损失
   E. 原材料
9. 下列项目中不属于产品成本项目的有（ ）。
   A. 外购燃料　　B. 外购动力　　C. 利息支出　　D. 折旧费
   E. 其他支出
10. 工业企业的费用按其经济内容分类，可以（ ）。
   A. 分析各个时期各种费用的构成和水平
   B. 为编制企业的材料采购资金计划提供资料
   C. 可以反映各种费用的经济用途
   D. 可以为企业储备资金定额和考核储备资金周转速度提供资料
   E. 可以为制定厂内计划价格提供资料
11. 生产费用要素中的外购材料包括（ ）。
   A. 原料及主要材料　　B. 半成品
   C. 辅助材料　　D. 燃料
   E. 修理备用件

12. 生产费用要素中的外购材料可能计入以下成本项目的有（　　）。

A. 燃料和动力　　B. 工资及福利费

C. 制造费用　　D. 废品损失

E. 原材料

13. 下列各项中属于生产费用要素中的工资的有（　　）。

A. 工人工资　　B. 车间管理人员工资

C. 技术人员工资　　D. 学徒工资

E. 厂部管理人员工资

14. 工业企业的上级机构可以根据实际情况对成本项目进行适当调整。在规定或调整成本项目时，应考虑（　　）。

A. 费用在管理上有无单独反映、控制和考核的需要

B. 企业生产工艺和生产的特点

C. 费用在产品成本中比重的大小

D. 为某种费用专设成本项目所增加的核算工作量的大小

E. 企业规模的大小

15. 以下说法正确的有（　　）。

A. 直接生产费用大多是直接计入费用

B. 间接生产费用大多是间接计入费用

C. 直接生产费用一定是直接计入费用

D. 在只生产一种产品的企业中，直接生产费用和间接生产费用都是直接计入费用

E. 在用同一种原材料，同时生产出几种产品的企业，直接生产费用和间接生产费用都是间接计入费用

16. 为了核算生产费用和期间费用应开设的会计科目有（　　）。

A. “生产成本”科目　　B. “制造费用”科目

C. “销售费用”科目　　D. “管理费用”科目

E. “财务费用”科目

17. 生产成本项目中的“直接材料”包括（　　）。

A. 构成产品实体的原料　　B. 构成产品实体的主要材料

C. 构成产品实体的外购半成品　　D. 固定资产折旧费

E. 有助于产品形成的辅助材料

18. 费用要素与成本项目间的区别主要表现在于（　　）。

A. 分类的标准不同　　B. 划分类别不同

C. 作用不同　　D. 费用所属的时期不同

E. 被分类的费用不同

## 三、判断题

1. 购置和建造固定资产的支出，应计入费用。（　　）
2. 用于基本生产车间机器设备大修理的费用不应计入费用。（　　）
3. 由水灾造成的材料、产成品损失应计入生产费用。（　　）
4. 由于产品销售、管理生产经营活动和筹集生产经营资金所发生的费用，应该计入期间费用。（　　）
5. 违反财政纪律或经营合同的赔偿金、违约金、滞纳金和罚款，都是经营管理不善的支出，应计入

产品成本。（　　）

6. 为了正确地计算产品成本，应该也可能绝对正确地划分各个月份的费用界限。（　　）
7. 生产费用按经济内容分类不能反映各种费用的经济用途，因而不便于分析这些费用的支出是否节约、合理。（　　）
8. 生产费用按经济用途分类可以反映工业企业在一定时期内总共发生了哪些费用，各是多少，据以分析各个时期各种费用的构成和水平。（　　）
9. 基本生产车间发生的各种生产费用都应直接计入“基本生产成本”账户。（　　）
10. “制造费用”账户是核算企业为生产产品和提供劳务而发生的各种直接费用与间接费用。（　　）
11. 实际成本计价也称历史成本计价，要求在任何情况下均须以历史成本反映资产的现值。（　　）
12. 凡属于本期发生的费用，都应全部计入本期产品成本。（　　）
13. 企业发生的各种费用支出，除计入资本性支出外应全部计入成本中。（　　）
14. 机物料消耗、辅助生产工人的工资和车间厂房折旧费用等均属于直接生产费用。（　　）

## 四、名词解释

1. 费用　2. 生产成本　3. 期间费用　4. 成本项目

## 五、思考题

1. 费用的分类主要有哪两种？二者之间的差异是什么？
2. 正确划分各种费用界限包括哪些具体内容？
3. 成本核算的基础工作有哪些？

# 要素费用的归集与分配

**本章逻辑框架**

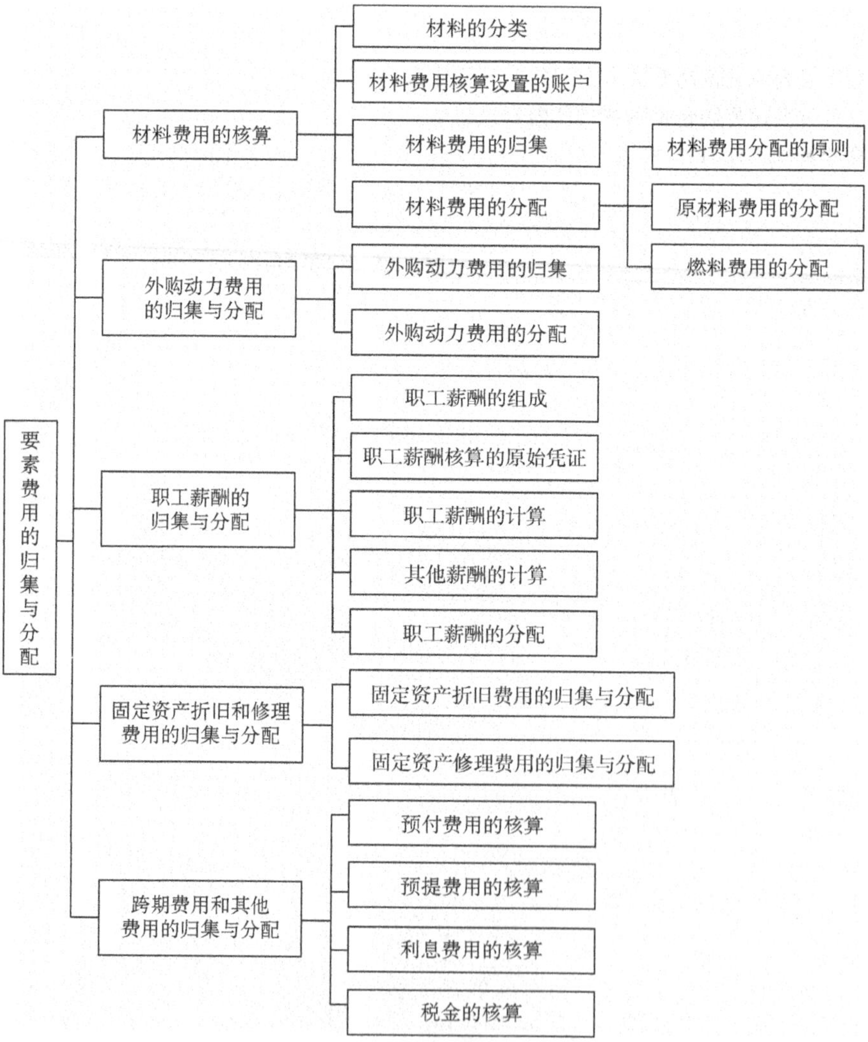

**本章重要概念**

费用归集 费用分配 材料费用 外购动力 固定资产折旧 跨期费用

**本章内容引言**

按照成本核算的要求和程序，企业应将发生的各种费用要素先进行归集，然后采用适当的分配方法分别计入各成本计算对象中，计入有关成本账户。要素费用的分配主要包括材料费用、燃料费用、外购动力费用、职工薪酬费用、折旧费用和修理费用等项目的归集与分配。因为这些要素费用自身的特点不同，所以对其采用不同的归集程序和分配方法。

## 第一节 材料费用的核算

企业的生产活动大量消耗各种材料，它们中有的用于产品生产，有的用于维护生产设备和管理、组织生产。此外，还有的用于非工业生产等。另外，有些材料经过加工后构成产品的主要实体，有些材料虽不构成产品的主要实体，但却有助于产品的形成，有些材料在生产过程中被劳动工具消耗，这些材料都是产品成本的重要组成部分。

材料费用是产品成本的重要组成部分，加强对材料费用的核算，对降低产品成本、节约使用资金、加速资金周转等，都有着十分重要的作用。对企业生产过程中发生的材料费用首先应进行归集，然后再采用适当的方法进行分配。因此，材料费用的核算，包括材料费用的归集和分配两个方面。

### 一、材料的分类

材料是生产过程中的劳动对象，是产品生产中必不可少的要素，同时也是产品成本的构成要素之一。

**（一）按在生产中的作用分类**

按材料在生产中的作用不同，分为原料及主要材料、辅助材料、外购半成品、修理用备件、燃料、包装物、低值易耗品等。

（1）原料及主要材料，指经过加工后构成产品实体的各种原料和材料。其中原料是指直接从自然界取得的劳动对象，如冶金企业炼铁耗用的矿石等；材料是指已被加工过的劳动对象，如加工工业企业耗用的钢材等。

（2）辅助材料，指虽不构成产品的主要实体，但有助于产品实体形成的各种材料，如制造家具用的油漆，加工服装用的线、扣等。另外，被劳动资料消耗的材料，如机器用的润滑油、冷却液等；为创造劳动条件而消耗的材料，如照明用的灯泡、清洁卫生用具等，也列入辅助材料。

（3）外购半成品，指企业购入已经过外单位加工的半成品，如汽车制造厂购入的发动机、各种汽车仪表等。

(4) 修理用备件，指为修理本企业的机器设备和运输设备的备用件，如齿轮、轴承等。此类材料虽然用量不大，但是设备正常运转所必需的，且种类多，所以单列一类。

(5) 燃料，指工艺用或其他用途的各种固体、液体、气体等燃料。燃料按其在生产中的作用可归入辅助材料类，但能源在国民经济中的地位越来越重要，国家强调燃料的管理单独划分为一类。

(6) 包装物，指为包装本企业产品的各种包装容器，如桶、箱、瓶、罐、坛、袋等。

(7) 低值易耗品，指单位价值较低、容易耗损的各种工具、管理用具、玻璃器皿及劳保用品等。从性质上看，低值易耗品并不是劳动对象，而是劳动资料，但由于它不具备固定资产的条件，所以把它列为材料的一类。

**(二) 按来源分类**

材料成本应以企业取得或加工生产该种材料所发生的实际支出为基础来计算。由于企业材料来源不同，其成本构成的具体内容也不同。

(1) 外购材料成本。外购材料的采购成本构成项目如下：①买价，是指国内供货单位开出的发票价格，进口材料则是材料物资的清算标价和进口税费；②运杂费，指从销货单位运达企业仓库前发生的包装、运输、装卸、保险及仓储等费用；③运输途中的合理损耗；④购入材料应负担的税金；⑤入库前整理挑选费用，包括整理挑选过程中发生的支出和必要损耗，并扣除回收的残料价值；⑥其他与采购材料有关的费用支出。

(2) 委托加工材料成本。委托外单位加工本企业所需要的材料物资的成本包括加工中耗用材料物资的实际成本，支付的加工费用，为加工材料物资支付的往返运杂费等。

(3) 自制材料成本，即自制材料的生产成本，包括在制造过程中发生的直接材料费、直接加工费以及其他费用。

## 二、材料费用核算设置的账户

材料的计价分为按实际成本计价和按计划成本计价，根据计价方法的不同，设置的账户也不同，分别介绍如下。

**(一) 按实际成本计价设置的账户**

材料按实际成本计价是指从材料的收、发凭证到材料的总分类和明细分类核算都采用实际成本进行计价。这种计价方法一般适用于材料品种较少、采购业务不多的企业。采用实际成本计价，企业应开设“原材料”账户和“在途物资”账户。

“原材料”账户核算企业库存的各种材料的实际成本。该账户为资产类账户，借方登记入库材料的实际成本，贷方登记发出材料的实际成本，期末有借方余额，表示月末库存材料的实际成本。

“在途物资”账户核算企业已付款或已开出结算凭证但尚未验收入库的材料的实际

成本。该账户为资产类账户，借方登记企业购入的在途物资的实际成本，贷方登记验收入库的在途物资的实际成本，期末有借方余额，表示月末尚未验收入库的在途物资的实际成本。

**（二）按计划成本计价设置的账户**

材料按计划成本计价是指从材料的收、发凭证到材料的总分类和明细分类核算都采用计划成本进行计价。采用计划成本计价的企业，首先应制定材料的计划单位成本，要使其尽可能地接近实际成本。日常材料的收发凭证、总分类账和明细分类账都以计划成本记录。购入材料时，先通过“材料采购”账户核算，材料的实际成本与计划成本之间的差异通过“材料成本差异”账户核算。发出材料仍以计划成本记录，月末再将发出材料应负担的成本差异予以摊销，计入相关成本费用账户，将发出材料的计划成本调整为实际成本。这种计价方法适用于材料品种繁多、采购业务量较大的企业。采用计划成本计价，企业除开设“原材料”账户外，还应开设“材料采购”账户和“材料成本差异”账户。

“材料采购”账户用来核算计划成本计价法下企业已付款或已开出结算凭证但尚未验收入库的材料成本。该账户为资产类账户，借方登记购入材料的实际成本和实际成本小于计划成本的节约额的结转，贷方登记验收入库材料的计划成本和实际成本大于计划成本的超支额的结转，期末有借方余额，表示月末尚未验收入库的材料的实际成本。

“材料成本差异”账户用来核算材料的实际成本与计划成本的差异额。该账户是“原材料”账户的调整账户，借方登记已验收入库材料的实际成本大于计划成本的超支差异额，贷方登记已验收入库材料的实际成本小于计划成本的节约差异额和月末分配结转的发出材料应负担的差异额。期末有借方余额，表示月末结存材料的超支差异额；期末有贷方余额，表示月末结存材料的节约差异额。

## 三、材料费用的归集

**（一）材料费用的原始凭证**

在企业生产过程中领用的材料品种数量繁多，为明确各单位经济责任，便于分配材料费用，以及不断降低材料消耗，在材料领用时，应设专人负责，并经有关人员签字审核后办理领料手续，做好相关的原始记录。一般情况下，材料费用的原始记录包括领料单、限额领料单、领料登记表和材料盘点报告表等。

1. 领料单

领料单是由领料车间或部门按用途填制的一次性使用的领发材料凭证。它适用于领用次数不多、零星消耗、不经常使用且没有制定消耗定额的材料的领发业务。领料单的格式如表 3-1 所示。

**表 3-1 领料单**

年 月

领料部门＿＿＿＿＿ 用 途＿＿＿＿＿

发料仓库＿＿＿＿＿ 编 号＿＿＿＿＿

| 材料类别 | 材料编号<br>名称规格 | 计量单位 | 数量 | | 单价/元 | 金额/元 |
|---|---|---|---|---|---|---|
| | | | 请发 | 实发 | | |
| | | | | | | |
| | | | | | | |
| | | | | | | |

备注 合计（元）：

仓库负责人（签章） 发料人（签章） 领料部门负责人（签章） 领料（签章）

领料单可以采用一单一料或一单多料制，由领料单位填写一式三联，其中一联留存领料单位备查，另外两联办完领发料手续后，据以计算材料费用，进行材料发出的核算。

2. 限额领料单

限额领料单是在当月或一定时期内，按照规定的限额可以多次使用的领发材料的累计凭证。限额领料单可以一单一料，也可以一单多料，一般为一式三联，列明所需材料的品种和限额，经供应部门或计划部门负责人签字后，一份送交用料车间或部门，一份送交发料仓库，一份留底备查，分别作为一定期间内领发材料的依据。

限额领料单所规定的限额是用料部门当期可领用材料的最高数额。领料部门在规定的限额内，可以一次或分次领用。如果超过限额或变更规定材料的领料，应区别情况处理，对增加产量超过限额的领料，若是市场适销产品或有根据地增加计划产量的产品，经有关部门审核批准后，可以办理追加限额手续；对使用中浪费或由于其他原因超过限额的领料，应另填领料单说明原因，并经过有关部门批准以后才能领发。月终，领料部门所持的限额领料单，应送交发料仓库，与仓库留存的一份领料单进行核对，并计算全月实发数量和金额。发料仓库应根据领料情况登记材料明细账，以反映材料库存的动态情况。限额领料单的格式如表 3-2 所示。

**表 3-2 限额领料单**

年 月

车 间＿＿＿＿＿小 组＿＿＿＿＿ 编 号＿＿＿＿＿单位消耗定额＿＿＿＿＿

产品名称＿＿＿＿＿工作令号＿＿＿＿＿ 仓 库＿＿＿＿＿领 用 限 额＿＿＿＿＿

材料类别、编号＿＿＿＿＿名称规格＿＿＿计量单位＿＿＿ 计划产量＿＿＿＿＿单 价＿＿＿＿＿

| 日期 | 请领数量 | 实发数量 | 累计实发数量 | 领料人签章 | 发料人签章 |
|---|---|---|---|---|---|
| | | | | | |
| | | | | | |
| | | | | | |
| | | | | | |

累计实发金额

供应部门负责人（签章） 生产部门负责人（签章） 仓库负责人（签章）

限额领料单又称为定额领料单，是一种可多次使用的累计领料凭证，在有效期间内，只要领用不超过限额，就可以连续使用。采用限额领料单，不仅可以节省大量凭证，简化核算手续，还可以有效地监督材料消耗定额的执行，及时有效地控制材料的使用，促使用料部门合理使用，杜绝浪费，也便于仓库主动备料、送料，保证生产经营活动的正常进行。

3. 领料登记表

领料登记表也是一种多次使用有效（一般为 1 个月）的领料凭证，一般采用一单一料制。对生产车间、班组常用的数量零星、价值不大的消耗材料，为简化核算，平时可以不采用上述凭证办理收发，而由领料人在领料登记表上登记领用数量并签章证明，据以办理领料业务。领料登记表的格式如表 3-3 所示。

**表 3-3 领料登记表**

年 月

材料类别__________ 材料编号__________ 材料名称规格__________

领料单位__________ 发料仓库__________ 计量单位__________

| 日期 | 领用数量 | | 发料人 | 领料人 | 备注 |
|---|---|---|---|---|---|
| | 当日 | 累计 | | | |
| | | | | | |
| | | | | | |
| | | | | | |

材料单价（元） 合计金额（元）

4. 材料盘点报告表

材料盘点报告表是反映企业材料盘点情况的书面凭证。工业企业储存的材料品种多，收发业务极为频繁，往往由日常收发错误及管理不善等导致材料账实不符，出现盘盈、盘亏的现象。因此，企业应定期对材料进行盘点，并将盘点结果登记在材料盘点报告表内。材料盘点报告表的格式如表 3-4 所示。

**表 3-4 材料盘点报告表**

年 月

仓库名称：

| 材料编号 | 名称及规格 | 计量单位 | 数量 | | 计划单价 | 盘盈 | | 盘亏 | | 盘亏原因 |
|---|---|---|---|---|---|---|---|---|---|---|
| | | | 账存 | 实存 | | 数量 | 金额/元 | 数量 | 金额/元 | |
| | | | | | | | | | | |
| | | | | | | | | | | |

供应部门负责人： 仓库保管员： 盘点人：

企业应根据领用材料的具体情况，选择采用某一种领料凭证。到月末，将各种领料凭证按车间、部门进行汇总，即可计算出各车间、部门消耗材料的数量和金额，通过编制“材料费用分配表”即可进行材料费用分配的核算。但对库存材料的计量，则可采用永续盘存制和实地盘存制两种方法进行核算。

### （二）发出材料成本的确定

1. 按照实际成本计价

如果按照实际成本进行日常核算，材料发出时，可以选择存货发出计价的先进先出法、加权平均法和个别计价法等方法中的一种计价。某种方法一经选用，不得随意变更；如确实需要变更，应在会计报表附注中说明。

1）先进先出法

先进先出法是假定先购入的材料先发出，日常发出材料的实际成本要按最先购入材料的实际单位成本计算的方法。这种计价方法的成本流转假设是先入库的材料先发出，如果发出的批量超过最先入库的那一批量时，超过部分要依次按下一批入库的单位成本计算。这种方法的特点是期末结存的存货最接近于当期价格水平，符合资产负债观的要求；而计入产品成本的材料会偏离当期市价。在材料价格逐渐上涨的情况下，采用此法会使计算出来的产品成本偏低，利润虚增，违反稳健性原则。

先进先出法的优点：①有利于掌握库存资金动态；②分散了发料计价工作量，有利于均衡月内工作。缺点是计价工作量大，价格变动大的时候会影响当期成本与利润的真实性。

2）全月一次加权平均法

全月一次加权平均法是指以本月购进某种材料的数量加月初该种材料结存数量为权数，计算出该种材料的平均单位成本以确定发出材料成本的方法。其计算公式为

$$加权平均单位成本=\frac{月初库存材料的实际成本+本月购进的各批材料的实际成本}{月初库存材料数量+本月购进各批材料数量}$$

$$发出材料成本=发出材料数量\times加权平均单位成本$$

全月一次加权平均法的特点是将价格波动对成本的影响平均化。优点是加权平均单位成本只需在月末一次计算，手续简便，简化发料计价工作量。缺点有两点：①影响核算及时性，发料计价集中在月末进行；②不利于掌握库存金额的动态，对资金的调度有一定影响。另外，按这种方法计算的发出材料成本，在物价上涨时，会低于市场上同类材料的现行成本，而在物价下跌时，又会高于同类材料的现行成本。所以，在材料价格经常波动的情况下，采用此法计算发出材料的成本有利于成本控制与分析。

3）移动加权平均法

移动加权平均法是指以每次购进某种材料的数量和金额与各次购进前的数量和金额为基础，计算出加权平均单位成本的方法。其计算公式为

$$加权平均单位成本=\frac{本次购进前材料结存成本+本次购进材料成本}{本次购进前材料数量+本次购进材料数量}$$

移动加权平均法的优点：①能使管理当局及时了解存货的结存情况；②计算的平均单位成本以及发出和结存的存货成本比较客观。缺点是计算工作量大。一般适用于经营品种不多或购进材料价格波动较大的企业。

4）个别计价法

个别计价法是指某种材料的发出成本与结存成本均按它们的实际取得成本计价的方法。采用这种方法计价，需要为每一种材料设置记录，详细记录材料的批次和取得的单位成本，并在材料上加贴标签或编号，期末可以根据库存及本期发出材料的编号逐个辨认其购进日期和单位成本，以正确计算发出和结存材料的成本。个别计价法的优点是能正确计算存货的实际成本和耗用存货的实际成本。缺点是分别记录各批的单价和数量，工作量大。适用于容易识别、存货品种数量不多、单位成本较高的存货计价。

2. 按计划成本计价

在按计划成本计价的情况下，对发出的材料，应计算发出材料应负担的材料成本差异，把发出材料的计划成本调整为实际成本；对期末库存材料，应以实际成本反映在资产负债表上。

按照计划成本进行日常核算，仓库发出材料时，应先根据期初结存材料和本期收入材料的成本及差异情况，计算材料成本差异率，再根据发出材料的计划成本和材料成本差异率，计算发出材料的成本差异及发出材料的实际成本，计算公式为

$$\text{材料成本差异率}=\frac{\text{月初结存材料的成本差异}\pm\text{本月收入材料的成本差异}}{\text{月初结存材料的计划成本}+\text{本月收入材料的计划成本}}\times 100\%$$

$$\text{发出材料成本差异}=\text{发出材料的计划成本}\times\text{材料成本差异率}$$

$$\text{发出材料的实际成本}=\text{发出材料的计划成本}\pm\text{发出材料的成本差异}$$

会计人员按照发出材料的实际成本，借记有关成本费用账户；按照发出材料的计划成本，贷记“原材料”账户；同时将发出材料的成本差异，贷记“材料成本差异”账户，超支差异用蓝字，节约差异用红字。具体如下。

月末根据材料费用分配表编制会计分录。

借：基本生产成本
　　辅助生产成本
　　制造费用
　　管理费用
　　贷：原材料

如果发出材料为超支差异，应作如下调整分录。

借：基本生产成本
　　辅助生产成本
　　制造费用
　　管理费用
　　贷：材料成本差异

如果发出材料为节约差异，应作的调整分录同超支差异，但应以红字反映。

对生产中领用而当月未用的材料，生产部门应认真办理余料退库手续，即使下月继续使用该种余料，也要办理假退料手续，以便分清本月成本与下月成本的界限。对废料价值，应将其抵减产品成本，以便真实反映产品的实际消耗。

按计划成本计价法的优点是简化了存货的计价工作量，有利于反映物资采购业务的

经营成果和考核车间成本的开支情况。缺点是材料成本的真实性和准确性受到一定影响。按计划成本计价的方法，一般适用于材料品种规格繁多，收发料频繁，材料计划成本比较准确、稳定的企业。

## 四、材料费用的分配

### （一）材料费用分配的原则

材料费用的分配，是通过编制“材料费用分配表”的方式进行的，因此，各生产车间和部门在按实际成本核算时，应根据各种领料凭证中所登记的实际成本汇总编制“材料费用分配表”。

材料费用中构成产品实体的原料及主要材料，一般由生产车间按产品领用，这些费用可以根据领料凭证直接归集到有关成本计算以内，计入该产品成本计算单中的“直接材料”项目。

原料及主要材料也有不能按产品领用的，如化工生产中为几种产品共同耗用的原料，这些原料是这几种产品的共同费用。对这些共同费用则要采用适当的方法进行分配。

直接用于某种产品生产、有助于某种产品形成的辅助材料，应该直接计入该种产品成本的“直接材料”项目，如织布用的浆料。属于多种产品共同耗用的辅助材料，如油漆、染料等，则需采用一定的方法在几种产品中分配。

直接用于某种产品生产的燃料，直接计入该种产品成本的“直接材料”项目，属于几种产品共同耗用的燃料，分配后计入有关产品成本。

分配材料费用与燃料费用，常用的分配标准有产品的重量、体积和材料的消耗定额。选择分配标准时，要从合理、简便原则出发。分配方法的合理，是指这种分配方法的分配标准与费用大小有密切联系。例如，铸造车间生铁的耗用量与铸件的重量有密切关系，可以用铸件的重量作为分配标准。分配方法的简便，是指分配标准的资料比较容易取得，而且尽量采用单一的分配标准。

### （二）原材料费用的分配

1. 定额耗用量比例法

按定额耗用量比例分配材料费用时，首先根据各种产品的产量和单位消耗定额，计算各种产品的材料定额耗用量，然后按实际耗用量与定额耗用量的比例，求出各种产品的材料实际耗用量，最后根据材料的单位成本，求得各种产品应分配的材料费用。其计算公式为

$$\text{某种产品材料定额耗用量}=\text{该种产品实际产量}\times\text{单位产品耗用定额}$$

$$\text{材料耗用量分配率}=\frac{\text{各种产品共同耗用的材料数量}}{\text{各种产品定额耗用量合计}}$$

$$\text{某种产品应分配的材料数量}=\text{该种产品的材料定额耗用量}\times\text{材料耗用量分配率}$$

$$\text{某种产品应分配的材料费用}=\text{该种产品应分配的材料数量}\times\text{材料单位成本}$$

**【例 3-1】** 某企业第一车间本月生产 A、B、C 三种产品，产量分别为 100 件、200 件和 300 件，单位产品材料消耗定额分别为 8 千克、3 千克和 6 千克，共同耗用甲材料

2 880千克，甲材料的单位成本为10元，计算本月各种产品应分配的材料费用。

A产品材料定额耗用量=100×8=800（千克）

B产品材料定额耗用量=200×3=600（千克）

C产品材料定额耗用量=300×6=1 800（千克）

A、B、C三种产品的定额材料耗用总量=800+600+1 800=3 200（千克）

材料耗用量分配率=2 880/3 200=0.9

A产品应分配的材料数量=800×0.9=720（千克）

B产品应分配的材料数量=600×0.9=540（千克）

C产品应分配的材料数量=1 800×0.9=1 620（千克）

A产品应分配的材料费用=720×10=7 200（元）

B产品应分配的材料费用=540×10=5 400（元）

C产品应分配的材料费用=1 620×10=16 200（元）

2. 定额费用比例法

按定额费用比例分配材料费用时，除分配标准为定额费用之外，分配的步骤与定额耗用量比例法相同。其计算公式为

直接材料定额费用=产品产量×单位产品材料消耗定额×材料计划单位成本

=产品产量×单位产品材料费用定额

$$材料费用分配率=\frac{各种产品共同耗用的材料费用}{各种产品材料定额费用合计}$$

某种产品应分配的材料费用=该种产品材料定额费用×材料费用分配率

**【例3-2】** 某企业第一车间本月生产A、B、C三种产品，产量分别为100件、200件和300件，单位产品材料消耗定额分别为8千克、3千克和6千克，共同耗用甲材料2 880千克，甲材料的单位成本为10元，计算本月各产品应负担的材料费用。

A产品材料定额费用=100×8×10=8 000（元）

B产品材料定额费用=200×3×10=6 000（元）

C产品材料定额费用=300×6×10=18 000（元）

A、B、C三种产品材料定额费用合计=8 000+6 000+18 000=32 000（元）

甲材料费用分配率=2 880×10/32 000=0.9

A产品应负担的材料费用=8 000×0.9=7 200（元）

B产品应负担的材料费用=6 000×0.9=5 400（元）

C产品应负担的材料费用=18 000×0.9=16 200（元）

3. 产品重量比例法

按产品重量分配材料费用时，同样要求各种产品重量的计量单位必须一致，以便对产品重量进行加总。如果计量单位不一致，必须将产品重量的计量单位调整一致。这种方法适用于直接材料耗用的数量与产品重量有一定比例关系的产品。其计算公式为

$$材料费用分配率=\frac{各种产品共同耗用的材料费用}{各种产品重量之和}$$

某产品应分配的材料费用=该产品实际重量×材料费用分配率

【例 3-3】 某企业生产甲、乙两种产品，共同耗用 A 材料 5 000 千克，每千克单价 10 元。甲产品的重量为 1 000 千克，乙产品的重量为 1 500 千克，采用产品重量比例法分配材料费用的结果如下。

$$材料费用分配率=\frac{5\ 000\times 10}{1\ 000+1\ 500}=20（元/千克）$$

甲产品应分配的材料费用=1 000×20=20 000（元）

乙产品应分配的材料费用=1 500×20=30 000（元）

4．产品产量比例法

按产品产量分配材料费用时，要求各种产品产量的计量单位必须一致，否则产量无法加总。如果不一致，可以用不变价格计算产值替代产量进行分配。这种方法适用于直接材料耗用的数量与各种产品产量有一定比例关系的产品。其计算公式为

$$直接材料分配率=\frac{各种产品共同耗用的材料费用}{各种产品产量（产值）之和}$$

某种产品应分配的材料费用=该产品产量（产值）×直接材料分配率

【例 3-4】 某企业生产甲、乙两种产品，共耗用 B 材料 5 000 千克，每千克 8 元，甲产品实际产量为 1 500 件，乙产品实际产量为 2 500 件，采用产品产量比例法分配材料费用的结果如下。

$$材料费用分配率=\frac{5\ 000\times 8}{1\ 500+2\ 500}=10（元/件）$$

甲产品应分配的材料费用=1 500×10=15 000（元）

乙产品应分配的材料费用=2 500×10=25 000（元）

在实际工作中，材料费用的分配是先让各生产车间、部门编制各车间、部门的材料费用分配表，然后据此汇总编制全厂的材料费用分配汇总表，并据此进行材料分配的账务处理。材料费用分配汇总表一般格式如表 3-5 所示。

**表 3-5 材料费用分配汇总表**

20××年×月　　　　单位：元

| 应借科目 | | 成本或费用项目 | 直接计入 | 分配计入（分配率 0.9） | 原材料费用合计 |
|---|---|---|---|---|---|
| 基本生产成本 | 甲产品 | 原材料 | 3 000 | 2 800 | 5 800 |
| | 乙产品 | 原材料 | 2 000 | 3 500 | 5 500 |
| | 小计 | | 5 000 | 6 300 | 11 300 |
| 辅助生产成本 | 机修车间 | 原材料 | 2 000 | | 2 000 |
| | 运输车间 | 原材料 | 1 500 | | 1 500 |
| | 小计 | | 3 500 | | 3 500 |

续表

| 应借科目 | | 成本或费用项目 | 直接计入 | 分配计入（分配率0.9） | 原材料费用合计 |
|---|---|---|---|---|---|
| 制造费用 | 基本车间 | 机物料 | 1 000 | | 1 000 |
| | 机修车间 | 机物料 | 800 | | 800 |
| | 运输车间 | 机物料 | 1 500 | | 1 500 |
| | 小计 | | 3 300 | | 3 300 |
| 管理费用 | 行政部门 | 其他 | 2 000 | | 2 000 |
| 合计 | | | 13 800 | 6 300 | 20 100 |

材料费用分配汇总表可与作为发料记账依据的发料汇总表相核对，也可以代替发料汇总表作为记账依据。

根据表3-5，按实际成本对材料进行总分类核算和明细分类核算时，应作会计分录如下。

借：基本生产成本——甲产品　　5 800
　　　　　　　——乙产品　　5 500
　　辅助生产成本——机修车间　　2 000
　　　　　　　——运输车间　　1 500
　　制造费用——基本车间　　1 000
　　　　　——机修车间　　800
　　　　　——运输车间　　1 500
　　管理费用　　2 000
　　贷：原材料　　20 100

**（三）燃料费用的分配**

生产过程中使用的燃料，实际上也是材料，因此其费用归集和分配的方法与原材料费用的归集和分配方法大致相同。

燃料也是材料，在实际工作中企业可将燃料并入“原材料”账户核算。但在燃料费用比重较大，与动力费用一起专门设置“燃料与动力”成本项目的情况下，就应增设“燃料”账户，将燃料从“原材料”账户分出单独进行核算。

燃料费用如果属于直接计入费用，则计入产品成本；如果属于间接计入费用，则需要在几种产品之间分配。燃料的性质与材料相同，因此材料费用的分配方法完全适用于燃料费用的分配，可以选择的分配标准有产品的重量、体积，所耗原材料的数量、费用或者燃料的定额耗用量、定额费用等。

燃料费用支出直接用于产品生产的借记“基本生产成本账户”；用于辅助生产、车间一般消耗、管理部门和销售部门消耗的，分别借记“辅助生产成本”“制造费用”“管理费用”“销售费用”账户，贷记“燃料”账户或“原材料”账户。

**【例3-5】** 某企业基本生产车间20××年8月共发生燃料费用284 000元，其中用于甲、乙两种产品热处理216 000元，基本生产车间消耗30 000元，行政管理部门消耗10 000元。间接计入的燃料费用，按燃料的定额费用分配，甲产品的燃料消耗定额20

千克，乙产品的燃料消耗定额 35 千克。两种产品本月的实际产量分别为 200 件和 400 件，企业单独开设“燃料”账户。其燃料费用分配表如表 3-6 所示。

$$材料费用分配率=\frac{216\ 000}{200\times20+400\times35}=12\text{（元/千克）}$$

甲产品应负担的燃料费用＝200×20×12＝48 000（元）

乙产品应负担的燃料费用＝400×35×12＝168 000（元）

**表 3-6　燃料费用分配表**

20××年 8 月

| 应借科目 | | 成本或费用项目 | 直接计入/元 | 分配计入 | | 燃料费用合计/元 |
|---|---|---|---|---|---|---|
| | | | | 定额耗用量/千克 | 分配金额/元 | |
| 基本生产成本 | 甲产品 | 燃料与动力 | | 4 000 | 48 000 | 48 000 |
| | 乙产品 | 燃料与动力 | | 14 000 | 168 000 | 168 000 |
| | 小计 | | | 18 000 | 216 000 | 216 000 |
| 辅助生产成本 | 机修车间 | 燃料与动力 | 13 000 | | | 13 000 |
| | 运输车间 | 燃料与动力 | 15 000 | | | 15 000 |
| | 小计 | | 28 000 | | | 28 000 |
| 制造费用 | | | 30 000 | | | 30 000 |
| 管理费用 | | | 10 000 | | | 10 000 |
| 合计 | | | 68 000 | | 216 000 | 284 000 |

该企业作如下账务处理。

借：基本生产成本——甲产品　　48 000
　　　　　　　　——乙产品　　168 000
　　辅助生产成本——机修车间　　13 000
　　　　　　　　——运输车间　　15 000
　　制造费用　　30 000
　　管理费用　　10 000
　　贷：燃料　　284 000

## 第二节　外购动力费用的归集与分配

### 一、外购动力费用的归集

动力是企业进行生产不可缺少的因素之一。企业耗用的动力主要有电力、热力、风力和蒸汽等。其来源有两个：一部分是由企业的辅助生产车间自行生产的；另一部分是从外单位购入的。外购动力费用是指企业从外单位购入的电力、蒸汽等动力费用。外购动力应根据其使用的数量，以动力供应单位开列的账单上的数额为准向供应单位支付款项，以支付款项的凭证编制记账凭证，作为外购动力费用分配的依据。

外购动力费用一般不是在每月月末支付，而是在每月下旬的某日支付，这样每月支付的动力费用并不是本月应负担的动力费用。因此，将实际付款先作为暂付款处理，借记“应付账款”科目，贷记“银行存款”科目；在月末按照本月外购动力的金额和用途归集与分配费用时，再借记有关成本、费用科目，贷记“应付账款”科目。

如果每月支付动力费用的日期固定，而且每月付款日到月末的应付动力费用相差不多，就可将本月支付的动力费用作为本月应负担的动力费用处理，在付款时借记有关成本、费用科目，贷记“银行存款”科目。

## 二、外购动力费用的分配

### （一）外购动力费用分配概述

外购动力有的直接用于产品生产，有的用于照明、取暖等，企业应根据不同用途、不同发生地点等分配计入产品成本或有关费用。

对基本生产车间直接用于产品生产的外购动力消耗应计入“基本生产成本”有关明细账，在“动力”成本项目或“燃料与动力”成本项目中反映，生产某一产品单独耗用的动力应直接计入该产品成本明细账，生产几种产品共同耗用的动力费用应按合理的标准分配计入有关产品成本。对辅助生产车间耗用的外购动力，应计入“辅助生产成本”有关明细账。为组织和管理各生产单位生产发生的动力消耗，应计入“制造费用”有关明细账。

### （二）外购动力费用的分配方法

外购动力费用应根据各车间、部门记录的实际耗用量进行计算。生产车间的外购动力费用在各产品之间的分配方法主要有以下几种。

#### 1. 机器工时分配法

机器工时分配法是以机器工时为标准分配动力费用的一种方法。其计算公式为

$$分配率=\frac{耗用外购动力费用总额}{各种产品耗用机器工时总数}$$

$$\begin{matrix}某产品应分配\\的外购动力费用\end{matrix}=\begin{matrix}该种产品耗\\用机器工时\end{matrix}\times 分配率$$

一般情况下，机器工作时间与动力消耗密切相关，但是在各种机器的功率相差较大时，分配动力费仅考虑机器工作时间这一个因素，分配结果就不够准确。

#### 2. 机器功率时数分配法

机器功率时数分配法是以机器功率时数为标准分配动力费用的一种方法。其计算公式为

$$分配率=\frac{耗用外购动力费用总额}{各种产品的机器功率时数之和}$$

$$\begin{matrix}某产品应分配的\\外购动力费用\end{matrix}=\begin{matrix}该种产品机\\器功率时数\end{matrix}\times 分配率$$

式中，机器功率时数是指机器的标牌功率与机器开动工时的乘积。这种分配方法，不仅

考虑了机器工时，而且考虑了机器功率，所以分配结果较为准确。

3. 定额耗用量分配法

定额耗用量分配法是以定额耗用量为标准分配动力费用的一种方法。其计算公式为

$$分配率=\frac{耗用外购动力费用总额}{各种产品的定额耗用量之和}$$

$$\begin{matrix}某产品应分配的\\外购动力费用\end{matrix}=\begin{matrix}该种产品的\\定额耗用量\end{matrix}\times分配率$$

采用定额耗用量作为分配标准进行分配，方法简便，但企业必须具备比较准确的动力消耗定额，否则分配结果的准确性会受到影响。

**【例 3-6】** 外购动力费用分配的账务处理应根据“外购动力费用分配表”进行，如表3-7所示。

**表 3-7 外购动力费用分配表**

20××年×月

| 应借账户 | | 分配标准（机器工时）/小时 | 分配率/（元/小时） | 分配额/元 | 直接计入/元 | 合计/元 |
|---|---|---|---|---|---|---|
| 基本生产成本 | 甲产品 | 3 000 | 2 | 6 000 | | 6 000 |
| | 乙产品 | 2 000 | 2 | 4 000 | | 4 000 |
| | 小计 | 5 000 | | 10 000 | | 10 000 |
| 辅助生产成本 | 机修车间 | | | | 2 000 | 2 000 |
| | 运输车间 | | | | | |
| | 小计 | | | | 2 000 | 2 000 |
| 制造费用 | 基本车间 | | | | 600 | 600 |
| | 机修车间 | | | | 800 | 800 |
| | 运输车间 | | | | 1 100 | 1 100 |
| | 小计 | | | | 2 500 | 2 500 |
| 管理费用 | | | | | 800 | 800 |
| 合计 | | 5 000 | | 10 000 | 5 300 | 15 300 |

现根据表 3-7 编制有关会计分录如下。

借：基本生产成本——甲产品　　6 000

　　　　　　　　——乙产品　　4 000

　　辅助生产成本——机修车间　　2 000

　　制造费用——基本车间　　600

　　　　　　——机修车间　　800

　　　　　　——运输车间　　1 100

　　管理费用　　800

　　贷：应付账款　　15 300

## 第三节　职工薪酬的归集与分配

### 一、职工薪酬的组成

知识链接
职工薪酬的相关知识

党的二十大报告指出，“社会保障体系是人民生活的安全网和社会运行的稳定器。健全覆盖全民、统筹城乡、公平统一、安全规范、可持续的多层次社会保障体系”。职工薪酬是社会保障体系中的重要组成部分。职工薪酬是指企业根据有关规定应付给职工的各种薪酬，包括职工工资、奖金、津贴和补贴，职工福利费，医疗、养老、失业、工伤和生育等社会保险费，住房公积金，工会经费和职工教育经费，非货币性福利，其他职工薪酬等因职工提供服务而产生的义务。从广义上讲，职工薪酬是企业必须付出的人力成本，是吸引和激励职工的重要手段，也就是说，职工薪酬既是职工对企业投入劳动获得的报酬，也是企业的成本费用。具体而言，职工薪酬主要包括以下几方面的内容。

#### 1. 职工工资、奖金、津贴和补贴

工资费用是应付职工薪酬的重要组成部分，企业的工资费用应当按照国家劳动部门制定的工资总额核算。工资总额是指各单位在一定时期内应直接支付给本单位职工的全部劳动报酬总额。目前我国规定工资总额由计时工资、计件工资、奖金、津贴和补贴、加班加点工资、特殊情况下支付的工资六部分组成。

（1）计时工资。计时工资是指按照计时工资标准和职工工作时间支付给职工的劳动报酬。计时工资包括按计时工资标准支付的工资、实行结构工资制的企业支付给职工的基础工资和职务（岗位）工资、新参加工作职工的见习工资等。

（2）计件工资。计件工资是指按计件单价和职工完成工作的数量支付给职工的劳动报酬。计件单价是指职工每完成一单位工作应得的工资额。计件工资包括直接无限计件工资、限额计件工资、超定额计件工资和超额累进计件工资，以及按照营业额（或利润）提成办法支付给职工的工资等。

（3）加班加点工资。加班加点工资是指按照规定的工资标准和职工增加或延长的劳动时间支付给职工的劳动报酬，如节假日工资等。

（4）津贴和补贴。津贴是指为补偿职工特殊劳动、额外劳动或其他劳动需支付的报酬，如技术津贴、保健津贴等。补贴是指为了保证职工工资水平不受物价变动影响而支付的物价补贴，如粮价补贴、油价补贴等。

（5）奖金。奖金是指支付给职工的超额劳动报酬及增收节支业绩报酬，如生产奖、节约奖、劳动竞赛奖及企业支付的其他奖金。

（6）特殊情况下支付的工资。特殊情况下支付的工资是指按照国家法律、法规和政策规定，在特殊情况下支付给职工的工资。特殊情况包括工伤假、事假、病假、婚丧

假、产假、探亲假、定期休假、停工学习以及执行国家或社会义务。有的情况下应全额发放职工的计时工资，而有的情况下则按一定比例发放职工工资。

2. 职工福利费

职工福利费是指企业为职工提供各种福利支出而计提的薪酬，如生活困难职工补助等。

3. 医疗、养老、失业、工伤和生育等社会保险费

医疗、养老、失业、工伤和生育等社会保险费是指企业按照国家规定的基准和比例计算，向社会保险经办机构缴纳的医疗保险金、基本养老保险金、失业保险金、工伤保险费和生育保险费，以及根据《企业年金试行办法》《企业年金基金管理试行办法》等相关规定，向有关单位（企业年金基金账户管理人）缴纳的补充养老保险费。此外，以商业保险形式提供给职工的各种保险待遇也属于企业提供的职工薪酬。

4. 住房公积金

住房公积金是指企业按照国家《住房公积金管理条例》规定的基准和比例计算，向住房公积金管理机构缴存的公积金。

5. 工会经费和职工教育经费

工会经费和职工教育经费是指企业为了改善职工文化生活、提高职工业务素质，用于开展工会活动、职工教育及职业技能培训，根据国家规定的基准和比例，从成本费用中提取的金额。

6. 非货币性福利

非货币性福利包括企业以自己的产品或其他有形资产发放给职工作为福利、企业向职工提供无偿使用自己拥有的资产（如提供给企业高级管理人员的汽车、住房等）、企业为职工无偿提供商品或类似医疗保健的服务等。

7. 其他职工薪酬

其他职工薪酬是指除上述薪酬以外，根据国家、省、市的有关规定所应享受的待遇以及公司为保障与提高员工生活水平而提供的相关福利措施。例如，因解除与职工的劳动关系给予的补偿（又称辞退福利），即由于企业实施主辅分离、辅业改制分流安置富余人员，实施重组、改组计划，职工不能胜任等，企业在职工劳动合同到期之前解除与职工的劳动关系，或者为鼓励职工自愿接受裁减而给予的经济补偿。对这些其他职工薪酬的内容，本书暂不涉及。

## 二、职工薪酬核算的原始凭证

1. 考勤簿

考勤簿是按生产车间、部门或生产班组分月设置，考勤员根据各生产车间、部门或生产班组每个职工的出缺勤情况逐日登记，月末分类汇总，反映该月每个职工出勤情况的原始记录。考勤簿的格式，应根据企业管理的不同要求设计，其一般格式见表 3-8。

**表 3-8 考勤簿**

年 月

车间或部门： 组别： 考勤员：

| 顺序号 | 职工编号 | 姓名 | 职务工种 | 工资等级 | 出勤记录 | | | | | 出勤 | 夜班次数 | 加班加点 | 工伤 | 病假 | 事假 | 迟到早退 | 公假 | 备注 |
|---|---|---|---|---|---|---|---|---|---|---|---|---|---|---|---|---|---|---|
| | | | | | 1 | 2 | … | 30 | 31 | | | | | | | | | |
| | | | | | | | | | | | | | | | | | | |
| | | | | | | | | | | | | | | | | | | |
| | | | | | | | | | | | | | | | | | | |
| | | | | | | | | | | | | | | | | | | |
| | | | | | | | | | | | | | | | | | | |
| | | | | | | | | | | | | | | | | | | |

2．工作通知单

工作通知单是以每个工人或生产班组所从事的各项工作为对象开设的，用于通知工人按单内指定的任务进行工作的记录。当生产任务完成后，将送检的产品数量和实用工时填入单内，连同产品一起送交质量检验员验收，并将验收结果计入单内，据以计算计件工资。工作通知单的格式如表 3-9 所示。

**表 3-9 工作通知单**

生产车间： 生产班组： 操作工姓名：

设备名称： 设备编号： 操作工号：

<table>
<tr><td rowspan="2">产品型号</td><td rowspan="2">零件名称</td><td rowspan="2">零件编号</td><td rowspan="2">工序编号</td><td rowspan="2">工序名称</td><td rowspan="2">工序等级</td><td rowspan="2">计量单位</td><td rowspan="2">单位定额工时</td><td colspan="2">加工任务</td></tr>
<tr><td>数量</td><td>定额工时</td></tr>
<tr><td></td><td></td><td></td><td></td><td></td><td></td><td></td><td></td><td></td><td></td></tr>
<tr><td rowspan="2">开工时间</td><td rowspan="2">完工时间</td><td rowspan="2">实用工时</td><td colspan="7">交验结果</td></tr>
<tr><td>合格品数量</td><td>定额工时</td><td>返修数量</td><td>工废数量</td><td>料废数量</td><td>短缺数量</td><td>检验员签章</td></tr>
<tr><td></td><td></td><td></td><td></td><td></td><td></td><td></td><td></td><td></td><td></td></tr>
<tr><td></td><td></td><td></td><td></td><td></td><td></td><td></td><td></td><td></td><td></td></tr>
<tr><td></td><td></td><td></td><td></td><td></td><td></td><td></td><td></td><td></td><td></td></tr>
</table>

工作通知单以每个工人或生产班组所从事的每项工作为对象开设，会导致凭证数量繁多，工作量大，并且这种记录只能反映加工物在个别工序上的加工过程，不能反映加工物连续加工的工艺过程，因此，工作通知单适用于单件小批生产的企业或车间，以及个别的、一次性的加工任务。

3．工序进程单

工序进程单是以加工产品为对象而开设的产量和工时记录。由于加工对象往往要经过若干道工序连续加工，所以，转入下一道工序时要将工序进程单随实物一起移交，并要顺次登记各工序的实际产量、加工工时，以及各工序间加工物的交接数量。工序进程单的格式如表 3-10 所示。

**表 3-10 工序进程单**

生产车间　　　　　　　　　　签发日期：　　年　　月　　日　　　　　　　　编号：

| 产品型号或订单号 | 零件号 | 零件名称 | 投入数量 |
| --- | --- | --- | --- |

| 工序定额 | | | 规定任务 | | | | 验收 | | | | | | 完成定额工时 | 实用工时 |
| --- | --- | --- | --- | --- | --- | --- | --- | --- | --- | --- | --- | --- | --- | --- |
| 工序号 | 名称 | 单件时间 | 日期 | 机床号 | 工人姓名 | 投入数量 | 合格品 | 废品 | | | 生产工人产量报告表号 | 检验员 | | |
| | | | | | | | | 可修复 | 不可修复 | 通知单号 | | | | |
| 1 | | | | | | | | | | | | | | |
| 2 | | | | | | | | | | | | | | |
| 3 | | | | | | | | | | | | | | |
| 4 | | | | | | | | | | | | | | |
| 5 | | | | | | | | | | | | | | |

工序进程单具有较强的监督和控制作用。但是，由于工序进程单是按加工对象开设的，而计算工资和统计产量是按班组和个人进行的，所以，它不能全面反映班组的产量，还应结合使用工作班产量记录。

4. 工作班产量记录

工作班产量记录也叫工作班产量报告，它是按生产班组开设的反映一个生产班组在一个工作班（一般为 8 小时）内生产产品数量和所耗工时的一种产量和工时记录。工作班产量记录是根据工人送检的产品数量经验收后登记的，它同工序进程单结合使用，更能全面提供核算工作所需要的资料。工作班产量记录的格式如表 3-11 所示。

**表 3-11 工作班产量记录**

生产车间　　　　　　　　　　　　年　月　　　　　　　　　　　　编号：

| 工人 | | 工序进程单编号 | 产品型号或订单号 | 零件 | | 工序名称 | 交发加工数量 | 校验结果 | | | | 检验员 | 废品通知单编号 | 工　时 | | | 计件单价 |
| --- | --- | --- | --- | --- | --- | --- | --- | --- | --- | --- | --- | --- | --- | --- | --- | --- | --- |
| 工号 | 姓名 | | | 编号 | 名称 | | | 合格品数量 | 返修数量 | 工废数量 | 料废数量 | | | 单位产品定额工时 | 完成定额 | 实际工时 | |
| 1 | | | | | | | | | | | | | | | | | |
| 2 | | | | | | | | | | | | | | | | | |
| 3 | | | | | | | | | | | | | | | | | |
| 4 | | | | | | | | | | | | | | | | | |
| 5 | | | | | | | | | | | | | | | | | |
| 6 | | | | | | | | | | | | | | | | | |

工作班产量报告按生产班组的工人分行登记。在工作班工作开始前，由有关人员向仓库领取材料、毛坯、零件或部件等，然后将工序进程单连同领取的材料、毛坯、零件

或部件等一起交给操作工人，生产工人据以生产，而工作班产量报告则由检验人员保存。生产工人完成工作任务后，将完工产品和工序进程单交班组长查点，然后转由检验员验收，并将检验结果在工序进程单和工作班产量报告中进行记录。工作班工作结束后，由班组长在单中注明实际工时，并经有关人员签章后，将其作为统计产量、工时和计算工资费用的依据。

直接人工的归集和分配主要依据考勤记录、产量和工时记录。但在实际工作中，还需填制一些其他凭证，如废品通知单，停工单，各种奖金、津贴发放的通知单等，以便正确计算职工工资和工资费用。

## 三、职工薪酬的计算

职工薪酬的计算与各类企业实行的工资结算制度有直接关系。由于各类企业实行不同的工资结算制度，工资的具体计算方法应根据企业的具体情况确定。企业应付职工工资的计算包括工资各组成项目的计算。

职工薪酬的计算在不同的工资制度下有不同的方法，最基本的工资制度有计时工资制度和计件工资制度。

### （一）计时工资的计算

计时工资是根据规定的计时工资标准和工人实际出勤情况计算出来的。其中，计时工资标准一般根据工人的技术职称或企业具体岗位所确定，不同职称或岗位工人的计时工资标准是不同的。如果职工当月出全勤，则可以取得固定的月标准工资。如果发生缺勤，则在月标准工资中相应减去缺勤的工资。我国企业一般都采用月薪制，具体计算方法有两种。

（1）按月标准工资扣除缺勤工资方法，其计算公式如下。

$$
\begin{aligned}
\text{计时工资} &= \text{月标准工资} - \text{事假天数} \times \text{日标准工资} \\
&\quad - \text{病假日数} \times \text{日标准工资} \times \text{病假扣款率}
\end{aligned}
$$

（2）按出勤日数计算工资方法，其计算公式如下。

$$\text{计时工资} = \text{出勤日数} \times \text{日标准工资} + \text{病假日数} \times \text{日标准工资} \times (1 - \text{病假扣款率})$$

式中的日标准工资，也称日工资率，其计算公式为

$$\text{日标准工资} = \text{月标准工资} \div \text{平均每月工作日数}$$

式中的平均每月工作日数一般按以下两种方法计算。

（1）按全年平均日历日数 30 天（360/12 天）计算。

（2）按全年法定工作日数 20.83 天计算，即按年日历天数 365 天减去周末假日 104 天和法定节假日 11 天所得差值，再除以 12 个月算出平均工作日数。

这两种方法的不同点在于，在按 30 天计算日标准工资的情况下，由于日标准工资的计算没有扣除法定节假日和周末假日，所以节假日照付工资，缺勤期的节假日也应扣发工资；在按 20.83 天计算日标准工资的情况下，由于日标准工资的计算已扣除了节假日，所以节假日本来就不支付工资，缺勤期内的节假日也就不存在扣发工资的情况。

综上所述，计算计时工资有两种基本方法，计算日标准工资也有 30 天和 20.83 天

之分，因此计算计时工资就有四种不同的方法：①按 30 天计算日标准工资，按月标准工资扣除缺勤工资的计算方法；②按 30 天计算日标准工资，按出勤天数计算工资的方法；③按 20.83 天计算日标准工资，按月标准工资扣除缺勤工资的计算方法；④按 20.83 天计算日标准工资，按出勤天数计算工资的方法。

采用哪一种方法，可由企业自行确定，一旦确定，不应任意变更。

**【例 3-7】** 某企业某工人的月标准工资为 2 400 元，8 月日历天数为 31 天，其中病假 2 天、事假 1 天、星期休假 9 天、出勤 19 天。根据该工人的工龄，其病假工资按标准工资的 80%计算。该工人的病假和事假期间没有节假日。按四种方法分别计算该工人 8 月的标准工资。

（1）按 30 天计算日标准工资，按月标准工资扣除缺勤工资的计算方法：

日标准工资 ＝ 2400÷30 ＝80（元/天）

计时工资＝ 2 400－80×1－80×2×（1－80%）＝ 2 288（元）

（2）按 30 天计算日标准工资，按出勤天数计算工资的方法：

计时工资＝80×（19＋9）＋80×2×80%＝ 2 368（元）

（3）按 20.83 天计算日标准工资，按月标准工资扣除缺勤工资的计算方法：

日标准工资 ＝ 2 400÷20.83＝ 115.22（元/天）

计时工资 ＝ 2 400－115.22×1－115.22×2×（1－80%）＝ 2 238.69（元）

（4）按 20.83 天计算日标准工资，按出勤天数计算工资方法：

计时工资＝115.22×19＋115.22×2×80% ＝2 373.53（元）

从上述计算结果可以看出，四种方法计算结果都不一样。在按 30 天计算日标准工资情况下，由于日历天数为 31 天，比日标准工资计算的天数多一天，所以按出勤天数方法计算就会多一天的工资 80 元（2 368－2 288）；按 20.83 天计算日标准工资情况下，由于应出勤天数 22 天比日标准工资计算天数多 1.17 天，所以按出勤天数方法计算就会多 1.17 天工资 134.84 元（2 373.53－2 238.69）。

计算计时工资的上述四种方法，各有利弊，但按 20.83 天计算日标准工资计算时节假日不计算工资，更能体现按劳分配的原则。在一般情况下，企业职工缺勤日数总比出勤天数少，计算缺勤工资比计算出勤工资简便，因此，按 20.83 天计算日标准工资、按月标准工资扣除缺勤工资的方法相对来说比较好。

**（二）计件工资的计算**

计件工资是根据产量记录登记的实际合格产品数量和规定的计件单价计算出来的。其计算公式为

应付计件工资 ＝（合格品数量 ＋ 料废废品数量）× 计件单价

生产过程中可能出现废品，废品是指没有达到规定的技术标准，不能按照原有用途使用或销售的产品。按照形成原因，分为工废废品和料废废品。料废数量是指由材料质量不合格造成的废品数量。因其责任不属于生产工人，故应照付工资。与之对应的是工废数量，它是指由工人主观原因造成的废品数量。工废数量不应支付工资，而应在查明原因后再进行处理。计件单价是指完成单件产品应得到的工资额，其计算公式为

计件单价 ＝该产品的工时定额 × 该等级工人小时工资率

如果一名工人在一个月内生产了多种计件单价的产品，应汇总计算各种产品的计件工资，计算公式为

$$应付计件工资 = \sum [(合格品数量 + 料废废品数量) \times 计件单价]$$

**【例 3-8】** 某企业某生产工人的月标准工资为 2 000 元，8 月完成的合格产品数量要求如下：甲产品 100 件，单位产品定额工时为 1 小时；乙产品 80 件，单位产品定额工时为 2 小时。则甲、乙产品的计件单价及 8 月应付给该工人的计件工资计算如下：

小时工资率＝2 000÷20.83÷8 ＝ 12.00（元/小时）

甲产品计件单价 ＝ 12.00×1 ＝12.00（元/件）

乙产品计件单价 ＝ 12.00×2 ＝24.00（元/件）

应付计件工资 ＝ 100×12.00＋80×24.00＝3 120（元）

在计件工资的计算中，合格品可以完全按计件单价计算。但发生料废的产品并不一定都是完工以后发现的，在加工过程中发现材料质量有问题，将会立即报废，因此，料废产品并不一定都完成了整个加工过程，也就不能按计件单价全额计算工资。在这种情况下，可按生产工人完成的定额工时计算计件工资。

在采用集体计件工资时，应先按集体完成的合格品数量和计件单价确定集体应得的计件工资总额，然后再在集体内部各成员之间按每个成员的技术等级、月标准工资和实际工作时间进行分配。

**【例 3-9】** 某生产小组由 A、B、C、D 四个不同等级的生产工人组成，各技术等级的月标准工资分别为 500 元、800 元、1 000 元和 1 200 元。按照本月产量和计件单价，全月小组共得计件工资 5 250 元，根据每人计时工资的比例分别计算个人所得的计件工资，如表 3-12 所示。

**表 3-12　生产小组集体计件工资分配表**

20××年×月

| 工人姓名 | 技术等级 | 小时工资率/（元/小时）（①） | 实际工作时数/小时（②） | 计时工资/元（③＝①×②） | 分配率（④） | 实得计件工资/元（⑤＝③×④） |
|---|---|---|---|---|---|---|
| A | 2 | 500÷20.83÷8＝3.00 | 200 | 600 | 1.25 | 750 |
| B | 3 | 800÷20.83÷8＝4.80 | 200 | 960 | | 1 200 |
| C | 4 | 1 000÷20.83÷8＝6.00 | 200 | 1 200 | | 1 500 |
| D | 5 | 1 200÷20.83÷8＝7.20 | 200 | 1 440 | | 1 800 |
| 合计 | | | 800 | 4 200 | | 5 250 |

注：分配率＝5 250/4 200＝1.25

### （三）加班加点工资的计算

加班加点工资应按日工资（或小时工资）乘以加班加点天数（或小时数）及国家规定的支付标准（系数）计算。其计算公式为

$$应付加班加点工资 = 加班加点天数(或小时数) \times 日工资(或小时工资) \times 规定的支付标准(系数)$$

式中，规定的支付标准（系数）是：在正常工作时间外加班加点应按标准工资的150%计算（系数为1.5）；在周末休假期间加班加点时，按标准工资的200%计算（系数为2）；在节假日加班加点时，按标准工资的300%计算（系数为3）。

**（四）奖金的计算**

奖金是对职工的超额劳动在标准工资以外支付给职工的物质奖励性质的劳动报酬。奖金包括生产奖、节约奖、劳动竞赛奖及其他奖金。奖金应根据国家的有关规定和企业内部的奖励标准进行计算。

**（五）津贴和补贴的计算**

津贴和补贴应按国家规定的种类和标准计算。

**（六）特殊情况下支付的工资的计算**

特殊情况下支付的工资是指根据国家法律法规和政策规定，因病、工伤、产假、婚假、事假、探亲假等按规定支付给职工的工资。特殊情况下支付的工资应按国家规定的标准和考勤记录计算。其中职工因病或非因公负伤连续医疗期间在6个月以内或超过6个月时，规定了不同的病假支付标准。因此，计算应付病假工资时，应按规定的比例计算。其计算公式为

应付病假工资＝病假天数×日工资×支付工资的百分比

职工因公负伤，无论病假时间多长，工龄长短如何，其病假期间的工资，应按标准工资全额支付。根据劳动保险条例及其他有关规定，对职工产假、探亲假期间的工资，也应按标准工资全额支付。上述各项目计算出来后，就是应付每位职工的薪酬，再扣除企业为职工代扣代缴的各种款项，其余额即为实发工资。应付职工工资和实发工资的计算公式为

应付职工工资＝应付计时工资＋应付计件工资＋奖金＋津贴和补贴
＋加班加点工资＋特殊情况下支付的工资

实发工资＝应付职工工资－代扣款项

## 四、其他薪酬的计算

**（一）职工福利费的计算**

企业在使用职工的劳动技能、知识等以后，除了有义务向职工支付工资外，还有义务负担职工个人福利方面的某些支出，如改善职工的生活条件、解决职工的基本福利等。按规定，企业用于职工福利方面的资金从成本费用中提取。从成本费用中提取的职工福利费主要用于职工个人的福利支出，构成企业对职工的一项负债。

企业从成本费用中提取的职工福利费以工资总额为计提基础，按职工工资总额的一定比例提取。工资总额的构成与统计上的口径完全一致，不作任何扣除。对于职工福利费的计提比例，国家未作明确规定，企业可以根据实际情况自行确定职工福利费的计提比例，但财务制度规定，计提的福利费必须直接发放，不能保留期末余额。我国所得税法允许税前扣除的职工福利费提取比例为工资总额的14%，企业可以根据单位的实际情况在发放福利费时自行按照规定比例计提，但超过税法规定标准的部分要缴纳企业所得税。其计算公式为

企业某期应计提的职工福利费＝该期的工资总额×规定的提取比例

**（二）其他福利的计算**

除工资和福利费外，按照国家的相关制度规定，企业还应负担职工的“五险一金”、教育经费、工会经费等，这些费用需要企业根据当地政府的相关规定按照确定的比例计提，分别计入生产成本和期间费用。

## 五、职工薪酬的分配

**（一）职工薪酬的核算应设置的会计科目**

企业对职工薪酬的核算，应设置“应付职工薪酬”总账科目，该科目属于负债类科目，用来核算企业根据有关规定应付给职工的各种薪酬，以及外商投资企业按规定从净利润中提取的职工奖励及福利基金。该科目可按“工资”“职工福利”“社会保险费”“住房公积金”“工会经费”“职工教育经费”“非货币性福利”“辞退福利”“股份支付”等应付职工薪酬项目进行明细核算。对发生的职工薪酬计入“应付职工薪酬”的贷方，并根据职工提供服务的受益对象，分别计入“基本生产成本”“辅助生产成本”“制造费用”“管理费用”“销售费用”“在建工程”等科目的借方；企业按有关规定支付、缴纳、代扣或补偿各项职工薪酬时，计入该科目的借方，并视具体情况，分别计入“银行存款”“现金”“其他应收款”等科目的贷方；期末余额在贷方，反映企业应付职工薪酬的结余。

**（二）职工薪酬分配的账务处理**

企业按规定计算出每一职工的工资及相应的费用后，各部门、车间应编制职工工资单，财务部门根据各部门、车间的职工工资单，汇总编制“工资结算汇总表”，作为应付职工薪酬账务处理的依据。根据“职工薪酬结算汇总表”（表 3-13）编制“工资费用分配表”，根据一定的标准计提的职工福利费和其他费用应编制相应“费用分配表”作为职工福利费和其他费用账务处理的依据。

**表 3-13 职工薪酬结算汇总表**

20××年×月 单位：元

| 车间、部门 | | 标准工资 | 扣缺勤工资 | | 奖金 | 夜班津贴 | 应付工资 | 代扣款 | | 实付工资 |
|---|---|---|---|---|---|---|---|---|---|---|
| | | | 事假 | 病假 | | | | 养老保险 | 社会保险 | |
| 第一车间 | 生产人员 | 4 000 | 200 | | 2 000 | 300 | 6 100 | 305 | 610 | 5 185 |
| | 管理人员 | 2 000 | | 150 | 800 | 400 | 3 050 | 152.5 | 305 | 2 592.5 |
| 第二车间 | 生产人员 | 4 500 | | 180 | 1 200 | 500 | 6 020 | 301 | 602 | 5 117 |
| | 管理人员 | 2 400 | 160 | | 900 | 300 | 3 440 | 167 | 334 | 2 939 |
| 第三车间 | 生产人员 | 5 000 | 200 | | 1 300 | 200 | 6 300 | 315 | 630 | 5 355 |
| | 管理人员 | 3 000 | | 100 | 500 | 400 | 3 800 | 190 | 380 | 3 230 |
| 辅助车间 | 生产人员 | 2 500 | 120 | | 1000 | 500 | 3 880 | 194 | 388 | 3 298 |
| | 管理人员 | 2 000 | | 130 | 700 | 200 | 2 770 | 138.5 | 277 | 2 354.5 |
| 厂部管理人员 | | 3 000 | 100 | | 600 | 150 | 3 650 | 182.5 | 365 | 3 102.5 |
| 合计 | | 28 400 | 780 | 560 | 9 000 | 2 950 | 39 010 | 1 945.5 | 3 891 | 33 173.5 |

工资、福利费及其他薪酬费用，要按照它们的用途和发生部门进行分配。对基本生产车间直接从事产品生产的生产工人工资、福利费及其他薪酬费用，应计入“基本生产成本”科目中的“直接人工”成本项目；辅助生产车间人员的工资、福利费及其他薪酬费用，应计入“辅助生产成本”科目中的“直接人工”项目；基本生产车间管理人员和技术人员的工资、福利费及其他薪酬费用，应计入“制造费用”科目；行政管理人员的工资、福利费及其他薪酬费用，应列入“管理费用”科目；专设销售机构人员的工资、福利费及其他薪酬费用，应列入“销售费用”科目中等。需要指出的是，福利部门人员的工资，不属于产品成本和期间费用，应计入“应付职工薪酬——职工福利”科目，而按这部分人员的工资额提取的职工福利费则应作为期间费用中的“管理费用”列支，不能再由“应付职工薪酬——职工福利”列支。因为如果由“应付职工薪酬——职工福利”列支，则一方面增加了职工福利费来源，另一方面又减少了职工福利费，其结果是这部分职工福利费等于没有提取。

对计入“基本生产成本”科目的工资及福利费等，还需按成本计算对象（产品等）进行分配。其分配方法与工资形式及生产特点相关。如果企业实行计件工资形式，则可直接根据工资结算凭证计入生产成本的各种成本计算对象中的“直接人工”成本项目。如果企业实行计时工资形式，在只生产一种产品时，其职工薪酬也能直接根据工资结算凭证计入该产品生产成本；而在生产多种产品的情况下，就需要采用一定的方法分配计入各种产品成本中。工资、福利费及其他薪酬费用的分配主要按实际工时或定额工时的比例进行。其计算公式为

$$\text{工资分配率}=\frac{\text{生产工人计时工资总额}}{\text{各种产品实际(或定额)工时之和}}$$

$$\text{某产品应分配的计时工资}=\text{该种产品实际(或定额)工时}\times\text{工资分配率}$$

**【例 3-10】** 某工业企业生产甲、乙两种产品，某月份生产工人工资总额为 50 000 元，按工资总额 14% 计提职工福利费。其中计件工资 15 000 元，分别为甲产品 6 000 元、乙产品 9 000 元；甲、乙产品计时工资共计 35 000 元。本月甲、乙产品实际生产工时分别为 2 000 小时、1 500 小时。按实际生产工时分配计时工资计算如下。

$$\text{工资分配率}=\frac{35\,000}{2\,000+1\,500}=10\ (\text{元/小时})$$

$$\text{甲产品分配计时工资费用}=2\,000\times10=20\,000\ (\text{元})$$

$$\text{乙产品分配计时工资费用}=1\,500\times10=15\,000\ (\text{元})$$

其他薪酬的费用分配计算与工资、福利费的分配基本相同，企业应该根据实际情况及相关规定进行相应的分配，在此不再赘述。

**（三）职工薪酬分配表的编制**

进行职工薪酬分配时根据职工薪酬结算汇总表（表 3-13）编制职工薪酬分配表，根据分配表编制会计分录，登记有关总账和所属明细账。分配表格式及举例详见表 3-14 和表 3-15。

表 3-14 职工薪酬分配表

20××年×月

| 应借科目 | | 成本或费用项目 | 直接计入/元 | 分配计入 | | | 工资费用合计/元 |
|---|---|---|---|---|---|---|---|
| | | | | 生产工时/小时 | 分配率/(元/小时) | 分配金额/元 | |
| 基本生产成本 | 甲产品 | 直接人工 | 5 000 | 2 000 | | 6 400 | 11 400 |
| | 乙产品 | 直接人工 | 4 000 | 3 000 | | 9 600 | 13 600 |
| | 小计 | | 9 000 | 5 000 | 3.2 | 16 000 | 25 000 |
| 辅助生产成本 | 供电车间 | 直接人工 | 3 000 | | | | 3 000 |
| | 供水车间 | 直接人工 | 4 000 | | | | 4 000 |
| | 小计 | | 7 000 | | | | 7 000 |
| 制造费用 | | 人工费用 | 3 000 | | | | 3 000 |
| 管理费用 | | 人工费用 | 2 000 | | | | 2 000 |
| 销售费用 | | 人工费用 | 3 000 | | | | 3 000 |
| 应付职工薪酬 | | 职工福利 | 2 000 | | | | 2 000 |
| 合计 | | | 26 000 | | | 16 000 | 42 000 |

根据表 3-14，编制会计分录如下。

借：基本生产成本——甲产品　　11 400
　　　　　　　　——乙产品　　13 600
　　辅助生产成本——供电车间　　3 000
　　　　　　　　——供水车间　　4 000
　　制造费用　　3 000
　　管理费用　　2 000
　　销售费用　　3 000
　　应付职工薪酬——职工福利　　2 000
　　贷：应付职工薪酬——工资　　42 000

表 3-15 计提职工福利费分配表

20××年×月　　单位：元

| 应借科目 | | 成本或费用项目 | 工资总额 | 计提福利费（14%） |
|---|---|---|---|---|
| 基本生产成本 | 甲产品 | 直接人工 | 11 400 | 1 596 |
| | 乙产品 | 直接人工 | 13 600 | 1 904 |
| | 小计 | | 25 000 | 3 500 |
| 辅助生产成本 | 供电车间 | 直接人工 | 3 000 | 420 |
| | 供水车间 | 直接人工 | 4 000 | 560 |
| | 小计 | | 7 000 | 980 |
| 制造费用 | | 人工费用 | 3 000 | 420 |

续表

| 应借科目 | 成本或费用项目 | 工资总额 | 计提福利费（14%） |
| --- | --- | --- | --- |
| 管理费用 | 人工费用 | 4 000 | 560 |
| 销售费用 | 人工费用 | 3 000 | 420 |
| 合计 | | 42 000 | 5 880 |

根据表 3-15 编制会计分录如下。

借：基本生产成本——甲产品　　1 596
　　　　　　　　——乙产品　　1 904
　　辅助生产成本——供电车间　　420
　　　　　　　　——供水车间　　560
　　制造费用　　420
　　管理费用　　560
　　销售费用　　420
　　贷：应付职工薪酬——职工福利　　5 880

其他薪酬的费用分配表与工资、福利费的分配基本相同，企业应该根据实际情况及相关规定进行相应的分配，在此不再赘述。

## 第四节　固定资产折旧和修理费用的归集与分配

### 一、固定资产折旧费用的归集与分配

#### （一）固定资产折旧费用的归集

1. 固定资产折旧费用的计算

知识链接
固定资产的相关知识：《企业会计准则第 4 号——固定资产》节选

在经济学上，固定资产在使用过程中逐渐转移的价值一般称为折旧。会计学的折旧，是指在固定资产使用寿命内，按照确定的方法对应计折旧额进行系统分摊。

应计折旧额，是指应当计提折旧的固定资产的原价扣除其预计净残值后的金额。已计提减值准备的固定资产，还应当扣除已计提的固定资产减值准备累计金额。

预计净残值，是指假定固定资产预计使用寿命已满并处于使用寿命终了时的预期状态时，企业目前从该项资产处置中获得的扣除预计处置费用后的金额的折现价值。预计净残值不是使用终值，而是将固定资产预计净残值进行折现。

根据规定，企业的固定资产除了已提足折旧仍在继续使用的固定资产和按照规定单独估价作为固定资产入账的土地外，应对所有固定资产计提折旧。企业应当按月计提固定资产折旧，并根据用途分别计入有关成本计算对象的成本或当期费用，当月增加的固定资产，当月不计提折旧，从下月起计提折旧；当月减少的固定资产，当月仍计提折旧，从下月起停止计提折旧。

企业应当根据固定资产未来经济利益的预期实现方式选择折旧方法，可选用的折旧方法包括年限平均法、工作量法、双倍余额递减法和年数总和法。

1）年限平均法

年限平均法是指按照固定资产的预计使用年限平均计算折旧的一种方法。这种方法假定固定资产的服务潜力随着使用时间而不是随着使用强度逐渐减退，其损耗的价值应在使用期间平均分配，由此计算的各期折旧费用都是相等的。年限平均法又称直线法。其计算公式为

$$\text{每年折旧额}=\frac{\text{固定资产原价}-\text{预计净残值}}{\text{预计使用年限}}$$

**【例 3-11】** 某企业一台机器的原始价值为 160 000 元，预计使用 20 年，预计净残值 20 000 元，则每年的折旧费用计算如下。

$$\text{每年折旧额}=\frac{160\,000-20\,000}{20}=7\,000(\text{元})$$

在实际工作中，为了反映固定资产在单位时间内的损耗程度并简化计算，每期的折旧费用是由固定资产原值乘以折旧率计算得到的。固定资产折旧率是指一定时期内固定资产折旧额与固定资产原值的百分比，它反映固定资产的磨损程度。其计算公式为

$$\begin{aligned}\text{年折旧率}&=\frac{\text{年折旧额}}{\text{固定资产原值}}\times100\%\\&=\frac{\text{固定资产原值}\times(1-\text{预计净残值率})}{\text{预计使用年限}}\times\frac{1}{\text{固定资产原值}}\times100\%\\&=\frac{1-\text{预计净残值率}}{\text{预计使用年限}}\times100\%\end{aligned}$$

$$\text{月折旧率}=\text{年折旧率}\div12$$

$$\text{月折旧额}=\text{固定资产原值}\times\text{月折旧率}$$

采用年限平均法计算折旧费用的最大优点是简单明了，易于掌握和应用。但这种方法只考虑固定资产的使用时间，忽视了固定资产的利用程度和使用效率，使各期的折旧费用完全相等，如果固定资产的使用效率发生变化，必然使各期的折旧费用与固定资产的实际损耗价值不一致，从而导致单位产品负担的折旧费用存在差异。因此，年限平均法比较适用于各期使用程度和使用效率大致相同、受技术进步因素影响较小或可忽略不计的固定资产，如房屋、建筑物等。

企业拥有的固定资产较多，为了简化计算，除新建企业在开始计提折旧的第一个月必须逐项计算固定资产的折旧额外，以后每个月只需根据固定资产的增减变动情况，确定每月的固定资产折旧额，其计算公式为

$$\begin{matrix}\text{本月固定资产}\\\text{应计折旧额}\end{matrix}=\begin{matrix}\text{上月计提}\\\text{的折旧额}\end{matrix}+\begin{matrix}\text{上月增加固定资产}\\\text{应计提的折旧额}\end{matrix}-\begin{matrix}\text{上月减少固定资产}\\\text{应计提的折旧额}\end{matrix}$$

2）工作量法

工作量法也称作业量法，是指按照固定资产在其使用年限内预计完成的工作量或工作时数计算折旧费用的一种方法。其计算公式为

$$\frac{单位工作量}{应计提折旧额}=\frac{固定资产原值-预计净残值}{预计总工作量}$$

$$各期折旧额=单位工作量应计提折旧额\times 各期实际完成工作量$$

**【例 3-12】** 某企业一台设备的预计总工作时数为 20 000 小时，其原值为 100 000 元，预计净残值为 5 000 元。当年实际工作 5 000 小时，则该项固定资产当年计提的折旧费用计算如下。

$$每工作小时折旧额=\frac{100\ 000-5\ 000}{20\ 000}=4.75(元/小时)$$

$$当年折旧额=4.75\times 5\ 000=23\ 750\ (元)$$

工作量法也具有与年限平均法同样的优点，同时又弥补了年限平均法只考虑固定资产的使用时间，不考虑使用程度和使用效率的缺陷，使各期计提的折旧额与固定资产的实际损耗价值达到一致，从而使单位工作量负担的固定资产折旧费用相等。工作量法比较适用于容易估计工作总量的固定资产，如运输设备、筑路机械及不常使用的价值较高的大型设备等。

3）双倍余额递减法

双倍余额递减法是指在先不考虑固定资产净残值的情况下，根据每期期初固定资产的账面净值和双倍的直线法折旧率计算折旧的一种方法。由于固定资产的账面净值逐年减少，以双倍的直线法折旧率乘以递减的账面净值确定的折旧金额也逐年递减，所以，这种方法是一种加速折旧法。其计算公式为

$$年折旧率=\frac{2}{预计使用年限}\times 100\%$$

$$年折旧额=年初固定资产账面净值\times 年折旧率$$

$$月折旧额=年折旧额\div 12$$

采用双倍余额递减法计算折旧费用时，由于计算折旧率时不考虑净残值因素，而固定资产的账面净值又是逐年递减的，所以按此连续计算各年折旧额后，会使固定资产在最后折旧年度自动产生一个残值（固定资产的账面净值），这个残值不可能恰好等于预计的净残值。因此，运用双倍余额递减法时应注意：如果发现在某一折旧年度，按双倍余额递减法计算的折旧额小于按年限平均法计算的折旧额，则应从这一年度开始改为年限平均法计算折旧额。

**【例 3-13】** 某企业某项固定资产的原值为 200 000 元，预计净残值为 5 000 元，预计使用 5 年，则采用双倍余额递减法计算的各年折旧额如表 3-16 所示。

**表 3-16 双倍余额递减法折旧计算表**

| 年数 | 期初账面净值/元 | 折旧率 | 折旧额/元 | 累计折旧额/元 | 期末账面值/元 |
|---|---|---|---|---|---|
| 1 | 200 000 | 40% | 80 000 | 80 000 | 120 000 |
| 2 | 120 000 | 40% | 48 000 | 128 000 | 72 000 |
| 3 | 72 000 | 40% | 28 800 | 156 800 | 43 200 |

续表

| 年数 | 期初账面净值/元 | 折旧率 | 折旧额/元 | 累计折旧额/元 | 期末账面值/元 |
|---|---|---|---|---|---|
| 4 | 43 200 | — | 19 100 | 175 900 | 24 100 |
| 5 | 24 100 | — | 19 100 | 195 000 | 5 000 |

注：折旧率＝2×1/5×100％＝40％

对双倍余额递减法进行总结，有以下特点：折旧率在各年（除到期前两年）一致；计算基数年年递减，使各年折扣额递减；到期前两年改为直线法，否则永无终结；开始计提折旧时，不考虑残值，改为直线法时再考虑；各年折旧额递减，但同年内各月折旧额相等。

4）年数总和法

年数总和法是指将固定资产的原值减去预计净残值后的净额乘以一个逐年递减的分数来计算折旧的一种方法。这个递减的分数即为固定资产的折旧率，其分子为某年初固定资产尚可使用的年数，每年递减；分母为该项固定资产预计使用年数的逐年数字总和，固定不变。由于折旧率逐年递减，折旧基数固定不变，所以，它也是一种加速折旧法。其计算公式为

$$年折旧率=\frac{预计使用年限-已使用年数}{预计使用年限\times(1+预计使用年限)\div 2}\times 100\%$$

$$月折旧率=年折旧率\div 12$$

$$月折旧额=(固定资产原值-预计净残值)\times 月折旧率$$

**【例 3-14】** 某企业某项固定资产的原值为 200 000 元，预计净残值为 5 000 元，预计使用 5 年，采用年数总和法计算的各年折旧额如表 3-17 所示。

**表 3-17 年数总和法折旧计算表**

| 年数 | 尚可使用年限/年 | 固定资产原值－预计净残值/元 | 折旧率 | 折旧额/元 | 累计折旧额/元 |
|---|---|---|---|---|---|
| 1 | 5 | 195 000 | 5/15 | 65 000 | 65 000 |
| 2 | 4 | 195 000 | 4/15 | 52 000 | 117 000 |
| 3 | 3 | 195 000 | 3/15 | 39 000 | 156 000 |
| 4 | 2 | 195 000 | 2/15 | 26 000 | 182 000 |
| 5 | 1 | 195 000 | 1/15 | 13 000 | 195 000 |

年数总和法具有以下特点：各年折旧基数一致，均为原值扣减净残值后的余额；折旧率逐年递减；各年折旧额递减，同年内各月相等。

折旧方法一经确定，不得随意变更。企业应定期复核固定资产的折旧方法，如果固定资产包含的经济利益的预期实现方法有重大改变，则应当相应改变固定资产折旧方法。企业还应定期对固定资产使用寿命进行复核，如果固定资产使用寿命的预期数与原先的估计数有重大差异，则应当相应调整固定资产折旧年限，并进行会计处理。

2. 固定资产折旧费用的归集

固定资产折旧费用的归集是通过编制各车间、部门折旧计算明细表来汇总编制全厂的折旧计算汇总表来进行的。各车间、部门折旧计算明细表应根据月初计提折旧固定资产的有关资料和确定的折旧计算方法编制。生产单位使用的固定资产，其折旧费用计入产品成本，通过“制造费用”账户反映；非生产单位使用的固定资产，应分别根据用途，将其折旧费用计入规定的成本和费用中。具体来讲，在建工程使用的固定资产，其折旧费用应计入“在建工程”账户；企业管理部门使用的固定资产，其折旧费用应计入“管理费用”账户；经营租出的固定资产，其折旧费用应计入“其他业务支出”账户。

**【例 3-15】** 某企业 20××年 4 月初固定资产的原值和折旧率计算的折旧款如下：基本生产车间固定资产折旧额 30 000 元，机修车间固定资产折旧额 25 000 元，运输车间固定资产折旧额 16 000 元，行政管理部门固定资产折旧额 5 000 元。在 4 月该企业这四个部门增加固定资产，月折旧额分别为 800 元、1 000 元、500 元、600 元；4 月四个部门减少固定资产，月折旧额分别为 1 200 元、800 元、720 元、800 元。则 5 月该企业固定资产折旧费用分配表如表 3-18 所示。

**表 3-18 折旧费用分配表**

20××年 5 月　　　　单位：元

| 应借科目 | 车间、部门 | 4 月固定资产折旧额 | 4 月增加固定资产的折旧额 | 4 月减少固定资产的折旧额 | 本月（5 月）固定资产折旧额 |
|---|---|---|---|---|---|
| 制造费用 | 基本生产车间 | 30 000 | 800 | 1 200 | 29 600 |
| | 机修车间 | 25 000 | 1 000 | 800 | 25 200 |
| | 运输车间 | 16 000 | 500 | 720 | 15 780 |
| | 小计 | 71 000 | 2 300 | 2 720 | 70 580 |
| 管理费用 | 行政管理部门 | 5 000 | 600 | 800 | 4 800 |
| 合计 | | 76 000 | 2 900 | 3 520 | 75 380 |

固定资产折旧费用按月计提和分配，因而当月的折旧额可以在上月折旧额的基础上加、减调整计算。又由于每月折旧额按月初固定资产的原值和规定的折旧率计算，所以该企业 5 月的折旧额，可以在 4 月固定资产折旧额的基础上，加上 4 月增加的固定资产折旧额，减去 4 月减少的固定资产的折旧额计算。

**（二）固定资产折旧费用的分配**

对按规定计提的折旧费，应根据固定资产的使用地点和用途进行分配，分别列入不同的科目中。按表 3-18 中资料作如下会计分录。

借：制造费用——基本生产车间　　29 600
　　　　　　——机修车间　　25 200
　　　　　　——运输车间　　15 780
　　管理费用　　4 800
　　贷：累计折旧　　75 380

## 二、固定资产修理费用的归集与分配

固定资产参与企业生产经营过程，虽然不改变其自身形态，但在长期的使用过程中会发生损耗。为了维护固定资产的正常使用功能，使其处于正常运转的状态，必须对其进行有计划的、及时的修理工作。

固定资产经常修理的目的是维护和保持固定资产的正常工作状态，由于经常修理支付的费用少，一般都是将经常修理费用作为当月的生产费用处理，直接计入当月的成本费用中。

固定资产的日常修理，一般由企业的辅助生产车间或基本生产车间负责。如果由辅助生产车间进行，发生的各项修理费用应借记“辅助生产成本”科目，贷记“原材料”“应付职工薪酬”“银行存款”等科目；月末时，再根据各部门耗用修理劳务的多少，将发生的修理费用分配给各受益的车间或部门，应借记“制造费用”“管理费用”等科目，贷记“辅助生产成本”科目。如果日常修理工作是由企业的基本生产车间进行的，发生的修理费用，可直接计入当期的费用，借记“制造费用”科目，贷记“原材料”“应付职工薪酬”等科目。

# 第五节　跨期费用和其他费用的归集与分配

## 一、预付费用的核算

预付费用指本月发生，但应由本月和以后各月产品成本和期间费用共同负担的费用。这种费用发生以后，由于受益期较长，不应一次全部计入当月成本、费用，而应按照待摊费用的受益期限分月摊销，计入各月成本、费用。

预付费用包括低值易耗品摊销、出租出借包装物摊销、预付保险费、预付固定资产租金，以及一次购买印花税票和一次交纳印花税额较多、需要分月摊销的税金等。按照我国现行会计准则的要求，受益期在一年以内的预付费用直接计入当期费用，不允许进行摊销。

预付费用的摊销期限需要超过一年的费用，应该作为长期待摊费用核算。

### （一）长期待摊费用支付的核算

长期待摊费用的支出和摊销是通过“长期待摊费用”总账科目进行的。支出待摊费用时，应借记“长期待摊费用”科目，贷记“银行存款”“周转材料”“应交税费”等科目；分月摊销时，应按待摊费用的用途分别借记各有关的成本、费用科目，贷记“长期待摊费用”科目。该科目借方余额表示已支付、尚未摊销的费用，是生产经营过程中占用的资金，属于非流动资产。该科目应按费用的种类进行明细核算，分别反映各种长期待摊费用的支付和摊销情况。

### （二）长期待摊费用摊销的核算

按照长期待摊费用的受益和摊销期限进行摊销，由于摊销的费用一般没有专设成本项目，因而摊销费用时一般按应摊销费用的车间、部门和费用用途，分别计入“制造费用”“销售费用”“管理费用”等总账科目和所属明细账的借方相应的费用项目。长期待摊费用的摊销额，应计入“长期待摊费用”总账科目和所属明细。

**【例 3-16】** 某企业在某月末摊销本月负担的保险费，编制的保险费用分配表如表 3-19 所示。

**表 3-19 保险费用分配表**

20××年×月　　　　单位：元

| 应借科目 | | 成本或费用项目 | 费用金额 |
|---|---|---|---|
| 总账科目 | 明细科目 | | |
| 制造费用 | 基本生产车间 | 保险费 | 2 000 |
| | 机修车间 | 保险费 | 3 000 |
| | 运输车间 | 保险费 | 2 000 |
| | 小计 | | 7 000 |
| 管理费用 | | 保险费 | 3 000 |
| 合计 | | | 10 000 |

根据长期待摊费用分配表，编制如下会计分录。

借：制造费用——基本生产车间　　2 000
　　　　　　——机修车间　　3 000
　　　　　　——运输车间　　2 000
　　管理费用　　3 000
　　贷：长期待摊费用　　10 000

## 二、预提费用的核算

预提费用是指预先分月计入各月成本、费用，但在以后才实际支付的费用，是应付而未付的费用，因而是一种负债。可以预提的费用，一般有借款利息、固定资产租金和保险费等。按照我国现行会计准则，受益期限虽然超过一个月，但如果费用不大，也可以不作为预提费用处理，而在实际支付时直接计入支付月份的成本、费用。

### （一）预提费用预提的核算

为了正确地划分各个月份的费用，防止多计或少计某些月份的成本、费用，预提费用的项目和预提的标准应在企业会计制度中规定，不应任意多提、少提或不提。发现某种预提费用总额到预提期末可能与实际费用总额发生较大的差额时，应及时调整预提的标准。预提费用指应由受益期分担计入产品成本或商品流通费，而以后月份才实际支付的费用。预提费用总额与实际费用总额的差额，应调整计入预提期末月份的成本、费用。也就是说，预提期最后一个月份应提的费用，应根据预提期内实际费用总额减去已提费用总额计算。

预提费用的预提和支付，是通过“其他应付款”“应付利息”等总账科目进行的。由于预提的各种费用都没有专设成本项目，所以预提时应按预提费用的车间、部门和用途，分别计入“制造费用”“管理费用”“财务费用”等总账科目和所属明细账的借方，计入“其他应付款”“应付利息”等科目的贷方；实际支付时，计入“其他应付款”“应付利息”等科目的借方，同时计入“银行存款”或“原材料”等科目的贷方。“其他应付款”“应付利息”等科目的贷方余额，属于流动负债。

**【例 3-17】** 某企业在月末预提本月负担的租赁费，编制的租赁费用分配表如表 3-20 所示。

**表 3-20　租赁费用分配表**

20××年×月　　单位：元

| 应借科目 | 车间、部门 | 本月预提费用 |
|---|---|---|
| 制造费用 | 基本生产车间 | 2 000 |
| | 机修车间 | 4 000 |
| | 运输车间 | 2 000 |
| | 小计 | 8 000 |
| 管理费用 | 行政管理部门 | 5 000 |
| 合计 | | 13 000 |

根据所列租赁费用分配表，应编制下列会计分录。

借：制造费用——基本生产车间　2 000
　　　　——机修车间　4 000
　　　　——运输车间　2 000
　管理费用　5 000
　贷：其他应付款　13 000

**（二）预提费用实际支出的核算**

已经预提的费用在实际支付时，不应再计入当月费用，而应冲减预提费用，否则会使费用计算重复。在实际支付费用时，也许实际支付额会大于已预提费用额，在这种情况下，并不考虑已提取的费用是否足以支付，而是正常冲减其他应付款。此时，其他应付款账户会出现借方余额，然后在规定的期间继续提取费用（实际是摊销已支付的费用）。由此可见，“其他应付款”作为资产负债表的一个项目，它是应付未付费用，是负债项目；但作为一个会计科目，它既可能有贷方余额，也可能有借方余额，因而是负债和资产双重性质的会计科目。其贷方余额为预提费用，属于负债；其借方余额实际上是预付费用，属于资产。

## 三、利息费用的核算

利息费用包括短期债务利息和长期债务利息两部分。短期债务利息均应计入当期损益，长期债务利息中与购建固定资产等有关的且在该资产交付使用前发生的，应予以资本化。由于短期借款的利息一般是按季结算支付的，为了正确划分各个月份的费用界限，对短期借款的利息一般采取预提的方式进行核算，即在季度内前两个月，按计划预提借款利息，借记“财务费用”科目，贷记“应付利息”科目，季末月份实际支付利息时，按已预提数的差额借记“财务费用”科目，按已提数借记“应付利息”科目，按实际支付数贷记“银行存款”科目。对长期负债的利息，应按照权责发生制原则按期预提，其中应予以资本化的部分，借记“在建工程”科目，贷记“应付利息”等科目；应计入当期损益的部分，则借记“财务费用”科目，贷记“应付利息”等科目。

## 四、税金的核算

这里所指的税金包括印花税等。其中印花税是指由纳税人根据规定自行计算应纳税额以购买并一次贴足印花税票的方式缴纳的税款，不存在与税务机关结算或清算的问题，因此在购买印花税票时，直接借记“管理费用”科目，贷记“银行存款”科目。

第三章重要术语　　第三章案例分析　　第三章思政课堂

# 课后练习题

**一、单项选择题**

1. “假退料”办法是指材料实物不动（　　）。
   A. 只办理本月的退料和领料手续　　B. 只办理下月的退料和领料手续
   C. 只办理本月退料和下月领料的手续　　D. 只办理本月退料手续
2. “材料采购”科目月末（　　）。
   A. 没有余额　　B. 有借方余额
   C. 有贷方余额　　D. 可能没有余额，也可能有借方余额
3. 长期待摊费用是（　　）。
   A. 支付在前，摊销成本在后的费用　　B. 摊销成本在前，支付在后的费用
   C. 支付和摊销成本均在当月的费用　　D. 支付和摊销成本均在以后月份的费用
4. 下列不属于工资总额项目的是（　　）。
   A. 市内交通补助费　　B. 节约奖
   C. 婚丧假期工资　　D. 工伤期间工资
5. 直接用于产品生产的燃料，应直接计入或者分配计入产品成本的科目是（　　）。
   A. “制造费用”　　B. “财务费用”
   C. “基本生产成本”　　D. “辅助生产成本”
6. 生产费用要素中的税金，发生或支付时应借记（　　）。
   A. “生产成本”科目　　B. “管理费用”科目
   C. “制造费用”科目　　D. “销售费用”科目
7. 在实际工作中，在支付外购动力费款时，通常借记（　　）科目，贷记“银行存款”科目。
   A. “生产成本”　　B. “管理费用”
   C. “制造费用”　　D. “应付账款”

8. （　　）是指每一职工在单位时间内应得的工资额。

A. 计时工资　　B. 计件单价　　C. 标准工资　　D. 工资标准

9. 计算计件工资费用时，应以（　　）记录为依据。

A. 考勤　　B. 时间　　C. 统计　　D. 产量和质量

10. 下列项目中，不计提折旧的是（　　）。

A. 未使用的房屋　　B. 当月减少的固定资产

C. 在用设备　　D. 以经营租赁方式租入的固定资产

11. 工业企业各要素费用中的利息费用，是（　　）的一个费用项目。

A. 管理费用　　B. 财务费用

C. 制造费用　　D. 生产成本

12. 工业企业各要素费用中的税金，是（　　）的一个费用项目。

A. 生产成本　　B. 财务费用

C. 制造费用　　D. 管理费用

**二、多项选择题**

1. 在按实际成本进行材料日常核算的情况下，发出材料的实际成本可以采用的计价方法有（　　）。

A. 先进先出法　　B. 后进先出法

C. 个别计价法　　D. 全月一次加权平均法

E. 移动加权平均法

2. 材料费用的分配标准有（　　）。

A. 材料定额耗用量　　B. 材料定额费用

C. 产品重量　　D. 产品体积

E. 产品工时

3. “材料成本差异”总账科目的二级科目包括（　　）。

A. “原材料成本差异”　　B. “燃料成本差异”

C. “包装物成本差异”　　D. “低值易耗品成本差异”

E. “辅助生产成本差异”

4. 计入产品成本的各种燃料费用，按其用途分配，应计入下列科目的借方（　　）。

A. “生产成本”　　B. “财务费用”

C. “管理费用”　　D. “制造费用”

E. “销售费用”

5. 下列属于工资总额项目的有（　　）。

A. 保健性津贴　　B. 劳动保护费

C. 计划生育假期工资　　D. 节约奖

E. 婚假期工资

6. 按 30 日计算日工资率的企业（　　）。

A. 出勤期间的节假日不算工资　　B. 事病假缺勤期间的节假日不扣工资

C. 出勤期间的节日也按出勤算工资　　D. 事病假缺勤期间的节假日扣工资

**三、判断题**

1. 用于几种产品生产共同耗用的，构成产品实体的原材料费用，可以直接计入各种产品成本。（　　）

2. 按计划成本进行材料日常核算，“材料采购”总账科目的月末余额，就是月末在途材料的计划成本。（　　）

3. 企业全部职工的工资及福利费，均应计入产品的成本。(　　)
4. 用于产品生产的照明、取暖的动力费用，应计入各种产品成本明细账的“燃料和动力”成本项目。(　　)
5. 按 20.83 天计算日工资率的企业，节假日不算、不扣工资。(　　)
6. 企业生活福利部门职工的工资费用由职工福利费开支。(　　)
7. 低值易耗品在采用五五摊销法核算时，对于退回和发出已用过的低值易耗品应按 50%摊销。(　　)
8. 采用一次摊销法摊销低值易耗品，其价值在领用时一次摊销。(　　)
9. 根据有关规定，当月减少的固定资产当月仍计提折旧，而提前报废的固定资产，则不计提折旧。(　　)
10. 对于直接用于产品生产的各项费用，都应单独地计入“基本生产成本”总账科目。(　　)
11. “材料采购”账户的贷方反映验收入库材料的计划成本，贷方还反映材料成本的超支差异。(　　)
12. 在实际工作中，外购动力在付款时，一般通过“应付账款”科目核算，即在付款时先作为暂付款处理，借记“应付账款”科目，贷记“银行存款”科目。(　　)
13. 工资费用全部应计入产品成本和期间费用。(　　)
14. 计时工资制度和计件工资制度是最基本的两种工资制度。(　　)
15. 固定资产在全部使用年限内的应计折旧额，就是固定资产的全部原值。(　　)
16. 月份内增加的固定资产，当月不计算折旧，从下月起计算折旧。(　　)

**四、名词解释**

1. 工资总额　2. 固定资产折旧　3. 计件工资　4. 定额

**五、思考题**

1. 材料成本是如何构成的?
2. 工资总额由哪些部分组成?

**六、业务计算题**

1. 某企业对甲材料采用计划成本进行核算：

　　月初，甲材料明细账结存数量为 450 千克，“材料成本差异”账户甲材料明细账借方余额为 211 元。本月购入数量为 8 050 千克，全部验收入库，支付实际成本为 93 380 元。本月发出原材料7 900 千克，用于产品生产消耗。甲材料计划单位成本为 12 元。

　　要求：对发出材料进行账务处理。

2. 某企业生产甲、乙两种产品，共同耗用原材料 5 670 千克，该材料实际成本为每千克 4 元。本月投产量：甲产品 480 件，乙产品 400 件。单位产品原材料定额：甲产品5 千克，乙产品 7.5 千克。

　　要求：

　　(1) 计算原材料定额耗用量分配率，按定额耗用量分配原材料费用。

　　(2) 计算原材料定额费用分配率，按定额费用分配原材料费用。

　　(3) 根据分配结果，编制会计分录。

3. 某企业月末汇总本月原材料发出情况如下：

　　甲产品直接消耗 1 200 千克，乙产品直接消耗 900 千克，甲、乙产品共同耗用 3 150 千克。基本生产车间一般耗用 100 千克。辅助生产车间：机修车间直接耗用 500 千克，一般耗用 100 千克；运输车间一般耗用 70 千克；管理部门一般耗用 120 千克。原材料实际单位成本 30 元。本月甲产品产量 500 件，乙产品产量 400 件。单位产品消耗定额：甲产品 2.8 千克，乙产品 4 千克。

要求：

（1）按材料定额耗量分配甲、乙产品共同消耗原材料费用。

（2）编制原材料费用分配表（表 3-21），编制分配原材料费用的会计分录。

**表 3-21　原材料费用分配表**

××工厂　　　　20××年×月　　　　单位：元

| 应借科目 | | 成本或费用项目 | 直接计入 | 分配计入 | 原材料费用合计 |
|---|---|---|---|---|---|
| 基本生产成本 | 甲产品 | 原材料 | | | |
| | 乙产品 | 原材料 | | | |
| | 小计 | | | | |
| 辅助生产成本 | 机修车间 | 原材料 | | | |
| | 运输车间 | 原材料 | | | |
| | 小计 | | | | |
| 制造费用 | 基本车间 | 机物料 | | | |
| | 机修车间 | 机物料 | | | |
| | 运输车间 | 机物料 | | | |
| | 小计 | | | | |
| 管理费用 | 行政部门 | 其他 | | | |
| 合计 | | | | | |

4. 某工人月标准工资为 2 400 元，本月实际出勤 19 天，正常休假 8 天，病假 2 天，事假 2 天。该工人病假扣款率 20%（病假期间无公休日）。

要求：按 30 天、20.83 天计算日工资率，分别用出勤天数计算月工资和缺勤天数扣月工资计算月工资额。

5. 企业生产 A 产品需要由两个等级的工人进行加工，两等级工人的工时定额分别为 2.5 小时和 4 小时，工人的小时工资率分别为 18 元/小时和 15 元/小时。本月甲、乙、丙三人共同生产 A 产品，完工产品 130 件，其中工废废品 10 件，料废废品 8 件，其余的为合格品，三个人的出勤天数分别为 22 天、20 天、18 天，日工资率分别为 140 元/天、180 元/天、160 元/天。

要求：按照出勤天数和日工资率的乘积为标准分配计算每个人的计件工资。

6. 某企业本月发生业务如下：

（1）以银行存款支付动力费用 25 000 元。

（2）月末根据有关计量仪表所示，本企业共消耗电力 72 500 千瓦时，电单位成本为 0.30 元/千瓦时。消耗情况：产品生产电力耗用 50 000 千瓦时，供水车间直接耗用 2 000 千瓦时，供热车间直接耗用 5 000千瓦时，基本生产车间照明耗用 7 500 千瓦时，管理部门耗用 6 000 千瓦时，销售部门耗用2 000 千瓦时。

（3）本月甲产品机器工时 4 500 小时，乙产品机器工时 3 000 小时。

要求：按照产品机器工时分配电力费用，并编制电力费用分配表及会计分录。

7. 某企业在 4 月计算出借款利息为 9 720 元，5 月计算出的借款利息为 12 310 元，6 月末收到银行的收息通知单，第二季度全部利息 34 300 元，已经划转给银行。

要求：做第二季度有关利息费用的会计核算。

8. 某企业 8 月折旧额如下：基本车间计算折旧额 23 200 元，辅助车间计提折旧 11 500 元，行政管理部门计提折旧 9 500 元。该企业 8 月增加固定资产项目有：基本车间新增机器一台，价值150 000元，预计使用 8 年，残值率 4%；辅助车间新增 70 000 元设备一台，残值率 4%，预计使用 5 年；行政管理部门新增 120 000 元设备一台，年折旧率 12%。8 月减少固定资产项目有：基本车间报废一台设备，价值 60 000 元，原来预计使用 8 年，残值率 5%；辅助车间报废 80 000 元生产设备，残值率 4%，原来预计使用 4 年。该企业固定资产折旧均采用年限平均法。

要求：计算 9 月折旧额。

9. 某企业基本生产车间生产工人的计时工资共计 16 620 元，规定按定额工时比例在 A、B 两种产品之间进行分配。这两种产品的工时定额为 A 产品 30 分钟，B 产品 15 分钟；投产的产品数量为 A 产品 9 500件，B 产品 8 700 件。辅助生产车间（只提供一种劳务）生产工人工资 4 890 元；基本生产车间管理人员工资 2 790 元；辅助生产车间管理人员工资 1 340 元；行政管理部门人员工资3 120 元；销售部门人员工资 970 元。应付工资总额 29 730 元。

要求：根据以上资料，填制薪酬费用分配表（表 3-22），并编制分配工资费用的会计分录。

**表 3-22 薪酬费用分配表**

20××年×月

| 应借科目 | | | | 直接计入/元 | 分配计入 | | | 金额合计/元 |
|---|---|---|---|---|---|---|---|---|
| 总账科目 | 一级明细科目 | 二级明细科目 | 成本费用科目 | | 定额工时/元 | 分配率/（元/小时） | 分配金额/元 | |
| 生产成本 | 基本生产成本 | A 产品 | 直接人工 | | | | | |
| | | B 产品 | 直接人工 | | | | | |
| | 小计 | | | | | | | |
| | 辅助生产成本 | 辅助车间 | 直接人工 | | | | | |
| 制造费用 | 基本生产车间 | 职工薪酬 | | | | | | |
| | 辅助生产车间 | 职工薪酬 | | | | | | |
| 管理费用 | 管理部门 | 职工薪酬 | | | | | | |
| 销售费用 | 销售部门 | 职工薪酬 | | | | | | |
| 合计 | | | | | | | | |

10. 某工业企业某月生产甲、乙两种产品，共同耗用 A 原材料，耗用量无法按产品直接划分。甲产品投产 100 件，原材料消耗定额为 5 千克；乙产品投产 150 件，原材料消耗定额为 2 千克。A 原材料的计划单价为 3 元/千克，成本差异率为超支 2%。甲、乙两种产品实际消耗 A 原材料总量为 320 千克。

要求：

（1）分别计算甲、乙产品的原材料定额耗用量；

（2）按原材料定额耗用量比例，计算 A 原材料消耗量的分配率；

（3）根据 A 原材料的分配率，计算甲、乙产品各耗用 A 原材料的数量；

（4）分别计算甲、乙产品应负担的 A 原材料实际费用；

（5）将计算结果填入表 3-23。

**表 3-23　材料费用分配表**

20××年×月

<table>
<tr><th colspan="4">应借科目</th><th rowspan="2">直接计入计划成本/元</th><th colspan="3">分配计入</th><th rowspan="2">计划成本合计/元</th><th rowspan="2">差异率/%</th><th rowspan="2">差异额/元</th><th rowspan="2">实际成本/元</th></tr>
<tr><th>总账科目</th><th>一级明细科目</th><th>二级明细科目</th><th>成本费用科目</th><th>分配标准/千克</th><th>分配率/(千克/元)</th><th>分配金额/元</th></tr>
<tr><td rowspan="2">生产成本</td><td rowspan="2">基本生产成本</td><td>甲产品</td><td>直接材料</td><td></td><td></td><td></td><td></td><td></td><td></td><td></td><td></td></tr>
<tr><td>乙产品</td><td>直接材料</td><td></td><td></td><td></td><td></td><td></td><td></td><td></td><td></td></tr>
<tr><td colspan="4">合计</td><td></td><td></td><td></td><td></td><td></td><td></td><td></td><td></td></tr>
</table>

11. 某工业企业 9 月 26 日通过银行支付外购动力费用 4 800 元，9 月末查明各车间、部门耗电量为：基本生产车间耗电 7 000 千瓦时，其中车间照明用电 1 000 千瓦时；辅助生产车间耗电 1 780 千瓦时，其中车间照明用电 380 千瓦时；企业管理部门耗电 1 200 千瓦时。该月支付外购电力费共计4 990元。要求：

(1) 按所耗电量分配电力费用，A、B 产品按生产工时分配电费，A 产品生产工时为 7 200 小时，B 产品生产工时为 4 800 小时；

(2) 将结果填入“动力费用归集分配汇总表”(表 3-24)；

(3) 编制该月分配外购电费的会计分录。

**表 3-24　动力费用归集分配汇总表**

20××年 9 月

<table>
<tr><th colspan="3" rowspan="2">应借科目</th><th colspan="2">分配标准</th><th rowspan="2">金额合计</th></tr>
<tr><th>生产工时</th><th>分配率</th></tr>
<tr><td rowspan="4">生产成本</td><td rowspan="2">基本生产成本</td><td>A 产品</td><td>燃料和动力</td><td></td><td></td></tr>
<tr><td>B 产品</td><td>燃料和动力</td><td></td><td></td></tr>
<tr><td colspan="2">小计</td><td></td><td></td><td></td></tr>
<tr><td>辅助生产成本</td><td>燃料和动力</td><td></td><td></td><td></td></tr>
<tr><td rowspan="2">制造费用</td><td>基本生产车间</td><td>水电费</td><td></td><td></td><td></td></tr>
<tr><td>辅助生产车间</td><td>水电费</td><td></td><td></td><td></td></tr>
<tr><td>管理费用</td><td>管理部门</td><td>水电费</td><td></td><td></td><td></td></tr>
<tr><td colspan="3">合计</td><td></td><td></td><td></td></tr>
</table>

# 第四章

# 部门费用的归集与分配

**本章逻辑框架**

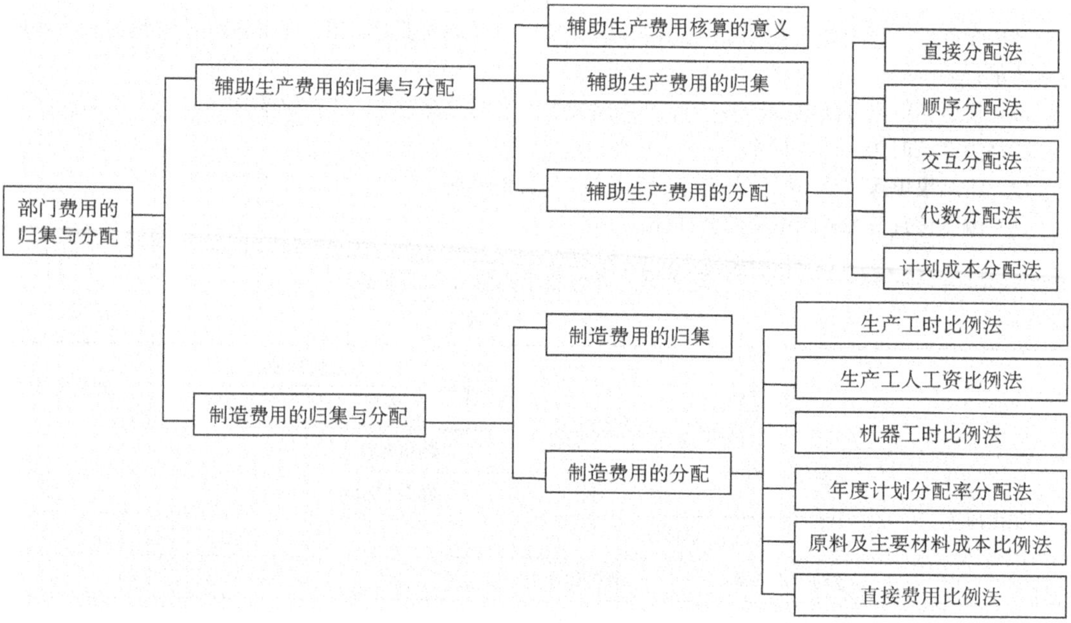


**本章重要概念**

辅助生产成本　制造费用　直接分配法　交互分配法　代数分配法　计划成本分配法　生产工时比例法　生产工人工资比例法　机器工时比例法　年度计划分配率分配法

**本章内容引言**

企业的辅助生产车间主要是为基本生产车间服务的，也为企业管理部门、基本建设工程、福利部门和其他辅助生产车间服务，一般不对外销售，因此辅助生产车间发生的费用应在各受益部门之间分配；辅助生产费用的分配方法有直接分配法、交互分配法、计划成本分配法、代数分配法、顺序分配法。企业基本生产车间生产的产品往往不止一种，车间为管理和组织生产发生的费用需要通过“制造费用”账户归集，期末再按一定标准分配转入各成本计算对象中，制造费用的分配方法有生产工时比例法、年度计划分配率分配法等。

## 第一节　辅助生产费用的归集与分配

### 一、辅助生产费用核算的意义

知识链接
辅助生产费用各分配方法的优缺点与适用范围

工业企业的辅助生产，是为基本生产和经营管理服务而进行的产品生产和劳务供应。其中有的只生产一种产品或提供一种劳务，如供电、供水、供气、供风、运输等辅助生产；有的则生产多种产品或提供多种劳务，如从事工具、模具、修理用备件的制造，以及机器设备的修理等辅助生产。辅助生产提供的产品和劳务，有时也对外销售，但这不是辅助生产的主要任务，其主要任务是为本企业服务。

辅助生产成本指辅助生产产品和劳务所耗费的各种生产费用之和，构成这些产品和劳务的成本，其中包括直接材料、直接工资和制造费用。但是，对于耗用这些产品或劳务的基本生产产品和各车间、部门来说，这些辅助生产产品和劳务的成本又是一种费用，即辅助生产费用。

辅助生产产品和劳务成本的高低，对基本生产产品成本和经营管理费用的水平有着很大的影响；同时，只有辅助生产产品和劳务成本确定以后，才能计算基本生产产品成本。因此，正确、及时地组织辅助生产费用的归集和分配，对节约费用、降低成本，以及正确及时地计算企业产品的成本都有重要的意义。

### 二、辅助生产费用的归集

辅助生产车间发生的费用的归集主要是通过“辅助生产成本”账户进行的。有的辅助生产车间只提供一种产品或劳务，可以只设“辅助生产成本”账户，有的辅助生产车间提供多种产品或劳务，还应设置“制造费用——辅助车间”明细账。在实际工作中，考虑辅助车间的制造费用情况不同，具体有两种归集方法，两种方法的根本区别表现在对辅助车间的制造费用处理方式的不同。

**（一）设置“制造费用——辅助车间”明细账**

在这种方法下，企业需开设“辅助生产成本”和“制造费用——辅助车间”明细账，并要确定辅助生产成本账户的成本项目，对企业发生的专设成本项目的费用，直接或分配计入辅助生产成本明细账；车间发生的未专设成本项目的费用先计入制造费用明细账，月末分配辅助费用时，以这两个明细账归集的费用之和作为待分配费用进行分配，并在分配过程结束时，将制造费用明细账归集的全部费用（含分配时转入的费用）结转到辅助生产成本明细账。结转后，制造费用明细账应无余额。这种方法一般适用于辅助车间规模较大、发生费用较多的企业。

### （二）不设置“制造费用——辅助车间”明细账

在这种方法下，企业只设置“辅助生产成本”明细账，不再开设“制造费用——辅助车间”明细账。此时，辅助生产成本明细账按费用项目开设专栏，凡是辅助车间的费用都直接或间接计入辅助生产成本明细账，月末时，该明细账归集的费用总额即待分配的费用，即可进行分配。这种方法较为简单，但不利于企业对费用进行控制分析。当辅助生产不对外提供商品产品时，不需要按规定的成本项目计算产品成本、编制产品成本报表，而且辅助车间规模很小、制造费用很少，为了简化核算工作可采用该种方法。

辅助生产成本明细账如表 4-1 所示（系采用第二种归集方法）。

**表 4-1 辅助生产成本明细账**

运输车间

| 月 | 日 | 摘要 | 原材料 | 燃料和动力 | 人工费用 | 折旧费 | 修理费 | 办公费 | 水电费 | 保险费 | 机物料消耗 | 其他 | 合计 | 转出 | 余额 |
|---|---|---|---|---|---|---|---|---|---|---|---|---|---|---|---|
| | | | | | | | | | | | | | | | |
| | | | | | | | | | | | | | | | |
| | | | | | | | | | | | | | | | |
| | | | | | | | | | | | | | | | |
| | | | | | | | | | | | | | | | |
| | | | | | | | | | | | | | | | |
| | | | | | | | | | | | | | | | |

## 三、辅助生产费用的分配

归集在“辅助生产成本”科目及其明细账借方的辅助生产费用，由于辅助生产车间所产产品和劳务的种类不同，其转出分配的程序也不一样。工具和模具车间生产的工具、模具和修理用备件等产品成本，应在产品完工入库时，从“辅助生产成本”科目及其明细账的贷方分别转入“低值易耗品”和“原材料”科目的借方。在基本生产车间或其他部门领用时，再从“低值易耗品”和“原材料”等科目的贷方，转入“制造费用”“销售费用”“管理费用”“在建工程”等科目的借方。动力、机修和运输等车间生产和提供的电、气、水、修理及运输等产品与劳务所发生的费用，要在各受益单位之间按照所耗数量或其他比例进行分配。分配时，应从“辅助生产成本”总账科目和所属明细账的贷方转入“基本生产成本”“制造费用”“销售费用”“管理费用”“在建工程”等科目的借方。

辅助生产提供的产品和劳务，主要是为基本生产车间和行政管理部门使用与服务的。但在某些辅助生产车间之间，也有相互提供产品和劳务的情况。因此，为了正确计算辅助生产产品和劳务的成本，并且将辅助生产费用正确地计入基本生产产品成本，在分配辅助生产费用时，还应在各辅助生产车间之间进行费用的交互分配。这就是辅助生产费用分配的特点。

由此可见，在辅助车间交互分配存在的情况下，辅助生产成本明细账所归集的费用只是待分配费用，并不是辅助车间负担的全部费用，辅助车间发生的全部费用应是待分配费用加上从其他辅助车间分来的费用。

根据辅助生产车间各自不同的特点，以及企业分配辅助生产费用所考虑的不同侧重点，对辅助生产费用采用不同的方法进行分配。通常采用的方法有直接分配法、顺序分配法、交互分配法、代数分配法和计划成本分配法等。

**（一）直接分配法**

直接分配法是指将各辅助车间的待分配费用直接分配给辅助生产以外的各受益单位的一种分配方法。该方法实质是一种简化的分配方法，前提是不考虑辅助车间相互提供劳务的情况，而将辅助费用对外进行分配。这种方法计算简单，但是将辅助生产车间相互提供劳务的情况加以忽略，必然导致成本计算结果不是特别准确。这种方法主要适用于辅助生产车间相互提供劳务很少，或者不相互提供劳务，以及相互接受劳务费用额度比较均等的企业。其计算公式为

$$\begin{matrix}\text{辅助生产车间}\\\text{费用分配率}\end{matrix}=\frac{\text{待分配的辅助生产费用}}{\text{辅助生产车间的对外劳务量}}$$

$$\begin{matrix}\text{某一部门负担}\\\text{辅助生产费用}\end{matrix}=\sum\left(\begin{matrix}\text{该部门耗用}\\\text{劳务量}\end{matrix}\times\begin{matrix}\text{辅助生产车间}\\\text{费用分配率}\end{matrix}\right)$$

式中，辅助生产车间的对外劳务量是指辅助生产车间提供的全部劳务量扣除其他辅助车间耗用的劳务量，也就是辅助生产车间以外的其他部门耗用的劳务量。

**【例 4-1】** 某企业有供电车间和供水车间两个辅助生产车间，本月有关资料如表 4-2所示。根据所给资料编制辅助生产费用分配表，如表 4-3 所示。

**表 4-2 某企业供水供电车间有关资料**

| 项目 | | | 供电车间 | 供水车间 |
|---|---|---|---|---|
| 待分配费用 | | | 252 000 元 | 180 000 元 |
| 计划单位成本 | | | | |
| 提供劳务量合计 | | | 400 000 千瓦时 | 60 000 吨 |
| 耗用劳务量 | 基本生产成本——甲产品 | | 120 000 千瓦时 | 17 000 吨 |
| | 基本生产成本——乙产品 | | 80 000 千瓦时 | 15 000 吨 |
| | 基本生产车间 | | 20 000 千瓦时 | 8 000 吨 |
| | 辅助生产成本 | 供电车间 | | 10 000 吨 |
| | | 供水车间 | 100 000 千瓦时 | |
| | 行政管理部门 | | 50 000 千瓦时 | 8 000 吨 |
| | 专设销售机构 | | 30 000 千瓦时 | 2 000 吨 |

**表 4-3 辅助生产费用分配表**（直接分配法）（一）

20××年×月

| 项目 | 供电车间 | 供水车间 | 金额合计 |
|---|---|---|---|
| 待分配费用 | 252 000 元 | 180 000 元 | 432 000 元 |
| 辅助生产车间以外单位受益劳务量 | 300 000 千瓦时 | 50 000 吨 | |

续表

| 项目 | | | | 供电车间 | 供水车间 | 金额合计 |
|---|---|---|---|---|---|---|
| 费用分配率（单位成本） | | | | 0.84 元/千瓦时 | 3.60 元/吨 | |
| 生产产品耗用 | 基本生产成本 | 甲产品 | 耗用数量 | 120 000 千瓦时 | 17 000 吨 | |
| | | | 分配金额 | 100 800 元 | 61 200 元 | 162 000 元 |
| | | 乙产品 | 耗用数量 | 80 000 千瓦时 | 15 000 吨 | |
| | | | 分配金额 | 67 200 元 | 54 000 元 | 121 200 元 |
| 基本生产车间消耗 | 制造费用 | | 耗用数量 | 20 000 千瓦时 | 8 000 吨 | |
| | | | 分配金额 | 16 800 元 | 28 800 元 | 45 600 元 |
| 管理部门消耗 | 管理费用 | | 耗用数量 | 50 000 千瓦时 | 8 000 吨 | |
| | | | 分配金额 | 42 000 元 | 28 800 元 | 70 800 元 |
| 销售部门消耗 | 销售费用 | | 耗用数量 | 30 000 千瓦时 | 2 000 吨 | |
| | | | 分配金额 | 25 200 元 | 7 200 元 | 32 400 元 |
| 合计 | | | | 252 000 元 | 180 000 元 | 432 000 元 |

根据辅助生产费用分配表编制会计分录。

借：基本生产成本——甲产品　　162 000
　　　　　　　——乙产品　　121 200
　　制造费用——基本生产车间　　45 600
　　管理费用　　70 800
　　销售费用　　32 400
　　贷：辅助生产成本——供电车间　　252 000
　　　　　　　　　——供水车间　　180 000

**（二）顺序分配法**

顺序分配法是指各辅助生产车间分配费用时，按照各辅助生产车间受益多少进行排列，受益少的排列在前、先分配，受益多的排列在后、后分配的方法。这种方法实际上以相互受益费用多少作为衡量标准，受益少的辅助车间表明其负担其他辅助车间费用少，在分配时可以不去负担其他辅助车间的费用，而受益多的辅助车间要将自身的辅助费用和分来的辅助费用进行汇总，然后将全部费用再进行分配，但是不能分配给已经分完的辅助车间。这样就可以使辅助分配相对简化。但是受益少的车间应该负担的费用却没有负担，而是分配给其他部门，导致辅助费用分配也存在一些不准确的情况。这种方法适用于辅助生产车间相互提供劳务、受益情况有明显区别的企业。其计算公式为

$$\begin{array}{c}\text{先分配费用的辅助生产}\\\text{车间费用分配率}\end{array}=\frac{\text{该辅助生产车间待分配的辅助生产费用}}{\text{辅助生产车间提供的劳务量合计}}$$

$$\begin{array}{c}\text{后分配费用的辅助}\\\text{生产车间费用分配率}\end{array}=\frac{\begin{array}{c}\text{该辅助生产车间}\\\text{的待分配费用}\end{array}+\begin{array}{c}\text{从其他车间}\\\text{分来的费用}\end{array}}{\begin{array}{c}\text{该车间提供}\\\text{的全部劳务量}\end{array}-\begin{array}{c}\text{先分车间耗}\\\text{用的劳务量}\end{array}}$$

$$\begin{matrix}某一部门负担\\辅助生产费用\end{matrix}=\sum\left(\begin{matrix}该部门耗用\\劳务量\end{matrix}\times\begin{matrix}辅助生产车间\\费用分配率\end{matrix}\right)$$

**【例 4-2】** 根据表 4-2 所示资料，采用顺序分配法分配辅助生产费用，如表 4-4 所示，并编制相应的会计分录。

**表 4-4　辅助生产费用分配表**（顺序分配法）（一）

20××年×月

| 项目 | | | 供电车间 | | | 供水车间 | | | 合计/元 |
|---|---|---|---|---|---|---|---|---|---|
| | | | 供电量/千瓦时 | 分配率/(元/千瓦时) | 费用/元 | 供水量/吨 | 分配率/(元/吨) | 费用/元 | |
| 发生额 | | | 400 000 | 0.63 | 252 000 | 50 000 | 4.86 | 243 000 | |
| 辅助生产车间消耗 | 辅助生产成本 | 供电车间 | | | | | | | |
| | | 供水车间 | 100 000 | | 63 000 | | | | 63 000 |
| 生产产品消耗 | 基本生产成本 | 甲产品 | 120 000 | | 75 600 | 17 000 | | 82 620 | 158 220 |
| | | 乙产品 | 80 000 | | 50 400 | 15 000 | | 72 900 | 123 300 |
| 基本生产车间消耗 | 制造费用 | | 20 000 | | 12 600 | 8 000 | | 38 880 | 51 480 |
| 行政管理部门 | 管理费用 | | 50 000 | | 31 500 | 8 000 | | 38 880 | 70 380 |
| 专设销售机构 | 销售费用 | | 30 000 | | 18 900 | 2 000 | | 9 720 | 28 620 |
| 合计 | | | | | 252 000 | | | 243 000 | 495 000 |

根据辅助生产费用分配表编制会计分录。

(1) 供电车间。

借：辅助生产成本——供水车间　　63 000
　　基本生产成本——甲产品　　75 600
　　　　　　　　——乙产品　　50 400
　　制造费用——基本生产车间　　12 600
　　管理费用——行政管理部门　　31 500
　　销售费用——专设销售机构　　18 900
　　贷：辅助生产成本——供电车间　　252 000

(2) 供水车间。

借：基本生产成本——甲产品　　82 620
　　　　　　　　——乙产品　　72 900
　　制造费用——基本生产车间　　38 880
　　管理费用——行政管理部门　　38 880
　　销售费用——专设销售机构　　9 720
　　贷：辅助生产成本——供水车间　　243 000

### （三）交互分配法

交互分配法是指将辅助生产费用的分配分两步进行，先将辅助生产费用在辅助车间内部进行交互分配，然后再将辅助生产车间的对外费用在辅助生产车间外部进行分配的方法。这种方法是考虑辅助生产车间相互提供劳务的特点，并且兼顾辅助生产对外分配的实际情况所进行的一种分配。由于既考虑交互分配的影响，又将辅助费用对外分配，其计算结果相比较前面两种方法更为准确。

这种方法的计算程序可以分为两部分：一是进行交互分配，先根据各辅助生产车间发生的辅助生产费用除以全部的劳务量计算出交互分配率，按照辅助生产车间相互提供劳务的数量在各辅助生产车间进行一次交互分配；二是求出各辅助生产车间交互分配后的实际费用（也称为对外费用，即本车间发生的费用加上交互分入的费用减去交互分出的费用），除以对外劳务量求出对外分配率，按照辅助生产车间以外各受益单位耗用劳务的数量和对外分配率将辅助生产费用分配给各外部受益部门。交互分配法分配给各受益部门的费用比较准确，也有利于考核各辅助生产车间的费用水平，在实际工作中应用较多。其有关计算公式如下。

（1）交互分配的计算公式为

$$\begin{array}{c}\text{辅助生产车间}\\\text{交互分配率}\end{array}=\frac{\text{辅助生产车间待分配的生产费用}}{\text{该辅助生产车间提供的劳务总量}}$$

$$\begin{array}{c}\text{辅助生产车间}\\\text{应负担的费用}\end{array}=\sum\left(\begin{array}{c}\text{该辅助生产车间}\\\text{耗用劳务数量}\end{array}\times\begin{array}{c}\text{辅助生产车间}\\\text{交互分配率}\end{array}\right)$$

（2）对外分配的计算公式为

$$\begin{array}{c}\text{辅助生产车间}\\\text{的对外费用}\end{array}=\begin{array}{c}\text{辅助生产车间}\\\text{待分配费用}\end{array}+\begin{array}{c}\text{交互分配}\\\text{转入的费用}\end{array}-\begin{array}{c}\text{交互分配}\\\text{转出的费用}\end{array}$$

$$\begin{array}{c}\text{辅助生产车间}\\\text{对外费用分配率}\end{array}=\frac{\text{辅助生产车间的对外费用}}{\text{辅助生产车间提供的对外劳务量}}$$

$$\begin{array}{c}\text{各部门负担的}\\\text{辅助生产费用}\end{array}=\sum\left(\begin{array}{c}\text{该部门耗用的}\\\text{劳务数量}\end{array}\times\begin{array}{c}\text{辅助生产车间}\\\text{对外费用分配率}\end{array}\right)$$

**【例 4-3】** 根据表 4-2 所示资料，采用一次交互分配法分配辅助生产费用，如表 4-5所示，并编制相应的会计分录。

根据辅助生产费用分配表编制会计分录，交互分配的会计分录如下。

借：辅助生产成本——供电车间　　30 000
　　　　　　　　——供水车间　　63 000
　贷：辅助生产成本——供电车间　　63 000
　　　　　　　　　——供水车间　　30 000

对外分配费用的会计分录如下。

借：基本生产成本——甲产品　　160 020
　　　　　　　　——乙产品　　122 300
　　制造费用——基本生产车间　　48 680
　　管理费用——行政管理部门　　70 580
　　销售费用——专设销售机构　　30 420

**表 4-5 辅助生产费用分配表(交互分配法)(一)**

20××年×月

| 项目 | | | | 第一次(交互分配) | | | 第二次(对外分配) | | |
|---|---|---|---|---|---|---|---|---|---|
| 辅助生产车间名称 | | | | 供电车间 | 供水车间 | 合计 | 供电车间 | 供水车间 | 合计 |
| 待分配费用 | | | | 252 000 元 | 180 000 元 | 432 000 元 | 219 000 元 | 213 000 元 | 432 000 元 |
| 供应数量 | | | | 400 000 千瓦时 | 60 000 吨 | | 300 000 千瓦时 | 50 000 吨 | — |
| 费用分配率 | | | | 0.63 元/千瓦时 | 3.00 元/吨 | | 0.73 元/千瓦时 | 4.26 元/吨 | |
| 辅助生产车间消耗 | 辅助生产成本 | 供电车间 | 耗用数量 | | 10 000 千瓦时 | | | | |
| | | | 分配金额 | | 30 000 元 | 30 000 元 | | | |
| | | 供水车间 | 耗用数量 | 100 000 吨 | | | | | |
| | | | 分配金额 | 63 000 元 | | 63 000 元 | | | |
| 生产产品消耗 | 基本生产成本 | 甲产品 | 耗用数量 | | | | 120 000 千瓦时 | 17 000 吨 | |
| | | | 分配金额 | | | | 87 600 元 | 72 420 元 | 160 020 元 |
| | | 乙产品 | 耗用数量 | | | | 80 000 千瓦时 | 15 000 吨 | |
| | | | 分配金额 | | | | 58 400 元 | 63 900 元 | 122 300 元 |
| 基本生产车间消耗 | 制造费用 | 耗用数量 | | | | | 20 000 千瓦时 | 8 000 吨 | |
| | | 分配金额 | | | | | 14 600 元 | 34 080 元 | 48 680 元 |
| 行政管理部门消耗 | 管理费用 | 耗用数量 | | | | | 50 000 千瓦时 | 8 000 吨 | |
| | | 分配金额 | | | | | 36 500 元 | 34 080 元 | 70 580 元 |
| 销售部门消耗 | 销售费用 | 耗用数量 | | | | | 30 000 千瓦时 | 2 000 吨 | |
| | | 分配金额 | | | | | 21 900 元 | 8 520 元 | 30 420 元 |
| 合计 | | | | 63 000 元 | 30 000 元 | 93 000 元 | 219 000 元 | 213 000 元 | 432 000 元 |

注:①供电车间对外成本=252 000+30 000−63 000=219 000(元);②供水车间对外成本=180 000+63 000 −30 000=213 000(元)

贷：辅助生产成本——供电车间　　219 000
　　　　　　　　——供水车间　　213 000

### （四）代数分配法

代数分配法是指求出各辅助生产车间的实际单位成本，以此作为分配率在各受益单位分配辅助费用的方法。辅助生产费用分配率的实质就是各辅助生产车间的单位成本，如果想使计算结果计算准确，就应该求出辅助生产车间的实际单位成本。这种方法就是采用代数中解联立方程的原理，根据“辅助生产车间实际成本＝待分配的辅助生产费用＋辅助车间负担的其他辅助生产车间分来的辅助费用”这一等式，设计联立方程通过解方程求出各辅助生产产品或劳务单位成本，然后再根据各受益单位耗用数量分配辅助生产费用。这种方法最大的优点是计算结果准确，缺点是辅助车间数量多时，计算工作量大，适用于采用计算机进行会计核算的企业。

**【例 4-4】** 根据表 4-2 所示资料，采用代数分配法分配辅助生产费用，并编制相应的会计分录。

解：设供电车间费用的单位成本为 $X$，供水车间费用的单位成本为 $Y$。

建立如下多元一次方程组：

$$\begin{cases} 252\ 000+10\ 000Y=400\ 000X & ① \\ 180\ 000+100\ 000X=60\ 000Y & ② \end{cases}$$

解方程组得

$$X=0.735\ 652$$
$$Y=4.226\ 087$$

根据上述计算结果，编制代数分配法的辅助生产费用分配表，如表 4-6 所示。

**表 4-6　辅助生产费用分配表**（代数分配法）（一）

20××年×月

| 项目 | | | | 供电车间 | 供水车间 | 金额合计 |
|---|---|---|---|---|---|---|
| 待分配费用 | | | | 252 000 元 | 180 000 元 | 432 000 元 |
| 劳务供应总量 | | | | 400 000 千瓦时 | 60 000 吨 | |
| 用代数分配法算出的实际单位成本 | | | | 0.735 652 元/千瓦时 | 4.226 087 元/吨 | |
| 辅助车间耗用 | 辅助生产成本 | 供电车间 | 耗用数量 | | 10 000 吨 | |
| | | | 分配金额 | | 42 260.87 元 | 42 260.87 元 |
| | | 供水车间 | 耗用数量 | 100 000 吨 | | |
| | | | 分配金额 | 73 565.20 元 | | 73 565.20 元 |
| 基本生产成本 | 甲产品 | 耗用数量 | | 120 000 千瓦时 | 17 000 吨 | |
| | | 分配金额 | | 88 278.24 元 | 71 843.48 元 | 160 121.72 元 |
| | 乙产品 | 耗用数量 | | 80 000 千瓦时 | 15 000 吨 | |
| | | 分配金额 | | 58 852.16 元 | 63 391.31 元 | 122 243.47 元 |
| 基本生产车间耗用 | 制造费用 | 耗用数量 | | 20 000 千瓦时 | 8 000 吨 | |
| | | 分配金额 | | 14 713.04 元 | 33 808.70 元 | 48 521.74 元 |

续表

| 项目 | | | 供电车间 | 供水车间 | 金额合计 |
|---|---|---|---|---|---|
| 管理部门耗用 | 管理费用 | 耗用数量 | 50 000 千瓦时 | 8 000 吨 | |
| | | 分配金额 | 36 782.67 元① | 33 808.67 元② | 70 591.34 元 |
| 专设销售机构 | 销售费用 | 耗用数量 | 30 000 千瓦时 | 2 000 吨 | |
| | | 分配金额 | 22 069.56 元 | 8 452.17 元 | 30 521.73 元 |
| 分配金额合计 | | | 294 260.87 元 | 253 565.20 元 | 547 826.07 元 |

注：①、②管理费用是由其他数据倒挤得到的

根据辅助生产费用分配表编制会计分录。

借：辅助生产成本——供电车间　42 260.87
　　　　　　　　——供水车间　73 565.20
　　基本生产成本——甲产品　160 121.72
　　　　　　　　——乙产品　122 243.47
　　制造费用——基本生产车间　48 521.74
　　销售费用——专设销售机构　30 521.73
　　管理费用——行政管理部门　70 591.34
　　贷：辅助生产成本——供电车间　294 260.87
　　　　　　　　　　——供水车间　253 565.20

**（五）计划成本分配法**

计划成本分配法是指按照各受益部门所耗用的劳务总量和事先确定的计划单位成本，向各受益部门分配辅助生产费用并确认成本差异的一种方法。这种分配方法主要是针对生产成本采用计划成本核算的企业。由于是将计划单位成本作为分配率，所以在分配费用时不需要计算费用分配率，费用分配相对简化，同时有计划成本和实际成本进行比较，企业比较容易考核各辅助生产车间成本计划的完成情况。但采用这种方法必须具备比较准确的劳务计划单位成本，否则会影响分配结果的正确性。这种方法适用于实际成本比较稳定、计划成本比较准确的企业。

这种分配方法的计算程序：首先要按照各种辅助生产费用的计划单位成本和实际耗用劳务数量，向各个受益部门分配费用，并计算出计划总成本；其次要计算出各辅助生产车间的实际总成本（指本车间直接发生的费用与其他辅助生产车间按计划成本分配转入费用之和），与辅助生产车间的计划总成本进行比较，确定成本差异，直接计入管理费用账户或再对基本生产车间和其他受益部门进行一次追加分配，有关计算公式为

$$\text{各部门负担的辅助生产费用}=\sum\left(\text{该部门耗用的劳务数量}\times\text{辅助生产费用计划单位成本}\right)$$

$$\text{辅助生产车间计划总成本}=\text{该辅助生产车间提供的劳务总数量}\times\text{劳务计划单位成本}$$

$$\text{辅助生产车间实际总成本}=\text{该辅助生产车间直接发生的费用}+\text{其他辅助生产车间分配转入的计划成本}$$

$$\text{辅助生产车间成本差异}=\text{该辅助生产车间实际总成本}-\text{该辅助生产车间计划总成本}$$

**【例 4-5】** 根据表 4-2 所示资料，采用计划成本分配法分配辅助生产费用，该公司电的计划单位成本为 0.75 元/千瓦时，该公司水的计划单位成本为 4.5 元/吨，计算结果见表 4-7，并编制相应的会计分录。

**表 4-7 辅助生产费用分配表**（计划成本分配法）（一）

20××年×月

| 项目 | | | 供电车间 | 供水车间 | 合计 |
|---|---|---|---|---|---|
| 待分配辅助生产费用 | | | 252 000 元 | 180 000 元 | 432 000 元 |
| 劳务供应数量 | | | 400 000 千瓦时 | 60 000 吨 | |
| 计划单位成本 | | | 0.75 元/千瓦时 | 4.50 元/吨 | |
| 辅助车间耗用 | 供电车间 | 耗用数量 | | 10 000 千瓦时 | |
| | | 分配金额 | | 45 000 元 | 45 000 元 |
| | 供水车间 | 耗用数量 | 100 000 吨 | | |
| | | 分配金额 | 75 000 元 | | 75 000 元 |
| 基本生产产品耗用 | 甲产品 | 耗用数量 | 120 000 千瓦时 | 17 000 吨 | |
| | | 分配金额 | 90 000 元 | 76 500 元 | 166 500 元 |
| | 乙产品 | 耗用数量 | 80 000 千瓦时 | 15 000 吨 | |
| | | 分配金额 | 60 000 元 | 67 500 元 | 127 500 元 |
| 基本车间耗用 | 制造费用 | 耗用数量 | 20 000 千瓦时 | 8 000 吨 | |
| | | 分配金额 | 15 000 元 | 36 000 元 | 51 000 元 |
| 管理部门耗用 | 管理费用 | 耗用数量 | 50 000 千瓦时 | 8 000 吨 | |
| | | 分配金额 | 37 500 元 | 36 000 元 | 73 500 元 |
| 销售部门耗用 | 销售费用 | 耗用数量 | 30 000 千瓦时 | 2 000 吨 | |
| | | 分配金额 | 22 500 元 | 9 000 元 | 31 500 元 |
| 按计划成本分配金额合计 | | | 300 000 元 | 270 000 元 | 570 000 元 |
| 辅助生产实际成本 | | | 297 000 元 | 255 000 元 | 552 000 元 |
| 辅助生产成本差异 | | | 3 000 | 15 000 | 18 000 |

按计划成本分配的会计分录。

借：辅助生产成本——供电车间　　45 000
　　　　　　　　——供水车间　　75 000
　　基本生产成本——甲产品　　166 500
　　　　　　　　——乙产品　　127 500
　　制造费用——基本生产车间　　51 000
　　销售费用——专设销售机构　　31 500
　　管理费用——行政管理部门　　73 500

贷：辅助生产成本——供电车间　　300 000

——供水车间　　270 000

结转成本差异额。

借：管理费用　　18 000

贷：辅助生产成本——供电车间　　3 000

——供水车间　　15 000

## 第二节　制造费用的归集与分配

### 一、制造费用的归集

知识链接
制造费用分配的特性及标准

制造费用是企业为生产产品所发生的未专设成本项目的各种生产费用，包括用于间接生产产品的生产费用、用于组织管理生产的费用和部分直接生产费用三部分。具体项目可包括生产单位管理人员薪酬，生产单位的办公费，生产单位房屋建筑物、机器设备等的折旧费、租赁费、修理费，机物料消耗，低值易耗品摊销，取暖费，保险费，设计制图费，试验检验费，劳动保护费，季节性、修理期间的停工损失及其他制造费用。

为了总括地反映企业在一定时期内发生的制造费用，并对其分配情况进行控制和分析，应设置“制造费用”总分类账户。该账户是集合分配账户，其借方反映企业一定时期内发生的全部制造费用，贷方反映制造费用的分配，月末一般无余额。按车间、部门设明细账，明细账中，按制造费用项目设专栏，用以归集各费用项目的发生数额，以便分别考核和分析各费用项目计划与预算的执行情况。

在制造费用明细账户中，应按费用的明细项目设置专栏进行明细核算。制造费用的明细项目，可按费用的经济性质分类，也可以按费用的经济用途设置。由于不同行业、企业的制造费用构成内容不同，因此，各行业、企业应根据本行业、企业的生产特点和管理上的需要，规定不同的明细项目。为便于各企业之间，以及企业不同时期之间进行制造费用的比较分析和评价考核，同行业的明细项目应力求统一，同时一旦确定了明细项目，就不宜改变。

### 二、制造费用的分配

制造费用的归集和分配必须在各车间与分厂中分别进行。在只生产一种产品的生产车间或分厂，制造费用账户中归集的本月所发生的制造费用，月末可直接结转到这种产品的生产成本明细账中；如果是生产多种产品的生产车间，其制造费用则应采用合理的分配方法才能计入各种产品的成本。基本生产车间的制造费用应在该基本生产车间生产的各产品间进行分配，分厂的制造费用应在该分厂所生产的全部产品间进行分配，不能将各车间的制造费用汇总起来在全厂统一分配。

在选择制造费用分配方法时，应遵循以下几个原则：分配的标准与被分配的费用要有因果关系；计算简便；分配标准要相对稳定，不要经常变动，否则会影响成本资料的可比性。

制造费用的分配方法有以下几种。

**（一）生产工时比例法**

生产工时比例法是指以各种产品的生产工时为标准分配制造费用的一种方法。其工时可以是实际工时，也可以是定额工时。在工时记录资料齐全的情况下，可采用实际工时，计算结果较为准确。其计算公式为

$$\text{制造费用分配率}=\frac{\text{制造费用总额}}{\text{生产工时总数}}$$

$$\begin{array}{c}\text{某产品应分配}\\\text{的制造费用}\end{array}=\begin{array}{c}\text{该产品的}\\\text{生产工时数}\end{array}\times\begin{array}{c}\text{制造费用}\\\text{分配率}\end{array}$$

**【例 4-6】** 某生产车间生产甲、乙两种产品，2 月甲产品生产工时 3 800 小时，乙产品生产工时 3 200 小时，该月该车间制造费用实际发生额为 56 000 元。2 月甲、乙产品应负担的制造费用分配计算如下。

$$\text{制造费用分配率}=\frac{56\ 000}{3\ 800+3\ 200}=8\text{（元/小时）}$$

甲产品应负担的制造费用为

$$3\ 800\times 8=30\ 400\text{（元）}$$

乙产品应负担的制造费用为

$$3\ 200\times 8=25\ 600\text{（元）}$$

上述分配过程在实际工作中是通过编制制造费用分配表完成的，如表 4-8 所示。

**表 4-8 制造费用分配表（一）**

20××年 2 月

| 分配对象 | 分配标准（生产工时）/小时 | 分配率/（元/小时） | 分配金额/元 |
|---|---|---|---|
| 甲产品 | 3 800 | 8 | 30 400 |
| 乙产品 | 3 200 | | 25 600 |
| 合计 | 7 000 | 8 | 56 000 |

制造费用中的一般费用与产品生产工时数有一定的内在联系。采用生产工时比例法使劳动生产率与产品负担的费用水平联系起来，合理地反映了劳动生产率与产品成本的关系，使分配结果比较合理，是一种得到较为广泛应用的分配方法。

**（二）生产工人工资比例法**

生产工人工资比例法是指以各种产品的生产工人工资为分配标准，分配制造费用的一种方法。其计算公式为

$$\text{制造费用分配率}=\frac{\text{制造费用总额}}{\text{各种产品生产工人工资总额}}$$

$$\text{某种产品应分配的制造费用}=\text{制造费用分配率}\times\text{该种产品的生产工人工资}$$

由于生产工人工资资料可直接从工资费用分配表中取得，所以，按生产工人工资分配制造费用比较简便。但有时各种产品的生产工人工资是按各种产品生产工时分配计算出来的，在这种情况下，按生产工人工资分配制造费用实质上就是按生产工时比例分配。

采用生产工人工资比例法的前提必须是各种产品的机械化水平大致相同。否则，机械化水平低、用工多的产品，将因其工资费用多而多分配制造费用、多负担机器设备的使用与修理费，这显然不合理。

**（三）机器工时比例法**

机器工时比例法是指以各产品耗用的机器设备实际运转工时为分配标准，分配制造费用的一种方法。其计算公式为

$$\text{制造费用分配率}=\text{制造费用总额}/\text{各种产品机器工时总数}$$

$$\text{某种产品应分配的制造费用}=\text{制造费用分配率}\times\text{该产品机器工时}$$

机器工时比例法主要用于机械化程度比较高的企业或车间中。对这类企业或车间，制造费用中机器设备使用费所占比重较大，各种产品负担制造费用的多少，也应与机器工时具有更多相关性。但是，采用这种方法必须以各种产品机器工时有相应记录为前提。

**（四）年度计划分配率分配法**

年度计划分配率分配法是指计划年度开始之前，根据下年度制造费用的计划总额和生产计划中下年度各种产品计划产量乘以工时定额确定的定额工时总量，计算年度计划分配率，无论各月实际发生的制造费用是多少，每月计入各种产品的制造费用都是按年度计划分配率乘以当月实际完成产品产量的定额工时数计算分配的方法。

年度计划分配率的计算公式为

$$\text{年度计划分配率}=\frac{\text{年度制造费用计划总额}}{\text{年度预计产量的定额工时总量}}$$

$$\begin{matrix}\text{某产品应分配}\\\text{的制造费用}\end{matrix}=\begin{matrix}\text{该产品实际产量}\\\text{的定额工时数}\end{matrix}\times\begin{matrix}\text{年度计划}\\\text{分配率}\end{matrix}$$

**【例 4-7】** 某生产车间 20××年全年制造费用计划为 56 000 元；全年产品的计划产量为 A 产品 1 000 件、B 产品 250 台；单位产品的工时定额为 A 产品 30 小时、B 产品 80 小时。20××年 1 月 A 产品实际产量为 75 件，B 产品为 20 台；该月实际制造费用为 5 000 元。计算 1 月 A、B 产品应负担的制造费用。计算如下。

$$\text{年度计划分配率}=\frac{56\ 000}{(1\ 000\times 30)+(250\times 80)}=1.12\ (\text{元}/\text{小时})$$

$$\text{1 月 A 产品应负担的制造费用}=(75\times 30)\times 1.12=2\ 520(\text{元})$$

$$\text{1 月 B 产品应负担的制造费用}=(20\times 80)\times 1.12=1\ 792(\text{元})$$

1 月实际发生制造费用 5 000 元，按年度计划分配率及当月实际产量的定额工时分配的制造费用总额为 4 312（2 520+1 792）元。

采用这种分配方法，制造费用科目期末一般都有余额，借方余额表示超过计划预付

的费用，编制资产负债表时，列示在“存货”项目中；贷方余额表示节约的费用，属按计划应付而未付的费用，编制资产负债表时作为“存货”的减项。制造费用账户的年末余额，表示全年实际制造费用和计划分配额之间的差额，一般应将差额按全年各种产品实际产量的定额工时总数追加分配，并调整计入12月的产品成本中，对实际大于计划的差额，借记“基本生产成本”账户，贷记“制造费用”账户；对实际小于计划的差额，用红字冲减，借记“基本生产成本”账户（红字），贷记“制造费用”账户（红字）。

年度计划分配率分配法比较简便，特别适用于季节性的生产企业，可以使企业旺季与淡季的制造费用比较均衡地计入产品生产成本，避免受到生产季节影响而造成成本忽高忽低。

不论采用哪一种分配方法，分配制造费用时，都要编制制造费用分配表，并据以编制会计分录，借记“基本生产成本”账户，贷记“制造费用”账户。

**（五）原料及主要材料成本比例法**

原料及主要材料成本比例法以各种产品所耗用的原料及主要材料的成本的比例为标准来分配制造费用。其计算公式为

$$\text{制造费用分配率}=\frac{\text{制造费用总额}}{\text{原料及主要材料成本总额}}$$

$$\begin{matrix}\text{某产品应分配}\\\text{的制造费用}\end{matrix}=\begin{matrix}\text{该产品耗用的原料}\\\text{及主要材料成本}\end{matrix}\times\begin{matrix}\text{制造费用}\\\text{分配率}\end{matrix}$$

原料及主要材料成本比例法只适用于各种产品使用同一种类的原料及主要材料的情况，而且制造费用的发生主要是由于对原料及主要材料的处理，如食品加工行业原料的搬运、整理费用在制造费用中占有很大比重，可以采用该方法。

**（六）直接费用比例法**

直接费用比例法以计入各种产品的直接费用的比例为标准来分配制造费用。其计算公式为

$$\text{制造费用分配率}=\frac{\text{制造费用总额}}{\text{直接费用总额}}$$

$$\begin{matrix}\text{某产品应负担}\\\text{的制造费用}\end{matrix}=\begin{matrix}\text{该产品生产}\\\text{直接费用数额}\end{matrix}\times\begin{matrix}\text{制造费用}\\\text{分配率}\end{matrix}$$

**【例4-8】** 某车间本月制造费用总额为91 500元，该车间本月甲、乙、丙三种产品的直接费用及制造费用计算如表4-9所示。

**表4-9 制造费用分配表（二）**

20××年×月

| 产品名称 | 直接材料/元 | 直接人工/元 | 直接费用合计/元 | 分配率/（元/小时） | 应分配制造费用额/元 |
|---|---|---|---|---|---|
| 甲产品 | 6 000 | 14 000 | 20 000 | 1.5 | 30 000 |
| 乙产品 | 15 000 | 12 000 | 27 000 | | 40 500 |
| 丙产品 | 3 000 | 11 000 | 14 000 | | 21 000 |
| 合计 | 24 000 | 37 000 | 61 000 | 1.5 | 91 500 |

直接费用比例法以产品的直接费用与制造费用的发生有关系为前提，并且各项直接费用对制造费用的影响程序必须大体一致。否则，分配的结果就不合理。

第四章重要术语　　第四章案例分析　　第四章思政课堂

## 课后练习题

### 一、单项选择题

1. 在辅助生产内部相互提供劳务或产品不多，不进行费用的交互分配对辅助生产成本和企业产品成本影响不大的情况下宜采用的辅助生产费用分配方法是（　　）。

   A. 顺序分配法　　B. 直接分配法　　C. 代数分配法　　D. 计划成本分配法

2. 在辅助生产费用的各种分配方法中，能分清内部经济责任，有利于实行厂内经济核算的是（　　）。

   A. 交互分配法　　B. 顺序分配法　　C. 计划成本分配法　　D. 直接分配法

3. 在辅助生产费用的各种分配方法中，分配结果最准确的方法是（　　）。

   A. 计划成本分配法　　B. 代数分配法　　C. 交互分配法　　D. 顺序分配法

4. 在采用计划成本分配法分配辅助生产费用时，辅助生产车间实际发生的费用与按计划单位成本分配转出的费用之间的差异，为了简化计算工作，一般计入（　　）。

   A. 财务费用　　B. 管理费用　　C. 销售费用　　D. 制造费用

5. 制造费用（　　）。

   A. 大部分是间接用于产品生产的费用　　B. 大部分是直接用于产品生产的费用
   C. 完全是间接用于产品生产的费用　　D. 完全是直接用于产品生产的费用

6. 基本生产车间应支付管理人员的工资计入（　　）的借方。

   A. “应付职工薪酬”科目　　B. “生产成本”科目
   C. “制造费用”科目　　D. “管理费用”科目

7. 基本生产车间耗用的消耗材料，应计入（　　）的借方。

   A. “生产成本”科目　　B. “制造费用”科目
   C. “管理费用”科目　　D. “销售费用”科目

### 二、多项选择题

1. 辅助生产车间所提供的劳务作业如电、气、水、修理和运输等所发生的费用在各受益单位之间进行分配后，应从“辅助生产成本”科目的贷方转入（　　）。

   A. “基本生产成本”科目借方　　B. “制造费用”科目借方
   C. “销售费用”科目借方　　D. “管理费用”科目借方
   E. “在建工程”科目借方

2. 辅助生产车间不设“制造费用”科目核算是因为（　　）。

   A. 辅助生产车间规模较小　　B. 辅助生产车间发生费用很少
   C. 辅助生产车间不对外销售产品　　D. 为了简化核算工作
   E. 没有必要

3. 辅助生产车间对各受益单位分配费用的方法有（　　）。

A. 年度计划分配率分配法　　B. 交互分配法

C. 直接分配法　　D. 顺序分配法

E. 代数分配法

4. 采用交互分配法分配辅助生产费用时，应该（　　）。

A. 先在企业各受益单位之间进行一次交互分配

B. 先在辅助生产内部各受益单位之间进行一次交互分配

C. 算出交互分配后的实际费用

D. 再向各受益单位一次分配

E. 再向辅助生产以外各受益单位进行一次对外分配

5. 采用计划成本分配法分配辅助生产费用，可以（　　）。

A. 简化成本计算工作

B. 便于考核和分析各受益单位成本

C. 有利于分清企业内部各单位的经济责任

D. 有助于提高成本计算的正确性

E. 推动实现电算化

6. 制造费用是企业为生产产品和提供劳务而发生的各项间接费用，包括（　　）。

A. 销售人员的工资及福利费

B. 生产单位（车间、分厂）管理人员工资及福利费

C. 生产单位（车间、分厂）固定资产折旧费

D. 辅助生产车间机器设备折旧费

E. 基本生产车间的办公费

7. 工业企业制造费用的分配方法有（　　）。

A. 生产工时比例法　　B. 计划成本分配法

C. 机器工时比例法　　D. 直接分配法

E. 年度计划分配率分配法

8. 工业企业制造费用的分配不应该（　　）。

A. 按车间进行分配　　B. 在企业范围内统一分配

C. 按班组分别进行分配　　D. 在所有车间范围内统一分配

E. 在各责任中心内统一分配

**三、判断题**

1. 在辅助生产车间、部门之间相互提供劳务，采用交互分配法时，交互分配前辅助生产车间的待分配费用总额等于交互后对外分配的待分配费用总额。（　　）

2. 辅助生产产品和劳务成本的计算方法与基本生产一样，应该按照生产特点和管理要求确定。（　　）

3. 辅助生产费用使用直接分配法分配最简单，使用代数分配法分配最正确，使用计划成本法分配可简化计算工作并能分清经济责任。（　　）

4. 辅助生产提供的产品和劳务，主要用于对外销售，同时，也是提供给基本生产车间耗用。（　　）

5. 工业企业制造费用不应该在企业范围内统一分配，应该按照生产车间进行分配。（　　）

**四、名词解释**

1. 制造费用　2. 交互分配法　3. 计划成本分配法　4. 年度计划分配率分配法

## 五、思考题

1. 企业为什么要加强辅助生产费用的核算?
2. 企业应如何归集辅助生产费用?
3. 什么是辅助生产费用的交互分配法?它有什么优缺点?
4. 辅助生产有何特点?
5. 试比较辅助生产费用分配的各种方法的优缺点。
6. 什么是年度计划分配率分配法?说明其优缺点及适用条件。
7. 制造费用有哪些分配方法?

## 六、业务计算题

1. 资料:某企业设有机修和运输两个辅助生产车间,各辅助车间劳务的提供及费用发生情况如表4-10所示。

**表 4-10 某企业机修和运输车间有关资料**

| 项目 | | 机修车间 | 运输车间 |
|---|---|---|---|
| 待分配费用 | | 470 000 元 | 240 000 元 |
| 计划单位成本 | | 2.60 元/小时 | 1.60 元/公里 |
| 提供劳务总量及受益部门 | 机修车间 | | 10 000 公里 |
| | 运输车间 | 8 000 小时 | |
| | 基本生产一车间 | 92 000 小时 | 60 000 公里 |
| | 基本生产二车间 | 68 000 小时 | 50 000 公里 |
| | 企业管理部门 | 20 000 小时 | 30 000 公里 |
| | 专设销售机构 | | 10 000 公里 |
| 劳务量合计 | | 188 000 小时 | 160 000 公里 |

要求:根据表 4-10 资料分别采用直接分配法、交互分配法、计划成本分配法分配辅助生产费用,编制辅助生产成本分配表及相应的会计分录。

2. 某企业第一基本生产车间生产 A、B、C、D 四种产品,全年制造费用计划数为409 500元,1 月实际发生制造费用 40 000 元。各种产品的产量及有关资料如表 4-11 所示。

**表 4-11 产品产量及工时表**

| 产品名称 | 全年计划产量/件 | 工时定额/小时 | 1 月份实际产量/件 | 全年实际产量/件 |
|---|---|---|---|---|
| A | 11 400 | 5 | 1 000 | 12 000 |
| B | 3 600 | 7 | 260 | 4 000 |
| C | 2 800 | 10 | 200 | 2 600 |
| D | 2 000 | 3.4 | 180 | 2 000 |

要求:

(1) 采用年度计划分配率分配法计算 1 月各种产品应负担的制造费用,并编制相应的会计分录。

(2) 假如全年实际发生制造费用 450 000 元,计算追加分配率,调整“制造费用”账户,编制相应的会计分录,使“制造费用”账户年末无余额。

3. 某企业有运输和机修两个辅助生产车间，本月有关资料如表 4-12 所示。

**表 4-12 某企业本月有关资料**

| 项目 | | 运输车间 | 机修车间 |
|---|---|---|---|
| 待分配费用 | | 89 000 元 | 300 000 元 |
| 供应劳务数量 | | 44 500 吨公里 | 60 000 小时 |
| 计划（单位成本） | | 3.20 元/吨公里 | 5.2 元/小时 |
| 耗用劳务数量 | 运输车间 | | 10 000 小时 |
| | 机修车间 | 4 500 吨公里 | |
| | 基本生产车间 | 16 000 吨公里 | 38 000 小时 |
| | 行政管理部门 | 24 000 吨公里 | 12 000 小时 |

要求：采用直接分配法、顺序分配法、交互分配法、代数分配法、计划成本分配法分配辅助生产费用，并编制费用分配表（分别见表 4-13～表 4-17）和会计分录。

**表 4-13 辅助生产费用分配表**（直接分配法）（二）

20××年×月

| 项目 | | 运输车间 | 机修车间 | 合计 |
|---|---|---|---|---|
| 待分配辅助生产费用 | | | | |
| 供应辅助生产以外单位的劳务数量 | | | | |
| 费用分配率（单位成本） | | | | |
| 基本生产车间 | 耗用量 | | | |
| | 金额 | | | |
| 行政管理部门 | 耗用量 | | | |
| | 金额 | | | |
| 合计 | | | | |

**表 4-14 辅助生产费用分配表**（顺序分配法）（二）

20××年×月

| 项目 | | 运输车间 | | | 机修车间 | | | 合计 |
|---|---|---|---|---|---|---|---|---|
| | | 消耗量 | 费用 | 分配率 | 消耗量 | 费用 | 分配率 | |
| 发生额 | | | | | | | | |
| 辅助生产车间 | 运输车间 | | | | | | | |
| | 机修车间 | | | | | | | |
| 制造费用 | | | | | | | | |
| 管理费用 | | | | | | | | |
| 合计 | | | | | | | | |

**表 4-15 辅助生产费用分配表**（交互分配法）（二）

20××年×月

<table>
<tr><td colspan="3">项目</td><td colspan="3">第一次（交互分配）</td><td colspan="3">第二次（对外分配）</td></tr>
<tr><td colspan="3">辅助生产车间名称</td><td>运输车间</td><td>机修车间</td><td>合计</td><td>运输车间</td><td>机修车间</td><td>合计</td></tr>
<tr><td colspan="3">待分配费用</td><td></td><td></td><td></td><td></td><td></td><td></td></tr>
<tr><td colspan="3">供应数量</td><td></td><td></td><td></td><td></td><td></td><td></td></tr>
<tr><td colspan="3">费用分配率（单位成本）</td><td></td><td></td><td></td><td></td><td></td><td></td></tr>
<tr><td rowspan="4">辅助生产车间</td><td rowspan="2">运输车间</td><td>耗用量</td><td></td><td></td><td></td><td></td><td></td><td></td></tr>
<tr><td>金额</td><td></td><td></td><td></td><td></td><td></td><td></td></tr>
<tr><td rowspan="2">机修车间</td><td>耗用量</td><td></td><td></td><td></td><td></td><td></td><td></td></tr>
<tr><td>金额</td><td></td><td></td><td></td><td></td><td></td><td></td></tr>
<tr><td rowspan="2">基本生产车间</td><td colspan="2">耗用量</td><td></td><td></td><td></td><td></td><td></td><td></td></tr>
<tr><td colspan="2">金额</td><td></td><td></td><td></td><td></td><td></td><td></td></tr>
<tr><td rowspan="2">行政管理部门</td><td colspan="2">耗用量</td><td></td><td></td><td></td><td></td><td></td><td></td></tr>
<tr><td colspan="2">金额</td><td></td><td></td><td></td><td></td><td></td><td></td></tr>
<tr><td colspan="3">合计</td><td></td><td></td><td></td><td></td><td></td><td></td></tr>
</table>

**表 4-16 辅助生产费用分配表**（代数分配法）（二）

20××年×月

<table>
<tr><td colspan="3">项目</td><td>运输车间</td><td>机修车间</td><td>合计</td></tr>
<tr><td colspan="3">待分配辅助生产费用</td><td></td><td></td><td></td></tr>
<tr><td colspan="3">用代数分配法算出的实际单位成本</td><td></td><td></td><td></td></tr>
<tr><td rowspan="5">应借记“辅助生产成本”科目</td><td rowspan="2">运输车间</td><td>耗用数量</td><td></td><td></td><td></td></tr>
<tr><td>分配金额</td><td></td><td></td><td></td></tr>
<tr><td rowspan="2">机修车间</td><td>耗用数量</td><td></td><td></td><td></td></tr>
<tr><td>分配金额</td><td></td><td></td><td></td></tr>
<tr><td colspan="2">小计</td><td></td><td></td><td></td></tr>
<tr><td rowspan="2">应借记“制造费用”科目</td><td rowspan="2">基本生产车间</td><td>耗用数量</td><td></td><td></td><td></td></tr>
<tr><td>分配金额</td><td></td><td></td><td></td></tr>
<tr><td colspan="2" rowspan="2">应借记“管理费用”科目</td><td>耗用数量</td><td></td><td></td><td></td></tr>
<tr><td>分配金额</td><td></td><td></td><td></td></tr>
<tr><td colspan="3">合计</td><td></td><td></td><td></td></tr>
</table>

**表 4-17 辅助生产费用分配表**（计划成本分配法）（二）

20××年×月

| 辅助生产车间名称 | 运输车间 | 机修车间 | 合计 |
|---|---|---|---|
| 待分配费用 | | | |
| 供应劳务数量 | | | |

续表

| 辅助生产车间名称 | | | 运输车间 | 机修车间 | 合计 |
|---|---|---|---|---|---|
| 计划单位成本 | | | | | |
| 辅助生产车间 | 运输车间 | 耗用量 | | | |
| | | 金额 | | | |
| | 机修车间 | 耗用量 | | | |
| | | 金额 | | | |
| 基本生产车间 | | 耗用量 | | | |
| | | 金额 | | | |
| 行政管理部门 | | 耗用量 | | | |
| | | 金额 | | | |
| 按计划成本分配金额合计 | | | | | |
| 待分配费用加上按计划成本分配转入数 | | | | | |
| 辅助生产成本差异 | | | | | |

4. 某企业有机修和运输两个辅助车间，在费用归集时，开设“制造费用”明细账，本月发生以下业务。

(1) 机修车间直接用消耗修理用备件 25 200 元，运输车间机物料消耗费用 3 000 元。

(2) 机修车间一般消耗燃料费用 1 300 元，运输车间直接耗用燃料费用 26 000 元。

(3) 分配动力费用：机修车间直接耗用动力 2 000 元，照明用电费用 200 元；运输车间照明用电费用 400 元。

(4) 分配本月工资：机修车间工人工资费用 82 000 元，运输车间工人工资费用 115 000 元，车间技术人员工资分别为 3 000 元、2 000 元。

(5) 按照工资总额的 14%提取职工福利费。

(6) 提取本月折旧：机修车间本月负担折旧费用 9 800 元，运输车间负担折旧费用 13 700 元。

(7) 摊销保险费：机修车间负担 12 000 元，运输车间负担 23 000 元。

(8) 预提设备租赁费：机修车间负担 3 200 元，运输车间负担 4 000 元。

(9) 结转辅助车间制造费用。

要求：求出两个车间的辅助费用总额。

5. 某车间全年制造费用计划 220 000 元，全年各种产品的计划产量为甲产品 5 200 件，乙产品 4 500 件；单件产品的工时定额为甲产品 10 小时，乙产品 8 小时。该车间是季节性生产，1 月为淡季，实际产量为甲产品 300 件，乙产品 300 件，实际发生制造费用为 19 000 元。2 月为旺季，实际产量为甲产品 650 件，乙产品 580 件，实际发生制造费用 27 000 元。11 月末制造费用账户余额为借方 6 130 元，12 月发生制造费用 19 600 元，12 月的产量为甲产品件 400 件，乙产品 500 件。

要求：

(1) 按年度计划分配率计算分配 1 月、2 月产品应负担的制造费用。

(2) 开设“制造费用”丁字账，登记账户，比较 1 月、2 月余额。

(3) 分配 12 月的费用。

# 第五章

# 生产损失的核算

**本章逻辑框架**

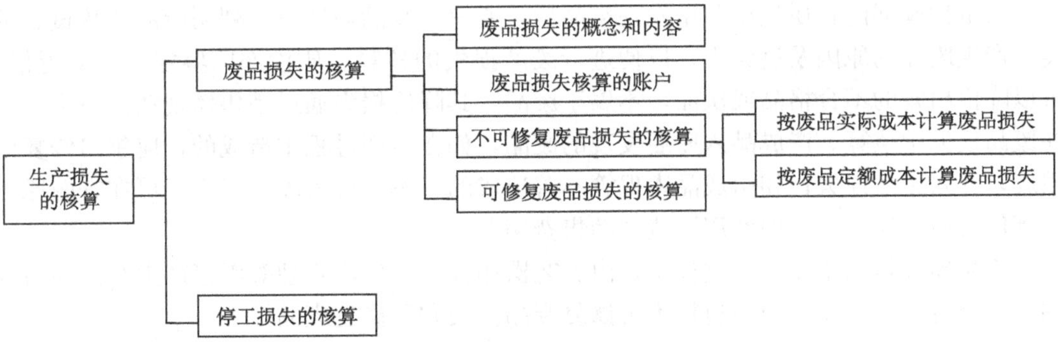


**本章重要概念**

生产损失　废品　废品损失　可修复废品损失　不可修复废品损失　停工损失

**本章内容引言**

企业在生产过程中，会因工艺技术操作水平、材料质量、企业管理水平等而产生生产损失，主要包括废品损失和停工损失。企业为了加强成本控制、进行成本考核，应对生产过程中产生的生产损失单独归集和核算。这也符合我国实施全面节约，推进各类资源节约集约利用，加快构建废弃物循环利用体系的发展战略。废品损失包括可修复废品损失和不可修复废品损失，不可修复废品损失的计算有按实际成本计算和按照定额成本计算两种方式。企业发生的停工损失也是成本的组成，需要根据实际情况进行核算。

## 第一节　废品损失的核算

### 一、废品损失的概念和内容

知识链接
废品损失相关概念

废品是指不符合规定的技术标准，不能按照原定用途使用，或者需要加工修理才能使用的在产品、半成品或产成品。废品是由生产工作的缺点所造成的，与废品发现的时间、地点无关，只要是由生产因素造成的，均应视为废品。废品按其废损程度和在经济上是否有修复价值可分为可修复废品和不可修复废品。

可修复废品是指技术上经过修复后，可按原定用途使用或销售，而且修复费用在经济上合算的废品；不可修复废品是指技术上无法修复或者其修复费用在经济上不合算的废品。

质量检验部门在质量检验中发现废品后，要填写废品通知单，列明废品的数量、种类、产生废品的原因及过失人，以便进行废品损失的核算。质检部门鉴定不需要返修、可以降价出售的不合格品或次品，不属于废品，其降价损失通过销售体现在损益中，不在废品损失中核算。产成品入库后发现的废品，如在生产过程中造成的，应领出修复或报废，计入废品损失；如由成品库保管不善造成的，不应计入废品损失，可在查明原因及责任者后，计入“管理费用”或“销售费用”。

废品损失是在企业生产过程中，由工艺操作技术或生产管理等因素产生废品而造成的一种经济损失。废品损失包括不可修复废品损失和可修复废品损失。

具体地说，不可修复废品损失是指不可修复废品已耗的实际成本，如果不可修复废品可作为材料或废料回收，则回收材料或废料的价值应冲抵损失。可修复废品损失是指可修复废品在返修过程中所发生的修复费用，包括修复时耗用的直接材料、直接工资，以及应负担的制造费用等。无论是可修复废品还是不可修复废品，如果需向造成废品的责任人索赔损失的，则过失人的赔偿款应冲抵废品损失。这里要指出的是，废品损失一般只包括发生废品所造成的直接损失，由产生废品给企业带来的间接损失，如延误交货合同而发生的违约赔偿款，减少销售量而造成的利润减少损失，以及产生废品造成的企业声誉损失则不包括在内。

企业生产过程中，在一定范围内产生废品往往是不可避免的，废品损失是为取得合格品发生的一种必要劳动耗费，理应列入生产成本，由同类合格品负担，产品售出后，用销售收入补偿。但列入生产成本的废品损失应有一定的限度，超出正常范围的废品损失和非常事故造成的废品损失，属于企业管理上的失误造成的非常经济损失，不应由销售收入补偿，不应计入生产成本，而应分清原因，对能确定过失单位或过失人的，应由过失人赔偿，对由人力不可抗的自然灾害或意外事故造成的经济损失，除保险公司赔偿外，可列为企业的营业外支出。

废品损失通常只计入本月完工产成品的成本，本月在产品和完工自制半成品一般不负担损失。这是因为废品损失主要是由企业工作中的缺点所造成的，将本月发生的废品损失集中反映在本月生产完工的产成品成本中，可以更好地引起企业生产经营决策者的注意，从而采取积极措施，防止废品损失继续发生。但是在单件、小批量生产的企业里，应归属于某一尚未生产完成的订单的废品损失，应由该订单的产品成本负担。

## 二、废品损失核算的账户

为了全面反映企业一定时期内发生废品损失的情况，加强废品损失的控制，应设置“废品损失”账户进行废品损失的归集和分配。该账户借方反映可修复废品的修复费用和不可修复废品的已耗成本，对可修复废品的修复费用应根据返修废品的领料单和工时记录所编制的直接材料分配表、直接工资分配表，以及制造费用分配表登记；对不可修复废品的已耗成本应根据废品成本计算单登记。该账户贷方反映不可修复废品回收的残值和应向责任人索赔的数额，以及废品净损失的分配结转额。不可修复废品回收的残值应根据废品交库单汇总登记。应向责任人索赔的款项应根据废品通知单汇总登记。最后，将借方发生额减去贷方的回收残值和责任人赔偿款之差（本月发生的废品净损失），从贷方转至“基本生产成本”账户的借方。“废品损失”账户月末一般无余额。废品损失明细分类账户应根据不同的产品进行设置，账内按不同的成本项目开设专栏。

废品损失的归集与分配，应根据不可修复废品和可修复废品的费用发生过程，分别予以核算。

如果企业发生的废品损失数额不大，对产品制造成本的影响较小，不会给产品制造成本的构成分析带来困难，则产品成本明细账中可不单独设置“废品损失”成本项目，废品损失明细账归集的废品净损失可转至产品成本明细账中的“制造费用”成本项目内。

如果企业不需综合反映一定时期内发生的废品损失情况，而只需具体了解各种产品发生的废品损失情况，则也可不设“废品损失”总分类账户及其明细分类账户，而将发生的可修复废品的修复费用直接计入产品成本明细账中的“废品损失”成本项目内；将不可修复废品的已耗成本从各成本项目中转至“废品损失”成本项目内；不可修复废品的残值和责任人的赔偿款也从“废品损失”成本项目中扣减。

## 三、不可修复废品损失的核算

不可修复的废品与合格品同时产生于加工过程中，其成本与合格品成本在一起，都归集在产品生产成本明细账中。所以，要计算不可修复废品的损失，首先要将不可修复废品的成本和合格品的成本从同一产品成本明细账中分离出来，然后，再扣除残料价值及过失人的赔款，确定不可修复废品的净损失。上述分离、计算过程通常是以编制不可修复废品损失计算表为核算依据来结转废品损失的。不可修复废品的生产成本可按实际成本分配，也可按定额成本分配。确定不可修复废品的实际成本后，要将其从生产成本明细账结转到废品损失明细账中，单独反映。

### （一）按废品实际成本计算废品损失

按废品所耗用的实际费用计算不可修复废品损失，采用一定的分配标准分成本项目在合格品和废品之间分配成本费用。原材料项目分配时，要考虑投料方式，当原材料是生产开始时一次投入的，原材料费用可直接按合格品和废品的数量比例分配；如原材料是生产过程中陆续投入的，则需要采用一定的方法，将废品折合成合格品的数量进行分配。其余各成本项目（可统称为加工费项目）一般按合格品和废品的工时比例分配。

其计算公式为

$$\text{不可修复废品已耗直接材料成本}=\frac{\text{直接材料总成本}}{\text{合格产品数量}+\text{废品数量}}\times\text{废品数量}$$

$$\text{不可修复废品已耗直接人工成本}=\frac{\text{直接人工总成本}}{\text{合格产品工时}+\text{废品工时}}\times\text{废品工时}$$

$$\text{不可修复废品已耗制造费用}=\frac{\text{制造费用总成本}}{\text{合格产品工时}+\text{废品工时}}\times\text{废品工时}$$

**【例 5-1】** 某车间本月生产甲产品 400 件，经检验发现不可修复废品 5 件；合格品的生产工时为 4 940 小时，废品工时为 60 小时，全部生产工时为 5 000 小时。甲产品成本计算单所列合格品和废品的全部生产费用为原材料 64 000 元、燃料和动力费用 12 400元、直接人工费用 36 000 元、制造费用 48 000 元，共计 160 400 元。废品残料回收价值 360 元，原材料是生产开工时一次投入，原材料按合格品数量和废品数量的比例分配，其他费用按生产工时比例分配。

编制废品损失计算表，如表 5-1 所示。

**表 5-1 废品损失计算表（一）**

车间名称： 20××年×月 产品名称：甲产品

| 项目 | 数量 | 原材料 | 生产工时 | 燃料和动力 | 直接人工 | 制造费用 | 成本合计 |
|---|---|---|---|---|---|---|---|
| 费用总额 | 400 件 | 64 000 元 | 5 000 小时 | 12 400 元 | 36 000 元 | 48 000 元 | 160 400 元 |
| 费用分配率 | | 160 元/件 | | 2.48 元/件 | 7.2 元/件 | 9.6 元/件 | |
| 废品成本 | 5 件 | 800 元 | 60 小时 | 148.80 元 | 432 元 | 576 元 | 1956.80 元 |
| 减：废品残料 | | 360 元 | | | | | 360 元 |
| 废品损失 | | 440 元 | | 148.80 元 | 432 元 | 576 元 | 1 596.80 元 |

以上所计算的损失尚未扣除应收赔款，称为报废损失；以报废损失减去应收赔款，则称为废品净损失。假设废品报废后应收责任人赔款 200 元，则废品净损失为 1 396.80元。

根据废品损失计算表作如下会计分录。

结转不可修复废品成本：

借：废品损失——甲产品　　1 956.80

　　贷：基本生产成本——甲产品(原材料)　　800

　　　　(燃料和动力)　　148.80

　　　　(直接人工)　　432

　　　　(制造费用)　　576

反映残料和赔款：

借：原材料　　360

　　其他应收款　　200

　　贷：废品损失——甲产品　　560

结转废品净损失：

借：基本生产成本——甲产品（废品损失）　　1 396.80

　　贷：废品损失——甲产品　　1 396.80

根据以上会计分录登记基本生产成本明细账和废品损失明细账，分别如表 5-2 和表 5-3 所示。

**表 5-2　基本生产成本明细账**

产品名称：甲产品　　　　单位：元

| 摘要 | 原材料 | 燃料和动力 | 直接人工 | 制造费用 | 废品损失 | 合计 |
|---|---|---|---|---|---|---|
| 原材料分配表 | 64 000 | | | | | 64 000 |
| 燃料分配表 | | 4 000 | | | | 4 000 |
| 动力分配表 | | 8 400 | | | | 8 400 |
| 直接人工分配表 | | | 36 000 | | | 36 000 |
| 制造费用分配表 | | | | 48 000 | | 48 000 |
| 转出不可修复废品成本 | 800 | 148.80 | 432 | 576 | | 1 956.80 |
| 转入不可修复废品净损失 | | | | | 1 396.80 | 1 396.80 |
| 转入可修复废品损失 | | | | | 400 | 400 |
| 本期费用累计 | 63 200 | 12 251.20 | 35 568 | 47 424 | 1 796.80 | 160 240 |

**表 5-3　废品损失明细账**

产品名称：甲产品　　　　单位：元

| 摘要 | 原材料 | 燃料和动力 | 直接人工 | 制造费用 | 合计 |
|---|---|---|---|---|---|
| 可修复废品耗用材料 | 180 | | | | 180 |
| 可修复废品耗用动力 | | 20 | | | 20 |
| 可修复废品耗用人工 | | | 40 | | 40 |
| 可修复废品耗用制造费用 | | | | 160 | 160 |
| 可修复废品损失小计 | 180 | 20 | 40 | 160 | 400 |
| 转入不可修复废品成本 | 800 | 148.80 | 432 | 576 | 1 956.80 |
| 反映残料入库 | 360 | | | | 360 |
| 反映应收赔款 | | | | 200 | 200 |
| 不可修复废品净损失 | 440 | 148.80 | 432 | 376 | 1 396.80 |
| 转出废品损失 | 620 | 168.80 | 472 | 536 | 1 796.80 |

### （二）按废品定额成本计算废品损失

上述按实际耗费水平计算结转废品损失，计算结果比较符合实际。为了排除当月实际成本发生额高低的影响，可以采用按事先确定的定额成本计算废品损失，使其计算结果与发生的废品损失量保持正比例关系，更好地反映产品生产的工作质量。在企业定额制定得比较健全、合理的情况下，可以按废品数量和各项费用定额计算不可修复废品损失。其计算公式为

不可修复废品损失＝不可修复废品的定额成本(各成本项目之和)×不可修复废品数量－残料回收价值－责任者赔款

**【例 5-2】** 某车间本月生产甲产品，验收时发现不可修复废品 5 件，收回残料价值 400 元。废品成本按定额成本计算，单位废品原材料费用定额 680 元，工时定额 50 小时，每小时人工单价 3.80 元，制造费用每小时 5.40 元。编制废品损失计算表，如表5-4所示。

**表 5-4 废品损失计算表（二）**

车间名称： 20××年×月 产品名称：甲产品

| 项目 | 产量/件 | 原材料/元 | 生产及工时/小时 | 直接人工/元 | 制造费用/元 | 成本合计/元 |
|---|---|---|---|---|---|---|
| 费用定额 | | 680 | 50 | 190 | 270 | |
| 废品定额成本 | 5 | 3 400 | 250 | 950 | 1 350 | 5 700 |
| 减：回收残值 | | 400 | | | | 400 |
| 废品损失 | | 3 000 | | 950 | 1 350 | 5 300 |

有关废品损失明细账和基本生产成本明细账的登记与按实际成本计算相同，不再赘述。

## 四、可修复废品损失的核算

可修复废品的损失是修复费用，修复费用的归集与合格产品所耗费用的归集一样，可以根据直接材料、直接人工和制造费用分配表的分配结果进行归集计算，计入“废品损失”明细账的借方，如有过失人或过失单位赔款，应冲减废品损失，从“废品损失”账户贷方转入有关账户。期末，应将发生的废品净损失从“废品损失”账户贷方，转入同种产品“基本生产成本”账户的借方，计入同种合格品的实际成本中。

**【例 5-3】** 接【例 5-2】，生产甲产品的过程中，发现有可修复废品进行修复，月末根据各种费用分配表记录的资料作如下会计分录（在实际工作中，这些分录是在每张分配表后的分录中分散反映的，并不需要集中处理）。

借：废品损失——甲产品 400
　贷：原材料 180
　　应付账款 20
　　应付职工薪酬 40
　　制造费用 160

结转可修复废品损失：

借：基本生产成本——甲产品　　　　　　　　　　400

　　贷：废品损失——甲产品　　　　　　　　　　　400

根据会计分录登记基本生产成本明细账和废品损失明细账，分别如表 5-2 和表 5-3 所示。

从上述可见，由于产生废品，合格产品单位成本升高了。单独核算废品损失，可总括反映企业的废品损失情况，为加强产品质量管理、降低产品成本，提供重要的会计信息。

不单独核算废品损失的企业，也可不设“废品损失”账户。因为这类企业的废品损失量很小，其废品成本可并入合格品成本之中，回收的废品残料可直接计入“原材料”账户，冲减“基本生产成本”。“基本生产成本”账户所归集的费用都作为合格品的成本。这种核算方式，核算过程简便，合格品的总成本和单位成本与单独核算废品损失时完全相同，只是不对废品损失进行单独反映、监督而已。

## 第二节　停工损失的核算

停工损失是指企业基本生产车间在停工期间所发生的各项费用，包括停工期间支付的生产工人工资及提取的福利费，以及设备的维护费、折旧费等生产部门的管理费用。

知识链接
停工损失的归集

企业发生停工的原因很多，如材料供应不足、机器设备故障、设备大修理、产品滞销按计划停产、生产的季节性、意外事故或自然灾害等。停工的时间有长有短，长的可能几周、几个月甚至更长，短的可能几天、几小时，涉及的范围也有大有小，范围大的可能是某个车间或某个分厂，甚至全厂范围的停工；范围小的可能是某个班组、某台设备。企业并不是所有的停工都单独核算停工损失。企业可以根据自身条件、管理要求，确定停工损失的计算范围和时间。

单独核算停工损失的企业，对停工期间发生的生产工人工资及福利费，发生的各项间接生产费用，可增设“停工损失”账户进行归集，按车间、部门进行明细核算，期末将归集的停工损失，根据停工损失产生的原因结转到有关账户，不留余额。

季节性生产企业季节性停工期内发生的费用不属于停工损失，不作为停工损失核算，应通过待摊或预提的方式，分摊到生产期的产品成本之中。

第五章重要术语　　第五章案例分析　　第五章思政课堂

# 课后练习题

## 一、单项选择题

1. “废品损失”科目借方反映（　　）。
   A. 产品出售后发现的废品所发生的损失
   B. 降价出售不合格品的降价损失
   C. 保管不善损坏变质损失
   D. 不可修复废品的生产成本和可修复废品的修复费用
2. 不可修复废品成本应按废品（　　）。
   A. 计划成本计算　　B. 制造费用计算
   C. 所耗定额费用计算　　D. 先进先出法计算
3. 企业实行“三包”出售产品后发现的废品损失属于（　　）。
   A. 废品损失　　B. 管理费用　　C. 制造费用　　D. 销售费用
4. “废品损失”科目和“废品损失”项目，反映（　　）。
   A. 基本生产车间的废品损失　　B. 辅助生产车间的废品损失
   C. 销售机构的废品损失　　D. 应由过失人赔偿的损失
5. 下列各项应计入产品成本的停工损失的是（　　）。
   A. 由过失人造成的停工损失　　B. 由自然灾害引起的非正常停工损失
   C. 季节性固定资产修理期间的停工损失　　D. 辅助生产车间发生的停工损失
6. “停工损失”科目和“停工损失”项目，反映（　　）。
   A. 基本生产车间的停工损失　　B. 辅助生产车间的停工损失
   C. 销售机构的停工损失　　D. 行政管理部门的停工损失
7. 下列各项中，不应计入废品损失的是（　　）。
   A. 不可修复废品的生产成本　　B. 可修复废品的生产成本
   C. 用于修复废品的人工费用　　D. 用于修复废品的材料费用
8. 可修复废品的废品损失是指（　　）。
   A. 返修前发生的原材料费用　　B. 返修前发生的制造费用
   C. 返修后发生的修理费用　　D. 返修前发生的生产费用加上返修后发生的修理费用

## 二、多项选择题

1. 废品损失应包括（　　）。
   A. 不合格品的降价损失　　B. 可修复废品的修复费用
   C. 不可修复废品的报废损失　　D. 保管不善损坏变质损失
   E. 应由过失人赔偿的损失
2. 可修复废品的修复费用应包括（　　）。
   A. 修复废品领用的材料　　B. 修复废品的动力费用
   C. 修复废品人员的工资及提取的福利费　　D. 修复废品的销售费用
   E. 修复废品所发生的燃料费用
3. 下列各项不属于废品损失的有（　　）。
   A. 实行“三包”的损失　　B. 出售不合格品的降价损失

C. 应由过失人赔偿的损失　　D. 由于保管不善损坏变质的损失

E. 在产品出售以后发现的废品所发生的一切损失

4. 不可修复废品的成本，可以按（　　）。

A. 废品所耗实际费用计算　　B. 废品售价计算

C. 废品残值计算　　D. 废品所耗定额费用计算

E. 废品计划成本计算

5. 计算不可修复废品的净损失应包括（　　）。

A. 不可修复废品的成本　　B. 废品的残值

C. 废品的应收赔款　　D. 废品的材料费用

E. 出售废品的销售费用

## 三、判断题

1. 出售不合格品的降价损失，在计算销售损益时不应作为废品损失处理。（　　）
2. 季节性停工发生的费用不属于停工损失。（　　）
3. 由计划减产引起的停工损失不应计入产品成本。（　　）
4. 可修复废品是指经过修复可以使用且在经济上合算的废品。（　　）
5. 实行包退、包修、包换的企业，在产品出售以后发现的废品所发生的一切损失，应计入废品损失。（　　）
6. 企业在产品生产过程中产生的废品等不能形成产品价值的损失，一律不能计入产品成本。（　　）

## 四、名词解释

1. 废品损失　2. 停工损失　3. 不可修复废品　4. 报废损失　5. 生产损失

## 五、思考题

1. 如何理解生产损失核算的意义？
2. 什么叫废品损失？包括哪些内容？
3. 简述废品的判断标准以及范围。
4. 停工损失有哪些原因？如何进行会计处理？

## 六、业务计算题

1. 某企业20××年6月基本生产车间生产甲产品，月末共完工甲产品500件，其中有40件为修复完成的可修复废品，另经检验有30件不可修复废品，收回残料作价100元入库，甲产品所耗原材料生产开始是一次投入，加工费陆续发生。有关成本费用发生情况如下：甲产品直接材料费48 500元，其中500元为修复废品领用的；耗用生产工时2 500小时，其中修复废品耗用200小时，本月直接人工费分配率为1.2元/小时，制造费用分配率为0.8元/小时。

   要求：根据上述资料编制废品损失核算的会计分录，并登记废品损失明细账。

2. 某车间本月生产甲产品400件，其中经验收入库发现不可修复废品10件；合格品的生产工时为11 700小时，废品工时为300小时，全部生产工时为12 000小时。甲产品成本计算所列合格品和废品的全部生产费用为原材料126 000元、燃料和动力费504 000元、直接人工费用66 000元、制造费用127 200元。废品残料回收价值1 200元，原材料是生产开工时一次投入，原材料费用按合格品数量和废品数量的比例分配；其他费用按生产工时比例分配。

   要求：编制废品损失计算表（表5-5）和会计分录。

表 5-5 废品损失计算表（三）

车间名称： 20××年×月 产品名称：甲产品

| 项目 | 数量 | 原材料 | 生产工时 | 燃料和动力 | 直接人工 | 制造费用 | 成本合计 |
|---|---|---|---|---|---|---|---|
| 费用总额 | | | | | | | |
| 费用分配率 | | | | | | | |
| 废品成本 | | | | | | | |
| 减：废品残料 | | | | | | | |
| 废品损失 | | | | | | | |

3. 某车间本月生产丙产品，验收入库时发现不可修复废品 6 件，收回残料价值 3 200 元。单位废品费用定额：原材料 1 600 元，燃料和动力费用 450 元，直接人工费用 1 240 元，制造费用 2 330 元。
要求：计算不可修复废品成本，编制废品损失计算表（表 5-6）和会计分录。

表 5-6 废品损失计算表（四）

车间名称： 20××年×月 产品名称：丙产品 单位：元

| 项目 | 原材料 | 燃料和动力 | 直接人工 | 制造费用 | 成本合计 |
|---|---|---|---|---|---|
| 费用总额 | | | | | |
| 废品定额成本 | | | | | |
| 减：回收残值 | | | | | |
| 废品损失 | | | | | |

4. 企业生产 A 产品本月共投产 400 件，原材料在生产开始时一次性投入费用总额 48 000 元、全部人工费用 18 000 元、制造费用 24 000 元，生产中发现有不可修复废品 15 件，合格品生产工时 19 000 小时，不可修复废品工时 1 000 小时，按工时比例分配人工费用、制造费用，不可修复废品报废后回收残料 300 元，应收赔款 200 元，结转净损失。
要求：进行相应的计算并作账务处理。
5. 某工业企业某车间生产甲产品 200 件，生产过程中发现其中 4 件为不可修复废品。废品损失单独核算。甲产品成本明细账归集的生产费用如下：直接材料 38 800 元，直接人工 25 000 元，制造费用 32 000 元，合计 95 800 元。原材料于生产开始时一次投入。生产工时为：合格品 1 960 小时，废品 40 小时，合计 2 000 小时。废品回收的残料计价 200 元。此外应向过失人索赔 300 元。
要求：
(1) 计算不可修复废品成本；
(2) 编制废品损失归集与结转的会计分录（废品净损失由生产成本承担）。
6. 某企业某月在生产过程中出现停工，该车间只生产一种 A 产品，停工期间共发生直接人工费用 16 000元，制造费用 9 800 元，停工属机械故障，并无责任人。
要求：编制停工损失归集与结转的会计分录。
7. 某工业企业各种费用分配表中列示甲产品可修复废品的修复费用为原材料 3 130 元，直接人工费用 1 969 元，制造费用 2 860 元。不可修复废品成本按定额成本计价。不可修复废品的定额成本资料为：不可修复废品 5 件，每件原材料费用定额 100 元；每件定额工时为 30 小时。每小时人工费用

13 元，制造费用 16 元。可修复废品和不可修复废品的残料价值按计划成本计价，共 860 元，作为辅助材料入库；应由过失人赔款 720 元。废品净损失由当月同种产品成本负担。

要求：

(1) 计算甲产品不可修复废品的生产成本。

(2) 计算甲产品不可修复废品和可修复废品的净损失。

(3) 编制有关的会计分录。

# 第六章

# 生产费用在完工产品成本与在产品成本之间分配的核算

**本章逻辑框架**

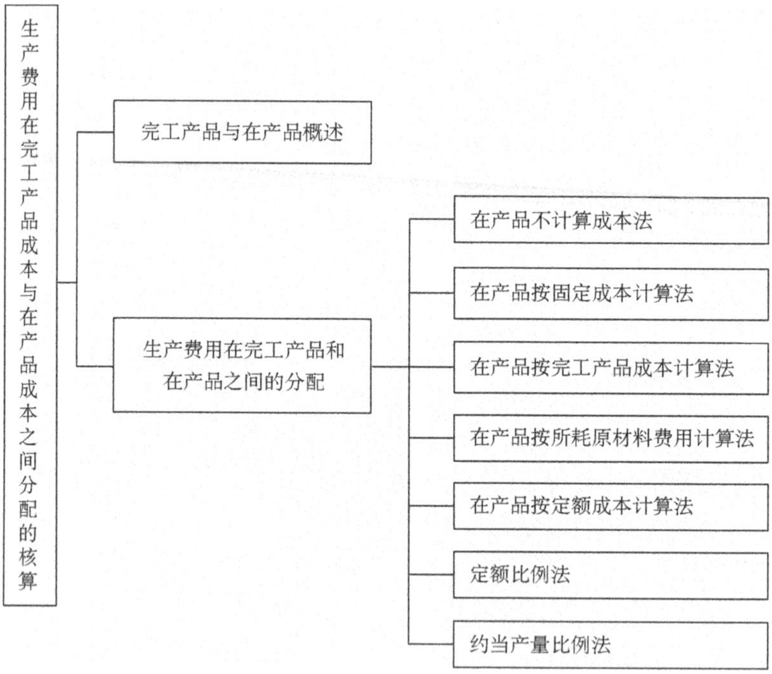


**本章重要概念**

在产品　产成品　定额成本　固定成本　约当产量　定额比例法

**本章内容引言**

企业在生产过程中发生的各项要素费用，按成本计算对象进行分配和归集后，如期末存在完工产品与在产品，根据管理的特点和要求，应采用适当的方法，在完工产品与在产品之间进行分配，以确定在产品和完工产品成本。生产费用在完工产品与在产品之间进行分配的方法主要有在产品不计算成本法、在产品按固定成本计算法、在产品按完工产品成本计算法、在产品按所耗原材料费用计算法、在产品按定额成本计算法、定额比例法、约当产量比例法。

## 第一节　完工产品与在产品概述

### 一、完工产品与在产品成本计算的意义

知识链接
如何区分在产品与完工产品

完工产品是指已经完成全部生产过程、符合质量要求并已验收入库，可以作为商品对外销售的产成品。在产品是指没有完成全部生产过程，还不能作为商品销售的产品，包括正在车间加工的产品、已经完成一个或几个生产步骤但还需要继续加工的半成品、已完工而尚未验收入库的产成品、正在返修和等待返修的废品等。企业对外销售的自制半成品由于属于商品产品，一经验收入库，就不再列入在产品之内。此外，企业生产过程中产生的不可修复的废品既不属于在产品，也不包括在完工产品之内。

产品成本的计算直接关系到成本在本期已销售产品和期末存货之间的划分，决定着存货计价和收益的确定，并影响财务报表所反映的企业财务状况和经营成果的真实性。而合理地划分完工产品和在产品，使成本在二者间恰当分摊，是正确计算产品成本的关键步骤之一，同时这种划分对于进行成本计划、控制、监督和分析，加强内部成本管理等都有重大意义。具体说来，划分完工产品和在产品的意义主要表现在以下几个方面。

（1）正确计算产品成本。成本是确定企业盈亏的尺度，成本的这个尺度准确与否，对企业盈亏的衡量至关重要。划分完工产品和在产品的根本目的，在于完成产品成本计算，它能使产品成本计算更为准确可靠，从而合理地反映企业当期经营成果。

（2）存货合理计价。期末在产品与完工产品之间的成本分摊，直接影响着期末在产品成本和期末存货的计价，而存货成本计算正确与否，又影响着销售成本计算的准确性。不划分完工产品和在产品会使完工产品成本数字不实，进而造成企业本期损益计算失真；还会使在产品存货及产成品存货数字不实，从而影响企业以后各期盈亏计算的准确性。

（3）实现成本补偿。成本是测定产品价格的依据，价格是价值的货币表现，价格的制定应建立在价值的基础上。由于成本是产品部分价值（$c+v$ 部分）的货币表现，因而是产品价格的重要组成部分，它为企业定价提供了基础。划分完工产品和在产品，正确分配其各自应该承担的成本，能使企业合理制定价格，在产品售出后及时获得成本补偿。

（4）考核评价的需要。随着成本会计管理作用的加强，准确计算各种产品的成本也显得尤为重要，特别是在业绩考核与成本控制相联系的企业，划分完工产品和在产品成

本，能使考核标准更为合理，从而正确评价管理者的工作。

（5）管理决策需要。企业的各种成本数据是企业管理所需要的，无论企业短期决策还是长期决策，都要在研究比较不同方案的基础上进行。各种成本、利润方案要做到准确可靠，则离不开完工产品和在产品的划分，以及产品成本在二者之间的恰当分摊。

## 二、建立和完善在产品的原始记录、原始凭证和交接手续

反映在产品日常收发存情况的原始记录，通常是借助于在产品台账进行的。台账亦称在产品收发结存账。

在产品台账可分别按车间、班组并按照零部件的名称、类别、批别设置，用以反映和记录车间、班组的在产品收入、转出、结存的情况。台账还可以结合生产的类型和内部管理的需要，进一步按照加工工序、工艺流程来组织在产品数量核算。台账应根据在产品内部转移凭证、废品返修单、产品检验凭证以及产成品、自制半成品的交库单等进行登记。通过在产品台账的记录，既可以随时掌握在产品的增减动态，又便于清查核对在产品的实存数量。

在产品台账的格式，应根据企业或车间的生产特点和所采用产量、工时记录的种类进行设计，其格式举例如表 6-1 所示。

**表 6-1　在产品台账**

零件名称：A 零件　　零件号数：2015　　图纸号数：415　　车间：金工

| 日期 | 摘要 | 收入毛坯 | | 制成零件 | | | 交出零件 | | | 未完工数量/件 | 备注 |
|---|---|---|---|---|---|---|---|---|---|---|---|
| | | 凭证号 | 数量/件 | 凭证号 | 合格品/件 | 废品/件 | 凭证号 | 使用车间 | 数量/件 | | |
| | 上月结转 | | | | | | | | | 200 | |
| 1 | | 422 | 120 | 611 | 240 | 5 | 1 032 | 装配 | 240 | 75 | |
| 2 | | 424 | 200 | 619 | 230 | 2 | 1 038 | 装配 | 230 | 43 | |
| 合计 | | | 3 800 | | 2 550 | 46 | | | 2 550 | 1 404 | |

对于在产品的内部转移、送检、报废以及自制半成品的入库、出库，都必须填具相应的原始凭证。例如，在产品的内部转移应填具交接单，填明所交接在产品的数量、名称和转出、转入单位，并由经手人签名盖章，以明确责任。零部件进出中间仓库时，必须填制入库单、出库单。发现在产品在转移过程中的短缺、毁损时，应及时追究有关人员的责任并填制短缺单和报废单。原始凭证的健全与否，直接关系到在产品内部转移交接手续的完备性和在产品数量的准确性。建立在产品的原始记录，完善在产品原始凭证和交接手续，不仅对正确计算产品成本具有重要意义，而且还有利于加强生产管理、有效控制在产品流转、保护在产品的安全完整。

## 三、在产品盘点盈亏的会计处理

为了核实在产品数量，确保在产品的安全完整，保证在产品账实相符，必须对在产

品进行清查。

除了月末结账前一般需对在产品进行全面清查外，还应根据在产品的具体情况加以日常清查，为在产品的管理提供可靠资料。

对在产品清查后，应根据盘点结果填制“在产品盘存表”，并与在产品台账相核对，如有不符，应填制“在产品盘盈盘亏报告表”，说明盘盈盘亏数量及发生盈亏的原因。对于毁损的在产品，如可以回收利用，还要登记残值。对清查的结果应进行如下账务处理。

清查中发生在产品盘盈时：

借：基本生产成本

　　贷：待处理财产损溢

经批准后予以转销：

借：待处理财产损溢

　　贷：制造费用

清查中发生在产品盘亏和毁损时：

借：待处理财产损溢

　　贷：基本生产成本

经批准后分析原因进行处理：

借：原材料（毁损的在产品残值）

　　其他应收款（应由过失人或保险公司赔偿的损失）

　　营业外支出——非常损失（由自然灾害造成，并扣除了残料价值和保险公司赔款后的净损失）

　　制造费用（计量、收发错误带来的盘亏）

　　贷：待处理财产损溢

## 第二节　生产费用在完工产品和在产品之间的分配

企业在生产过程中发生的生产费用，经过一系列的分配、归集后，应计入本月产品成本的各项费用都已归集在“基本生产成本”账户及其所属的明细账户中。如果某种产品月末没有在产品，则该账户所归集的全部成本都是完工产品的总成本，这一总成本除以完工产品产量，即为这种产品的单位成本。如果某种产品月末既有完工产品，又有在产品，那么该产品成本明细账中的月初在产品费用和本月发生的生产费用，就要采用一定的方法在完工产品与在产品之间进行分配。

知识链接
分配方法适用条件

月初在产品生产费用、本月生产费用、本月完工产品生产成本和月末在产品生产成本四者之间的关系，可以用以下公式表示。

$$\text{月初在产品生产费用}+\text{本月生产费用}=\text{本月完工产品生产成本}+\text{月末在产品生产成本}$$

从上式可以看出，确定完工产品生产成本的方法有两类：在掌握公式前两项资料的条件下，一类是先确定月末在产品生产成本，然后计算完工产品生产成本；另一类是将前两项之和按照一定的比例在完工产品和月末在产品之间进行分配，同时求得完工产品生产成本与月末在产品生产成本。

完工产品与月末在产品费用有以下几种划分方法可供选择，企业必须根据在产品的数量和完工程度，各月在产品数量的变化大小，在产品成本中各项费用的比例情况，以及产品的定额管理基础和定额消耗水平等具体条件来选择分配方法。

## 一、在产品不计算成本法

当企业、车间各月月末在产品数量很少时，是否计算分配在产品成本对完工产品成本的影响很小，甚至无影响。在这种情况下，为了简化成本核算工作，企业或车间可以不计算在产品成本，即某种产品生产所发生的全部费用，都归完工产品负担。该方法适用于各月末在产品数量都很少的产品。

## 二、在产品按固定成本计算法

如果在产品数量各月份变化不大的情况下，月初、月末在产品成本的差额对完工产品成本影响不大。为了简化成本核算工作，各月在产品成本固定按年初数计算，本月完工产品的生产成本也就是本月生产费用之和。到年终时，为了保证下年成本计算的准确，应根据实际盘点的在产品数量，重新计算在产品成本，并调整年末余额，将其作为下年在产品成本进行计算。该方法适用于各月在产品数量变化不大或各月在产品数量较少的产品。

## 三、在产品按完工产品成本计算法

如果在产品已经接近完工，或者已经加工完毕的产品，但尚未验收或包装入库，也归为在产品。为简化核算工作，这些在产品视同完工产品分配费用，即应由产品负担的费用按照完工产品的产量和月末在产品的实际数量作为分配标准进行费用的分配。该方法适用于月末在产品基本完工或已完工未入库的产品。

## 四、在产品按所耗原材料费用计算法

当企业或车间各月的在产品数量较大，而且各月份数量又均衡，同时这种在产品的材料费用在成本中占有很大的比重。在这种情况下，在产品成本可以只计算材料费用来代替全部费用。其加工费项目数量比例小，全由完工产品负担。即将应由产品负担的费用合计减去在产品负担的材料费用后的数额，就是完工产品的成本。该方法适用于各月末在产品数量变化较大并且原材料费用在成本中所占比重较大的产品。

**【例 6-1】** A 产品月初在产品材料费用 6 480 元，本月耗用的材料费用 93 520 元，本月完工 A 产品 1 500 件，月末在产品 500 件，材料在生产开始时一次投入，材料费用以完工产品产量和月末在产品实际数量作为分配标准进行分配。本月发生的工费总计 1 000元。其具体分配计算如下。

$$材料费用分配率=\frac{6\ 480+93\ 520}{1\ 500+500}=50(元/件)$$

$$月末在产品材料费用=500\times 50=25\ 000(元)$$

$$本月完工产品成本=(6\ 480+93\ 520+1\ 000)-25\ 000=76\ 000(元)$$

## 五、在产品按定额成本计算法

在定额比较准确、定额管理比较健全、各月在产品数量变化比较均衡的企业，月末在产品可根据实际结存的在产品数量和在产品的单件定额成本，计算出在产品成本。月初在产品定额成本加上本月产品费用，再减去月末在产品定额成本，即为完工产品成本。采用这种方法，月末在产品实际成本与定额成本的差异，全部由完工产品负担。

计算月末在产品的定额成本，其中原材料费用可根据在产品数量和单位产品原材料费用定额计算；其他各项加工费用可根据全部在产品的定额工时和每一定额工时的费用计划分配率计算。

**【例 6-2】** 企业生产 A 产品经过三道工序，原材料在第一工序开始时一次投入，原材料费用定额 200 元，每工序的工时定额分别为 10 小时、20 小时、30 小时，直接人工费用的计划单价为每小时 1.2 元，制造费用计划单价为每小时 2 元。每道工序在产品数量分别为 50 件、80 件、40 件，每工序加工到本工序的 50%。各工序在产品累计工时定额的计算如下。

$$工序 1 在产品工时定额=10\times 50\%=5\ (小时)$$

$$工序 2 在产品工时定额=10+20\times 50\%=20\ (小时)$$

$$工序 3 在产品工时定额=10+20+30\times 50\%=45\ (小时)$$

根据上述资料和计算结果，编制月末在产品定额成本计算表，如表 6-2 所示。

**表 6-2　在产品定额成本计算表**

20××年×月

| 产品 | 工序 | 在产品数量/件 | 原材料/元 | | 在产品工时定额/小时 | 在产品定额工时/小时 | 直接人工/元 | 制造费用/元 | 定额成本/元 |
|---|---|---|---|---|---|---|---|---|---|
| | | | 费用定额 | 定额费用 | | | | | |
| A 产品 | 1 | 50 | 200 | 10 000 | 5 | 250 | | | |
| | 2 | 80 | 200 | 16 000 | 20 | 1 600 | | | |
| | 3 | 40 | 200 | 8 000 | 45 | 1 800 | | | |
| 合计 | | | | 34 000 | | 3 650 | 4 380 | 7 300 | 45 680 |

将以上计算结果登记基本生产成本明细账，如表 6-3 所示，即为计算完工产品成本。

表 6-3　基本生产成本明细账（一）

20××年×月　　单位：元

| 项目 | 原材料 | 直接人工 | 制造费用 | 合计 |
|---|---|---|---|---|
| 月初费用 | 57 200 | 8 700 | 11 000 | 76 900 |
| 本月费用 | 47 800 | 6 300 | 9 000 | 63 100 |
| 生产费用累计 | 105 000 | 15 000 | 20 000 | 140 000 |
| 结转完工成本 | 71 000 | 10 620 | 12 700 | 94 320 |
| 月末在产品成本 | 34 000 | 4 380 | 7 300 | 45 680 |

## 六、定额比例法

定额比例法是以定额资料为标准，将应由产品负担的费用按照完工产品与月末在产品定额耗用量或定额成本的比例进行划分的方法。它适用于各项消耗定额比较健全、稳定，定额管理基础比较好，各月末在产品数量变动较大的产品。

定额比例法分配费用与在产品按定额成本计价的区别在于，在产品按定额成本计价，其实际成本与定额成本的差异全部由完工产品成本负担；而在采用定额比例法分配的情况下，产品实际成本脱离定额成本的差异，则按完工产品和月末在产品的定额耗用量或定额成本的比例分摊。因此按定额比例法划分完工产品与在产品的总成本，可以减少由于月初、月末在产品数量波动对完工产品成本准确性的影响。

采用定额比例划分完工产品成本与月末在产品成本时，实际成本的分配率可以根据月初在产品和本月投产产品的定额资料计算，也可以根据本月完工和月末在产品的定额资料计算。无论以哪种定额为标准进行划分，都必须按照成本项目分别进行划分。直接材料成本可以按材料的定额耗用量或定额成本进行划分。直接人工费用和制造费用可以按照工时和定额耗用量（定额工时）进行划分。各成本项目费用分配率和分配额的计算公式如下。

（1）直接材料费用的分配。

$$\text{材料费用分配率}=\frac{\text{直接材料费用总额}}{\text{完工产品定额耗用量（或定额成本）}+\text{在产品定额耗用量（或定额成本）}}$$

$$\text{完工产品应分配的直接材料}=\text{完工产品定额耗用量（或定额成本）}\times\text{材料费用分配率}$$

$$\text{在产品应分配的直接材料}=\text{在产品定额耗用量（或定额成本）}\times\text{材料费用分配率}$$

（2）直接人工费用和制造费用的分配。

$$\text{分配率}=\frac{\text{直接人工费用（或制造费用）总额}}{\text{完工产品定额工时}+\text{在产品定额工时}}$$

$$\text{完工产品应分配的费用}=\text{完工产品定额工时}\times\text{分配率}$$

$$\text{在产品应分配的费用}=\text{在产品定额工时}\times\text{分配率}$$

**【例 6-3】** 某企业生产丙产品，期初与本月生产费用合计为直接材料 28 350 元，直接人工费用 44 100 元，制造费用 25 200 元，合计 97 650 元。原材料在生产开始时一次投入，完工产品 400 件，月末在产品 50 件，单件产品直接材料费用定额 60 元，工时定额 10 小时，在产品完工程度为 40%，有关计算如下。

（1）直接材料。

完工产品定额费用＝400×60＝24 000（元）

在产品定额费用＝50×60＝3 000（元）

$$\text{材料费用分配率}=\frac{28\ 350}{24\ 000+3\ 000}=1.05$$

完工产品应负担材料费用＝24 000×1.05＝25 200（元）

在产品应负担材料费用＝3 000×1.05＝3 150（元）

（2）直接人工费用。

完工产品定额工时＝400×10＝4 000（小时）

在产品定额工时＝50×10×40%＝200（小时）

$$\text{直接工资分配率}=\frac{44\ 100}{4\ 000+200}=10.5\ （元/小时）$$

完工产品应负担人工费用＝4 000×10.5＝42 000（元）

在产品应负担人工费用＝200×10.5＝2 100（元）

（3）制造费用。

完工产品定额工时＝400×10＝4 000（小时）

在产品定额工时＝50×40%×10＝200（小时）

$$\text{制造费用分配率}=\frac{25\ 200}{4\ 000+200}=6\ （元/小时）$$

完工产品应负担制造费用＝4 000×6＝24 000（元）

在产品应负担制造费用＝200×6＝1 200（元）

其计算如表 6-4 所示。

**表 6-4　基本生产成本明细账（二）**

产品名称：丙产品　　　　完工产品数量：400 件

在产品数量：50 件

| 项目 | | 直接材料 | 直接人工 | 制造费用 | 合计 |
|---|---|---|---|---|---|
| … | … | … | … | … | … |
| 生产费用合计 | | 28 350 元 | 44 100 元 | 25 200 元 | 97 650 元 |
| 分配率 | | 1.05 | 10.5 元/小时 | 6 元/小时 | |
| 完工产品 | 定额 | 24 000 元 | 4 000 小时 | 4 000 小时 | |
| | 实际 | 25 200 元 | 42 000 元 | 24 000 元 | 91 200 元 |
| 在产品 | 定额 | 3 000 元 | 200 小时 | 200 小时 | |
| | 实际 | 3 150 元 | 2 100 元 | 1 200 元 | 6 450 元 |

## 七、约当产量比例法

约当产量比例法是将月末在产品数量按照完工程度折算为相当于完工产品的产量，

即约当产量，然后按照完工产品产量与月末在产品约当产量比例分配计算完工产品费用和月末在产品费用的方法。这种方法适用于月末在产品数量较大，各月末在产品数量变化也较大，产品成本中原材料费用和直接人工费用等加工费用的比重相差不多的产品。这是由于月末在产品数量较大，而且各月末在产品数量变化也较大，不能采用在产品不计算成本法和在产品按固定成本计算法，必须具体计算月末在产品成本；由于各种费用在产品成本中所占比重相差不多，就不能采用在产品按所耗原材料费用计算法，必须将各种费用在完工产品与月末在产品之间分配。

**（一）费用的分配程序**

采用约当产量比例法，分配各项费用都需要先计算确定月末在产品在该项费用上的完工程度，从而计算其约当产量；然后再按完工产品产量与月末在产品约当产量比例分配该项费用，其分配计算公式如下。

计算在产品在某项费用上的约当产量公式为

$$\text{在产品的约当产量}=\text{在产品数量}\times\text{完工程度}$$

分配某项费用的公式为

$$\begin{array}{c}\text{某项费用}\\\text{的分配率}\end{array}=\frac{\begin{array}{c}\text{月初在产品}\\\text{该项费用}\end{array}+\begin{array}{c}\text{本月发生的}\\\text{该项费用}\end{array}}{\text{完工产品产量}+\begin{array}{c}\text{月末在产品}\\\text{约当产量}\end{array}}$$

$$\begin{array}{c}\text{完工产品应分}\\\text{配的该项费用}\end{array}=\begin{array}{c}\text{完工产品}\\\text{产量}\end{array}\times\begin{array}{c}\text{该项费用}\\\text{的分配率}\end{array}$$

$$\begin{array}{c}\text{月末在产品应分}\\\text{配该项费用}\end{array}=\begin{array}{c}\text{月末在产品的}\\\text{约当产量}\end{array}\times\begin{array}{c}\text{该项费用}\\\text{的分配率}\end{array}$$

**【例 6-4】** 某产品月初在产品和本月发生的直接人工费用分别为 7 000 元和 60 500 元。该产品本月完工 240 件、月末在产品 100 件，月末在产品的加工程度为 60%，月末在产品在直接人工费用上的完工程度就是在产品的加工程度。分配计算如下：

$$\text{在产品约当产量}=100\times60\%=60\ (\text{件})$$

$$\text{直接人工费用分配率}=\frac{7\ 000+60\ 500}{240+60}=225(\text{元 / 件})$$

$$\text{完工产品应分配直接人工费用}=240\times225=54\ 000(\text{元})$$

$$\text{在产品应分配直接人工费用}=60\times225=13\ 500(\text{元})$$

**（二）在产品完工程度的确定**

采用约当产量比例法，必须正确计算在产品的约当产量，而在产品约当产量计算正确与否主要取决于在产品完工程度。在产品在各项费用上的完工程度不一定相同，应区别确定。

1. 加工程度的确定

在产品在燃料和动力费用、直接人工费用、制造费用等各项加工费用上的完工程度就是在产品的加工程度，即在产品在各项加工费用上的完工程度是一致的，都是按在产品加工程度和数量计算在产品的约当产量。

（1）如果产品加工只经过一道工序，在这种情况下，某种在产品的加工程度按其累

计工时定额与其产品的工时定额的比值来计算确定，其计算公式为

$$\text{某种在产品加工程度}=\frac{\text{该种在产品累计工时定额}}{\text{该产品的工时定额}}\times 100\%$$

在产品累计工时定额是单件在产品已加工完成的工时定额，实际上是各件在产品已加工完成定额工时的平均数。例如，某种产品的工时定额为 10 小时，有三件在产品都已加工完成 6 小时的定额工时，则该种在产品累计工时定额为 6 小时，加工程度为 60%。如果这三件产品分别加工完成 7 小时、8 小时、9 小时定额工时，则三件平均完成定额工时 8 小时，该种在产品累计工时定额为 8 小时，加工程度为 80%。如果在产品在该道工序上分布的数量比较均衡，则可认为每件在产品加工完成的平均定额工时为产品工时定额的 50%，即每件在产品的平均加工程度为 50%。

(2) 如果产品生产经过几道工序，在这种情况下，不同工序中的在产品，其加工程度也不相同，应按在产品所在工序分别确定其加工程度。其计算公式为

$$\text{某工序在产品加工程度}=\frac{\text{前面各道工序工时定额之和}+\text{本工序的工时定额}\times\text{在产品在本工序中的加工程度}}{\text{产品工时定额}}\times 100\%$$

如果在产品在某道工序上分布的数量比较均衡，则在产品在该道工序中的平均加工程度按 50%计算。在这种情况下，可将以上公式改写为

$$\text{某工序在产品加工程度}=\frac{\text{前面各道工序工时定额之和}+\text{本工序的工时定额}\times 50\%}{\text{产品工时定额}}\times 100\%$$

**【例 6-5】** 某企业甲产品的工时定额为 40 小时，顺序经过三道工序制成，三道工序的工时定额分别为 8 小时、20 小时和 12 小时。各道工序中的在产品加工程度均按 50%计算。本月末，甲产品在第一、第二、第三道工序中的在产品分别为 30 件、20 件和 40 件，共计 90 件。

(1) 各工序在产品加工程度的计算。

$$\text{第一道工序在产品加工程度}=\frac{8\times 50\%}{40}\times 100\%=10\%$$

$$\text{第二道工序在产品加工程度}=\frac{8+20\times 50\%}{40}\times 100\%=45\%$$

$$\text{第三道工序在产品加工程度}=\frac{8+20+12\times 50\%}{40}\times 100\%=85\%$$

(2) 在产品约当产量的计算。

第一道工序在产品的约当产量=30×10%=3（件）

第二道工序在产品的约当产量=20×45%=9（件）

第三道工序在产品的约当产量=40×85%=34（件）

在产品约当产量=3+9+34=46（件）

如果在各工序中分布的在产品数量是按单位产品在各工序的加工时间比例分布的，且在各工序中的分布均衡，各工序中在产品的平均加工程度就是 50%，即全部在产品加工程度均可按 50%平均计算。

2. 投料程度的测算

在产品在原材料费用上的完工程度是在产品的原材料投料程度。在生产过程中，原材料的投料方式不同，其在产品投料程度的确定方法也不同。

(1) 原材料在生产开始时一次投入。在这种情况下，每件在产品与每件完工产品所消耗的原材料相同，在产品的投料程度为100%。

(2) 原材料分工序投入，但在各道工序开始时一次投入。在这种情况下，应分工序分别计算各道工序在产品的投料程度。其计算公式为

$$\text{某工序在产品投料程度}=\frac{\text{前面各工序原材料费用定额之和}+\text{本工序原材料费用定额}}{\text{单位产品原材料费用定额}}\times 100\%$$

**【例6-6】** 接【例6-5】，单位甲产品原材料费用定额为50元，第一、第二、第三道工序的原材料费用定额分别为25元、15元、10元，且原材料分别在各工序生产开始时一次投入。各工序在产品投料程度计算如下。

$$\text{第一道工序在产品投料程度}=\frac{25}{50}\times 100\%=50\%$$

$$\text{第二道工序在产品投料程度}=\frac{25+15}{50}\times 100\%=80\%$$

$$\text{第三道工序在产品投料程度}=\frac{25+15+10}{50}\times 100\%=100\%$$

根据以上资料及计算结果，编制在产品约当产量计算表，如表6-5所示。

**表6-5 在产品约当产量计算表**

产品：甲产品

| 加工工序 | 各工序定额 | | 在产品 | 各工序完工程度 | | 在产品约当产量/件 | |
|---|---|---|---|---|---|---|---|
| | 材料费用定额/元 | 定额工时/小时 | 数量/件 | 投料程度 | 加工程度 | 原材料费用 | 加工费用 |
| | (①) | (②) | (③) | (④) | (⑤) | (⑥=③×④) | (⑦=③×⑤) |
| 1 | 25 | 8 | 30 | 50% | 10% | 15 | 3 |
| 2 | 15 | 20 | 20 | 80% | 45% | 16 | 9 |
| 3 | 10 | 12 | 40 | 100% | 85% | 40 | 34 |
| 合计 | 50 | 40 | 90 | — | — | 71 | 46 |

计算甲产品的月末在产品成本时，原材料费用按71件约当产量分配计算，其他加工费用则按46件约当产量分配计算。

(3) 原材料分工序陆续投入，但投料程度与加工程度不一致。在这种情况下，也应分工序分别计算各道工序在产品的投料程度。

**【例6-7】** 接【例6-5】，假设原材料分别在各工序陆续投入，在各工序中的投料程度按50%计算，则各工序在产品投料程度及约当产量计算如下。

(1) 各工序在产品投料程度的计算。

$$\text{第一道工序在产品投料程度}=\frac{25\times 50\%}{50}\times 100\%=25\%$$

$$第二道工序在产品投料程度=\frac{25+15\times50\%}{50}\times100\%=65\%$$

$$第三道工序在产品投料程度=\frac{25+15+10\times50\%}{50}\times100\%=90\%$$

(2) 在产品约当产量的计算。

第一道工序在产品约当产量=30×25%=7.5（件）

第二道工序在产品约当产量=20×65%=13（件）

第三道工序在产品约当产量=40×90%=36（件）

计算甲产品的在产品成本时，原材料费用按56.5件约当产量分配计算。

(4) 原材料分工序陆续投入，投料程度与加工程度一致。在这种情况下，原材料费用的完工程度和加工费用的完工程度相同，都是产品的加工程度。

如前面举例中的甲产品，如果其原材料是分工序陆续投入，且投料程度与加工程度一致，无论是分配原材料费用，还是分配加工费用，在产品的约当产量都是46件。

采用约当产量比例法，应区分各种不同费用项目和各种不同的加工情况或投料方式来计算确定在产品的约当产量，在此基础上，才能正确计算完工产品成本与月末在产品成本。

**【例6-8】** 振华工厂基本生产车间20××年7月生产甲产品，根据表6-6，月初在产品成本：原材料费用23 390元，燃料和动力费用487元，直接人工费用2 415.2元，制造费用2 960元。本月发生的生产费用：原材料费用78 400元，燃料和动力费用1 913元，直接人工费用15 184.8元，制造费用15 920元。该产品本月完工产品120件，月末在产品75件。甲产品单位产品工时定额为25小时，经两道工序加工制成，第一、第二道工序工时定额分别为10小时和15小时。第一、第二道工序中的在产品分别为25件和50件，各工序中的各件在产品加工程度均按50%计算。原材料是生产开始时一次投入。采用约当产量比例法分配完工产品成本与月末在产品成本计算如下。

**表6-6　完工产品与月末在产品费用分配表**

振华工厂　　　　20××年7月　　　　产品名称：甲产品

| 成本费用 | 月初在产品费用/元 | 本月生产费用/元 | 生产费用合计/元 | 费用分配率/（元/小时） | 完工产品 | | 月末在产品 | |
|---|---|---|---|---|---|---|---|---|
| | | | | | 产量/件 | 分配金额/元 | 约当产量/件 | 分配金额/元 |
| | (①) | (②) | (③=①+②) | (④ = $\frac{③}{⑤+⑦}$) | (⑤) | (⑥=⑤×④) | (⑦) | (⑧=⑦×④) |
| 原材料 | 23 390 | 78 400 | 101 790 | 522 | 120 | 62 640 | 75 | 39 150 |
| 燃料和动力 | 487 | 1 913 | 2 400 | 15 | 120 | 1 800 | 40 | 600 |
| 直接人工 | 2 415.2 | 15 184.8 | 17 600 | 110 | 120 | 13 200 | 40 | 4 400 |
| 制造费用 | 2 960 | 15 920 | 18 880 | 118 | 120 | 14 160 | 40 | 4 720 |
| 合计 | 29 252.2 | 111 417.8 | 140 670 | — | — | 91 800 | — | 48 870 |

(1) 在产品完工程度的计算。

①在产品投料程度：因为原材料在生产开始时一次投入，所以在产品投料程度均

为100%。

② 在产品加工程度的计算。

$$第一道工序在产品加工程度=\frac{10\times50\%}{25}\times100\%=20\%$$

$$第二道工序在产品加工程度=\frac{10+15\times50\%}{25}\times100\%=70\%$$

(2) 在产品约当产量的计算。

①分配原材料费用的在产品约当产量。

75×100%=75（件）

②分配加工费用的在产品约当产量。

第一道工序在产品约当产量=25×20%=5（件）

第二道工序在产品约当产量=50×70%=35（件）

在产品约当产量=5+35=40（件）

(3) 在完工产品与月末在产品之间分配各项费用。

① 分配原材料费用。

$$原材料费用分配率=\frac{23\ 390+78\ 400}{120+75}=522（元/小时）$$

完工产品应分配原材料费用=120×522=62 640（元）

在产品应分配原材料费用=75×522=39 150（元）

②分配燃料和动力费用。

$$燃料和动力费用分配率=\frac{487+1\ 913}{120+40}=15（元/小时）$$

完工产品应分配燃料和动力费用=120×15=1 800（元）

在产品应分配燃料和动力费用=40×15=600（元）

③分配直接人工费用。

$$直接人工费用分配率=\frac{2\ 415.2+15\ 184.8}{120+40}=110（元/小时）$$

完工产品应分配直接人工费用=120×110=13 200（元）

在产品应分配直接人工费用=40×110=4 400（元）

④分配制造费用。

$$制造费用分配率=\frac{2\ 960+15\ 920}{120+40}=118（元/小时）$$

完工产品应分配制造费用=120×118=14 160（元）

在产品应分配制造费用=40×118=4 720（元）

根据上述资料和计算结果，编制完工产品与月末在产品费用分配表如表6-6所示。

根据完工产品与月末在产品费用分配表，编制结转完工产品成本的会计分录如下。

借：库存商品——甲产品　　91 800

　　贷：基本生产成本——甲产品　　91 800

以上我们介绍了生产费用在完工产品和在产品之间分配的七种方法。分配结束后，就可以计算出完工产品的成本。企业应根据各种“基本生产成本明细账”编制“完工产品成本汇总表”以汇总完工产品成本。

第六章重要术语　　第六章案例分析　　第六章思政课堂

## 课后练习题

### 一、单项选择题

1. 完工产品与在产品之间分配费用的在产品不计算成本法，适用于（　　）的情况。
   A. 各月在产品数量很小　　B. 各月在产品数量很大
   C. 没有在产品　　D. 各月末在产品数量变化很小
2. 完工产品与在产品之间分配费用，采用在产品按固定成本计算法，适用于（　　）的情况。
   A. 各月末在产品数量很小
   B. 各月末在产品数量大，但各月之间变化不大
   C. 各月成本水平相差不大
   D. 各月末在产品数量较大
3. 某种产品月末在产品数量较大，各月末在产品数量变化也较大，原材料费用占产品成本比重较大，月末在产品与完工产品之间费用分配应采用（　　）。
   A. 约当产量比例法　　B. 在产品按定额成本计算法
   C. 定额比例法　　D. 在产品按所耗原材料费用计算法
4. 某种产品月末在产品数量较大，各月在产品数量变化也较大，产品成本中原材料费用和工资等其他费用所占比重相差不多，月末在产品与完工产品之间费用分配应采用（　　）。
   A. 定额比例法　　B. 约当产量比例法
   C. 固定成本计算法　　D. 按在产品所耗原材料费用计算法
5. 按完工产品和月末在产品数量比例，分配计算完工产品和月末在产品的原材料费用，必须具备下列条件（　　）。
   A. 产品成本中原材料费用比重较大　　B. 原材料随生产进度陆续投料
   C. 原材料在生产开始时一次投料　　D. 原材料消耗定额比较准确、稳定
6. 按完工产品和月末在产品数量比例，分配计算完工产品和月末在产品成本，必须具备下列条件（　　）。
   A. 在产品已接近完工　　B. 原材料在生产开始时一次投料
   C. 在产品原材料费用比重较大　　D. 各项消耗定额比较准确、稳定
7. 在产品完工率为（　　）与完工产品工时定额的比率。
   A. 所在工序工时定额
   B. 所在工序工时定额之半
   C. 所在工序累计工时定额
   D. 上道工序累计工时定额与所在工序工时定额之半的合计数
8. 原材料在每道工序开始时一次投料的情况下，分配原材料费用的在产品完工率，为原材料的下列

消耗定额与完工产品消耗定额的比率（　　）。

A. 所在工序消耗定额　　B. 所在工序累计消耗定额

C. 所在工序累计消耗定额之半　　D. 所在工序消耗定额之半

## 二、多项选择题

1. 完工产品与在产品之间分配费用，采用在产品按固定成本计算法，适用于下列产品（　　）。

A. 各月末在产品数量很大

B. 各月末在产品数量较小

C. 各月末在产品变化较大

D. 各月末在产品数量虽大，但各月之间变化不大

E. 在产品定额管理基础较好

2. 完工产品与在产品之间分配费用的方法有（　　）。

A. 约当产量比例法　　B. 交互分配法

C. 在产品按固定成本计算法　　D. 定额比例法

E. 生产工时比例法

3. 选择完工产品与在产品之间费用分配方法时，应考虑的条件有（　　）。

A. 在产品数量的多少　　B. 各月在产品数量变化的大小

C. 各项费用比重的大小　　D. 定额管理基础好坏

E. 在产品完工率

4. 约当产量比例法适用于（　　）。

A. 月末在产品接近完工

B. 月末在产品数量较大

C. 各月末在产品数量变化较大

D. 产品成本中原材料费用和工资等其他费用比重相差不大

E. 定额管理基础较好

5. 约当产量比例法适用于（　　）的分配。

A. 原材料费用　　B. 各项费用

C. 工资等其他加工费用　　D. 随生产进度陆续投料的原材料费用

E. 在第一道工序一次投入的原材料

6. 采用在产品按所耗原材料费用计算法，分配完工产品和月末在产品费用，应具备下列条件（　　）。

A. 原材料费用在产品成本中占比例较大　　B. 各月在产品数量比较稳定

C. 各月末在产品数量较大　　D. 各月末在产品数量变化较大

E. 能够制定比较准确的消耗定额

7. 采用在产品按定额成本计算法，分配完工产品和月末在产品费用，应具备下列条件（　　）。

A. 定额管理基础较好　　B. 各项消耗定额变化较大

C. 各月末在产品数量变化较小　　D. 各月末在产品数量变化较大

E. 原材料在各工序陆续投入

8. 采用定额比例法分配完工产品和在产品费用，应具备以下条件（　　）。

A. 消耗定额比较准确　　B. 消耗定额比较稳定

C. 各月末在产品数量变化不大　　D. 各月末在产品数量变化较大

E. 原材料在各工序陆续投入

9. 采用约当产量比例法，必须正确计算在产品的约当产量，而在产品约当产量计算正确与否，取决

于产品完工程度的测定，测定在产品完工程度（完工率）的方法有（　　）。

A. 定额工时　　B. 按50%平均计算各工序完工率

C. 分工序分别计算完工率　　D. 按定额比例法计算

**三、判断题**

1. 各月末在产品数量变化不大的产品，可以不计算月末在产品成本。（　　）
2. 采用按年初数固定成本计算在产品成本法时，某种产品本月发生的生产费用就是本月完工产品的成本。（　　）
3. 采用在产品按所耗原材料费用计算法时，某种产品月末在产品只计算所耗的原材料费用，不计算工资等其他费用，产品的加工费用全部计入完工产品成本。（　　）
4. 完工产品与在产品之间分配费用的约当产量比例法适用于工资等其他费用的分配，不适用于原材料费用的分配。（　　）
5. 月末没有在产品时，月初与本月生产费用之和就是完工产品成本。（　　）
6. 某工序在产品的完工率为该工序累计的工时定额与完工产品工时定额的比率。（　　）
7. 某工序在产品完工率＝（本工序工时定额＋前面各工序工时定额之和×50%）÷产品工时定额。（　　）
8. 分工序计算在产品完工率的计算公式：某工序在产品完工率＝（前面各工序工时定额之和＋本工序工时定额×50%）÷产品工时定额。（　　）
9. 原材料在生产产品的每道工序开始时一次投入，用来分配原材料费用的完工率，是该工序的累计的原材料消耗定额与完工产品原材料消耗定额的比率。（　　）
10. 在完工产品与在产品之间分配费用，采用在产品按完工产品成本计算法时，在产品就是完工产品，全部生产费用之和就是完工产品成本。（　　）
11. 在完工产品与月末在产品之间分配费用，采用月末在产品按定额成本计算法时，定额成本与实际成本的差异由完工产品与在产品共同负担。（　　）
12. 采用在产品按定额成本计算法时，月末在产品的定额成本与实际成本的差异，全部由完工产品成本负担。（　　）
13. 月初在产品费用、本月生产费用、本月完工产品费用和月末在产品费用四者之间的关系，用下列公式表示：月末在产品费用＋本月生产费用＝完工产品费用＋月初在产品费用。（　　）
14. 根据月初在产品费用、本月生产费用和月末在产品费用的资料，完工产品费用＝月初在产品费用＋本月生产费用－月末在产品费用。（　　）

**四、名词解释**

1. 约当产量比例法　2. 在产品　3. 产成品

**五、思考题**

1. 什么是约当产量法？如何测定原材料的投料率和在产品的完工程度（完工率）？
2. 生产费用在完工产品和月末在产品之间分配的方法有哪几种，各有什么特点和适用性？
3. 确定生产费用在完工产品和在产品之间分配的方法时需要考虑哪些因素？

**六、业务计算题**

1. 甲产品经两道工序完工，采用约当产量比例法分配各项生产费用。4月，甲产品完工产品500件；月末在产品数量为：第一道工序350件，第二道工序200件。其他有关资料如下。

(1) 原材料分两道工序在每道工序开始时一次投入；第一道工序的消耗定额为30千克，第二道工序的消耗定额为20千克。甲产品月初在产品和本月发生的原材料费用共计182 000元。

(2) 甲产品完工产品工时定额为50小时，其中第一道工序为40小时；第二道工序为10小时。每道工序在产品工时定额（本工序部分）按本工序工时定额的50%计算。甲产品月初在产品和本月发生的直接人工费用共计16 400元，制造费用共计24 600元。

要求：

(1) 按原材料消耗定额计算甲产品各工序在产品完工率；

(2) 按工时定额计算甲产品各工序在产品完工率；

(3) 按以原材料消耗定额确定的完工率计算甲产品在产品约当产量；

(4) 按以工时定额确定的完工率计算甲产品在产品约当产量；

(5) 分别计算原材料费用、直接人工费用、制造费用等费用的分配率；

(6) 根据上述计算的原材料费用、直接人工费用、制造费用分配率，分别计算完工产品成本及月末在产品成本。

2. 某产品消耗定额比较准确、稳定，各月末在产品数量变化较大，采用定额比例法分配工资等加工费用。该产品月初在产品和本月发生的直接人工费用共计125 000元，当月完工产品2 000件，其工时定额为100小时。其各工序工时定额和月末在产品数量如表6-7所示，各工序在产品在本工序的完工程度均按50%计算。

**表6-7 在产品工时及产量资料表**

| 工序 | 1 | 2 | 合计 |
|---|---|---|---|
| 本工序工时定额/小时 | 40 | 60 | 100 |
| 在产品数量/件 | 800 | 200 | 1 000 |

要求：

(1) 计算各工序在产品的累计工时定额和定额工时；

(2) 采用定额比例法，分配计算完工产品和月末在产品的直接人工费用。

3. 某工业企业甲产品月末在产品数量很少，不计算在产品成本。10月的生产费用：原材料74 000元，直接人工费用38 200元，制造费用66 200元。本月完工产品200件，在产品3件。

要求：计算该月完工甲产品的总成本和单位成本。

4. 某工业企业20××年9月A种产品成本明细账部分数据如表6-8所示。该种产品采用定额比例法分配费用。原材料费用按定额费用比例分配；其他费用按定额工时比例分配。上列明细账“直接人工”栏的“定额”行登记定额工时数。

要求：计算填列A种产品成本明细账。

**表6-8 产品成本明细账**

| 月 | 日 | 摘要 | | 原材料 | 直接人工 | 制造费用 | 合计 |
|---|---|---|---|---|---|---|---|
| 8 | 31 | 余额 | | 1 120 | 950 | 830 | 2 900 |
| 9 | 30 | 本月生产费用 | | 8 890 | 7 660 | 6 632 | 23 182 |
| 9 | 30 | 累计 | | | | | |
| 9 | 30 | 分配率 | | | | | |
| 9 | 30 | 完工产品 | 定额 | 5 800 | 3 760 | | |
| | | | 实际 | | | | |

续表

| 月 | 日 | 摘要 | | 原材料 | 直接人工 | 制造费用 | 合计 |
|---|---|---|---|---|---|---|---|
| 9 | 30 | 月末在产品 | 定额 | 3 300 | 1 980 | | |
| | | | 实际 | | | | |

5. 某工业企业每月在产品数量较大，但各月末在产品数量变化不大，在产品按固定成本计价。其月初余额为：原材料 12 300 元，直接人工费用 5 300 元，制造费用 7 200 元。5 月的生产费用：原材料 83 500 元，人工 57 200 元，制造费用 98 900 元。该月完工产品 200 件，月末在产品 70 件。
   要求：计算完工产品总成本和单位成本。
6. 企业生产的 A 产品原材料在生产开始时一次投入，产品成本中的原材料费用比重很大，月末在产品按其所耗原材料费用计价。5 月初在产品成本为 66 000 元，本月生产费用：原材料 246 000 元，直接人工费用 12 200 元，制造费用 9 800 元。该月完工产品 240 件，月末在产品 60 件。
   要求：分配计算完工产品成本和月末在产品成本。
7. 某产品生产经过两道工序完工，完工产品工时定额为 80 小时，第一道工序为 50 小时，第二道工序为 30 小时。每工序在产品工时定额按本工序工时定额的 50%计算。
   要求：计算完工产品第一、第二道工序在产品的完工率。
8. 某种产品的月末在产品已经加工完毕，但尚未入库，在产品按完工产品成本计价。5 月在产品费用和本月生产费用如表 6-9 所示。该产品月末完工产品 320 件，在产品 80 件。

**表 6-9　在产品费用和本月生产费用**　　单位：元

| 项目 | 直接材料 | 直接人工 | 制造费用 |
|---|---|---|---|
| 月初在产品费用 | 15 300 | 6 900 | 10 800 |
| 本月生产费用 | 42 300 | 18 200 | 25 600 |

   要求：计算完工产品和在产品成本。
9. 某企业定额管理基础较好，各项消耗定额或费用定额比较准确、稳定，而且各月在产品数量变化不大，月末在产品采用定额成本计价。某产品在生产开始时原材料一次性投入，单位产品的直接材料定额成本为 85 元，本月完工产品 600 件，月末在产品 200 件，在产品的工时定额为每件 8 小时。计划每小时费用为：直接人工费用 4.5 元，燃料和动力费用 2 元，制造费用 5.5 元。月初在产品费用及本月生产费用如表 6-10 所示。

**表 6-10　月初在产品费用及本月生产费用**　　单位：元

| 项目 | 直接材料 | 燃料和动力费用 | 直接人工费用 | 制造费用 |
|---|---|---|---|---|
| 月初在产品费用 | 12 960 | 3 210 | 6 240 | 8 120 |
| 本月生产费用 | 56 440 | 12 600 | 23 500 | 27 480 |

   要求：计算在产品与完工产品成本。
10. 月初原材料费用 47 200 元，本月原材料费用 145 600 元，生产产品经过四道工序，投料定额分别为 30 千克、40 千克、20 千克、10 千克，四道工序的月末在产品分别为 120 件、40 件、50 件、60 件，完工产量 400 件。原材料在每道工序开始时一次性投入。要求：按约当产量比例法划分费用。
11. B 产品的生产分两道工序完成，原材料在各道工序开始时一次投入，各道工序内在产品的平均加工程度为50%，在产品的产量和定额消耗资料如表6-11所示。

**表6-11 在产品产量和定额消耗资料**

| 工序 | 月末在产品数量/件 | 单位产品原材料消耗定额/千克 | 单位产品工时定额/小时 |
| --- | --- | --- | --- |
| 1 | 300 | 25 | 5 |
| 2 | 200 | 15 | 3 |
| 合计 | 500 | 40 | 8 |

直接材料计划单价1.20元，单位产品工时定额8小时，计划每工时费用分配率为：直接人工2元/小时，制造费用2.5元/小时。B产品月初在产品和本月生产费用合计为：直接材料26 500元，直接人工9 480元，制造费用11 875元。

要求：按月末在产品定额成本计算法分配计算本月完工产品和月末在产品成本。

12. 企业生产B产品，月末在产品数量较大，各月末在产品数量变化也较大，产品成本中各项费用比重相差不大。月初在产品的生产费用：直接材料8 500元，直接人工3 200元，制造费4 100元。本月发生的生产费用：直接材料23 460元，直接人工10 730元，制造费用13 810元。本月完工产品350件，月末在产品计120件。原材料在生产开始时一次投入，在产品加工程度为40%。

要求：按约当产量比例法，分配各项费用并计算完工产品与在产品成本。

13. 月初原材料费用17 200元，本月原材料费用45 600元，产品生产经三道工序，每工序投料定额分别为10千克、30千克、60千克，每工序在产品数量100件、50件、40件，完工产量180件，原材料在每工序陆续投入。

要求：按约当产量比例法，分配材料费用。

14. 产品生产经过三道工序，原材料在每道工序开始一次性投入，投料定额分别为18千克、22千克、10千克，工时定额分别为40小时、50小时、110小时，在产品数量分别为60件、70件、120件，完工产量300件，月初原材料费用41 200元、人工费用12 500元、制造费用21 000元，本月费用原材料费用53 600元、人工费用31 800元、制造费用40 000元。

要求：按约当产量比例法，分配各项费用，计算完工产品和在产品成本。

15. 生产产品经四道工序，原材料在每道工序开始时一次投入，每道工序投料定额分别15千克、8千克、6千克、10千克，材料单价15元，每道工序在产品数量10件、20件、15件、8件，全部材料费用87 000元。

要求：在产品按定额成本计价，计算完工产品费用。

16. 某企业甲产品原材料费用定额6元，原材料在零件投产时一次投入。该产品各项消耗定额比较准确、稳定，各月在产品数量变化不大，月末在产品按定额成本计价。甲产品各工序工时定额和月末在产品数量如表6-12所示。

**表6-12 甲产品各工序工时定额和月末在产品数量**

| 产品名称 | 所在工序号 | 本工序工时定额 | 在产品数量/件 |
| --- | --- | --- | --- |
| 甲产品 | 1 | 2 | 400 |
| | 2 | 4 | 220 |
| | 小计 | 6 | 620 |

每道工序在产品的累计工时定额，按上道工序累计工时定额，加上本工序工时定额的50%计算。每小时费用定额为：直接人工15元；制造费用21元。该种产品9月初在产品和9月生产费用累计数

为：原材料 240 000 元，直接人工 159 000 元，制造费用 220 000 元，共计 619 000 元。

要求：

（1）计算月末在产品的定额原材料费用；

（2）计算在产品各工序的累计工时定额；

（3）计算月末在产品的定额工时；

（4）计算月末在产品的定额直接人工费用和定额制造费用；

（5）计算月末在产品定额成本；

（6）计算完工产品成本。

# 第七章

# 成本计算方法概述

**本章逻辑框架**

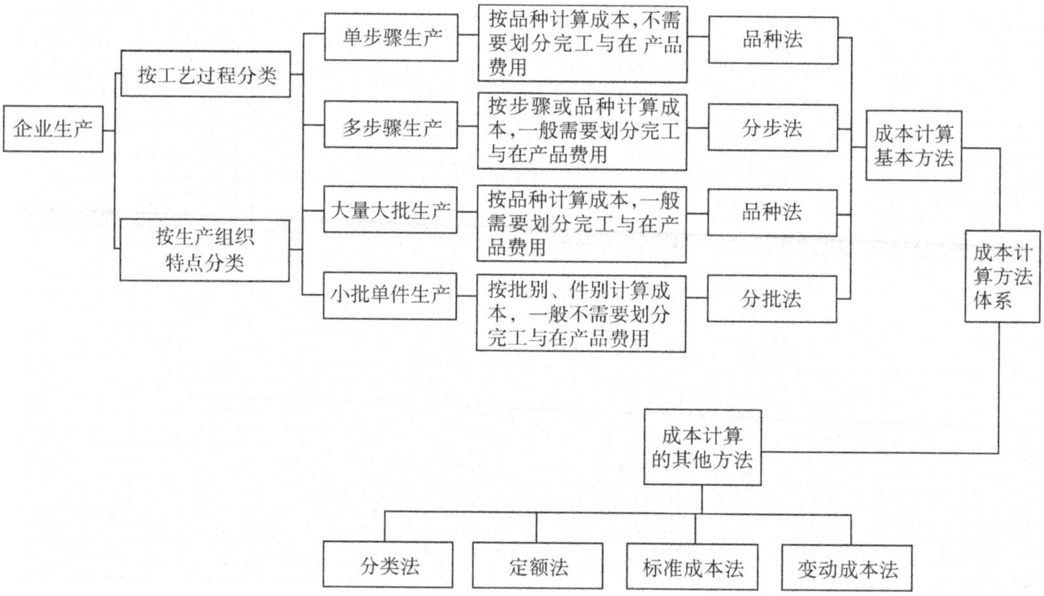


**本章重要概念**

成本计算对象　品种法　分批法　分步法　分类法　定额法　标准成本法　变动成本法

**本章内容引言**

生产按照工艺过程分为单步骤生产和多步骤生产，按照生产组织特点分为大量生产、成批生产和单件生产。不同的生产类型对成本计算的影响表现在成本计算对象、成本计算期和期末在产品计价等方面。按照产品成本计算对象的不同，成本计算方法可以划分为品种法、分批法和分步法。这三种成本计算方法有着不同的特点及适用范围，也称为成本计算的基本方法。在企业实际成本计算过程中，还有一些辅助方法的使用，辅助方法有分类法、定额法、标准成本法、变动成本法等，辅助方法对企业进行成本管理也有着重要意义。

## 第一节　生产特点和管理要求对产品成本计算的影响

党的二十大报告指出“坚持把发展经济的着力点放在实体经济上”。对于实体经济企业来说，生产是企业运作的核心。产品的生产成本在生产过程中形成，计算产品成本是为了满足成本管理及计算损益的需要。因此，生产特点及管理要求对成本计算方法的确定有着重要影响。

### 一、生产的分类

#### （一）按工艺过程分类

工业企业的生产，按其生产工艺过程，可以分为单步骤生产和多步骤生产两种类型。

单步骤生产，亦称简单生产，是指生产工艺过程不能间断、不可能或不需要划分为几个生产步骤的生产，如发电、采掘企业。这类生产的生产周期较短，通常只能由一个企业整体进行，而不能由几个车间协作进行。

多步骤生产，亦称为复杂生产，是指生产工艺过程由若干个可以间断的、分散在不同地点、分别在不同时间进行的生产步骤所组成的生产，如纺织、钢铁、机械、造纸、服装等企业的生产。多步骤生产按其产品的加工方式，又可分为连续加工式生产和装配式生产。连续加工式生产是指原材料投入生产后，要依次经过各生产步骤的连续加工，才能成为产品的生产，如纺织、钢铁工业生产等。装配式生产是指先将原材料分别加工为零件、部件，再将零件、部件装配为产品的生产，如机械、车辆、仪表制造等。

#### （二）按生产组织特点分类

工业企业生产按其生产组织特点可以分为大量生产、成批生产和单件生产三种类型。

大量生产是指不断地重复生产相同品种产品的生产。其特点是产量大，品种少，且比较稳定，生产的重复性强，如发电、采掘、酿酒、造纸等都是这种类型的生产，机械制造也有按照大量生产组织的。

成批生产是指按照规定的产品批别和数量或根据订货者的需要，分批进行一定种类产品的生产。其主要特点是产品品种较多，生产具有一定的重复性，如服装生产和某些机械制造的生产等属于这种类型的生产。成批生产按照产品批量的大小还可以分为大批生产和小批生产。大批生产的性质近似于大量生产，小批生产的性质近似于单件生产。

单件生产是指按照购货单位的要求，生产个别的、性质特殊的产品的生产。其主要特点是产量少，品种多，而且经常变换，很少重复生产，如重型机械、船舶和专用设备的制造，以及新产品的试制等都是这种类型的生产。

工业企业的工艺过程与生产组织之间有一定联系。单步骤生产和连续式多步骤生产往往是大量或大批生产；装配式多步骤生产则既可以是大量大批生产，也可以是小批单件生产。

## 二、企业的生产特点和管理要求对产品成本计算的影响

企业的生产特点和管理要求对产品成本计算的影响表现在成本计算对象、成本计算期和在产品计价等方面。

**（一）对成本计算对象的影响**

成本计算对象是为计算产品成本而确定的归集生产费用的目标，也就是成本的承担者。确定成本对象是设置产品成本明细账、分配费用和计算产品成本的前提。

在单步骤连续式大量生产企业中，由于工艺过程不能间断，不需要亦不能划分为几个生产步骤，所以不要求分步骤计算产品成本。同时，因为生产组织是大量大批生产，不存在分批组织生产的问题，所以不要求分批别计算产品成本。成本计算对象是不同品种的产品。

多步骤连续式大量大批生产的企业由于生产工艺过程可以间断，并由几个有顺序的生产步骤所组成，在计算产品成本时，可以以产品的生产步骤为成本计算对象，分步骤计算产品成本。如果企业不要求提供各步骤生产成本资料，这时的大量大批多步骤生产可以将产品品种作为成本计算对象，计算产品成本。

多步骤装配式大量大批生产企业由于产品品种稳定，生产工艺过程可以间断，各生产步骤不存在先后顺序，而是平行生产，零部件通过装配形成产成品，且零部件各步骤（半成品）没有独立的经济意义，因而不需要按步骤计算半成品成本，而以最终的各种产品作为成本计算对象。但对可为各种产品共同使用的自制的“通用件”和“标准件”，往往也作为成本计算对象单独计算成本。

多步骤装配式小批单件生产由于是按产品件别或批别组织生产，要求按不同品种的产品件别或批别计算成本，因而其成本计算对象便是产品的每一订单，或每一批别、件别。

**（二）对产品成本计算期和在产品计价的影响**

大量大批生产由于生产不间断进行，时常有产品完工，不便在产品完工时立即计算成本，只能定期按月进行成本计算，所以，成本计算期与生产周期不一致。

单件小批生产由于是按件或按批组织生产，可按每件产品或每批产品进行成本计算，即在每批或每件产品完工时计算成本，所以，成本计算期与会计期不一致，但与生产周期一致。

单步骤大量生产往往没有在产品，或在产品很少。因此，不要求单独计算在产品成本。

多步骤单件小批生产月末虽有在产品存在，但由于产品的生产周期与成本计算期一致，一般也不需要单独计算在产品成本，只有在同批产品分期完工的情况下，才有必要单独计算期末在产品成本。

多步骤大量大批生产由于生产不间断进行，通常期末都有在产品存在，因而月末要求计算在产品成本。

将产品成本计算对象作为成本计算方法的标志，成本计算的基本方法分为三种：以产品品种为成本计算对象的品种法；以产品批别为成本计算对象的分批法；以产

品生产步骤为成本计算对象的分步法。其中，品种法是最基本的成本计算方法。此外，还有多种辅助成本计算方法与基本方法结合运用，如定额法、分类法等。将成本计算方法划分为基本方法和辅助方法，并不是因为辅助方法不重要，有些辅助方法，如定额法对控制生产费用、降低产品成本具有重要作用。

产品成本计算方法与各种类型生产的关系如表 7-1 所示。

**表 7-1 产品成本计算方法与各种类型生产的关系**

| 产品成本计算方法 | 生产组织 | 工艺过程和管理要求 |
|---|---|---|
| 品种法 | 大量大批生产 | 单步骤生产或管理上不要求分步骤计算成本的多步骤生产 |
| 分批法 | 小批单件生产 | 单步骤生产或多步骤生产 |
| 分步法 | 大量大批生产 | 管理上要求分步骤计算成本的多步骤生产 |

## 第二节 产品成本计算的主要方法

成本计算是对有关费用数据进行处理的过程，它是以一定的成本核算对象为依据，分配和归集生产费用并计算其总成本与单位成本的过程。成本核算对象是处理各项费用数据的中心，也是产品成本计算方法的核心。在实际工作中存在的各种各样的产品成本计算的具体方法，主要是根据成本核算对象来命名的。

知识链接
产品成本计算方法选择示意图

### 一、成本计算的基本方法

根据生产工艺过程和生产组织特点以及企业成本管理要求，工业企业有三种产品成本计算的基本方法，即品种法、分批法和分步法。

#### （一）品种法

在大量大批单步骤生产企业，或者管理上不要求分步计算成本的多步骤生产企业中，只需要以产品品种作为成本核算对象，来归集和分配生产费用，计算出各种产品（品种）的实际总成本和单位成本，这就产生了品种法。

在大量大批生产企业中，不可能等全部产品完工以后才计算其实际总成本，成本计算期只能与会计报告期（定期按月）一致，而与生产周期不一致。品种法在按月计算成本时，有些单步骤生产企业没有月末在产品，这时，不需要在完工产品和月末在产品之间分配生产费用，本月生产费用等于本月完工产品成本。管理上不要求分步计算成本的大量大批多步骤生产企业，通常有月末在产品，则需要在完工产品和月末在产品之间分配生产费用。

#### （二）分批法

单件小批生产企业（单步骤生产或管理上不要求分步计算成本的多步骤生产），是按照客户的订单来组织生产的，客户的订货不仅数量和质量上的要求不同，交货日期也不同。所以，单件小批生产企业只能以生产的产品批别作为成本核算对象，来归集和分配生产费用，计算出各批产品的实际总成本和单位成本，这就产生了分批法。

在分批法下，由于成本核算对象是产品的批别，只有在该批产品全部完工以后，才能计算出其实际总成本和单位成本，所以，分批法的成本计算期是不定期的，与产品生产周期一致。

分批法的成本计算期与生产周期一致，一般不存在期末在产品与完工产品的划分，不需要将生产费用在完工产品和期末在产品之间进行分配。

**（三）分步法**

在大量大批多步骤生产企业中，如果企业成本管理上要求按生产步骤归集生产费用、计算产品成本，就应当以产成品及其所经生产步骤为成本核算对象来归集和分配生产费用，计算出各生产步骤和最终产成品的实际总成本与单位成本，这就产生了分步法。

与品种法相同，采用分步法的大量大批多步骤生产企业，不可能等全部产品完工以后才计算成本，只能定期按月计算成本。成本计算期与会计报告期一致，而与生产周期不一致。大量大批多步骤生产企业在月末计算产品成本时，通常有在产品，因此，分步法需要将生产费用在完工产品和期末在产品之间进行分配。

上述产品成本计算的三种基本方法，其成本核算对象（由生产工艺过程、生产组织类型和成本管理要求决定）、成本计算期、生产费用在完工产品和在产品之间的分配等方面的区别，如表 7-2 所示。

**表 7-2　产品成本计算的基本方法区别**

| 产品成本计算方法 | 品种法 | 分批法 | 分步法 |
| --- | --- | --- | --- |
| 成本核算对象 | 产品品种 | 产品批别 | 产品品种及其所经生产步骤 |
| 生产工艺过程和成本管理要求 | 单步骤生产或管理上不要求分步骤计算成本的多步骤生产 | 单步骤生产或多步骤生产 | 管理上要求分步骤计算成本的多步骤生产 |
| 生产组织类型 | 大量大批生产 | 单件小批生产 | 大量大批生产 |
| 成本计算期 | 定期按月 | 可以不定期，与生产周期一致 | 定期按月 |
| 生产费用在完工产品和在产品之间的分配 | 有在产品需要分配 | 一般不需要分配 | 通常有在产品需要分配 |

应当指出，无论采用哪种方法计算产品成本，最后都必须计算出各种产品的实际总成本和单位成本。按照产品的品种计算成本，是成本计算工作的共同要求，也是最起码的要求。因此，在三种产品成本计算的基本方法中，品种法是最基本的方法。

## 二、产品成本计算的其他方法

在实际工作中，除了上述三种产品成本计算的基本方法以外，还有为了解决某一个特定问题而产生的其他成本计算方法，也称作成本计算的辅助方法。

**（一）分类法**

在产品品种、规格繁多的企业中，为了解决成本核算对象的分类问题，产生了产品成本计算的分类法。分类法的成本核算对象是产品的类别，它需要运用品种法等基本方法的原理计算出各类产品的实际总成本，再求得类别内各种品种（各种规格）产品的实际总成本和单位成本。

**（二）定额法**

产品成本计算的定额法，是为了及时反映和监督产品成本脱离定额成本的情况，配合和加强定额管理而采用的一种成本计算方法。其基本原理是：在实际费用发生时，将其划分为定额成本和定额差异两部分来归集，并分析产生差异的原因，及时反馈到管理部门，月终以产品定额成本为基础，加减所归集和分配的脱离定额成本差异、定额变动差异、材料成本差异，求得产品实际成本。

采用定额法计算产品成本的一般程序如下：首先，按照企业生产工艺的特点和管理要求，确定成本计算对象及成本计算的基本方法，按照定额成本标准，进行逐项分解计算各成本项目的定额费用，编制产品定额成本表；其次，在生产费用发生时，将其划分为定额成本和定额成本差异两部分，分别编制凭证，予以汇总，对其中的重点差异，实行例外管理；再次，按确定的成本计算基本方法，汇集、结转各项费用的定额成本差异，并按一定标准在完工产品与在产品之间进行分配；最后，将产品定额成本加减所分配的定额成本差异、定额变动差异及材料成本差异，即可求得产品实际成本。

实际成本与定额成本的关系可用下列公式表示。

$$
\begin{aligned}
\text{产品实际成本} &= \text{产品定额成本} \pm \text{脱离定额成本差异} \\
&\quad \pm \text{定额变动差异} \pm \text{材料成本差异}
\end{aligned}
$$

由此可见，定额成本法并非一种基本的成本计算方法，它是在品种法、分步法和分批法的基础上，运用一种特殊汇集费用的技术来计算产品成本的方法。采用此方法计算产品成本，能及时揭示差异，提供有关成本形成动态的各种信息，有助于促使企业控制和节约费用。该方法一般适用于企业定额管理制度较健全，而且产品生产定额、消耗定额比较准确和稳定的企业。

**（三）标准成本法**

企业经营管理要确定目标，规划利润，进行控制。控制是通过一定手段对实际成本开支施加影响，使之能按预定的目标或计划进行，其重点就在于严格按规定的标准进行把关，并分析发生的偏差，以调整和指导当前的实际工作。

标准成本法包括标准成本的制定、差异计算分析和差异处理三个有机组成部分。

标准成本的制定程序如下。首先是制定产品的标准成本，标准成本包括直接材料、直接人工、制造费用三部分。标准成本的制定一般采用现行标准成本，亦称可达到的标准成本，是在现有生产技术条件基础上，根据下期最可能发生的各种生产要素的耗量、预计价格和预计的生产经营能力利用程度而制定的标准成本。这种标准成本包含管理当局认为在短期内无法消除的低效、失误和超量消耗，因而最切实可行，最接近实际成本，最适用于在经济形势变化多端的情况下使用。其次是标准成本的差异计算分析，标准成本差异是标准成本同实际成本的差额。实际成本低于标准成本的差异为节约差，也可以称为有利差异或顺差；实际成本高于标准成本的差异称为超支差异，也可以称为不利差异或逆差。具体的成本差异可以从直接材料、直接人工、变动制造费用和固定制造费用这四个方面进行计算，具体差异有“材料价格差异”和“材料用量差异”，“直接人工工资率差异”和“直接人工效率差异”，“变动制造费用开支差异”和“变动制造费用效率差异”，“固定制造费用开支差异”、“固定制造费用能力差异”和“固定制造费用效率差异”，等等。最后是标准成本的差异处理。标准成本的差异处理，应根据具体情况采用不同的方法进行。一般主要有如下两种方式：一是将差异全部计入当期损益。采用这种方法处理时，在期末，应将归集在各种差异账户中的标准成本差异全部计入当期的损益账户中，结平这些差异账户。如果为有利差异，则应增加当期的收益；如果是不利差异，则应冲减当期的收益。二是将标准成本差异根据当月销售产品成本、在产品成本和库存产品成本的比例进行分摊。在分摊时，是根据各种销售产品、在产品和库存产品的标准成本的比例进行分配的。

标准成本法与产品成本计算的其他方法不同，其他成本计算方法计算出的是产品的实际成本，而标准成本法下的产品成本，不是产品的实际成本，而是产品的标准成本。因此，尽管标准成本法与成本计算结合在一起，但它更重要的是用来控制成本，在本质上它是一种成本管理方法。

**（四）变动成本法**

变动成本法是指将变动成本计入产品成本，固定成本全部作为期间成本（费用），直接计入当期损益的一种成本计算方法。

成本会计中的传统做法采用的是“全部（或完全）成本法”，亦可称作“全部（或完全）成本计算”，即在计算产品成本和存货成本时，把一定期间内在生产过程中所消耗的直接材料、直接人工、变动制造费用和固定制造费用的全部成本都包括在内的方法。正因为它是把所有变动成本和固定成本都归集到产品成本和存货成本中去，故亦称为“吸收成本法”或“吸收成本计算”。

变动成本法是指在计算产品成本和存货成本时，只包括在生产过程中所消耗的直接材料、直接人工和变动制造费用，而把固定制造费用全数一笔列入收益表内的“期间成本”项目内，作为“当期损益”的减项。

变动成本法改变了全部成本法中把固定制造费用在本期销货与存货之间进行分配的老传统，而由当期的销货负担全部固定成本。其理论根据是固定性制造费用是为企业提供一定的生产经营条件，以保持生产能力，并使它处于准备状态而发生的成本。它们同产品的实际产量没有直接联系，既不会由于产量的提高而增加，也不会由于产量的下降而减少。它们实质上是连续会计期间所发生的费用，并随着时间的消逝而逐渐丧失。所以，其效益不应递延到下一个会计期间，而应在费用发生的当期全额列入收益表内，作为当期损益的减除项目。

变动成本法与完全成本法对比，在以下几个方面具有不同特点。

（1）产品成本内容构成不同。采用完全成本法计算的产品成本把直接材料、直接人工和制造费用（包括变动制造费用和固定制造费用）全部包括在内。采用变动成本法计算的产品成本仅由直接材料、直接人工和变动制造费用等变动成本组成，不包括固定制造费用。

（2）存货估价不同。采用完全成本法时，由于产品成本计算包括变动成本和固定成本，在产品、半成品和产成品这些存货也按完全成本计价，既包括变动成本，也包括固定成本。采用变动成本法时，由于产品成本计算只包括变动成本，上述存货也只按变动成本计价，而不包括固定成本。

(3) 利润计算方式不同。采用完全成本法时，先将产品销售收入减去按完全成本（完全的生产成本）计算的产品销售成本和产品销售费用，算出产品销售利润，再减去管理费用和财务费用，算出营业利润。采用变动成本法时，先将产品销售收入减去按变动成本（变动的生产成本）计算的产品销售成本，算出生产边际利润；然后将生产边际利润减去变动的经营管理费用（变动的销售费用、管理费用和财务费用），算出企业边际利润；最后再从企业边际利润中减去全部固定成本（包括固定制造费用和固定的经营管理费用），算出营业利润。计算边际利润对进行本量利分析，为企业生产经营的预测、决策提供数据，有着重要意义。

(4) 产销量不平衡时算出的利润额不同。采用变动成本法时，由于产品成本只计算变动成本，固定成本不分别计入在产品、半成品、库存产成品和已销产品的成本，而是直接计入当期损益，算出的利润与采用完全成本法算出的当期利润往往不一致。

相比全部成本法而言，变动成本法具有以下优点：从理论上来说，这种方法最符合“费用与收益配比”这一会计原则的要求；变动成本法能提供有用的管理信息，满足短期经济决策的需求；便于分清各部门的经济责任，有利于进行成本控制和业绩评价；促使企业管理当局重视销售环节，防止盲目生产；简化成本计算，便于加强日常生产管理。

变动成本法的局限性是：不符合传统的成本概念的要求；不能满足长期经济决策和定价决策的需要；从传统的全部成本法过渡到变动成本法时，会影响有关方面的利益。

标准成本法和变动成本法在西方国家的企业中采用较多，我国一般将其作为管理会计的方法，不列入产品成本计算的方法。

## 三、产品成本计算方法的应用

产品成本计算的品种法、分批法、分步法、分类法及定额法等，是比较典型的成本计算方法。在实际工作中，一个企业总是将几种方法同时应用或结合应用。

### （一）几种方法同时应用

一个企业往往有若干个生产单位（分厂、车间），各个生产单位的生产特点和管理要求并不一定相同，而同一个生产单位所生产的各种产品的生产特点和管理要求也不一定相同。因此，在一个企业或企业的生产单位中，往往同时采用多种成本计算方法。

例如，企业基本生产单位与辅助生产单位的生产特点和管理要求不同，可能同时采用多种成本计算方法。基本生产单位可能采用品种法、分批法、分步法、分类法、定额法等多种方法计算产品成本；辅助生产车间的供电、供气、供水和机修等应采用品种法计算产品（劳务）成本，自制设备等可以采用分批法计算产品成本。

又如，在一个生产单位内，由于产品的生产组织方式不同，也可以同时采用多种成本计算方法。大量大批生产的产品可以采用品种法或分步法、分类法、定额法等多种方法；单件小批生产的产品则应采用分批法计算产品成本。

### （二）几种方法结合应用

一个企业或企业的生产单位（分厂、车间），除了可能同时应用几种成本计算方法以外，在计算某种产品成本时，还可以以一种成本计算方法为主，结合采用几种成本计算方法。

例如，在单件小批生产的机械制造企业，其产品的生产过程由铸造、加工、装配等生产步骤（车间）组成，装配车间生产出最终产品。这时主要产成品的成本计算可以采用分批法；铸造车间生产的铸件为自制半成品，可以采用品种法计算其成本，加工车间将铸件加工为零部件，加上投入的其他材料加工的零部件，交给装配车间装配，铸造、加工和装配车间之间可以采用分步法。这样该种产成品成本的计算就是以分批法为主，结合采用了品种法、分步法等成本计算方法。

企业采用分类法、定额法等计算产品成本时，因为它们是成本计算的辅助方法，必须结合品种法、分批法和分步法等成本计算的基本方法。

第七章重要术语　　第七章案例分析　　第七章思政课堂

## 课后练习题

**一、单项选择题**

1. 大量大批生产的企业，其成本计算方法宜采用（　　）。

   A. 品种法　　B. 分批法　　C. 分类法　　D. 定额法

2. 小批单件生产的企业，其成本计算方法宜采用（　　）。

   A. 品种法　　B. 分批法　　C. 分类法　　D. 定额法

3. 在产品成本计算的诸多方法中，最基本的计算方法是（　　）。

   A. 分类法　　B. 定额法　　C. 分步法　　D. 品种法

4. 生产特点和（　　）对产品成本计算方法的选择具有决定性的影响。

   A. 生产组织　　B. 工艺过程　　C. 管理要求　　D. 产品品种结构

5. 生产特点和管理要求对产品成本计算的影响，主要表现在（　　）。

   A. 产品成本计算对象上　　B. 产品成本计算日期上

   C. 间接费用的分配上　　D. 完工产品与在产品的分配方法上

6. 划分产品成本计算的基本方法和辅助方法的标准是（　　）。

   A. 成本计算工作的繁简　　B. 对成本管理作用的大小

   C. 成本计算是否及时　　D. 对于计算产品实际成本是否必不可少

7. 区分各种成本计算基本方法的主要标志是（　　）。

   A. 成本计算对象　　B. 成本计算日期

   C. 间接费用的分配方法　　D. 完工产品与在产品之间分配费用的方法

**二、多项选择题**

1. 产品成本计算的基本方法包括（　　）。

   A. 品种法　　B. 分批法　　C. 分类法　　D. 分步法

E. 定额法

2. 产品成本计算的辅助方法包括（ ）。

A. 定额比例法　B. 品种法　C. 分类法　D. 分步法

E. 定额法

3. 企业在确定成本计算方法时，必须从企业的具体情况出发，同时依据（ ）。

A. 企业的生产特点　B. 企业的生产规模大小

C. 进行成本管理的要求　D. 月末有没有在产品

E. 生产工人的工资

4. 受生产特点和管理要求的影响，在产品成本计算工作中，成本计算对象包括( )。

A. 产品品种　B. 产品类型　C. 产品批别　D. 产品生产步骤

E. 产品类别

5. 下列各项中，属于几种成本计算方法同时应用的有（ ）。

A. 一个企业生产几种不同的产品，分别采用不同的成本计算方法

B. 一个车间生产几种不同的产品，分别采用不同的成本计算方法

C. 辅助生产产品采用分批法，基本生产产品采用品种法

D. 加工某种产品的零件车间采用品种法，组装车间采用分批法

6. 下列各项中，属于几种成本计算方法结合应用的有（ ）。

A. 一种产品的不同零部件分别采用不同的成本计算方法

B. 一种产品的不同成本项目分别采用不同的成本计算方法

C. 一个车间的不同产品分别采用不同的成本计算方法

D. 计算某种产品成本时，在分步法的基础上结合采用定额成本法

## 三、判断题

1. 品种法是成本计算的最基本方法。( )
2. 工业企业的生产，按照生产工艺过程划分为大量生产、成批生产、单件生产。( )
3. 工业企业的生产，按照生产组织划分，可以分为大量生产、成批生产、单件生产。( )
4. 成批生产按照批量的大小，分为大批生产和小批生产两种类型。( )
5. 单步骤生产只要求按照产品的品种计算成本。( )
6. 分类法和定额法是成本计算的辅助方法。( )

## 四、名词解释

1. 单步骤生产　2. 多步骤生产　3. 成本计算周期　4. 成本计算对象

## 五、思考题

1. 简述企业生产按照生产特点和生产组织的基本分类。
2. 简述生产特点和组织管理对成本计算方法的影响。
3. 企业成本计算的基本方法有哪些?
4. 企业成本计算的辅助方法有哪些?
5. 简述标准成本法的基本内容。
6. 简述变动成本法与完全成本法的区别。

# 第八章

# 成本计算的常用方法

**本章逻辑框架**

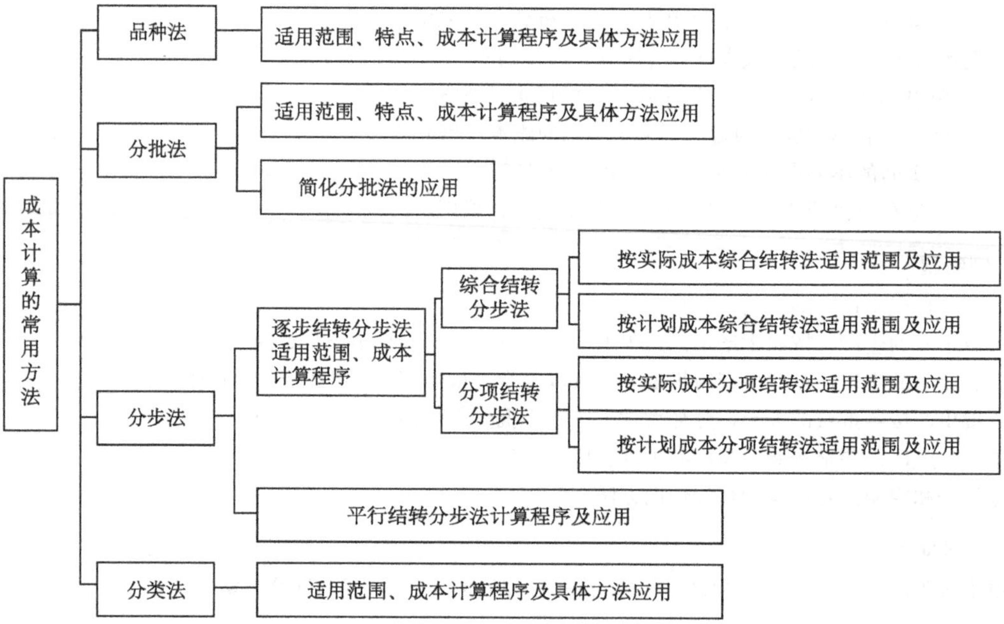


**本章重要概念**

逐步结转分步法　平行结转分步法　综合结转分步法　分项结转分步法　分类法

**本章内容引言**

成本核算的常用方法包括品种法、分批法、分步法、分类法等。

品种法是以产品的品种为成本计算对象计算成本的方法，主要是大批单步骤生产或管理上不要求分步计算成本的多步骤生产。品种法的成本计算程序有着极强的代表性，也是最基本的成本计算方法。

分批法是以产品批别为成本计算对象计算产品成本的方法，主要适用于小批单件生产。在企业产品批别很多、每月间接生产费用水平相差不多、每月完工批别较少的情况下，企业还可以选择使用简化分批法计算产品成本。

分步法是以产品的生产步骤为成本计算对象计算产品成本的方法，主要适用于大量大批多步骤生产。按照半成品成本在每一步骤的结转方法不同，分步法分为逐步结转分步法和平行结转分步法，而逐步结转分步法按照所耗用半成品成本在明细中列示方法的不同又分为综合结转分步法和分项结转分步法。

综合结转分步法是将所耗用的半成品的成本直接列示在产品成本明细账中，而分项结转分步法是将所耗用的半成品成本按照成本项目列示在成本明细账中；平行结转分步法则是不单独计算每一步骤生产或耗用的半成品成本，半成品成本不随着半成品实物的转移而结转，而是在有完工产品的月份，按照完工产品数量计算出完工产品在每一步骤耗用的生产费用“份额”，将这些成本份额平行结转求出完工产品实际成本。

分类法是在在产品品种很多，又可以按照一定标准划分为不同类别的情况下所采用的一种成本计算方法。分类法首先应该确定合理的分类标准，将不同品种的产品划分为一类，以类别作为成本计算对象计算产品成本。由于按类别计算出的完工成本包含多种产品，还需要将完工成本进行类别内产品成本分配。类别内成本分配方法很多，企业可以采用一种简化方法，即系数法进行类别内成本分配。企业可以选择一种产品作为标准产品，将其分配标准额的系数确定为1，用其他产品的分配标准额与标准产品的分配标准进行比较，确定出各种产品的系数。然后按照各种产品的总系数分配各项费用，计算出各种产品成本。

高质量发展是新时代中国经济发展的鲜明主题，成本核算是企业实现经济利润、进行高质量发展的重要保障，因此，企业选择合适的成本核算方法至关重要。

## 第一节　品　种　法

### 一、品种法的概念及适用范围

产品成本计算的品种法是以产品品种作为成本计算对象，按产品品种开设成本明细账、归集费用、计算产品成本的一种方法。

品种法适用于大量大批的单步骤生产，如发电、采掘等生产。在大量大批多步骤生产中，如果企业车间的规模较小，或者车间是封闭式的，也就是从原材料投入到产品产出的全部生产过程都在一个车间内进行，或者生产是按流水线组织的，管理上不要求按生产步骤计算产品成本，可以采用品种法计算产品成本。例如，小型水泥厂虽然是多步骤生产，但也可以采用品种法计算产品成本。又如大量大批生产的铸件熔铸和玻璃制品的熔制等，如果管理上不要求分熔炼与铸造或制造两个生产步骤计算产品成本，也可以采用品种法计算产品成本。此外，辅助生产的供水、供气、供电等单步骤的大量生产也采用品种法计算成本。

## 二、品种法的特点

品种法的特点主要体现在成本计算对象、成本计算期以及费用在完工产品与在产品之间的分配这三个方面。

### （一）成本计算对象

知识链接
直接费用与间接费用的区别

在采用品种法计算产品成本的企业或车间里，如果只生产一种产品，只需为该产品开设一本生产成本明细账，账内按成本项目设立专栏或专行。在这种情况下，所发生的全部生产费用都是直接费用，可以直接计入该产品成本明细账的有关成本项目。如果是生产多种产品，产品成本明细账就要按照产品品种分别设置，发生的直接费用可以直接计入各产品成本明细账的有关成本项目，间接费用则要采用适当方法分配计入各产品成本明细账的有关成本项目。

### （二）成本计算期

品种法主要应用在大量大批单步骤或多步骤生产中，因为大量地重复生产一种或几种产品，所以很难等到产品全部完工时再计算完工产品成本。例如，企业在两年内重复生产一种产品，那么，我们就不可能等到两年后产品全部完工时再计算产品成本，也不可能每生产出一件产品就算一件成本。因而，品种法的成本计算期一般是按月进行，与会计期间一致，与生产周期不一致。

### （三）费用在完工产品与在产品之间的分配

在单步骤生产中，因为生产周期短，月末在产品数量较少，所以可以不计算入产品成本中，成本明细账归集的生产费用之和即为完工产品成本。在多步骤生产中，由于月末存在在产品并且在产品数量一般较多，所以应当选择适当的分配方法，在完工产品与在产品之间进行分配，以便于计算完工产品成本与月末在产品成本。

## 三、品种法的计算程序

成本计算程序是根据企业会计制度或准则的规定，对企业生产过程中发生的各项生产费用进行审核、归集和分配，最终计算出完工产品成本的过程。品种法是产品成本计算方法中的最基本方法，因而品种法的计算程序体现着产品成本计算的一般程序。品种法下成本计算的基本程序如下。

（1）按产品品种开设成本计算单或生产成本明细账，账内按成本项目设置专栏。

（2）根据各项要素费用分配表、跨期费用分配表及其他有关费用的原始凭证、记账凭证，登记产品成本计算单、辅助生产成本明细账、制造费用明细账、废品损失明细账、管理费用明细账、销售费用明细账和财务费用明细账。

（3）根据辅助生产成本明细账编制辅助生产成本分配表，将辅助生产费用按适当的方法进行分配并登记相应明细账簿。

（4）完成在产品的盘点，及时确定和处理在产品的盘盈盘亏并登记相应明细账簿。

（5）根据制造费用明细账登记的项目金额归集制造费用，选择适当的方法分配基本生产车间制造费用，同时完成相应账簿登记。

（6）通过废品损失明细账归集可修复废品费用，并完成不可修复废品的成本计算，分配计算结转废品净损失，同时完成相应账簿登记。

（7）在产品成本明细账中计算本期费用累计数，采用适当的完工产品与在产品费用划分方法，计算结转完工产品成本。

上述成本核算程序是典型品种法下的成本计算程序，如图 8-1 所示。

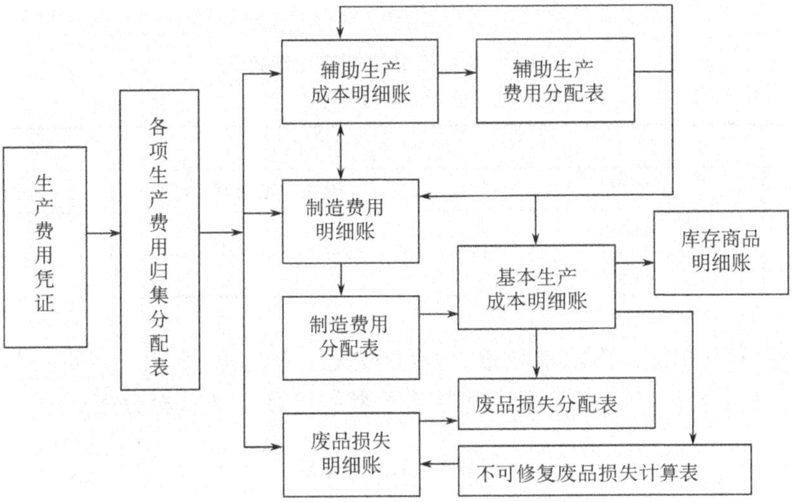


图 8-1　典型品种法下的成本计算程序

## 四、品种法计算产品成本举例

**【例 8-1】**　某企业生产甲、乙两种产品，在同一基本生产车间完成，两种产品均为大量大批单步骤生产，根据生产特点和管理要求，确定采用品种法计算产品成本，产品成本明细账设有直接材料费用、燃料和动力费用、直接人工费用、制造费用和废品损失五个成本项目。

月初在产品成本资料如表 8-1 所示。

**表 8-1　月初在产品成本资料**

20××年 10 月　　单位：元

| 产品名称 | 直接材料费用 | 燃料和动力费用 | 直接人工费用 | 制造费用 | 合计 |
|---|---|---|---|---|---|
| 甲产品 | 46 000 | 2 000 | 28 000 | 24 000 | 100 000 |
| 乙产品 | 35 600 | 1 580 | 18 200 | 16 400 | 71 780 |

企业拥有两个辅助生产车间，即修理车间与运输车间，由于车间规模小，发生制造费用较少，不单独开设辅助生产车间的“制造费用”明细账，所发生的费用直接计入

“辅助生产成本”明细账。“辅助生产成本”明细账的专栏按照费用项目开设。

企业在本月还发生以下业务。

(1) 月末时汇总发出材料如下：生产甲产品直接消耗 382 400 元，生产乙产品直接耗用 217 600 元，甲、乙产品共同耗用 156 000 元。共同消耗的部分按照两种产品的定额费用比例分配：两种产品的定额费用分别为 90 000 元和 60 000 元，机修车间消耗 18 000元，运输车间消耗 12 000 元，基本车间机物料消耗 28 000 元，管理部门一般性消耗8 000元，可修复废品消耗费用 3 200 元。

(2) 本月产品的生产工时如表 8-2 所示。

**表 8-2　本月产品生产工时统计表**

20××年 10 月　　　　单位：小时

| 产品名称 | 生产工时 | |
|---|---|---|
| 甲产品 | 30 000 | 其中包括修理可修复废品 1 000 小时 |
| 乙产品 | 20 000 | |
| 合计 | 50 000 | |

本月电费 60 000 元，用电消耗量为 50 000 度，每度 1.20 元，各部门的耗电记录如表 8-3 所示。基本生产车间产品生产消耗的电费按产品生产工时分配。

**表 8-3　电力用量表**

20××年 10 月　　　　单位：千瓦时

| 项目 | | 用电数量 |
|---|---|---|
| 基本生产车间 | 产品动力消耗 | 25 000 |
| | 车间照明耗用 | 5 000 |
| 辅助生产车间 | 机修车间 | 8 000 |
| | 运输车间 | 3 000 |
| 管理部门 | | 4 000 |
| 专设销售机构 | | 5 000 |
| 合计 | | 50 000 |

(3) 企业有关工资资料如表 8-4 所示。

**表 8-4　应付工资汇总表**

20××年 10 月　　　　单位：元

| 项目 | | 工资总额 |
|---|---|---|
| 基本生产车间 | 产品生产工人工资 | 280 000 |
| | 车间管理人员工资 | 40 000 |

续表

| 项目 | | 工资总额 |
|---|---|---|
| 辅助生产车间 | 机修车间人员工资 | 32 000 |
| | 运输车间人员工资 | 28 000 |
| 企业管理人员工资 | | 40 000 |
| 专设销售机构人员工资 | | 20 000 |
| 合计 | | 440 000 |

假设企业按照工资总额25%提取福利费用、“五险一金”等其他薪酬。同时规定：生产工人工资按照产品生产工时比例在各种产品之间进行分配。

(4) 企业20××年9月固定资产折旧额如表8-5所示。

**表8-5　固定资产折旧额计算表**

20××年9月　　单位：元

| 项目 | | 金额 |
|---|---|---|
| 基本生产车间 | 折旧费 | 72 000 |
| 辅助生产车间 | 机修车间折旧费 | 26 000 |
| | 运输车间折旧费 | 33 000 |
| 企业管理部门折旧费 | | 60 000 |
| 专设销售机构折旧费 | | 13 000 |
| 合计 | | 204 000 |

9月增加的固定资产：基本车间增加固定资产原值380 000元，年折旧率为12%；运输车间增加汽车一辆，价值250 000元，年折旧率9.6%。9月减少的固定资产：基本车间报废在用的机器一台，原值60 000元，年折旧率7.2%；行政管理部门报废在用电子设备一台，原值75 000元，年折旧率14.4%。

(5) 月末摊销本月负担的保险费：基本生产车间负担7 500元，机修车间、运输车间分别负担2 800元、4 400元，行政管理部门负担5 700元，销售部门负担1 300元。

(6) 预提本月负担的房租：基本生产车间负担6 800元，机修车间2 000元，运输部门负担3 200元，行政管理部门负担3 500元。

(7) 用存款支付有关费用如表8-6所示。

**表8-6　部分费用汇总表**

20××年10月　　单位：元

| 部门 | 水费 | 办公费 | 劳保费 | 其他 | 合计 |
|---|---|---|---|---|---|
| 基本生产车间 | 3 400 | 1 600 | 2 560 | 1 200 | 8 760 |
| 机修车间 | 1 000 | 1 280 | 800 | 520 | 3 600 |
| 运输车间 | 1 190 | 610 | 700 | 300 | 2 800 |

续表

| 部门 | 水费 | 办公费 | 劳保费 | 其他 | 合计 |
|---|---|---|---|---|---|
| 管理部门 | 2 200 | 4 000 | | 1 700 | 7 900 |
| 专设销售机构 | 2 000 | 1 000 | | 360 | 3 360 |
| 合计 | 9 790 | 8 490 | 4 060 | 4 080 | 26 420 |

(8) 本月辅助生产车间发生的劳务数量如表 8-7 所示。

**表 8-7 辅助生产间提供的劳务数量表**

20××年 10 月

| 受益单位 | | 机修车间提供的劳务量数量/工时 | 运输车间提供的劳务数量/公里 |
|---|---|---|---|
| 辅助生产成本 | 机修车间 | | 15 000 |
| | 运输车间 | 1 000 | |
| 基本生产车间 | | 4 500 | 30 000 |
| 行政管理部门 | | 800 | 18 000 |
| 专设销售机构 | | 700 | 32 000 |
| 合计 | | 7 000 | 95 000 |

该企业由于辅助生产车间相互提供费用水平相差不大，同时为简化辅助生产成本计算，辅助生产成本分配时采用直接分配法。

(9) 企业进行在产品的期末盘点时，发现甲产品的在产品盘亏 2 件，盘亏的在产品采用简化核算办法，按照定额成本转出，在产品的成本定额如表 8-8 所示。

**表 8-8 在产品的成本定额**

20××年 10 月　　单位：元

| 成本项目 | 原材料 | 燃料和动力 | 直接人工 | 制造费用 | 合计 |
|---|---|---|---|---|---|
| 在产品成本定额 | 2 300 | 100 | 1 400 | 1 200 | 5 000 |

经过企业主管领导批准，在产品的盘亏计入产品的制造费用。

(10) 基本生产车间的制造费用按照产品的生产工时比例进行分配。

(11) 在生产过程中，发现乙产品有不可修复废品 2 件，不可修复废品按照定额成本计算，不可修复废品的成本定额如表 8-9 所示。

**表 8-9 不可修复废品的成本定额**

20××年 10 月　　单位：元

| 成本项目 | 原材料 | 燃料和动力 | 直接人工 | 制造费用劳保费 | 合计 |
|---|---|---|---|---|---|
| 不可修复废品成本定额 | 5 150 | 250 | 2 400 | 2 000 | 9 800 |

报废废品时，有回收的残料 3 500 元验收入库，由责任人赔偿的金额 1 000 元。

(12) 对月末完工产品与在产品费用划分的有关规定：甲产品月末在产品数量变化较小，定额成本管理基础好，采用在产品定额成本计算法。在产品的数量为 30 件。

乙产品各月月末在产品结存数量较多，但各月月末在产品数量稳定、变化不大。月末在产品按固定成本计价。

现在根据以上所给资料，采用品种法计算产品成本。

第一步，首先开设“基本生产成本——甲产品”“基本生产成本——乙产品”两个明细账。开设“辅助生产成本——机修车间”“辅助生产成本——运输车间”“制造费用——基本生产车间”明细账，以及“废品损失”等明细账（相应明细账略）。

第二步，根据所给资料编制各种费用分配汇总表，根据分配表编制会计分录，再计入有关总账及明细账。

根据业务（1）编制“材料费用分配汇总表”，如表 8-10 所示。

**表 8-10　材料费用分配汇总表**

20××年 10 月

| 应借科目 | | | 分配计入 | | | | 合计/元 |
|---|---|---|---|---|---|---|---|
| 总账科目 | 明细科目 | 成本费用科目 | 直接计入/元 | 分配标准（定额耗用量）/元 | 分配率 | 分配金额/元 | |
| 基本生产成本 | 甲产品 | 直接材料 | 382 400 | 90 000 | 1.04 | 93 600 | 476 000 |
| | 乙产品 | 直接材料 | 217 600 | 60 000 | | 62 400 | 280 000 |
| | 小计 | | 600 000 | 150 000 | 1.04 | 156 000 | 756 000 |
| 辅助生产成本 | 机修车间 | 材料消耗 | 18 000 | | | | 18 000 |
| | 运输车间 | 材料消耗 | 12 000 | | | | 12 000 |
| | 小计 | | 30 000 | | | | 30 000 |
| 废品损失 | 甲产品 | 原材料 | 3 200 | | | | 3 200 |
| 制造费用 | 基本生产车间 | 机物料消耗 | 28 000 | | | | 28 000 |
| 管理费用 | 管理部门 | 机物料消耗 | 8 000 | | | | 8 000 |
| 合计 | | | 669 200 | | | 156 000 | 825 200 |

根据表 8-10 编制会计分录，并登记有关账户。

| | |
|---|---|
| 借：基本生产成本——甲产品 | 476 000 |
| 　　　　　　　——乙产品 | 280 000 |
| 　　辅助生产成本——机修车间 | 18 000 |
| 　　　　　　　——运输车间 | 12 000 |
| 　　废品损失——甲产品 | 3 200 |
| 　　制造费用——基本生产车间 | 28 000 |

管理费用　　　　　　　　　　　　　　　　　　8 000

贷：原材料　　　　　　　　　　　　　　　　　　825 200

根据业务（2）及有关资料编制“动力费用归集分配汇总表”，如表 8-11 所示。

**表 8-11　动力费用归集分配汇总表**

20××年 10 月

| 应借科目 | | | 分配计入 | | | | 合计/元 |
|---|---|---|---|---|---|---|---|
| 总账科目 | 明细科目 | 成本费用科目 | 直接计入/元 | 分配标准（生产工时）/小时 | 分配率/（元/小时） | 分配金额/元 | |
| 基本生产成本 | 甲产品 | 燃料和动力 | | 29 000 | | 17 400 | 17 400 |
| | 乙产品 | 燃料和动力 | | 20 000 | 0. 60 | 12 000 | 12 000 |
| 废品损失 | 甲产品 | 燃料和动力 | | 1 000 | | 600 | 600 |
| 小计 | | | | 50 000 | 0. 60 | 30 000 | 30 000 |
| 辅助生产成本 | 机修车间 | 外购动力费 | 9 600 | | | | 9 600 |
| | 运输车间 | 外购动力费 | 3 600 | | | | 3 600 |
| 小计 | | | 13 200 | | | | 13 200 |
| 制造费用 | 基本生产车间 | 电费 | 6 000 | | | | 6 000 |
| 管理费用 | 管理部门 | 电费 | 4 800 | | | | 4 800 |
| 销售费用 | 销售机构 | 电费 | 6 000 | | | | 6 000 |
| 合计 | | | 30 000 | | | 30 000 | 60 000 |

根据表 8-11 编制会计分录，并登记有关账户。

借：基本生产成本——甲产品　　　　　　　　　　17 400

　　　　　　　　——乙产品　　　　　　　　　　12 000

　　废品损失——甲产品　　　　　　　　　　　　600

　　辅助生产成本——机修车间　　　　　　　　　9 600

　　　　　　　　——运输车间　　　　　　　　　3 600

　　制造费用——基本生产车间　　　　　　　　　6 000

　　管理费用　　　　　　　　　　　　　　　　　4 800

　　销售费用　　　　　　　　　　　　　　　　　6 000

　　贷：应付账款　　　　　　　　　　　　　　　　60 000

根据业务（3）以及有关资料编制“人工费用分配表”，如表 8-12 所示。

**表 8-12　人工费用分配表**

20××年 10 月

| 应借科目 | | | 分配计入 | | | | 工资费用合计/元 | 计提的其他薪酬/元 |
|---|---|---|---|---|---|---|---|---|
| 总账科目 | 明细科目 | 成本费用科目 | 直接计入/元 | 分配标准（生产工时）/小时 | 分配率/（元/小时） | 分配金额/元 | | |
| 基本生产成本 | 甲产品 | 直接人工 | | 29 000 | 5.6 | 162 400 | 162 400 | 40 600 |
| | 乙产品 | 直接人工 | | 20 000 | | 112 000 | 112 000 | 28 000 |
| 废品损失 | 甲产品 | 直接人工 | | 1 000 | | 5 600 | 5 600 | 1 400 |
| | 小计 | | | 50 000 | 5.6 | 280 000 | 280 000 | 70 000 |
| 辅助生产成本 | 机修车间 | 直接人工 | 32 000 | | | | 32 000 | 8 000 |
| | 运输车间 | 直接人工 | 28 000 | | | | 28 000 | 7 000 |
| | 小计 | | 60 000 | | | | 60 000 | 15 000 |
| 制造费用 | 基本生产车间 | 职工薪酬 | 40 000 | | | | 40 000 | 10 000 |
| 管理费用 | 管理部门 | 职工薪酬 | 40 000 | | | | 40 000 | 10 000 |
| 销售费用 | 销售部门 | 职工薪酬 | 20 000 | | | | 20 000 | 5 000 |
| 合计 | | | 160 000 | 50 000 | | 280 000 | 440 000 | 110 000 |

根据表 8-12 编制会计分录，并登记有关账户。

| | | |
|---|---|---|
| 借：基本生产成本——甲产品 | 162 400 | |
| 　　　　　　　——乙产品 | 112 000 | |
| 　　废品损失——甲产品 | 5 600 | |
| 　　辅助生产成本——机修车间 | 32 000 | |
| 　　　　　　　——运输车间 | 28 000 | |
| 　　制造费用——基本生产车间 | 40 000 | |
| 　　管理费用 | 40 000 | |
| 　　销售费用 | 20 000 | |
| 　　贷：应付职工薪酬——工资费用 | | 440 000 |
| 借：基本生产成本——甲产品 | 40 600 | |
| 　　　　　　　——乙产品 | 28 000 | |
| 　　废品损失——甲产品 | 1 400 | |
| 　　辅助生产成本——机修车间 | 8 000 | |
| 　　　　　　　——运输车间 | 7 000 | |
| 　　制造费用——基本生产车间 | 10 000 | |
| 　　管理费用 | 10 000 | |
| 　　销售费用 | 5 000 | |
| 　　贷：应付职工薪酬——其他薪酬 | | 110 000 |

根据业务（4）编制“固定资产折旧费用分配表”，如表 8-13 所示。

**表 8-13 固定资产折旧费用分配表**

20××年 10 月　　　　单位：元

| 应借科目 | | | 上月折旧额 | 上月增加的折旧额 | 上月减少的折旧额 | 本月折旧 |
|---|---|---|---|---|---|---|
| 总账科目 | 明细科目 | 费用项目 | | | | |
| 制造费用 | 基本生产车间 | 折旧费 | 72 000 | 3 800 | 360 | 75 440 |
| 辅助生产成本 | 机修车间 | 折旧费 | 26 000 | | | 26 000 |
| | 运输车间 | 折旧费 | 33 000 | 2 000 | | 35 000 |
| 管理费用 | 管理部门 | 折旧费 | 60 000 | | 900 | 59 100 |
| 销售费用 | 销售部门 | 折旧费 | 13 000 | | | 13 000 |
| 合计 | | | 204 000 | 5 800 | 1 260 | 208 540 |

根据表 8-13 编制会计分录，并登记有关账户。

借：制造费用——基本生产车间　　75 440
　　辅助生产成本——机修车间　　26 000
　　　　　　　　——运输车间　　35 000
　　管理费用　　59 100
　　销售费用　　13 000
　　贷：累计折旧　　208 540

根据业务（5）编制“长期待摊费用分配表”，如表 8-14 所示。

**表 8-14 长期待摊费用分配表**

20××年 10 月　　　　单位：元

| 应借科目 | | | 分配金额 |
|---|---|---|---|
| 总账科目 | 明细科目 | 费用项目 | |
| 制造费用 | 基本生产车间 | 保险费 | 7 500 |
| 辅助生产成本 | 机修车间 | 保险费 | 2 800 |
| | 运输车间 | 保险费 | 4 400 |
| 管理费用 | 管理部门 | 保险费 | 5 700 |
| 销售费用 | 销售部门 | 保险费 | 1 300 |
| 合计 | | | 21 700 |

根据表 8-14 编制会计分录，并登记有关账户。

借：制造费用——基本生产车间　　7 500
　　辅助生产成本——机修车间　　2 800
　　　　　　　　——运输车间　　4 400
　　管理费用　　5 700
　　销售费用　　1 300
　　贷：长期待摊费用　　21 700

根据业务（6）编制“预提费用分配表”，如表 8-15 所示。

**表 8-15　预提费用分配表**

20××年 10 月　　　　单位：元

| 应借科目 | | | 分配金额 |
|---|---|---|---|
| 总账科目 | 明细科目 | 费用项目 | |
| 制造费用 | 基本生产车间 | 租赁费 | 6 800 |
| 辅助生产成本 | 机修车间 | 租赁费 | 2 000 |
| | 运输车间 | 租赁费 | 3 200 |
| 管理费用 | 管理部门 | 租赁费 | 3 500 |
| 合计 | | | 15 500 |

根据表 8-15 编制会计分录，并登记有关账户。

借：制造费用——基本生产车间　　6 800
　　辅助生产成本——机修车间　　2 000
　　　　　　　　——运输车间　　3 200
　　管理费用　　3 500
　　贷：其他应付款　　15 500

根据业务（7）编制有关付款凭证，并登记有关账户。

借：制造费用——基本生产车间　　8 760
　　辅助生产成本——机修车间　　3 600
　　　　　　　　——运输车间　　2 800
　　管理费用　　7 900
　　销售费用　　3 360
　　贷：银行存款　　26 420

第三步，根据辅助生产成本明细账编制“辅助生产成本分配表”，将辅助生产费用按适当的方法进行分配并登记相应明细账簿。

根据以上资料登记“辅助生产成本明细账”如表 8-16、表 8-17 所示。

**表 8-16　机修车间辅助生产成本明细账**

车间名称：机修车间　　　　单位：元

| 20××年 | | 凭证号数 | 摘要 | 原材料 | 外购动力费 | 直接人工 | 折旧费 | 保险费 | 租赁费 | 水费 | 办公费 | 劳保费 | 其他 | 合计 |
|---|---|---|---|---|---|---|---|---|---|---|---|---|---|---|
| 月 | 日 | | | | | | | | | | | | | |
| 10 | 31 | | 根据表（一） | 18 000 | | | | | | | | | | 18 000 |
| | 31 | | 根据表（二） | | 9 600 | | | | | | | | | 9 600 |

续表

| 20××年 | | 凭证号数 | 摘要 | 原材料 | 外购动力费 | 直接人工 | 折旧费 | 保险费 | 租赁费 | 水费 | 办公费 | 劳保费 | 其他 | 合计 |
|---|---|---|---|---|---|---|---|---|---|---|---|---|---|---|
| 月 | 日 | | | | | | | | | | | | | |
| 10 | 31 | | 根据表（三） | | | 32 000<br>8 000 | | | | | | | | 32 000<br>8 000 |
| | 31 | | 根据表（四） | | | | 26 000 | | | | | | | 26 000 |
| | 31 | | 根据表（五） | | | | | 2 800 | | | | | | 2 800 |
| | 31 | | 根据表（六） | | | | | | 2 000 | | | | | 2 000 |
| | 31 | | 根据业务(7)付款凭证 | | | | | | | 1 000 | 1 280 | 800 | 520 | 3 600 |
| | 31 | | 合计 | 18 000 | 9 600 | 40 000 | 26 000 | 2 800 | 2 000 | 1 000 | 1 280 | 800 | 520 | 102 000 |

**表 8-17　运输车间辅助生产成本明细账**

车间名称：运输车间　　　　单位：元

| 20××年 | | 凭证号数 | 摘要 | 原材料 | 外购动力费 | 直接人工 | 折旧费 | 保险费 | 租赁费 | 水费 | 办公费 | 劳保费 | 其他 | 合计 |
|---|---|---|---|---|---|---|---|---|---|---|---|---|---|---|
| 月 | 日 | | | | | | | | | | | | | |
| 10 | 31 | | 根据表（一） | 12 000 | | | | | | | | | | 12 000 |
| | | | 根据表（二） | | 3 600 | | | | | | | | | 3 600 |
| | | | 根据表（三） | | | 28 000<br>7 000 | | | | | | | | 28 000<br>7 000 |
| | | | 根据表（四） | | | | 35 000 | | | | | | | 35 000 |
| | | | 根据表（五） | | | | | 4 400 | | | | | | 4 400 |
| | | | 根据表（六） | | | | | | 3 200 | | | | | 3 200 |
| | | | 根据业务(7)付款凭证 | | | | | | | 1 190 | 610 | 700 | 300 | 2 800 |
| 合计 | | | | 12 000 | 3 600 | 35 000 | 35 000 | 4 400 | 3 200 | 1 190 | 610 | 700 | 300 | 96 000 |

根据业务（8）提供的本月辅助生产车间发生劳务量和辅助生产成本车间明细账归

集的费用，按照直接分配法编制“辅助生产费用分配表”，如表 8-18 所示。

**表 8-18　辅助生产费用分配表**

20××年 10 月　　　　金额单位：元

| 辅助生产车间名称 | | 机修车间 | 运输车间 | 合计 |
|---|---|---|---|---|
| 待分配费用 | | 102 000 | 96 000 | 198 000 |
| 辅助生产车间以外单位受益劳务量 | | 6 000 | 80 000 | |
| 费用分配率（单位成本） | | 17.00 | 1.20 | |
| 制造费用 | 数量 | 4 500 | 30 000 | |
| 基本生产车间 | 金额 | 76 500 | 36 000 | 112 500 |
| 管理费用 | 数量 | 800 | 18 000 | |
| | 金额 | 13 600 | 21 600 | 35 200 |
| 销售费用 | 数量 | 700 | 32 000 | |
| | 金额 | 11 900 | 38 400 | 50 300 |
| 分配金额合计 | | 102 000 | 96 000 | 198 000 |

根据表 8-18 编制会计分录，并登记相关账户。

借：制造费用——基本生产车间　　112 500
　　管理费用　　35 200
　　销售费用　　50 300
　　贷：辅助生产成本——机修车间　　102 000
　　　　　　　　　　——运输车间　　96 000

第四步，完成在产品的盘点，及时确定和处理在产品的盘盈盘亏并登记相应明细账簿；根据业务（9），计算盘亏在产品的定额成本，如表 8-19 所示。

**表 8-19　在产品的定额成本计算表**

20××年 10 月　　　　单位：元

| 成本项目 | 原材料 | 燃料和动力 | 直接人工 | 制造费用 | 合计 |
|---|---|---|---|---|---|
| 在产品成本定额 | 2 300 | 100 | 1 400 | 1 200 | 5 000 |
| 在产品定额成本 | 4 600 | 200 | 2 800 | 2 400 | 10 000 |

盘亏产品时，作如下会计分录。

借：待处理财产损溢　　10 000
　　贷：基本生产成本——甲产品　　10 000

经过批准进行账务处理。

借：制造费用　　10 000
　　贷：待处理财产损溢　　10 000

第五步，根据制造费用明细账登记的项目金额归集制造费用，选择适当的方法分配基本生产车间制造费用，同时完成相应账簿登记。

根据以上资料登记“制造费用明细账”，如表 8-20 所示。

**表 8-20 制造费用明细账**

车间名称：基本生产车间　　　　　　　　　　　　　　　　　　单位：元

| 20××年 | | 凭证号数 | 摘要 | 材料费用 | 电费 | 职工薪酬 | 折旧费 | 保险费 | 租赁费 | 修理费用 | 运输费用 | 水费 | 办公费 | 劳保费 | 在产品盘亏 | 其他 | 合计 |
|---|---|---|---|---|---|---|---|---|---|---|---|---|---|---|---|---|---|
| 月 | 日 | | | | | | | | | | | | | | | | |
| 10 | 31 | | 根据表（一） | 28 000 | | | | | | | | | | | | | 28 000 |
| | | | 根据表（二） | | 6 000 | | | | | | | | | | | | 6 000 |
| | | | 根据表（三） | | | 40 000<br>10 000 | | | | | | | | | | | 40 000<br>10 000 |
| | | | 根据表（四） | | | | 75 440 | | | | | | | | | | 75 440 |
| | | | 根据表（五） | | | | | 7 500 | | | | | | | | | 7 500 |
| | | | 根据表（六） | | | | | | 6 800 | | | | | | | | 6 800 |
| | | | 根据业务（七）付款凭证 | | | | | | | | | 3 400 | 1 600 | 2 560 | | 1 200 | 8 760 |
| | | | 根据表（八） | | | | | | | 76 500 | 36 000 | | | | | | 112 500 |
| | | | 根据表（九） | | | | | | | | | | | | 10 000 | | 10 000 |
| | 31 | | 合计 | 28 000 | 6 000 | 50 000 | 75 440 | 7 500 | 6 800 | 76 500 | 36 000 | 3 400 | 1 600 | 2 560 | 10 000 | 1 200 | 305 000 |

根据制造费用账户所归集的全部制造费用以及表 8-20 所给资料，编制“基本生产车间制造费用分配表”，如表 8-21 所示。

**表 8-21　基本生产车间制造费用分配表**

20××年 10 月

| 应借科目 | | 分配标准（生产工时）/小时 | 分配率/（元/小时） | 分配额 |
|---|---|---|---|---|
| 总账科目 | 明细科目 | | | |
| 基本生产成本 | 甲产品 | 29 000 | 6.1 | 176 900 |
| | 乙产品 | 20 000 | | 122 000 |
| 废品损失 | 甲产品 | 1 000 | | 6 100 |
| 合计 | | 50 000 | 6.1 | 305 000 |

借：基本生产成本——甲产品　　176 900
　　　　　　　　——乙产品　　122 000
　　废品损失——甲产品　　6 100
　　贷：制造费用　　305 000

第六步，通过废品损失明细账归集可修复废品费用，并完成不可修复废品的成本计算；分配计算结转废品净损失，同时完成相应账簿登记。

根据业务（11）编制“不可修复废品损失计算表”，如表 8-22 所示。

**表 8-22　不可修复废品损失计算表**

废品名称：甲产品　　　　20××年 10 月

| 项目 | 数量/件 | 直接材料/元 | 燃料和动力/元 | 直接人工/元 | 制造费用/元 | 合计/元 |
|---|---|---|---|---|---|---|
| 废品成本定额 | 1 | 5 150 | 250 | 2 400 | 2 000 | 9 800 |
| 废品的定额成本 | 2 | 10 300 | 500 | 4 800 | 4 000 | 19 600 |
| 回收残料 | | 3 500 | | | | 3 500 |
| 报废损失 | | 6 800 | 500 | 4 800 | 4 000 | 16 100 |

根据以上资料计算可修复废品的损失＝3 200＋600＋7 000＋6 100＝16 900（元）

根据表 8-22 编制废品损失核算会计分录。

结转不可修复废品成本，编制会计分录如下。

借：废品损失——甲产品　　19 600
　　贷：基本生产成本——甲产品(原材料)　　10 300
　　　　　　　　　　　　　　(燃料和动力)　　500
　　　　　　　　　　　　　　(直接人工)　　4 800
　　　　　　　　　　　　　　(制造费用)　　4 000

回收废品残料价值，编制会计分录如下。

借：原材料　　3 500
　　贷：废品损失——甲产品　　3 500

应向过失人索赔，编制会计分录如下。

借：其他应收款　　　　　　　　　　　　　　　　　　　1 000
　　贷：废品损失——甲产品　　　　　　　　　　　　　　　1 000

结转净损失（15 100元）和可修复废品损失（16 900元），编制会计分录如下。

借：基本生产成本——甲产品　　　　　　　　　　　　　32 000
　　贷：废品损失——甲产品　　　　　　　　　　　　　　32 000

第七步，在产品成本明细账计算本期费用累计数，采用适当的完工产品与在产品费用划分方法，计算结转完工产品成本。

根据业务（12）计算甲产品月末在产品的定额成本，如表8-23所示。

**表8-23　甲产品月末在产品的定额成本计算表**

产品名称：甲产品　　　　　　20××年10月　　　　　　单位：元

| 成本项目 | 产量 | 原材料 | 燃料和动力 | 直接人工 | 制造费用 | 合计 |
|---|---|---|---|---|---|---|
| 在产品成本定额 | 1 | 2 300 | 100 | 1 400 | 1 200 | 5 000 |
| 在产品定额成本 | 30 | 69 000 | 3 000 | 42 000 | 36 000 | 150 000 |

根据以上业务处理登记“基本生产成本明细账”，如表8-24、表8-25所示。

**表8-24　基本生产成本明细账（一）**

产品名称：甲产品　　　　　　　　　　　　　　　　单位：元

| 20××年 | | 凭证号 | 摘要 | 直接材料 | 燃料和动力 | 直接人工 | 制造费用 | 废品损失 | 合计 |
|---|---|---|---|---|---|---|---|---|---|
| 月 | 日 | | | | | | | | |
| 10 | 1 | （略） | 月初在产品成本 | 46 000 | 2 000 | 28 000 | 24 000 | | 100 000 |
| | 31 | | 根据原材料费用分配表 | 476 000 | | | | | 476 000 |
| | 31 | | 根据燃料和动力费用分配表 | | 17 400 | | | | 17 400 |
| | 31 | | 根据职工薪酬分配表 | | | 203 000 | | | 203 000 |
| | | | 转出盘亏在产品成本 | [4 600] | [200] | [2 800] | [2 400] | | [10 000] |
| | 31 | | 根据制造费用分配表 | | | | 179 600 | | 179 600 |
| | | | 转出不可修复废品成本 | [10 300] | [500] | [4 800] | [4 000] | | [19 600] |
| | | | 转入废品损失 | | | | | 32 000 | 32 000 |
| | 31 | | 本月生产费用累计 | 507 100 | 18 700 | 223 400 | 197 200 | 32 000 | 978 400 |
| | 31 | | 结转完工产品成本 | 438 100 | 15 700 | 181 400 | 161 200 | 32 000 | 828 400 |
| | 31 | | 月末在产品成本 | 69 000 | 3 000 | 42 000 | 36 000 | 0 | 150 000 |

表 8-25　基本生产成本明细账（二）

产品名称：乙产品　　　　单位：元

| 20××年 | | 凭证号 | 摘要 | 直接材料 | 燃料和动力 | 直接人工 | 制造费用 | 废品损失 | 合计 |
|---|---|---|---|---|---|---|---|---|---|
| 月 | 日 | | | | | | | | |
| 10 | 1 | （略） | 月初在产品成本 | 35 600 | 1 580 | 18 200 | 16 400 | | 71 780 |
| | 31 | | 根据原材料费用分配表 | 280 000 | | | | | 280 000 |
| | 31 | | 根据燃料和动力费用分配表 | | 12 000 | | | | 12 000 |
| | 31 | | 根据职工薪酬分配表 | | | 140 000 | | | 140 000 |
| | 31 | | 根据制造费用分配表 | | | | 122 000 | | 122 000 |
| | 31 | | 本月生产费用累计 | 315 600 | 13 580 | 158 200 | 138 400 | | 625 780 |
| | 31 | | 结转完工产品成本 | 280 000 | 12 000 | 140 000 | 122 000 | | 554 000 |
| | 31 | | 月末在产品成本 | 35 600 | 1 580 | 18 200 | 16 400 | | 71 780 |

结转完工产品成本，编制会计分录如下。

借：库存商品——甲产品　　828 400
　　　　　　——乙产品　　554 000
　贷：基本生产成本——甲产品　　828 400
　　　　　　　　　——乙产品　　554 000

## 第二节　分　批　法

### 一、分批法的概念及适用范围

产品成本计算的分批法是以产品的批别作为成本计算对象，按产品的批别开设成本明细账，归集费用，计算产品成本的一种方法。

产品成本计算的分批法主要适用于单件小批多步骤生产，如重型机械、船舶、精密仪器和专用设备的制造，以及主要产品以外的新产品制造、来料加工、自制设备、修理作业等。另外，某些单步骤生产的企业或车间，如果按小批单件组织生产，以及新产品的试制，也可以采用分批法。

在小批单件生产的企业中，产品的品种和每批产品的批量往往根据需要单位的订单确定，因而按照产品批别计算产品成本，通常也就是按照订单计算产品成本。所以产品成本计算的分批法，也称为订单法。

### 二、分批法的特点

**（一）成本计算对象**

分批法以产品的订单或批别为成本计算对象。按产品订单或批别设置产品成本计算单或生产成本明细账，账内按成本项目设置专栏，归集发生的各项生产费用。按照产品批别组织生产时，生产计划部门应根据订单或批别所要求的产品品种、数量、投产日期、完成日期，签发生产通知单，下达到车间并通知会计部门。在通知单中，对该批生产任务进行编号，成本会计根据生产批号开立成本计算单，对能按订单或批次划分的直接费用，需在费用原始凭证上注明订单号码或产品批次，这样既可防止串工串料，也便于据此直接计入该产品各成本计算单的有关成本项目；对不能明确订单或批次的间接费用，先按发生地点归集，然后按一定的标准在各受益对象之间进行分配。

一般情况下，企业将客户的每一张订单作为一个批别进行成本计算，也就是说，一张订单对应着一个成本计算对象。但也不是完全如此，如果一张订单只规定一种产品，且数量较多，可以将一张订单分几批进行生产，分批计算成本；如果在一张订单中只规定一种产品，而该产品价值高，生产周期长（如大型船舶），也可以将一张订单分成几批组织生产，分批计算成本；如果同一时期内，有几张订单规定生产同一种产品，且每一张订单数量都不多，也可以将几张订单合为一批组织生产，计算成本。在这种情况下，分批法的成本计算对象，就不是购货单位的订货单，而是企业生产计划部门签发的生产任务通知单，单内应对该批生产任务进行的编号称为产品批号或生产令号。会计部门应根据产品批号设立产品成本明细账，归集生产费用。

**（二）成本计算期**

产品成本计算是不定期的。在分批法下，批内产品一般都能同时完工，产品生产周期一致，那么批内产品就可能同时完工。计算产品成本时，一般是在该批产品全部完工时进行，产品的实际成本要到订单完工后才计算。也就是产品成本负担的起止日期是从订单开工到订单完工，其成本计算期与生产周期是一致的，而与会计核算的报告期不一致。

**（三）费用在完工产品与月末在产品之间的分配**

在小批生产中，由于产品批量较小，批内产品一般都能同时完工，或在相距不久的时间内完工。分批法是在产品全部完工时才计算成本。月末时，如果该批产品完工，则所有的生产费用合计就是完工产品成本，在产品成本为零；如果该批产品未完工，则所有的生产费用合计就是在产品成本，完工产品成本为零。所以，一般情况下，分批法计算产品成本，不存在月末完工产品与在产品划分费用界限问题。

为了简化核算手续，对同一批次内先完工的产品，可以按计划单位成本、定额单位成本或最近一期相同产品的实际单位成本计价，从该批产品的成本计算单中转出，剩下的即该批产品的在产品成本。当该批产品全部完工时，另行计算该批产品实际总成本和单位成本，但对原来计算并转出的前期完工产品成本，不作账面调整。如果同一批次产品跨月完工的数量较多，为正确计算产品成本，应采用适当的方法，在完工产品和在产品之间分配生产费用。完工产品的成本不仅包括本月发生的成本费用，还包括以前月份所发生的成本费用。

## 三、分批法的计算程序及例释

采用分批法计算产品成本的一般步骤如下。

(1) 按产品批别开设成本计算单或生产成本明细账，账内按成本项目设置专栏。

(2) 根据各项要素费用分配表、跨期费用分配表及其他有关费用的原始凭证、记账凭证，登记产品成本计算单、辅助生产成本明细账、制造费用明细账、废品损失明细账、管理费用明细账、销售费用明细账和财务费用明细账。

(3) 根据辅助生产成本明细账编制辅助生产成本分配表，将辅助生产费用按适当的方法进行分配并登记相应明细账簿。

(4) 完成在产品的盘点，及时确定和处理在产品的盘盈盘亏并登记相应明细账簿。

(5) 根据制造费用明细账登记的项目金额归集制造费用，选择适当的方法分配基本生产车间制造费用，同时完成相应账簿登记。

(6) 通过废品损失明细账归集可修复废品费用，并完成不可修复废品的成本计算；分配计算结转废品净损失（含可修复废品损失），同时完成相应账簿登记。

(7) 在产品成本明细账中计算本期费用累计数，采用适当的完工产品与在产品费用划分方法，计算结转完工产品成本。

可以说分批法的计算程序与品种法的核算程序基本是一致的，也要经过品种法所介绍的七个步骤。二者最重要的不同表现为以下几点。

一是生产成本明细账的开设依据不同。品种法是以产品品种作为成本计算对象，有几个品种就要开设几个明细账；分批法则是根据批别开设明细账，与品种多少无关。

二是费用消耗的原始记录目标不同。品种法分配费用要将相关费用分配给不同产品，为完成分配，平时相关的费用消耗原始记录要反映不同品种的消耗情况；分批法则是将费用分配给不同的批别，这样就要求平时相关的费用消耗原始凭证记录必须以批别为主。

三是完工产品与在产品的费用划分时间不同，即完工产品成本计算时间不同。品种法是在会计期末计算完工产品和在产品成本，分批法是在每批产品完工时再计算完工产品和在产品成本。

分批法举例如下。

**【例 8-2】** 振华厂生产的产品有两种，分别是 A、B 产品，在同一基本生产车间完成。企业是根据客户订单要求组织生产的，根据生产特点和管理要求，确定采用分批法计算产品成本，产品成本明细账设有原材料、直接人工、制造费用三个成本项目。

(1) 20××年 10 月初，企业有两批产品在产：批号为 10907，品种为 A 产品，产量 40 台，该批产品在上月投产，当月完工 10 台，按照定额成本转出，单位产品的成本定额为原材料 8 000 元，直接人工 4 800 元，制造费用 6 500 元。批号为 20903，品种为 B 产品，产量 20 台，该批产品在上月投产。

月初在产品成本资料如表 8-26 所示。

表 8-26　月初在产品成本资料

20××年 10 月　　　　单位：元

| 产品批号 | 直接材料 | 直接人工 | 制造费用 | 合计 |
|---|---|---|---|---|
| 10907 | 245 700 | 89 000 | 124 300 | 459 000 |
| 20903 | 136 200 | 31 800 | 46 700 | 214 700 |

（2）本月投产的产品有两批：批号为 11001，品种为 A 产品，投产数量 30 台，客户为哈尔滨电站集团；批号为 21001，品种为 B 产品，投产数量 70 台，客户为云南安瑞公司。

（3）本月生产费用的相关资料如表 8-27 所示。

表 8-27　本月生产费用相关资料

20××年 10 月

| 产品批号 | 产品类别 | 直接材料/元 | 生产工时/小时 | 直接人工/元 |
|---|---|---|---|---|
| 10907 | A | | 9 000 | |
| 20903 | B | 87 600 | 4 500 | |
| 11001 | A | 233 700 | 15 000 | |
| 21001 | B | 517 600 | 7 500 | |
| 合计 | | | 36 000 | 216 000 |

本月的人工和制造费用按照生产工时比例分配。

（4）月末产品完工情况：10907 批产品全部完工；11001 批产品本月完工 10 台，按照定额成本转出；20903 批产品全部完工；21001 批产品未完工。

要求：根据上述资料，登记产品成本明细账，计算完工产品成本。

计算程序如下。

根据表 8-27 所给资料分配本月的人工费用和制造费用，如表 8-28 所示。

表 8-28　本月人工和制造费用分配表

20××年 10 月

| 产品批号 | 分配标准 | 直接人工 | | 制送费用 | |
|---|---|---|---|---|---|
| | 生产工时/小时 | 分配率/（元/小时） | 分配金额/元 | 分配率/（元/小时） | 分配金额/元 |
| 10907 | 9 000 | 6 | 54 000 | 8 | 72 000 |
| 20903 | 4 500 | | 27 000 | | 36 000 |
| 11001 | 15 000 | | 90 000 | | 120 000 |
| 21001 | 7 500 | | 45 000 | | 60 000 |
| 合计 | 36 000 | 6 | 216 000 | 8 | 288 000 |

根据月初在产品成本、本月生产费用汇总及分配表登记基本生产成本明细账，并计算完工产品成本和在产品成本，如表 8-29～表 8-32 所示。

**表 8-29　产品成本明细账**（10907）

批号：10907　　批量：40 台　　投产日期：9 月

产品名称：A 产品　　9 月完工：10 台　　完工日期：10 月

| 月份 | 摘要 | 数量/台 | 直接材料/元 | 直接人工/元 | 制造费用/元 | 合计/元 |
| --- | --- | --- | --- | --- | --- | --- |
| 9 | 本月生产费用累计 | | 325 700 | 137 000 | 189 300 | 652 000 |
| | 转出完工产品成本（定额成本） | 10 | 80 000 | 48 000 | 65 000 | 193 000 |
| | 月末在产品成本 | | 245 700 | 89 000 | 124 300 | 459 000 |
| 10 | 月初在产品成本 | | 245 700 | 89 000 | 124 300 | 459 000 |
| | 本月生产费用 | | | 54 000 | 72 000 | 126 000 |
| | 本月生产费用累计 | | 245 700 | 143 000 | 196 300 | 585 000 |
| | 结转本月完工产品成本 | 30 | 245 700 | 143 000 | 196 300 | 585 000 |
| | 本批产品全部完工成本 | 40 | 325 700 | 191 000 | 261 300 | 778 000 |
| | 本批产品单位成本 | 1 | 8 142.50 | 4 775.00 | 6 532.50 | 19 450.00 |

结转完工产品成本，编制会计分录如下。

借：库存商品——A 产品　　585 000

　　贷：基本生产成本——10907 批（A 产品）　　585 000

**表 8-30　产品成本明细账**（20903）

批号：20903　　批量：20 台　　投产日期：9 月

产品名称：B 产品　　完工日期：10 月

| 月份 | 摘要 | 数量/台 | 直接材料/元 | 直接人工/元 | 制造费用/元 | 合计/元 |
| --- | --- | --- | --- | --- | --- | --- |
| 9 | 本月生产费用 | | 136 200 | 31 800 | 46 700 | 214 700 |
| | 本月生产费用累计 | | 136 200 | 31 800 | 46 700 | 214 700 |
| | 月末在产品成本 | | 136 200 | 31 800 | 46 700 | 214 700 |
| 10 | 月初在产品成本 | | 136 200 | 31 800 | 46 700 | 214 700 |
| | 本月生产费用 | | 87 600 | 27 000 | 36 000 | 150 600 |
| | 本月生产费用累计 | | 223 800 | 58 800 | 82 700 | 365 300 |
| | 结转本月完工产品成本 | 20 | 223 800 | 58 800 | 82 700 | 365 300 |
| | 本批产品单位成本 | 1 | 11 190 | 2 940 | 4 135 | 18 265 |

结转完工产品成本，编制会计分录如下。

借：库存商品——B 产品　　365 300

　　贷：基本生产成本——20903 批（B 产品）　　365 300

**表 8-31　产品成本明细账**（11001）

批号：11001　　批量：30 台　　投产日期：10 月

产品名称：A 产品　　10 月完工：10 台　　完工日期：

| 月份 | 摘要 | 数量/台 | 直接材料/元 | 直接人工/元 | 制造费用/元 | 合计/元 |
|---|---|---|---|---|---|---|
| 10 | 本月生产费用 | | 233 700 | 90 000 | 120 000 | 443 700 |
| | 本月生产费用累计 | | 233 700 | 90 000 | 120 000 | 443 700 |
| | 转出完工产品成本（定额成本） | 10 | 80 000 | 48 000 | 65 000 | 193 000 |
| | 月末在产品成本 | | 153 700 | 42 000 | 55 000 | 250 700 |

结转完工产品成本，编制会计分录如下。

借：库存商品——A 产品　　193 000

　　贷：基本生产成本——11001 批（A 产品）　　193 000

**表 8-32　产品成本明细账**（21001）

批号：21001　　批量：70 台　　投产日期：10 月

产品名称：B 产品　　完工日期：

| 月份 | 摘要 | 数量/台 | 直接材料/元 | 直接人工/元 | 制造费用/元 | 合计/元 |
|---|---|---|---|---|---|---|
| 10 | 本月生产费用 | | 517 600 | 45 000 | 60 000 | 622 600 |
| | 本月生产费用累计 | | 517 600 | 45 000 | 60 000 | 622 600 |
| | 月末在产品成本 | | 517 600 | 45 000 | 60 000 | 622 600 |

## 四、简化分批法

在小批单件生产的企业或车间中，同一月内投产的产品批数往往很多，有的多至几十批，甚至上百批。在这种情况下，各种间接计入的费用在各批产品之间按月进行分配的工作就极为繁重。因此，在投产批数繁多，且月末未完工批数较多的企业，还可采用简化分批法，也就是不分批计算在产品成本的分批法。简化分批法又称为累计间接（计入）费用分批法，是指通过对间接费用采用累计分配率进行分配，以减少成本计算工作量的分批法。即将每月发生的人工费用和制造费用等间接费用，不再按月在各批产品之间进行分配，而是将这些间接费用累计起来，待某批产品完工时，根据完工产品工时占累计总工时的比例，确认完工产品应负担的间接费用，据以计算完工批次产品成本。

### （一）简化分批法的特点

采用简化分批法计算成本时，必须设立基本生产成本二级账，用以提供企业或车间全部产品的累计生产费用和生产工时资料。这种方法仍然按照产品的批别开设生产成本明细账，但在各该批产品完工以前，账内只需按月登记直接计入的费用和生产工时，而不必按月登记、分配各项间接计入费用。在有完工产品的月份，按照基本生产成本明细账上完工产品的累计生产工时和基本生产成本二级账资料计算的累计间接计入费用分配率，计算完工产品应负担的累计间接费用并计入生产成本。累计间接费用分配率，既是在各批完工产品之间分配各项间接费用的依据，也是完工产品与月末在产品之间分配各项间接费用的依据。

在有完工产品批次的月份，无论完工批次的多少，都只计算统一的累计分配率进行间接费用的分配。这样，不仅简化了间接费用的分配工作，还简化了对未完工批别产品成本明细账的登记工作，因此，企业未完工的批数越多，核算就越简化。

采用简化分批法的不足之处，一是未完工批别的基本生产成本明细账不能完整地反映其在产品的成本；二是如果各月发生的间接费用相差悬殊，会影响各月产品成本计算的正确性。例如，前几个月的间接费用较多，本月的间接费用较少，而某批产品本月投产本月完工，这样，按累计间接费用分配率计算的该批完工产品成本就会偏高。反之，则会偏低。此外，如果月末未完工产品的批数不多，也不宜采用这种方法。因为，一方面仍要对完工产品分配登记各项间接费用，不能简化核算工作；另一方面又在一定程度上影响产品成本计算的正确性。

因此，应用简化分批法必须具备两个条件：一是各个月份的间接费用水平比较均衡，二是月末未完工产品的批数较多。这样才能既保证简化产品成本的核算工作，又确保产品成本计算正确。

**（二）简化分批法的成本计算程序**

（1）设置基本生产成本二级账，账中除成本项目外，设生产工时专栏，登记全部产品（各批产品）各成本项目累计生产费用，累计工时。

（2）按批号设产品成本明细账，明细账的专栏设置与二级账的专栏设置保持一致，以便于二者的平行登记。

（3）登记月初余额，明细账户只登记直接生产费用和生产工时，二级账户中月初余额包括直接生产费用、累计生产工时和生产发生的各项间接生产费用。

（4）将本月发生的直接生产费用和生产工时计入各生产成本明细账，将直接生产费用和生产工时的合计数计入各生产成本二级账，同时将本月发生的各项间接生产费用登记生产成本二级账，间接生产费用不需要分配计入生产成本明细账。

（5）如果本月有完工产品，则按照二级账户中记录的累计间接生产费用和累计生产工时计算累计间接生产费用分配率，然后计算各批产品负担的间接生产费用。计算公式为

$$\text{累计间接生产费用分配率}=\frac{\text{期初结存的全部产品的间接费用}+\text{本月发生的全部间接费用}}{\text{期初结存的全部在产品工时}+\text{本月发生的全部工时}}$$

$$\text{完工产品批别应负担的间接生产费用}=\text{该批产品的累计工时数}\times\text{累计间接费用分配率}$$

对当月完工的不同批次的产品均按同一个累计间接费用分配率进行分配。这样可以计算出完工产品负担的间接生产费用及完工成本，在明细账户转出完工成本，并将完工成本在二级账户中转出。

（6）月末时，各批产品成本明细账不计算在产品应负担的累计间接费用，即不计算在产品成本。但是生产成本二级账必须登记完工产品和在产品负担的间接费用，计算二

级账的在产品成本。

【例 8-3】 某工业企业在同一基本生产车间生产五种产品，分别为 A、B、C、D、E 产品，产品批数繁多，采用简化分批法计算成本。该企业在 20××年 10 月生产 18 批产品，有关资料如下。

（1）产品批次、产量及月初余额资料如表 8-33 所示。

表 8-33 产品批次、产量及月初余额资料

| 产品种类 | 产品批次 | 投产日期 | 产量/件 | 本月完工产量/件 | 月初余额 | | | |
|---|---|---|---|---|---|---|---|---|
| | | | | | 生产工时/小时 | 直接材料/元 | 直接人工/元 | 制造费用/元 |
| A 产品 | A07 | 7 月 | 30 | 30 | 4 800 | 36 300 | | |
| | A08 | 8 月 | 50 | | 5 000 | 67 800 | | |
| | 小计 | | | | 9 800 | 104 100 | | |
| B 产品 | B11 | 9 月 | 40 | 10 | 8 500 | 68 000 | | |
| | B12 | 10 月 | 50 | | | | | |
| | 小计 | | | | 8 500 | 68 000 | | |
| C 产品 | 产品批号 C04 至 C09，共计 6 批产品 | 6 月 | 略 | 无 | 各批次不分别给出，6 批产品生产工时小计 26 900 | 各批次不分别给出，6 批产品直接材料小计 178 000 | | |
| D 产品 | 产品批号 D13 至 D16，共计 4 批产品 | 7 月 | 略 | 无 | 各批次不分别给出，4 批产品生产工时小计 12 800 | 各批次不分别给出，4 批产品直接材料小计 189 800 | | |
| E 产品 | 产品批号E11 至 E14，共计 4 批产品 | 8 月 | 略 | 无 | 各批次不分别给出，4 批产品生产工时小计 21 300 | 各批次不分别给出，4 批产品直接材料小计 72 700 | | |
| 合计 | | | | | 79 300 | 612 600 | 467 600 | 68 900 |

（2）本月生产费用及生产工时资料如表 8-34 所示。资料取自材料费用分配表、工时记录、工资结算单、制造费用明细账。

**表 8-34 本月生产费用及工时**

| 产品种类 | 产品批次 | 生产工时/小时 | 直接材料/元 | 直接人工/元 | 制造费用/元 |
|---|---|---|---|---|---|
| A产品 | A07 | 1 200 | | | |
| | A08 | 2 700 | | | |
| | 小计 | 3 900 | | | |
| B产品 | B11 | 2 500 | | | |
| | B12 | 10 800 | 86 000 | | |
| | 小计 | 13 300 | 86 000 | | |
| C产品 | 产品批号 C04 至 C09，共计 6 批产品 | 各批次不分别给出，6 批产品生产工时小计 10 500 | 6 批产品本月未领用直接材料，费用为 0 | | |
| D产品 | 产品批号 D13 至 D16，共计 4 批产品 | 各批次不分别给出，4 批产品生产工时小计 8 800 | 4 批产品本月未领用直接材料，费用为 0 | | |
| E产品 | 产品批号 E11 至 E14，共计 4 批产品 | 各批次不分别给出，4 批产品生产工时小计 9 200 | 4 批产品本月未领用直接材料，费用为 0 | | |
| 合计 | | 45 700 | 86 000 | 307 400 | 396 000 |

企业采用计时工资制，所以制造车间职工薪酬列为间接计入的费用。

对于跨期出货的 B11 批产品，按定额成本转出。单位产品原材料费用定额 1 750 元，工时定额 400 小时，企业约定完工产品负担的间接生产费用按照完工产品定额工时与本月累计间接费用分配率的乘积计算。

该企业开设基本生产成本二级账如表 8-35 所示。

**表 8-35 基本生产成本二级账（各批全部产品总成本）**

| 年 | | 摘要 | 生产工时 | 直接材料 | 直接人工 | 制造费用 | 合计 |
|---|---|---|---|---|---|---|---|
| 月 | 日 | | | | | | |
| 8 | 1 | 月初余额 | 79 300 小时 | 612 600 元 | 467 600 元 | 689 000 元 | 1 769 200 元 |
| 8 | 31 | 本月生产费用 | 45 700 小时 | 86 000 元 | 307 400 元 | 396 000 元 | 789 400 元 |
| | | 生产费用累计 | 125 000 小时 | 698 600 元 | 775 000 元 | 1 085 000 元 | 2 558 600 元 |
| | | 全部产品累计间接计入费用分配率 | | | 6.20 元/小时 | 8.68 元/小时 | |
| | | 本月转出产品完工成本 | 10 000 小时 | 53 800 元 | 62 000 元 | 86 800 元 | 202 600 元 |
| | | 月末在产品成本 | 115 000 小时 | 644 800 元 | 713 000 元 | 998 200 元 | 2 356 000 元 |

在上列基本生产成本二级账中，本月发生的直接材料费用和生产工时根据本月各批产品原材料费用分配表、生产工时记录与各批产品成本明细账平行登记；本月发生的各项间接计入费用，应根据各该费用分配表登记。

$$\begin{array}{c}\text{全部产品某项累计}\\\text{间接计入费用分配率}\end{array}=\frac{\text{全部产品该项累计间接计入费用}}{\text{全部产品累计生产工时}}$$

$$\text{直接人工费用累计分配率}=\frac{775\ 000}{125\ 000}=6.20(\text{元}/\text{小时})$$

$$\text{制造费用累计分配率}=\frac{1\ 085\ 000}{125\ 000}=8.68(\text{元}/\text{小时})$$

基本生产成本二级账中完工产品的直接材料费用和生产工时，应根据各批产品成本明细账中完工产品的直接材料和生产工时汇总登记。完工产品的各项间接计入费用，可以根据账中完工产品生产工时，分别乘以各该费用累计分配率计算登记，也可以根据各批明细账中完工产品的各该费用分别汇总登记。基本生产成本二级账中月末在产品各项费用和生产工时登记方法与完工产品的各项内容的登记方法相同。

该企业设立的产品生产成本明细账分别如表 8-36～表 8-39 所示。

**表 8-36 产品生产成本明细账**（A07）

产品批号：A07　　　　投产日期：7 月

产品名称：A 产品　　　　产量：30 件　　　　完工日期：10 月

| 年 | | 摘要 | 生产工时 | 直接材料 | 直接人工 | 制造费用 | 合计 |
|---|---|---|---|---|---|---|---|
| 月 | 日 | | | | | | |
| 10 | 1 | 月初余额 | 4 800 小时 | 36 300 元 | | | |
| 10 | 31 | 本月生产费用 | 1 200 小时 | | | | |
| | | 生产费用累计及累计间接计入费用分配率 | 6 000 小时 | 36 300 元 | 6.20 元/小时 | 8.68 元/小时 | |
| | | 转出产品完工成本 | 6 000 小时 | 36 300 元 | 37 200 元 | 52 080 元 | 125 580 元 |
| | | 产品单位成本 | | 1 210 元 | 1 240 元 | 1 736 元 | 4 186 元 |

**表 8-37 产品生产成本明细账**（A08）

产品批号：A08　　　　投产日期：8 月

产品名称：A 产品　　　　产量：50 件

| 年 | | 摘要 | 生产工时/小时 | 直接材料/元 | 直接人工/元 | 制造费用/元 | 合计/元 |
|---|---|---|---|---|---|---|---|
| 月 | 日 | | | | | | |
| 10 | 1 | 月初余额 | 5 000 | 67 800 | | | |
| | 31 | 本月生产费用 | 3 700 | | | | |
| | | 生产费用累计 | 8 700 | 67 800 | | | |
| | | 月末余额 | 8 700 | 67 800 | | | |

表 8-38　产品生产成本明细账（B11）

产品批号：B11　　投产日期：9 月

产品名称：B 产品　　产量：40 件　　完工日期：10 月（完工 10 件）

| 年 | | 摘要 | 生产工时 | 直接材料 | 直接人工 | 制造费用 | 合计 |
|---|---|---|---|---|---|---|---|
| 月 | 日 | | | | | | |
| 10 | 1 | 月初余额 | 8 500 小时 | 68 000 元 | | | |
| | 31 | 本月生产费用 | 2 500 小时 | | | | |
| | | 生产费用累计及累计间接计入费用分配率 | 9 000 小时 | 68 000 元 | 6.20 元/小时 | 8.68 元/小时 | |
| | | 转出产品完工成本 | 4 000 小时 | 17 500 元 | 24 800 元 | 34 720 元 | 77 020 元 |
| | | 月末余额 | 5 000 小时 | 50 500 元 | | | |

表 8-39　产品生产成本明细账（B12）

产品批号：B12　　投产日期：10 月

产品名称：B 产品　　产量：50 件　　完工日期：

| 年 | | 摘要 | 生产工时/小时 | 直接材料/元 | 直接人工/元 | 制造费用/元 | 合计/元 |
|---|---|---|---|---|---|---|---|
| 月 | 日 | | | | | | |
| 10 | 31 | 本月生产费用 | 10 800 | 86 000 | | | |
| | | 月末余额 | 10 800 | 86 000 | | | |

如 A07 批产品：

$$完工产品的直接人工费用=6\ 000\times 6.2=37\ 200(元)$$

$$完工产品的制造费用=6\ 000\times 8.68=52\ 080(元)$$

企业共开设 18 个产品成本明细账，以上仅以其中四批产品为例，说明简化分批法的具体操作，其余各批产品明细账资料省略。

在产品成本明细账中，直接材料费用和生产工时按照原材料费用分配表及生产工时记录登记。在有完工产品的月末，各完工产品的累计间接计入费用按下列公式计算。

$$\begin{matrix}某批完工产品应负担\\的某项累计间接计入费用\end{matrix}=\begin{matrix}该批完工产品\\累计生产工时\end{matrix}\times\begin{matrix}全部产品该项累计\\间接计入费用分配率\end{matrix}$$

## 第三节　分　步　法

### 一、分步法概述

#### （一）分步法的适用范围

分步法是以产品的品种及其所经过的生产步骤作为成本计算对象，归集生产费用，计算各种产品成本及其各步骤成本的一种方法。

按照生产工艺分类，企业生产可以分为单步骤生产与多步骤生产，在多步骤生产的企业中，其产品生产过程由若干个在技术上可以间断的生产步骤组成，每个生产步骤除了生产出半成品（最后步骤为产成品）外，还有一些加工中的在产品。已经生产出来的半成品既可以用于下一生产步骤进行进一步的加工，也可以对外销售。为更好地控制产品生产成本，分步骤考核成本开支情况，在成本计算时可以将每一步骤作为成本计算对象，对每一步骤的生产费用开支进行归集，计算出产品在每一生产步骤消耗的成本情况，最终计算出完工产品成本。因此分步法不仅可以计算完工成本，还可以通过分步骤计算的成本对成本构成及生产车间耗用半成品的情况加以详细分析控制。成本计算的分步法主要适用于大量大批多步骤生产，如冶金、纺织、造纸，以及大量大批生产的机械制造等。

**（二）分步法的基本特点**

（1）成本计算对象。分步法的成本计算对象是各种产品的生产步骤。因此，在计算产品成本时，应按照产品的生产步骤设立基本生产成本明细账。一般情况下，在按生产步骤设立车间的企业中，分步计算成本就是分车间计算成本，每一个生产车间就是一个生产步骤。但也不完全一致，有时一个大规模的生产车间可以再分成几个步骤计算成本，或者几个生产车间合为一个生产步骤计算成本。为简化成本计算工作，只对管理上有必要分步计算成本的生产步骤单独设立成本明细账进行核算。如果只生产一种产品，成本计算对象就是该种产成品及其所经过的各生产步骤，基本生产成本明细账应该按照产品的生产步骤开立。如果生产多种产品，成本计算对象则是各种产成品及其所经过的各生产步骤。基本生产成本明细账应该按照每种产品的各个生产步骤开立。在进行成本计算、分配和归集生产费用时，单设成本项目的直接计入费用，直接计入各成本计算对象；单设成本项目的间接计入费用，分配计入各成本计算对象；不单设成本项目的费用，一般先按车间、部门或者费用用途归集，月末再直接计入或分配计入各成本计算对象。

（2）成本计算期。分步法的成本计算期是每月的会计报告期，而不是生产周期。这是因为分步法适用于多步骤的大量大批生产。大量大批生产意味着不断投入原材料，不断有产品完工，难以按生产周期计算成本，只能把按日历月份确定的会计报告期作为成本计算期。其成本计算期与生产周期不一致，与会计期间保持一致。

（3）生产费用在完工产品与在产品之间分配。在大量大批的多步骤生产中，由于生产过程较长且可以间断，产品往往跨月陆续完工，月末各步骤一般都存在未完工在产品。在成本计算时，还需要采用适当的分配方法，将汇集在基本生产成本明细账中的生产费用，在完工产品与在产品之间进行分配，计算各产品、各生产步骤的完工半成品（最后步骤为完工产品）和在产品成本。

在分步法中，完工产品与在产品的成本划分有其特殊性，就某一车间而言，其完工产品与在产品的费用划分可以是本步骤完工的半成品和狭义在产品的费用划分；而对于整个生产过程而言，完工产品与在产品的费用划分则是最终产成品与广义在产品的成本划分，这是由于各步骤之间产品成本的结转方式不同而有所不同，是分步法成本计算的一个特殊事项。

**（三）分步法的分类**

根据成本管理对各生产步骤成本资料要求的不同（要不要计算半成品的成本）和简化成本计算工作需要的不同，以及各生产步骤成本计算和结转方式的不同，分步法可分为逐步结转分步法和平行结转分步法。

（1）逐步结转分步法，是指按照产品生产加工步骤的先后顺序，各步骤逐步计算并结转半成品成本，各步骤半成品成本由本步骤发生的费用和上步骤转入半成品成本构成，依次直至最后步骤累计计算出产成品成本的一种成本计算方法，也称为顺序结转分步法。采用逐步结转分步法，按照结转的半成品成本在下一步骤基本生产成本明细账中的反映方法不同，分为综合结转分步法和分项结转分步法。①综合结转分步法是指上一生产步骤的半成品成本转入下一生产步骤时，以“半成品”或“直接材料”综合项目计入下一生产步骤成本计算单的方法。采用这种方法，各步骤所耗上一步骤的半成品费用，应根据所耗半成品的实际数量乘以半成品的单位成本计算。由于半成品的结转成本可以是实际成本也可以是计划成本，所以综合结转分步法会因为结转的半成品的成本计价方法不同再划分为实际成本综合结转分步法和计划成本综合结转分步法。②分项结转分步法是指上一步骤转入下一步骤的半成品成本，不是以“半成品”或“直接材料”成本项目进行反映的，而是分别计入下一步骤成本计算单的相关成本项目中。采用分项结转分步法计算出来的产品成本，能提供按原始成本项目反映的产品成本结构，不需要进行成本还原。由于半成品的结转成本可以是实际成本也可以是计划成本，所以分项结转分步法会因为结转的半成品的成本计价方法不同再划分为实际成本分项结转分步法和计划成本分项结转分步法。

（2）平行结转分步法也称不计算半成品成本法，是指各生产步骤不计算也不结转本步骤完工半成品成本，只归集本步骤自身发生的费用和计算这些费用中应由最终完工产成品成本负担的部分，也即应计入最终完工产成品成本的“份额”，最后将这些“份额”进行平行结转、汇总，以计算产品成本的方法。

## 二、逐步结转分步法

逐步结转分步法是逐步结转半成品成本分步法的简称，是按照产品的生产步骤逐步结转半成品成本，最后算出产成品成本的分步法，又称为计列半成品成本分步法。逐步结转分步法的特点是半成品实物随生产进度在各个车间（生产步骤）进行结转，其成本结转与实物结转保持一致，在各步骤明细账进行结转。

半成品不通过半成品仓库的逐步结转分步法的成本计算程序如图 8-2 所示。

半成品通过半成品仓库的逐步结转分步法的成本计算程序如图 8-3 所示。

| 甲产品第一步骤成本计算单 | | | | |
|---|---|---|---|---|
| 项目 | 直接材料 | 直接人工 | 制造费用 | 合计 |
| 月初在产品成本 | 1 200 | 680 | 800 | 2 680 |
| 本月生产费用 | 2 500 | 1 300 | 1 780 | 5 580 |
| 完工半成品成本 | 3 000 | 1 620 | 2 140 | 6 760 |
| 月末在产品成本 | 700 | 360 | 440 | 1 500 |

| 甲产品第二步骤成本计算单 | | | | |
|---|---|---|---|---|
| 项目 | 直接材料 | 直接人工 | 制造费用 | 合计 |
| 月初在产品成本 | 1 000 | 200 | 300 | 1 500 |
| 本月生产费用 | 6 760 | 1 200 | 1 850 | 9 810 |
| 完工半成品成本 | 5 660 | 970 | 1 480 | 8 110 |
| 月末在产品成本 | 2 100 | 430 | 670 | 3 200 |

| 甲产品第三步骤成本计算单 | | | | |
|---|---|---|---|---|
| 项目 | 直接材料 | 直接人工 | 制造费用 | 合计 |
| 月初在产品成本 | 1 700 | 220 | 350 | 2 270 |
| 本月生产费用 | 8 110 | 880 | 1 500 | 10 490 |
| 完工半成品成本 | 8 510 | 910 | 1 570 | 10 990 |
| 月末在产品成本 | 1 300 | 190 | 280 | 1 770 |

图 8-2 半成品不通过半成品仓库的逐步结转分步法的成本计算程序（单位：元）

从图 8-3 可以看出，在逐步结转分步法下，各生产步骤应计算本步骤各种产品（自制半成品）的成本。自制半成品的实物转移时，其成本亦随之转移。在企业未设半成品库，自制半成品实物直接从上一步骤转入下一生产步骤时，其半成品成本亦应从各该步骤的成本计算单中转出，计入下一步骤的成本计算单中。如果企业设有半成品库，半成品经过半成品库进行收发，则应设置“自制半成品”账户进行核算。例如，第一生产步骤半成品完工验收入库时，借记“自制半成品”账户，贷记“基本生产成本”账户；下一生产步骤领用时，使用先进先出法、加权平均法、个别计价法等方法确定发出半成品的单位成本，与发出数量相乘确定下一步骤耗用的半成品成本，借记“基本生产成本”

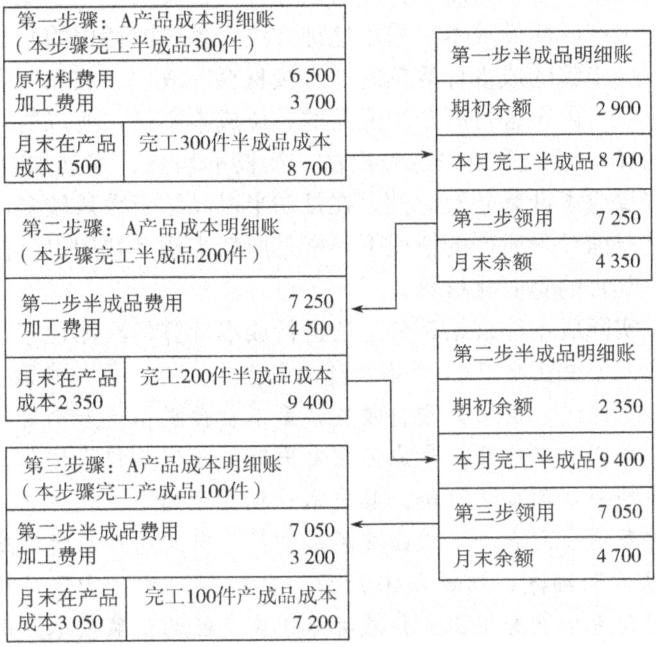


图 8-3　半成品通过半成品仓库的逐步结转分步法的成本计算程序（单位：元）

账户，贷记“自制半成品”账户。亦可使用计划成本进行成本结转。

从以上所述可以看出，逐步结转分步法实际上就是品种法的多次连续应用，即在采用品种法计算上一步骤的半成品成本以后，按照下一步骤的耗用数量转入下一步骤成本；下一步骤再一次采用品种法归集所耗半成品的费用和本步骤其他费用，计算其半成品成本；如此逐步结转，直至最后一个步骤算出产成品成本。

**（一）综合结转分步法**

综合结转分步法即各生产步骤对耗用上一步骤的半成品成本，不分成本项目，均以“自制半成品”（原材料）项目，综合计入各该产品的成本计算单中。

综合结转可以按照半成品的实际成本结转，也可以按照半成品的计划成本（或定额成本）结转。

1. 按实际成本综合结转

采用综合结转分步法计算产品成本的程序如下。

（1）根据确定的成本计算对象，设置“产品成本计算单”。

（2）第一步骤根据本步骤发生的各种生产费用，计算该步骤完工半成品成本，直接转入下一步骤或半成品仓库。

（3）如果半成品经过半成品仓库收发，根据半成品成本明细账记录的数量与成本，采用先进先出法、加权平均法、个别计价法等方法中的一种确定发出半成品的单位成本，与发出数量相乘确定下一步骤耗用的半成品成本。

（4）第二步骤以后的各生产步骤，将从上一步骤或半成品库转入的半成品成本，以“半成品”或“直接材料”综合项目计入本步骤成本计算单中，再加上本步骤发生的费用，计算出本步骤完工的半成品成本，然后以综合项目转入下一步骤成本计算单中。

(5) 计算出完工产成品的成本。采用这种方法，各步骤耗用的半成品按照上一步骤的实际成本计入下一步骤的成本计算单的“直接材料”或“半成品”项目中。如果半成品通过半成品库收发，由于各月所产半成品的单位成本不同，所以所耗半成品的单位成本，可以同材料核算一样，采用先进先出法、加权平均法、移动加权平均法等方法计算。为了提高各步骤成本计算的及时性，在月初半成品结余数量较多，本月耗用的半成品全部或大部分是以前月份所产的情况下，本月所耗半成品费用也可按上月末的加权平均单位成本计算，其目的是简化核算。

现举例说明按实际成本综合结转分步法进行成本计算的具体程序。

**【例 8-4】** 某工业企业生产 A 产品经过两个生产步骤，第一步骤生产出 A 半成品，验收后入半成品库，通过半成品库进行收发，第二步骤根据生产需要从半成品库中领用半成品，继续加工生产出产成品。半成品在发出时，采用加权平均单价计算成本。两个车间月末的在产品均按定额成本计价。其成本计算程序如下。

(1) 根据各种费用分配表、半成品交库单和第一车间在产品定额成本资料，登记第一车间 A 半成品成本明细账，如表 8-40 所示。在表 8-40 中，由于月初、月末在产品按定额成本计价，因而用生产费用累计数减去月末在产品的定额成本，即可求得本月完工半成品成本。

**表 8-40 产品成本明细账（一）**

第一车间：A 半成品

| 年 | | 摘要 | 产量/件 | 原材料/元 | 直接人工/元 | 制造费用/元 | 合计/元 |
|---|---|---|---|---|---|---|---|
| 月 | 日 | | | | | | |
| 8 | 1 | 期初余额（定额成本） | | 8 500 | 3 800 | 4 600 | 16 900 |
| 8 | 31 | 本月生产费用 | | 24 800 | 8 400 | 10 700 | 43 900 |
| | 31 | 生产费用累计 | | 33 300 | 12 200 | 15 300 | 60 800 |
| | 31 | 结转完工半成品成本 | | 26 400 | 9 600 | 12 000 | 48 000 |
| | 31 | 在产品成本（定额成本） | | 6 900 | 2 600 | 3 300 | 12 800 |

根据第一车间的半成品交库单编制下列会计分录。

借：自制半成品——A 半成品　　48 000

　　贷：基本生产成本——第一步骤　　48 000

(2) 根据半成品交库单和第二步骤领用半成品的领料单（第二车间本月领用半成品 450 件），登记自制半成品成本明细账，如表 8-41 所示。在表 8-41 所示明细账中，“本月发出”的单价是全月一次加权平均单价，应根据累计实际成本除以累计数量计算填列。本期减少的实际成本，根据领用数量乘以加权平均单价计算填列。

根据第二车间领用半成品的领料单，编制下列会计分录。

借：基本生产成本——第二步骤　　54 360

　　贷：自制半成品——A 半成品　　54 360

**表 8-41　自制半成品成本明细账（一）**

A 半成品

| 年 | | 凭证号数 | 摘要 | 收入 | | | 发出 | | | 结存 | | |
|---|---|---|---|---|---|---|---|---|---|---|---|---|
| 月 | 日 | | | 数量/件 | 单价/元 | 金额/元 | 数量/件 | 单价/元 | 金额/元 | 数量/件 | 单价/元 | 金额/元 |
| 9 | 1 | | 月初余额 | | | | | | | 100 | 124 | 12 400 |
| | 30 | | 本月完工半成品 | 400 | 120 | 48 000 | | | | 500 | | |
| | | | 本月发出半成品 | | | | 450 | | | 50 | | |
| | | | 本月合计 | 400 | 120 | 48 000 | 450 | 120.80 | 54 360 | 50 | 120.80 | 6 040 |

注：半成品加权平均单价＝(12 400＋48 000)/(100＋400)＝120.80（元）

（3）根据各种费用分配表、半成品领用单、产成品交库单，以及第二车间在产品定额成本资料，登记第二车间 A 产品成本明细账，如表 8-42 所示，增设了“半成品”成本项目，其中本月半成品费用就是根据半成品领用凭证登记的。

**表 8-42　产品成本明细账（二）**

第二车间：A 产品

| 年 | | 摘要 | 产量/件 | 半成品/元 | 直接人工/元 | 制造费用/元 | 合计/元 |
|---|---|---|---|---|---|---|---|
| 月 | 日 | | | | | | |
| 8 | 1 | 月初余额（定额成本） | | 12 000 | 3 200 | 4 500 | 19 700 |
| | 31 | 本月生产费用 | | 54 360 | 13 640 | 19 400 | 87 400 |
| | 31 | 生产费用累计 | | 66 360 | 16 840 | 23 900 | 107 100 |
| | 31 | 结转完工产成品成本 | 350 | 42 070 | 10 340 | 14 000 | 66 410 |
| | 31 | 产成品单位成本 | | 120.20 | 29.54 | 40.00 | 189.74 |
| | 31 | 在产品成本（定额成本） | | 24 290 | 6 500 | 9 900 | 40 690 |

根据产成品交库单，编制如下会计分录。

借：库存商品——A 产品　　66 410

　　贷：基本生产成本——第二步骤　　66 410

2. 按计划成本综合结转

采用这种方法时半成品的日常收发核算均按计划单位成本核算；在半成品实际成本计算出来以后，再计算半成品的成本差异率，调整所耗半成品的成本差异。

这种方法与实际成本结转相比较，除半成品收发核算必须采用计划成本核算以外，在第二步骤以及以后各步骤生产成本明细账中，对半成品成本项目必须分设“计划成本”“成本差异”“实际成本”三个专栏，并分别核算。

**【例 8-5】**　仍以【例 8-4】企业资料说明按计划成本结转的成本计算程序。

(1) 根据各种费用分配表、半成品交库单和第一车间在产品定额资料，登记第一车间A半成品成本明细账。明细账登记内容与【例8-4】第一车间明细账内容完全相同，见表8-40，这里不再重复列示。

该企业半成品的计划单位成本为125元。完工400件自制半成品计划成本＝400×125＝50 000（元）。结转第一步骤完工半成品成本的会计分录如下。

借：自制半成品——A半成品　　50 000

　贷：基本生产成本——第一步骤　　50 000

结转半成品成本差异。

借：基本生产成本——第一步骤　　2 000

　贷：材料成本差异——半成品成本差异　　2 000

(2) 根据半成品交库单和第二车间领用半成品的领料单，登记自制半成品成本明细账，如表8-43所示，并编制如下会计分录。

按计划成本发出450件半成品：

借：基本生产成本——第二步骤　　56 250

　贷：自制半成品——A半成品　　56 250

调整发出半成品应负担的成本差异：

借：基本生产成本——第二步骤　　1 890

　贷：材料成本差异——半成品成本差异　　1 890

**表8-43　自制半成品成本明细账（二）**

| 年 | | 凭证号数 | 摘要 | 产品数量/件 | 计划单位成本/元 | 计划成本/元 | 成本差异/元 | 成本差异率 | 实际成本/元 |
|---|---|---|---|---|---|---|---|---|---|
| 月 | 日 | | | | | | | | |
| | | | 月初余额 | 100 | 125 | 12 500 | 100 | | 12 400 |
| | | | 本月完工半成品 | 400 | 125 | 50 000 | 2 000 | | 48 000 |
| | | | 本月累计 | 500 | 125 | 62 500 | 2 100 | 3.36% | 60 400 |
| | | | 本月发出半成品 | 450 | 125 | 56 250 | 1 890 | | 54 360 |
| | | | 月末余额 | 50 | 125 | 6 250 | 210 | | 6 040 |

(3) 根据各种费用分配表、半成品领用单、产成品交库单，以及第二车间在产品定额成本资料，登记第二车间A产品成本明细账，如表8-44所示。在产品成本明细账中，本月所耗半成品费用的计划成本数，按计划单位成本与领用数量乘积登记；本月所耗半成品成本差异，按所耗半成品的计划成本乘以半成品成本差异率计算登记。因为在产品按定额成本计价，其所耗半成品不再负担半成品成本差异，所以，本月所耗半成品成本差异全部都由产成品成本负担。

**表 8-44　产品成本明细账（三）**

第二车间：A 产品

| 年 | | 摘要 | 产量/件 | 半成品 | | | 直接人工/元 | 制造费用/元 | 合计/元 |
|---|---|---|---|---|---|---|---|---|---|
| 月 | 日 | | | 计划成本/元 | 成本差异/元 | 实际成本/元 | | | |
| 8 | 1 | 月初余额 | | 12 000 | | 12 000 | 3 200 | 4 500 | 19 700 |
| | 31 | 本月生产费用 | | 56 250 | 1 890 | 54 360 | 13 640 | 19 400 | 87 400 |
| | 31 | 生产费用累计 | | 68 250 | 1 890 | 66 360 | 16 840 | 23 900 | 107 100 |
| | 31 | 结转完工产品成本 | 430 | 43 960 | 1 890 | 42 070 | 10 340 | 14 000 | 66 410 |
| | 31 | 产成品单位成本 | | 125.60 | 5.40 | 120.20 | 29.54 | 40.00 | 189.74 |
| | 31 | 在产品成本（定额成本） | | 24 290 | | 24 290 | 6 500 | 9 900 | 40 690 |

按计划成本结转半成品成本可以简化和加速成本核算工作，同时也便于进行成本的考核和分析。

3. 综合结转分步法的成本还原

从表 8-42、表 8-44 所列的两个明细账中可以看出，在产成品的成本构成中，存在着“半成品”这一项目，这样的产品成本构成并不以原始成本项目进行反映，对企业进行成本的分析考核，以及加强产品成本管理存在不利影响，不便于企业考核和分析产品成本的构成水平。因此，需要对产成品中的半成品成本进行还原。

成本还原，是指将产成品中的半成品成本分解成各原始项目，从而按原始成本项目反映产成品的成本构成。

通常采用的成本还原方法是：从最后一个步骤起，把各步骤所耗上一步骤的半成品综合成本逐步分解，还原成为直接材料、直接人工和制造费用等原始成本项目，从而求得按原始成本项目反映的产成品成本资料。也就是将本月产成品所耗的上一步骤半成品的综合成本，按照本月所产该种半成品的成本结构进行还原。

**【例 8-6】**　在【例 8-4】中，第二车间完工的总成本为 66 410 元，其中半成品成本为 42 070 元，现对该半成品成本进行还原。

在进行成本还原时，是按照本月所产该种半成品成本结构进行的。因此，要根据第一车间完工的 A 半成品成本结构进行分解。在第一步骤完工的 A 半成品成本 48 000 元中，原材料为 26 400 元、直接人工 9 600 元、制造费用 12 000 元。原材料所占完工半成品成本的比重为 26 400/48 000，则 42 070 元的半成品中原材料费用为

$$42\ 070\times\frac{26\ 400}{48\ 000}=23\ 138.50(\text{元})$$

以此类推，在 42 070 元的 A 半成品成本中所含的直接人工、制造费用分别为

$$\text{半成品中的直接人工费用}=42\ 070\times\frac{9\ 600}{48\ 000}=8\ 414\ (\text{元})$$

$$\text{半成品中的制造费用}=42\ 070\times\frac{12\ 000}{48\ 000}=10\ 517.50\ (\text{元})$$

$$还原分配率=\frac{产成品所耗上一步骤半成品成本合计}{本月所产该种半成品成本合计}$$

从以上计算可以看出，产成品中所耗半成品还原后的各项费用，是以本月所产半成品的各项费用分别乘以还原分配率计算出来的，因而被还原的半成品的各项费用之间的比例与本月所产该种半成品的各项费用之间的比例是相同的。即产成品中的半成品费用按本月所产该种半成品成本的结构进行还原。

还原后的产成品成本构成如下。

原材料费用=23 138.50（元）

直接人工费用=10 340+8 414=18 754（元）

制造费用=10 517.50+14 000=24 517.50（元）

产成品成本合计=66 410（元）

以上计算还可以通过产成品成本还原计算表进行，如表8-45所示。

**表8-45 产成品成本还原计算表**

| 行次 | 项目 | 产量/件 | 还原分配率 | 半成品/元 | 直接材料/元 | 直接人工/元 | 制造费用/元 | 合计/元 |
|---|---|---|---|---|---|---|---|---|
| ① | 还原前产成品成本 | | | 42 070 | | 10 340 | 14 000 | 66 410 |
| ② | 本月所产该种半成品成本 | | | | 26 400 | 9 600 | 12 000 | 48 000 |
| ③ | 对产成品中的半成品成本进行还原 | | $\frac{42\ 070}{48\ 000}$=0.876 548 3 | −42 070 | 23 138.50 | 8 414.00 | 10 517.50 | 0 |
| ④=①+③ | 还原后产成品总成本 | 350 | | | 23 138.50 | 18 754.00 | 24 517.50 | 66 410 |
| ⑤ | 还原后产成品单位成本 | | | | 66.11 | 53.58 | 70.05 | 189.74 |

如果【例8-4】中A产品的生产步骤不是两步，而是三步，按照上述方法还原后，产成品成本还原表“半成品”项目还会有未还原的综合费用，这时应再进行一次还原。如果是四步，则应还原三次，以此类推，直至半成品项目的综合费用全部分解、还原为原始成本项目为止。

4. 综合结转分步法的优缺点和应用条件

综合结转分步法的优点：可以在各生产步骤的产品成本明细账中反映该步骤所耗用的半成品费用水平和本步骤加工费用水平，有利于各个生产步骤的成本管理。例如，可以从钢铁企业炼钢车间产品成本明细账中看出所耗半成品生铁或铁水的费用水平和炼钢成本的水平，有利于炼钢车间的成本管理。综合结转分步法的缺点：为了从整个企业角度反映产品成本的构成，加强成本管理，必须进行成本还原，从而增加了核算工作量。因此，这种方法只宜在管理上要求计算各步骤完工产品所耗半成品费用，但不要求在成本还原的情况下采用。

**（二）分项结转分步法**

采用这种结转法，是将各步骤所耗半成品费用按成本项目分项转入各步骤产品成本明细账的各个成本项目中。如果半成品通过半成品库收发，那么，在自制半成品成本明细账中登记半成品成本时，也要按照成本项目分别登记。

分项结转分步法既可以按照半成品实际成本结转，也可以按照计划单位成本进行结转，然后按成本项目分项调整差异。后一种做法的计算工作量较大。因此一般采用按实际成本结转的方法。

1. 分项结转分步法的计算程序

**【例 8-7】** 现以【例 8-4】A 产品成本资料为例，说明按半成品实际成本进行分项结转的计算程序。

（1）根据各种费用分配表、半成品交库单和第一车间在产品定额成本资料，登记第一车间 A 半成品成本明细账，明细账登记的内容及半成品入库的会计分录与【例 8-4】的明细账及分录完全相同，参见表 8-40 及所列会计分录，这里不再重新列示。

（2）根据半成品交库单和第二步领用半成品的领料单，登记自制半成品成本明细账，如表 8-46 所示。在自制半成品成本明细账中，月初结存 100 件，其总成本为 12 400元，各成本项目资料如账中所列，该资料取自上月末余额；本月增加数根据半成品入库单填列；本月减少数则依据第二车间领料单及单位成本计算登记。

**表 8-46　自制半成品成本明细账**

A 半成品

| 月份 | 摘要 | 数量/件 | 实际成本 | | | |
|---|---|---|---|---|---|---|
| | | | 直接材料/元 | 直接人工/元 | 制造费用/元 | 合计/元 |
| 8 | 月初余额 | 100 | 6 820 | 2 480 | 3 100 | 12 400 |
| 8 | 本月增加 | 400 | 26 400 | 9 600 | 12 000 | 48 000 |
| 8 | 累计 | 500 | 33 220 | 12 080 | 15 100 | 60 400 |
| 8 | 本月产品单位成本 | | 66.44 | 24.16 | 30.20 | 120.80 |
| 8 | 本月减少 | 450 | 29 898 | 10 872 | 13 590 | 54 360 |
| 8 | 月末余额 | 50 | 3 322 | 1 208 | 1 510 | 6 040 |

编制领用半成品的会计分录。

借：基本生产成本——第二步骤　　54 360

　　贷：自制半成品——A 半成品　　54 360

（3）根据各种费用分配表、半成品领料单、自制半成品成本明细账、产成品交库单和第二车间在产品定额成本资料，登记第二车间 A 产成品成本明细账，如表 8-47 所示。

**表 8-47　产成品成本明细账**

第二车间：A 产成品

| 年 | | 摘要 | 产量/件 | 直接材料/元 | 直接人工/元 | 制造费用/元 | 合计/元 |
|---|---|---|---|---|---|---|---|
| 月 | 日 | | | | | | |
| 8 | 1 | 月初余额（定额成本） | | 6 600 | 5 600 | 7 500 | 19 700 |
| | 31 | 本月生产费用 | | | 13 640 | 19 400 | 33 040 |

续表

| 年 | | 摘要 | 产量/件 | 直接材料/元 | 直接人工/元 | 制造费用/元 | 合计/元 |
|---|---|---|---|---|---|---|---|
| 月 | 日 | | | | | | |
| | 31 | 耗用上一步骤半成品 | | 29 898 | 10 872 | 13 590 | 54 360 |
| | 31 | 生产费用累计 | | 36 498 | 30 112 | 40 490 | 107 100 |
| | 31 | 结转完工产成品成本 | 350 | 23 138.50 | 18 754.00 | 24 517.50 | 66 410 |
| | 31 | 产成品单位成本 | | 66.11 | 53.58 | 70.05 | 189.74 |
| | 31 | 在产品成本（定额成本） | | 13 359.50 | 11 358.00 | 15 972.50 | 40 690 |

在产成品成本明细账中，月初余额根据上月末在产品的定额成本资料登记；本月生产费用从有关的费用分配表中查找、登记；耗用上一步骤半成品费用根据表 8-46 的半成品成本明细账或第二车间领料单登记；月末在产品根据在产品的定额资料登记。需要说明的是，这里的月初、月末在产品定额成本资料总额与表 8-43 的相应指标相等，但具体成本构成不同，因为这里的半成品成本是分项结转，按原始成本项目反映成本构成，而表 8-43 成本明细账中半成品成本是综合结转的，没有按原始成本项目反映。故两者总额相等，而具体内容不同。

现在将明细账中的产成品成本构成的数据与表 8-45 的成本还原计算表中的“还原后产成品总成本”的资料相比较，会发现两者数据完全相同。所以，在分项结转分步法中，不需要经过产品成本还原，可以直接求得按原始成本项目反映的产成品成本。

在实际工作中，有时采用分项结转分步法计算的产成品成本构成与还原后的产成品成本构成不相同，但总成本一致。这是因为产品成本计算受到在产品成本的影响，如果上月末在产品成本构成与本月所产半成品成本构成不相同，而成本还原又是按照本月所产半成品成本构成进行，成本还原时就没有考虑上月末半成品成本构成的影响，而分项结转分步法在计算成本时，却是按上月半成品的实际成本构成进行的，即分项结转分步法考虑到了上月半成品成本构成的影响。因此，这两种方法计算的产成品成本会出现产成品成本总额相等，但内部构成却不相同的现象。本书所举例题，是在上月末半成品成本构成与本月所产半成品成本构成完全一致的条件下进行的，因此两者计算结果完全相同。

2. 分项结转分步法的优缺点

综上所述，采用分项结转分步法结转半成品成本，可以直接、正确地提供按原始成本项目反映的企业产品成本资料，便于从整个企业的角度考核和分析产品成本计划的执行情况，不需要进行成本还原。但是，这一方法的成本结转工作比较复杂，而且在各步骤完工产品成本中看不出所耗上一步骤半成品费用是多少，本步骤加工费用是多少，不便于进行各步骤完工产品的成本分析。

例如，钢铁工业企业的炼钢步骤所生产半成品钢锭的成本，如果分项转入轧钢步骤基本生产成本明细账各个成本项目，则在其完工转出的产成品钢材成本中就看不出所耗钢锭费用有多少、本步骤的轧钢费用有多少，因而不便于进行轧钢步骤的成本管理。在上述第二车间 A 产成品成本明细账中，虽然分行分成本项目登记了本月本步骤加工费用和本月所耗半成品费用，但在完工转出的产成品成本中，看不出其中所耗半成品费用是多少、本步骤加工费用是多少。因此，分项结转分步法一般适用在管理上不要求计算各步骤完工产品所耗半成品费用和本步骤加工费用，而要求按原始成本项目计算产品成本的企业。这类企业，各生产步骤的成本管理要求不高，实际上只是按生产步骤分工计算成本，其目的主要是编制按原始成本项目反映的企业产品成本报表。

**（三）逐步结转分步法的优缺点**

采用逐步结转分步法计算产品成本，由于其实物结转与半成品的成本结转相一致，所以各成本计算单中的上月末在产品成本，就是各步骤该产品实际占用的生产资金，将各步骤占用的生产资金进行汇总，就可以计算出企业实际占用的生产资金数额，便于考核生产资金的占用情况，有利于加强对生产资金的管理；同时，采用逐步结转分步法，还可以为各步骤消耗半成品的成本、同行业进行半成品成本的对比、企业内部成本分析和考核等提供半成品成本资料。

但采用综合结转分步法时，若需提供按原始成本项目反映的各产品成本项目的金额，还需进行成本还原，计算工作较为复杂。虽为避免进行成本还原可采用分项结转分步法，但转账手续比较麻烦。按实际成本计价结转时虽比较准确，但影响了成本计算的及时性，不利于考核和分析各步骤成本的升降原因。

按计划成本计价结转时，虽能克服按实际成本计价的缺点，但要进行半成品成本差异的计算和调整。因此，采用逐步结转分步法时，企业应根据本单位的特点，选择采用具体的成本计算模式。

## 三、平行结转分步法

平行结转分步法是平行结转各生产步骤生产费用中应计入产成品成本的份额，然后汇总计算产成品成本的分步法。

**（一）平行结转分步法计算程序**

平行结转分步法计算程序如图 8-4 所示。

从图 8-4 中可以看出，采用平行结转分步法计算成本，各步骤不计算，也不逐步结转半成品成本。图 8-4 中第一步骤、第二步骤完工半成品分别为 300 件、200 件，但在计算成本时，并不计算这些半成品的成本，而是计算出每一步的生产费用应计入 100 件产成品成本的“份额”，将每一步骤的生产费用在 100 件产成品与广义的在产品之间进行划分，在产成品入库时，将所求得的每一步骤计入产成品成本的份额平行汇总，计入“库存商品”账户的借方，贷记“基本生产成本”账户。因此，采用这一方法，无论半成品是在各生产步骤之间直接转移，还是通过半成品库收发，都不通过“自制半成品”账户进行总分类核算。

需要强调的是，在用平行结转法计算成本时，每一步骤生产成本明细账在月末划分费用时，是在完工的产成品与广义的在产品之间划分。这里的在产品包括本步骤正在加工的在产品和本步骤已加工完毕但未最终产成的半成品。也就是说，半成品的实物已经转移，但这些半成品的成本仍保留在本步骤成本明细账中，尚未转出。即半成品的成本与实物转移相脱节。

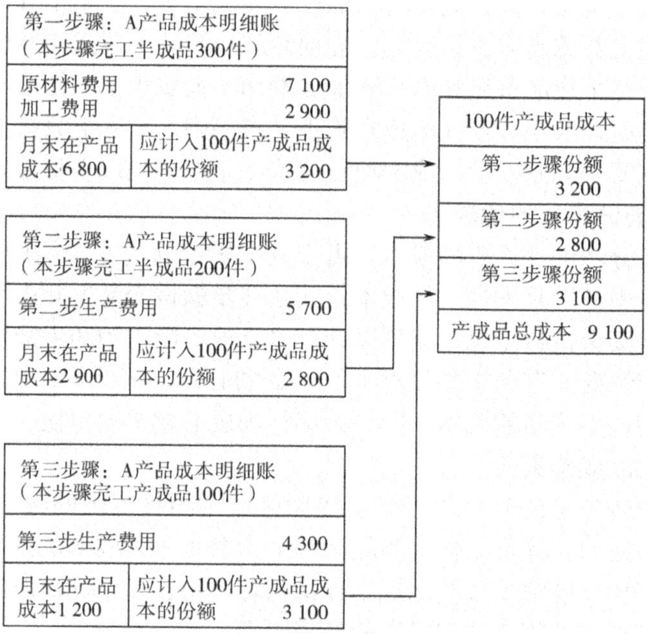


图 8-4 平行结转分步法计算程序（单位：元）

在实务工作中，平行结转分步法的基本计算程序可以总结如下。

（1）按产品和加工步骤设置成本明细账。

（2）各步骤成本明细账分别按成本项目归集本步骤发生的生产费用（但不包括耗用上一步骤半成品的成本）。

（3）月末将各步骤归集的生产费用在产成品与广义在产品之间进行分配，计算各步骤费用中应计入产成品成本的份额。

（4）将各步骤费用中应计入产成品成本的份额按成本项目平行结转，汇总计算产成品的总成本及单位成本。

**（二）平行结转分步法的特点**

（1）采用这一方法，半成品的成本在生产过程中不随着半成品的实物转移而结转。当某一步骤半成品完工，虽然实物转入半成品仓库或直接转入下一步骤加工，但其费用仍停留在本步骤的“基本生产成本明细账”，不转入“自制半成品成本明细账”或下一步骤“基本生产成本明细账”。

（2）采用这一方法，各生产步骤不计算半成品成本，各步骤“基本生产成本明细账”只归集自身发生的费用，不归集从上一步骤转入的半成品费用。例如，当材料是一次投料时，除第一步骤生产费用中包括所耗用的直接材料、直接人工和制造费用外，其他各步骤只有本步骤发生的直接人工和制造费用。

（3）采用这一方法，只是在企业的产成品入库时，才将各步骤费用中应计入产成品成本的“份额”，从各步骤基本生产成本明细账中转出，平行结转汇总计算完工产成品的成本。

（4）采用这一方法，每一生产步骤的生产费用也要在其完工产品与月末在产品之间进行分配。但这里的完工产品，是指企业最后完工的产品；某步骤完工产品费用，是该步骤生产费用中用于产成品成本的份额。与此相联系，这里的在产品是广义在产品，即尚未完成的全部在产品和半成品，包括三种：①尚在本步骤加工中的在产品，即狭义在产品；②本步骤已完工，转入半成品库的半成品；③已从半成品库转到以后各步骤进一步加工、尚未最后完成的产品。因此，这里的在产品费用，是指包括这三个部分的广义在产品的费用。其中后两部分的实物已经从本步骤转出，但其费用仍留在本步骤基本生产成本明细账中，尚未转出。这就是说，在平行结转分步法下，各步骤的生产费用（不包括所耗上一步骤的半成品费用）要在产成品与广义在产品之间进行分配，计算这些费用在产成品成本和广义在产品成本中所占的份额。

**（三）各步骤应计入产成品成本“份额”的计算方法**

采用平行结转分步法计算产成品成本时，月末各步骤需要将本月累计的生产费用在最终的产成品与广义的在产品之间进行分配，从而确定出本步骤费用中应计入产成品成本的份额。常用的分配方法有定额比例法和约当产量法。

（1）采用定额比例法时，应先取得有关定额资料，包括产成品和在产品的定额耗用量（材料消耗定额、工时定额）或定额费用。其中，产成品的定额耗用量或定额费用可根据产成品数量乘以单位产品消耗定额或费用定额计算；月末在产品的定额资料可以采用倒挤的方法计算，即

$$\begin{matrix}\text{月末在产品定额}\\\text{耗用量或定额费用}\end{matrix}=\begin{matrix}\text{月初在产品定额}\\\text{耗用量或定额费用}\end{matrix}+\begin{matrix}\text{本月投入的定额}\\\text{耗用量或定额费用}\end{matrix}-\begin{matrix}\text{本月完工产品定额}\\\text{耗用量或定额费用}\end{matrix}$$

在取得定额资料的基础上，计算各项费用分配率，其中，原材料费用按原材料定额耗用量（或定额费用）比例分配；其他各项费用均按定额工时比例分配。

（2）采用约当产量法时，各步骤应计入产成品成本的份额，其计算公式为

$$\begin{matrix}\text{某步骤应计入产成品}\\\text{成本的份额}\end{matrix}=\begin{matrix}\text{产成品}\\\text{数量}\end{matrix}\times\begin{matrix}\text{单位产成品耗用}\\\text{该步骤半成品数量}\end{matrix}\times\begin{matrix}\text{该步骤单位}\\\text{半成品费用}\end{matrix}$$

其中，

$$\begin{matrix}\text{该步骤单位}\\\text{半成品费用}\end{matrix}=\frac{\text{该步骤月初在产品费用}+\text{该步骤本月生产费用}}{\text{该步骤约当产量}}$$

$$\begin{matrix}\text{某步骤约}\\\text{当产量}\end{matrix}=\text{最终完工产品数量}+\text{广义在产品约当产量}$$

$$=\begin{matrix}\text{最终完工}\\\text{产品数量}\end{matrix}+\begin{matrix}\text{本步骤月末在}\\\text{产品约当产量}\end{matrix}+\begin{matrix}\text{本步骤以后各步}\\\text{期末在产品数量}\end{matrix}$$

**（四）平行结转分步法的成本计算举例**

**【例 8-8】** 其企业生产 A 产品需经过两个生产步骤，半成品不经过半成品库收发。每一生产步骤完工产品与在产品之间的费用划分方法采用定额比例法，其中原材料费用按定额费用比例分配，其他各项费用采用定额工时比例分配。本月第二步骤完工 A 产成品 300 件，有关产成品的定额资料如表 8-48 所示。

表 8-48　有关产成品的定额资料

| 车间 | 直接材料费用定额/元 | 工时定额/小时 |
| --- | --- | --- |
| 第一车间 | 240 | 20 |
| 第二车间 | | 32 |

根据定额资料、各种费用分配表和产成品交库单，登记第一车间、第二车间的产品成本明细账，分别如表 8-49、表 8-50 所示。

表 8-49　产品成本明细账（四）

第一车间：A 产品

| 年 | | 摘要 | 产量 | 直接材料 | | 定额工时 | 直接人工 | 制造费用 | 合计 |
| --- | --- | --- | --- | --- | --- | --- | --- | --- | --- |
| 月 | 日 | | | 定额 | 实际 | | | | |
| 8 | 1 | 月初余额 | | 38 400 元 | 39 500 元 | 2 700 小时 | 17 200 元 | 24 300 元 | 81 000 元 |
| | 31 | 本月生产费用 | | 60 400 元 | 64 240 元 | 5 800 小时 | 35 500 元 | 48 800 元 | 148 540 元 |
| | 31 | 生产费用累计 | | 98 800 元 | 103 740 元 | 8 500 小时 | 52 700 元 | 73 100 元 | 229 540 元 |
| | 31 | 费用分配率 | | | 1.05 元/小时 | | 6.20 元/小时 | 8.60 元/小时 | |
| | 31 | 应计入产成品成本份额 | 300 件 | 72 000 元 | 75 600 元 | 6 000 小时 | 37 200 元 | 51 600 元 | 164 400 元 |
| | 31 | 月末在产品 | | 26 800 元 | 28 140 元 | 2 500 小时 | 15 500 元 | 21 500 元 | 65 140 元 |

上列明细账中，月初余额根据上月末在产品的资料登记；本月的实际生产费用根据有关费用分配表登记；定额材料费用和定额工时根据有关的定额资料、记录填列。

第一车间各项费用分配率计算如下。

$$\text{第一车间直接材料费用分配率}=\frac{103\ 740}{98\ 800}=1.05\ (\text{元/小时})$$

$$\text{第一车间直接人工费用分配率}=\frac{52\ 700}{85\ 00}=6.20\ (\text{元/小时})$$

$$\text{第一车间制造费用分配率}=\frac{73\ 100}{8\ 500}=8.60\ (\text{元/小时})$$

第一车间明细账中完工产成品的定额资料计算如下。

完工产成品的定额材料费用＝300×240＝72 000（元）

完工产成品定额工时＝300×20＝6 000（小时）

完工产成品的实际费用计算如下。

完工产成品在第一车间分配材料费用＝72 000×1.05＝75 600（元）

完工产成品在第一车间分配人工费用＝6 000×6.20＝37 200（元）

完工产成品在第一车间分配制造费用＝6 000×8.60＝51 600（元）

**表 8-50 产品成本明细账（五）**

第二车间：A 产品

| 年 | | 摘要 | 产量/件 | 直接材料 | | 定额工时 | 直接人工 | 制造费用 | 合计 |
|---|---|---|---|---|---|---|---|---|---|
| 月 | 日 | | | 定额/元 | 实际/元 | | | | |
| 8 | 1 | 月初余额 | | | | 3 600 小时 | 24 130 元 | 28 500 元 | 52 630 元 |
| | 31 | 本月生产费用 | | | | 8 400 小时 | 53 870 元 | 83 100 元 | 136 970 元 |
| | 31 | 生产费用累计 | | | | 12 000 小时 | 78 000 元 | 111 600 元 | 189 600 元 |
| | 31 | 费用分配率 | | | | | 6.50 元/小时 | 9.30 元/小时 | |
| | 31 | 应计入产成品成本份额 | 300 | | | 9 600 小时 | 62 400 元 | 89 280 元 | 151 680 元 |
| | 31 | 月末在产品 | | | | 2 400 小时 | 15 600 元 | 22 320 元 | 37 920 元 |

第二车间各项费用分配率计算如下。

$$\text{第二车间直接人工费用分配率}=\frac{78\ 000}{12\ 000}=6.50\ (\text{元/小时})$$

$$\text{第二车间制造费用分配率}=\frac{111\ 600}{12\ 000}=9.30\ (\text{元/小时})$$

第二车间明细账中完工产成品的定额资料计算如下。

$$\text{完工产成品的定额工时}=300\times 32=9\ 600(\text{小时})$$

完工产成品的实际费用计算如下。

$$\text{完工产成品分配的直接人工费用}=9\ 600\times 6.50=62\ 400\ (\text{元})$$

$$\text{完工产成品分配的制造费用}=9\ 600\times 9.30=89\ 280\ (\text{元})$$

根据第一、第二车间产品成本明细账所记产成品成本份额，平行汇总产成品成本，如表 8-51 所示。

**表 8-51 产成品成本汇总表**

| 车间 | 产量/件 | 直接材料/元 | 直接人工/元 | 制造费用/元 | 合计/元 |
|---|---|---|---|---|---|
| 第一车间 | | 75 600 | 37 200 | 51 600 | 164 400 |
| 第二车间 | | | 62 400 | 89 280 | 151 680 |
| 合计 | 300 | 75 600 | 99 600 | 140 880 | 316 080 |
| 单位成本 | | 252 | 332 | 469.60 | 1 053.60 |

**【例 8-9】** 某企业大量大批生产甲产品，分三个步骤分别由三个基本生产车间进行生产。第一车间生产 A 半成品，第二车间将 A 半成品加工成 B 半成品，第三车间将 B 半成品加工成甲产品。每件甲产品耗用各步骤半成品均为 1 件。原材料在生产开始时一次投入，月末各步骤狭义在产品完工程度均为 50%。

该企业某年 10 月有关产量和成本资料如下。

（1）产量记录如表 8-52 所示。

**表 8-52　产量记录**

单位：件

| 项目 | 第一车间 | 第二车间 | 第三车间 |
|---|---|---|---|
| 月初在产品 | 60 | 110 | 140 |
| 本月投入 | 300 | 270 | 300 |
| 本月完工 | 270 | 300 | 340 |
| 月末在产品 | 90 | 80 | 100 |

（2）月初在产品成本如表 8-53 所示。

**表 8-53　月初在产品成本**

单位：元

| 项目 | 直接材料 | 直接人工 | 制造费用 | 合计 |
|---|---|---|---|---|
| 第一车间 | 6 260 | 3 880 | 4 300 | 14 440 |
| 第二车间 | | 2 700 | 1 860 | 4 560 |
| 第三车间 | | 1 200 | 1 440 | 2 640 |

（3）本月生产费用资料如表 8-54 所示。

**表 8-54　本月生产费用资料**

单位：元

| 项目 | 直接材料 | 直接人工 | 制造费用 | 合计 |
|---|---|---|---|---|
| 第一车间 | 5 940 | 4 030 | 4 740 | 14 710 |
| 第二车间 | | 4 500 | 2 940 | 7 440 |
| 第三车间 | | 2 310 | 3 240 | 5 550 |

根据上述资料，采用平行结转分步法计算产品成本。

（4）各车间产品成本明细账如表 8-55～表 8-57 所示。

**表 8-55　第一车间产品成本明细账**

产品名称：A 半成品

单位：元

| 项目 | 直接材料 | 直接人工 | 制造费用 | 合计 |
|---|---|---|---|---|
| 月初在产品成本/元 | 6 260 | 3 880 | 4 300 | 14 440 |
| 本月生产费用/元 | 5 940 | 4 030 | 4 740 | 14 710 |
| 合计/元 | 12 200 | 7 910 | 9 040 | 29 150 |
| 分配率/（元/小时） | 20 | 14 | 16 | |
| 应计入产成品（340 件）成本的份额/元 | 6 800 | 4 760 | 5 440 | 17 000 |
| 月末在产品成本/元 | 5 400 | 3 150 | 3 600 | 12 150 |

表 8-55 中，“应计入产成品成本的份额”，应用前述计算公式计算。

$$\text{直接材料应计入产成品成本的份额}=\frac{12\ 200}{340+100+80+90}\times 340=6\ 800\text{（元）}$$

$$\text{直接人工应计入产成品成本的份额}=\frac{7\ 910}{340+100+80+90\times 50\%}\times 340=4\ 760\text{（元）}$$

$$\text{制造费用应计入产成品成本的份额}=\frac{9\ 040}{340+100+80+90\times 50\%}\times 340=5\ 440\text{（元）}$$

月末在产品成本采用倒扣的方法确定。

**表 8-56　第二车间产品成本明细账**

产品名称：B半成品

| 项目 | 直接材料 | 直接人工 | 制造费用 | 合计 |
|---|---|---|---|---|
| 月初在产品成本/元 | | 2 700 | 1 860 | 4 560 |
| 本月生产费用/元 | | 4 500 | 2 940 | 7 440 |
| 合计/元 | | 7 200 | 4 800 | 12 000 |
| 分配率/（元/小时） | | 15 | 10 | |
| 应计入产成品（340 件）成本的份额/元 | | 5 100 | 3 400 | 8 500 |
| 月末在产品成本/元 | | 2 100 | 1 400 | 3 500 |

表 8-56 中，应计入产成品成本的份额分别计算如下。

$$\text{直接人工应计入产成品成本的份额}=\frac{7\ 200}{340+100+80\times 50\%}\times 340=5\ 100\text{（元）}$$

$$\text{制造费用应计入产成品成本的份额}=\frac{4\ 800}{340+100+80\times 50\%}\times 340=3\ 400\text{（元）}$$

**表 8-57　第三车间产品成本明细账**

产品名称：甲产品

| 项目 | 直接材料 | 直接人工 | 制造费用 | 合计 |
|---|---|---|---|---|
| 月初在产品成本/元 | | 1 200 | 1 440 | 2 640 |
| 本月生产费用/元 | | 2 310 | 3 240 | 5 550 |
| 合计/元 | | 3 510 | 4 680 | 8 190 |
| 分配率/（元/小时） | | 9 | 12 | |
| 应计入产成品（340 件）成本的份额/元 | | 3 060 | 4 080 | 7 140 |
| 月末在产品成本/元 | | 450 | 600 | 1 050 |

表 8-57 中应计入产成品成本的份额分别计算如下。

$$\text{直接人工应计入产成品成本的份额}=\frac{3\ 510}{340+100\times 50\%}\times 340=3\ 060\text{（元）}$$

$$\text{制造费用应计入产成品成本的份额}=\frac{4\ 680}{340+100\times 50\%}\times 340=4\ 080\text{（元）}$$

(5) 根据上述计算结果，将各步骤应计入产成品成本的份额平行汇总，计算产成品成本，编制产成品成本汇总计算表，如表8-58所示。

**表8-58　产成品成本汇总计算表**

产品名称：甲产品　　　　20××年10月

产量：340件　　　　单位：元

| 项目 | 直接材料 | 直接人工 | 制造费用 | 合计 |
|---|---|---|---|---|
| 第一车间 | 6 800 | 4 760 | 5 440 | 17 000 |
| 第二车间 | | 5 100 | 3 400 | 8 500 |
| 第三车间 | | 3 060 | 4 080 | 7 140 |
| 总成本 | 6 800 | 12 920 | 12 920 | 32 640 |
| 单位成本 | 20 | 38 | 38 | 96 |

结转完工产品的生产成本，编制会计分录如下。

借：库存商品　　32 640

　　贷：基本生产成本——第一车间　　17 000

　　　　　　　　　　——第二车间　　8 500

　　　　　　　　　　——第三车间　　7 140

**(五) 平行结转分步法的优缺点和应用条件**

平行结转分步法的优点如下：①由于各步骤不计算所耗上一步骤半成品的成本，只计算本步骤所发生的费用应计入产成品成本中的份额，将这一份额平行汇总即可计算出产成品成本。因此，各生产步骤月末可以同时进行成本计算，不必等待上一步骤半成品成本的结转，从而加快了成本计算工作的速度，缩短了成本计算的时间。②能够直接提供按原始成本项目反映的产成品成本资料，有助于进行成本分析和成本考核，不必进行成本还原，简化了成本计算工作。

平行结转分步法的缺点如下：①不能提供各步骤半成品成本资料及各步骤所耗上一步骤半成品费用资料，因而不能全面地反映各步骤生产耗费水平，不利于各步骤的成本管理。②各步骤间不结转半成品成本，使半成品实物转移与费用结转脱节，因而不能为各步骤在产品的实物管理和资金管理提供资料。

平行结转分步法的优缺点与逐步结转分步法的优缺点相反。该方法只宜在半成品种类较多，逐步结转半成品成本工作量较大，管理上又不要求提供各步骤半成品成本资料的情况下采用。

## 第四节　分　类　法

### 一、分类法的特点和适用范围

产品成本计算的分类法是按照产品类别归集生产费用，先计算各类产品的总成本，再按一定标准分配计算类内各种产品成本的方法。在实际工作中，一般将类内各产品之间的分配成本比例折合为系数，按系数进行分配，所以，分类法又称为系数法。

分类法适用于产品品种、规格繁多，且可以按照一定标准将产品划分为若干类别的生产。具体有品种规格繁多，但耗用主要材料相同、工艺相同的产品生产，如服装行业生产的服装，搪瓷行业生产的面盆、口杯，食品厂生产的面包、饼干，灯泡厂生产的不同瓦数的灯泡，无线电厂生产的不同型号的电子元件等。另外还有联产品、副产品的生产。

分类法是以产品类别为成本计算对象的，因此采用这种方法应将产品划分为不同的类别，按类别开设成本计算单，归集和分配生产费用。产品的分类方法要以产品的结构及所耗原材料和工艺技术过程为标准，相同者归为一类，不同者不能归为一类。因为耗用原材料不同，各种产品的材料成本会有较大差别，工艺过程不同，其加工费用也会产生较大差别，如将其归并为一类，则会影响成本计算的正确性。分类的类距也要适当，应本着简化工作，又能比较正确计算产品成本的原则来确定。

采用分类法时，必须选择合理的标准分配计算类内各种产品的成本。分配标准的选择，既要保证费用分配结果的正确性和合理性，又要使分配工作简便易行。通常采用的分配标准有产品的数量、重量、体积、长度、定额耗用量、定额成本、售价等，或将这些标准折合为系数。

分类法不是一种独立的成本计算方法，它是由品种法、分批法、分步法等基本方法派生出来的，为了简化产品品种、减少规格繁多的成本计算对象而采用的一种成本计算方法。

采用分类法需对产品分类和对类内各种产品分配标准进行选择，这样成本计算具有一定假定性，所以标准应尽量符合实际。当产品所用原材料或工艺过程发生较大变动时应重新考虑产品分类，重新选择分配标准。

成本计算时间要根据生产组织来定，分类法结合品种法或分步法进行成本计算时，应定期在月末进行；如与分批法结合应用，成本计算期就不可能固定。

## 二、分类法的成本计算程序

分类法的成本计算程序如下。

(1) 确定产品的类别。按产品的类别为成本计算对象开设成本计算单，归集和分配本月费用。

(2) 每月月末，按类别计算出本月完工产品成本和月末在产品成本。

(3) 计算分配类内各种产品或规格产品的成本。将已计算出的每类完工产品成本采用一定的方法分配给类内各种产品或不同规格的产品，然后计算产品的总成本和单位成本。

进行类内产品的费用分配是分类法的重点内容，在进行类内产品的费用分配时，可以按以下步骤进行：①确定标准产品及产品的分配标准额（如消耗定额、费用定额或工时定额等），将标准产品的系数定为 1；②用其他产品的分配标准额同标准产品的分配标准额相比，计算出比率，即系数；③计算各产品的总系数；④利用总系数进行费用分配，计算出各种产品负担费用；⑤汇总计算各种完工产品的总成本和单位成本。

## 三、类内产品费用分配的方法

要进行类内产品费用分配，首先要计算系数，由于成本计算要求的不同，系数可以分为综合系数和单项系数。

综合系数是以某一综合性分配标准为基础制定的系数。计算公式为

$$单位成本(售价)系数=\frac{某种产品的定额成本(售价)}{标准产品的定额成本(售价)}$$

采用综合系数分配费用，计算比较简单，但分配结果的正确性较差。

单项系数是以某一单项分配标准为基础制定的系数。原材料成本系数分为两种情况：一是如果共同耗用多种原材料，则按定额成本来计算系数，其公式为

$$原材料成本系数=\frac{某种产品所耗各种原材料定额成本}{标准产品所耗各种原材料定额成本}$$

二是如果共同耗用一种原材料，则按原材料的消耗定额计算系数，其公式为

$$原材料成本系数=\frac{某产品耗用原材料消耗定额}{标准产品耗用原材料消耗定额}$$

产品的人工和制造费用可以按下列公式计算系数。

$$工资(费)成本系数=\frac{某产品工资(费)定额成本(或定额工时)}{标准产品工资(费)定额成本(或定额工时)}$$

采用单项系数分配计算产品成本，计算较复杂，但结果较准确。

系数确定后，再计算各种产品的总系数，并据以分配计算类内各种产品的成本。计算公式为

$$某种产品总系数(标准产量)=该产品实际产量\times系数$$

$$类内标准产品总量(总系数)=\sum各产品标准产量$$

$$分配率(单位系数成本)=\frac{某类产品总成本}{某类标准产品总量}$$

$$某种产品总成本=分配率\times该产品总系数$$

$$某种产品单位成本=\frac{该种产品总成本}{该种产品产量}$$

## 四、分类法成本计算举例

**【例 8-10】** 某厂采用分类法计算产品成本，按一定的标准将繁多的品种划分为若干类。甲、乙、丙三种产品结构相同，耗用材料相同，归成一类，为第二大类。

(1) 开设按产品类别的成本计算单如表 8-59 所示，归集和分配本月费用的方法和程序与品种法相同，因而本例计算分配过程略。

表 8-59 产品成本计算单

产品类别：第二大类　　20××年×月　　单位：元

| 摘要 | 直接材料 | 直接人工 | 制造费用 | 合计 |
|---|---|---|---|---|
| 月初在产品成本 | 57 500 | 10 200 | 16 800 | 84 500 |
| 本月生产费用 | 255 000 | 41 460 | 67 700 | 364 160 |
| 生产费用累计 | 312 500 | 51 660 | 84 500 | 448 660 |
| 完工产品成本 | 263 680 | 42 900 | 70 200 | 376 780 |
| 月末在产品定额成本 | 48 820 | 8 760 | 14 300 | 71 880 |

(2) 计算和分配类别的本月完工产品和月末在产品成本。月末在产品成本按定额成本计算。计算分配过程略，其结果如表 8-59 所示。

(3) 分配计算第二大类的三种产品的成本。三种产品的产量如下：甲产品为 1 000 千克，乙产品为 700 千克，丙产品为 400 千克。

三种产品的单位产品所耗用的材料和人工工时的数量均不同，采用系数法分配类内三种产品的成本。材料费用按材料定额成本系数分配，其他费用按定额工时系数分配。三种产品的单位产品定额资料和单位系数，如表 8-60 所示。

表 8-60 单位产品定额资料和单位系数计算表

| 产品名称 | 直接材料费 | | 人工工时 | |
|---|---|---|---|---|
| | 单位产品定额费用/元 | 单位系数 | 单位产品定额工时/小时 | 单位系数 |
| 甲产品（标准产品） | 120 | 1 | 4 | 1 |
| 乙产品 | 96 | 96/120=0.8 | 2 | 2/4=0.5 |
| 丙产品 | 150 | 150/120=1.25 | 6 | 6/4=1.5 |

根据三种产品产量、直接材料费和人工工时的单位系数，分配计算甲产品、乙产品、丙产品三种产品的成本，如表 8-61 所示。

表 8-61 第二大类各种完工产品成本分配计算表

| 项目 (①) | 产量/千克 (②) | 直接材料单位系数 (③) | 直接材料总系数 (④=②×③) | 定额工时单位系数 (⑤) | 定额工时总系数 (⑥=②×⑤) | 直接材料/元 (⑦=④×率[1]) | 直接人工/元 (⑧=⑥×率[2]) | 制造费用/元 (⑨=⑥×率[3]) | 成本合计/元 (⑩) |
|---|---|---|---|---|---|---|---|---|---|
| | | | | | | 分配额 | 分配额 | 分配额 | |
| 分配率 | | | | | | 128 | 22 | 36 | |
| 甲产品 | 1 000 | 1 | 1 000 | 1 | 1000 | 128 000 | 22 000 | 36 000 | 186 000 |
| 乙产品 | 700 | 0.8 | 560 | 0.5 | 350 | 71 680 | 7 700 | 12 600 | 91 980 |

续表

| 项目<br>(①) | 产量<br>/千克<br>(②) | 直接材料<br>单位系数<br>(③) | 直接材料<br>总系数<br>(④=<br>②×③) | 定额工时<br>单位系数<br>(⑤) | 定额工时<br>总系数<br>(⑥=<br>②×⑤) | 直接材<br>料/元<br>(⑦=<br>④×率1)) | 直接人<br>工/元<br>(⑧=<br>⑥×率2)) | 制造费<br>用/元<br>(⑨=<br>⑥×率3)) | 成本合<br>计/元<br>(⑩) |
|---|---|---|---|---|---|---|---|---|---|
| 丙产品 | 400 | 1.25 | 500 | 1.5 | 600 | 64 000 | 13 200 | 21 600 | 98 800 |
| 合计 | | | 2 060 | | 1 950 | 263 680 | 42 900 | 70 200 | 376 780 |

1) 直接材料分配率=263 680/2 060=128；

2) 直接人工分配率=42 900/1 950=22；

3) 制造费用分配率=70 200/1 950=36

## 五、分类法的优缺点及注意事项

分类法的成本计算对象是产品的类别，这就使成本计算对象大为减少，节省了归集和分配费用，以及登记产品成本明细账的工作量，所以简化了成本核算工作。但是，由于类内各种产品或不同规格产品的成本是用一定的标准和比例分配计算出来的，其正确性和合理性受到一定的影响，所以，采用分类法计算成本应注意划分类别的范围，选择分配类内各种产品的标准都要适当。划分类别的范围要适当是指，首先，要按照前面所阐述的条件分类。其次，类距的大小也要适当。类距过大，分配结果不正确；类距过小，达不到简化成本核算的目的。选择分配类内产品成本的标准要适当，指所选择的分配标准应与所分配产品成本的高低有直接联系，它是影响产品成本的内在因素。

## 六、联产品的成本计算

### （一）联产品的概念及特点

联产品是指工业企业在生产过程中，利用同一种材料，在同一生产过程中同时生产出两种或两种以上的主要产品。例如，炼油厂提供原油，可以从中提炼出汽油、煤油和柴油等各种联产品，又如甘蔗制糖厂用甘蔗作为原料可以同时生产出白砂糖和赤砂糖，因为这些产品是对同一种原料进行加工，而且又是在同一生产工艺过程中生产出来的，且又都是主要产品，所以它们叫作联产品。

联产品的特点有以下几个。

(1) 联产品是在生产过程中利用同一种原材料一起生产出来的，其性质和用途都不一样。

(2) 联产品在生产过程中所耗用的原材料和加工费是不能按照产品分别计算的。

(3) 各种联产品都是主要产品。其生产工艺程序也不尽相同。有些是自投料在同一生产过程中进行生产，最后生产出联产品；有些是在同一生产过程中的某步骤生产出半成品，分离出来再按照各自的生产过程进一步加工，生产出产成品。对前一类联产品成本的计算，由于它们都是耗用同一种原材料，在同一生产过程中加工出来的，它们的费用汇总在一起后，就无法分别按每种联产品计算。所以，可将联产品视为产品，采用分类法进行成本计算，计算出来的半成品在分离后再进一步加工生产时，就要按照分离后的生产加工特点，采用产品成本计算的品种法、分批法等成本计算方法，才能计算出分离后的联产品成本。

### （二）联产品成本的会计处理

联产品从原料投入到产品销售要经过三个阶段：分离前、分离时和分离后。分离前在联合生产过程发生的费用汇总后确定联合成本。联产品分离时的分离点或分裂点是最关键的，它是联合生产过程的结束，在分离点就必须采用可行的分配办法，将联合成本分配于各联产品。分离后，不需进一步加工即可销售或结转的联产品，其成本就是分配的联产品成本。分离后如需进一步加工，继续加工费用为直接费用的，可直接计入联产品加工成本；为间接费用的，应在相关的产品间分配计入联产品加工成本。联合成本加上继续加工成本为该产品的销售成本，联产品成本计算的三个部分中，总联合成本与继续加工成本的计入，可适用于前面介绍的几种成本计算方法。这里着重阐述联合成本的分配问题，通用的基本方法包括：用系数法分摊联合成本，用实物单位法分摊联合成本，用相对销售价值分摊联合成本，用在分离点上能够实现的净值分摊联合成本。

### （三）联产品的成本计算方法

1. *系数分配法*

系数分配法就是将各种联产品的实际产量乘以系数，然后按总系数比例分配费用，计算联产品成本。这种方法在前面已经详细论述，不再赘述。

2. *实物量分配法*

实物量分配法就是按分离点上各种联产品的重量、容积或其他实物量比例来分配联合成本。举例如表 8-62 所示。

**表 8-62　联合成本按实物量比例分配**

| 产品 | 产量/千克 | 分配比例/% | 成本分配额/元 | 单位成本/元 | 单位售价/元 | 毛利/元 | 毛利率/% |
|---|---|---|---|---|---|---|---|
| 甲产品 | 7 500 | 40 | 30 000 | 4 | 5 | 1.0 | 20 |
| 乙产品 | 7 500 | 40 | 30 000 | 4 | 4.5 | 0.5 | 11.11 |
| 丙产品 | 2 625 | 14 | 10 500 | 4 | 4.8 | 0.8 | 16.67 |
| 丁产品 | 1 125 | 6 | 4 500 | 4 | 4.2 | 0.2 | 4.76 |
| 合计 | 18 750 | 100 | 75 000 | | | | |

按实物量分配联合成本，优点是简便易行，因为物质产品都可用实物单位计量，资料较易取得，给成本分摊带来方便；某些分离后需继续加工的中间产品，无法确定销售价格时也可以采用此法。

但是，采用实物量分配法存在下列两个问题。

(1) 没有充分考虑联产品经济含量，使各联产品的实际单位成本与获取销售收入能力无关。从表 8-62 可以看出，将联合成本除以各联产品的实物量之和，得到的每实物单位应负担的联合成本额，其实质是简单平均单位成本，使各联产品的实际单位成本一致。一般来说，各联产品的销售单价是不同的，相同的实际单位成本可能造成售价低的联产品亏损。例如，豆油生产会联产出豆饼；若豆油每千克售价 3 元，豆饼每千克售价 0.3 元，用实物量分配法求得某月豆油、豆饼单位成本都为 2 元，从而使豆饼生产每千克亏损 1.7 元。如果因此而认为企业应只生产豆油而停止生产豆饼，显然是不明智的。首先，它们的生产过程是联合为一体的，没有豆饼的产生，豆油是无法产出的。其次，企业若把豆饼扔掉，以免出售而遭受损失，则全部联合成本就将由豆油负担，反而会使总收益下降。

（2）假定所有产出的联产品有相同的实物计量单位。如果一种联产品是气体，以立方米计量，而另一种是液体，以吨计量，那么就有必要将所有的实物换算为同一计量单位后，再按比例分配各联产品的总成本，按加权平均法求得实际单位成本。例如，油气田开采同时联产出原油和天然气，原油以吨计量，天然气以立方米计量，通常 1 000 立方米折算为 1 吨，再按实物量比例分配开采原油和天然气的联合成本。这种变化延伸为把各联产品实物量根据一定标准换算为相对实物量，再按比例分配联合成本，类似于前述的系数分配法。

从实物量分配法的两个问题可知，该法较适用于特征、含量和销售单价近似的联产品联合成本分配。

3. 按相关销售价值分配法

按相关销售价值分配法以不同的联产品有不同销售价格，售价较高的联产品通常应该成比例地负担较高份额的联合成本为理论依据，这种方法从另一个侧面来弥补实物量分配方法的不足，如表 8-63 所示。

**表 8-63　联产品成本计算表**（按相关销售价值分配法）

| 产品 | 数量/件 | 销售价值/元 | 价值百分比/% | 成本分配/元 | 单位成本/元 |
|---|---|---|---|---|---|
| 甲产品 | 800 | 24 000 | 40 | 9 600 | 12 |
| 乙产品 | 500 | 36 000 | 60 | 14 400 | 28.80 |
| 合计 | 1 300 | 60 000 | 100 | 24 000 | |

从计算过程和结果可看出，这种方法把联合成本的分配和联产品的最终销售价值联系起来，按各联产品的销售价值的比例来分摊联产品分离前的成本。避免了按物理量分配方法使售价低的产品亏损的问题发生。但是实际生产中，不是所有的产品成本都与产品售价有关，有些高价格的产品，其实际成本却低，这既受影响价格的多种因素影响，还受材料耗用计价方法的影响。

4. 按分离点上能够实现的净值分配法

按分离点上能够实现的净值分配法是将联产品的联合成本按各联产品的最终销售价格减去分离后成本的价值比例进行分配的方法，如表 8-64 所示。

**表 8-64　联产品成本计算表**（按分离点上能够实现的净值分配法）

| 产品 | 数量/件 | 分离时的价格/元 | 分离时的价值/元 | 价值百分比/% | 成本分配/元 | 单位成本/元 |
|---|---|---|---|---|---|---|
| 甲产品 | 600 | 40－10 | 18 000 | 45 | 10 800 | 18 |
| 乙产品 | 400 | 90－35 | 22 000 | 55 | 13 200 | 33 |
| 合计 | 1 000 | | 40 000 | 100 | 24 000 | |

从计算结果和过程可看出，这种方法适用于联产品在分离后加工较多的情况，避免了按相关销售价值分配方法造成分离后加工产品利润率过低甚至亏损的情况。

分配联产品成本的四种方法，结果形成了不同的单位成本。因此，各企业应该根据企业的特点和联产品加工的情况，选择既能准确计算又简便易行的方法，在许多情况下，第四种方法会给出一个更好的解答。

## 七、副产品的成本计算

### （一）副产品的概念及特点

副产品是指企业在生产主要产品的过程中附带生产出的一些非主要产品。副产品不是企业生产的主要产品，但这些副产品有一定的经济用途和经济价值，能够满足社会上的某一需求。例如，炼油厂在提炼原油的过程中所产生的石焦油、油渣；在高炉炼铁过程中，生产出铁产品的同时，也可以收回一部分煤气；又如，炼钢过程中所生产的炉渣，也可以用来生产制造水泥。

副产品成本计算的特点：由于企业的副产品和主产品是在同一生产过程中生产出来的，所以，副产品和主产品发生的费用很难严格划分，仅能将副产品和主产品作为一类产品，采用产品成本计算分类法来归集费用并计算产品成本。但是，由于在一般情况下副产品单位价值都比较低，在企业全部产品中占的比重较小，所以企业在计算产品成本时，可以采用简单的计算方法，首先计算出副产品成本，然后从发生的费用总额中减去副产品成本，余额就是主产品的成本。

联产品和副产品的划分不是一成不变的。随着技术的进步、生产的发展，一些副产品的用途扩大，经济价值提高，副产品变成了联产品，同时，一些联产品由于生产工艺的改变，也可能从联产品降为副产品，或者把副产品当作联产品，这通常与企业的经营政策、经营方向有密切关系。例如，企业要集中力量创一两个名牌优质产品，则将其他种类的产品作为副产品。

### （二）副产品成本的会计处理

副产品是企业次要产品，对企业的收入和利润都影响甚微，因此副产品成本会计处理可以选用以下方法之一来进行。

（1）把副产品收入作为其他收入来处理。当副产品价值极微时，假定其分配的联合成本为零，联合成本全部由主产品成本负担，因此，当副产品回收时，保持一种数量存货，等到销售出去借记“应收账款”等账户，贷记“副产品销售收入”账户。这种方法手续简便，可减少成本计算工作量。但是副产品不负担分离前的联合成本，这样会使主产品成本计算的准确性受到影响。

（2）把副产品收入作为商品销售成本的减少来处理，即把副产品的销售价格扣除继续加工成本、销售费用、销售税金及合理利润后作为扣除价格，再从联合成本中扣除。这种方法揭示了主产品的产品成本净额。但是与联产品的相关销售价值分配方法相同，当市场价格大幅度地波动时，副产品的价值和成本客观上又受到很大程度的影响，结果又会影响到主产品成本计算的准确性。

（3）把副产品成本从联合成本中分离出来。如果副产品在企业销售额中不是微乎其微，还能占据一定的比例，那就可以按照联产品分配的办法来分配联合成本，分配结果当然是副产品占少量成本。副产品所分配的联合成本加上继续加工成本就是副产品的成本。

（4）把副产品成本在分离点上能够实现的净值，当作主要产品的成本减少来处理。能够实现的净值，就是副产品估计的销售价减去各自增加的加工成本和销售费用。

## 八、等级品的成本核算

### （一）等级品的含义

等级品是指品种相同但质量有所差别的产品，如纺织品、搪瓷器皿、电子元件的生产常有等级品产生。等级品与联、副产品相同之处在于都是使用同种原材料，经过同一生产过程而产生的。它们的不同之处在于：联、副产品之间产品性质、用途不同，属于不同种产品，而等级品是性质、用途相同的同种产品；在每种联产品、副产品中，其质量比较一致，因而销售单价相同，而各等级品质量存在差异，从而销售单价相应分为不同等级。

等级品与非合格品是两个不同的概念。等级品质量上的差别一般是在允许的设计范围以内的，这些差别一般不影响产品的使用寿命。非合格品是指等级以下的产品，其质量标准达不到设计的要求，属于废品范围。

### （二）等级品成本计算

知识链接
配比原则

等级品应根据造成等级品质量差别的原因确定成本计算方法。如果等级产品是由工人操作不当、技术不熟练等主观因素造成的，可以采用实物量分配法，以使各等级品的单位成本相同。因为各产品虽然等级不同，但使用原材料、经过的生产过程都相同，所以各等级品的单位成本理应没有差别。同时，低等级品成本与正品成本一样，由于售价较低，其毛利低于正品毛利的差额，能够比较敏感地反映由企业产品质量管理不善导致的经济损失。

等级品也可能是所用原材料的质量或受目前技术水平限制等原因不可避免而产生的，即客观原因造成的。例如，某些电子元件产品，由于目前生产技术水平限制，难以控制其产品质量，生产出售价差别较大的等级产品；对原煤进行洗煤加工，由于受原料质量影响，洗出售价不同的等级煤。上述情况一般不能对各等级产品确定相同的单位成本，要采用系数分配法计算各等级产品成本。通常以单位售价比例定出系数，再按系数的比例计算出不同等级产品应负担的联合成本。这样不同等级产品具有不同的单位成本，等级高、售价大的产品负担成本多，等级低、售价小的产品负担成本少，这种做法更符合收入与成本相配比的要求。

第八章重要术语　　第八章案例分析　　第八章思政课堂

## 课后练习题

### 一、单项选择题

1. 在采用品种法计算产品成本的企业或车间中，如果只生产一种产品，发生的生产费用（　　）。

A. 全部都是直接费用　　B. 全部都是间接费用

C. 有直接费用同时也有间接费用　　D. 直接费用和间接费用不能同时存在

2. 产品成本计算的分批法适用于（　　）。

A. 小批生产　　B. 大批生产　　C. 大量生产　　D. 多步骤生产

3. 采用简化分批法，在产品完工之前，产品成本明细账（　　）。

A. 不登记任何费用　　B. 只登记直接费用和生产工时

C. 只登记原材料费用和生产工时　　D. 登记间接费用，不登记直接费用

4. 在分批法下，累计间接费用分配率（　　）。

A. 只是在各批产品之间分配直接费用的依据

B. 只是在各批在产品之间分配间接费用的依据

C. 既是各批产品之间，也是完工产品与在产品之间分配间接费用的依据

D. 只是完工产品与在产品之间分配间接费用的依据

5. 全部产品某项累计间接计人费用分配率的计算公式是（　　）。

A. 全部产品该项累计间接计人费用÷全部产品累计工时

B. 全部产品该项全部费用÷全部产品累计生产工时

C. 全部产品累计生产工时÷全部产品该项累计间接费用

D. 全部产品该项直接计人费用÷全部产品累计生产工时

6. 简化分批法的优点是（　　）。

A. 简化间接费用的分配和登记工作　　B. 产品成本计算准确

C. 便于考核各月生产费用　　D. 能够按成本项目反映在产品成本

7. 产品成本计算的分步法是（　　）。

A. 分车间计算产品成本的方法　　B. 计算各步骤半成品成本的方法

C. 按照生产步骤计算产品成本的方法　　D. 计算各批次半成品成本的方法

8. 成本还原中的对象是（　　）。

A. 产成品成本　　B. 各步骤所耗上一步骤半成品的综合成本

C. 最后步骤的产成品成本　　D. 各步骤半成品成本

9. 进行成本还原，应以还原分配率分别乘以（　　）。

A. 本月所产半成品各个成本项目的费用
B. 本月所耗半成品各个成本项目的费用
C. 本月所产该种产成品各个成本项目的费用
D. 本月所耗该种产成品各个成本项目的费用

10. 采用平行结转分步法（　　）。
A. 不能全面地反映各个生产步骤产品的生产耗费水平
B. 能够全面地反映各个生产步骤产品的生产耗费水平
C. 能够全面地反映第一个生产步骤产品的生产耗费水平
D. 能够全面地反映最后一个生产步骤产品的生产耗费水平

11. 产品成本计算的步骤与实际生产步骤（　　）。
A. 完全一致　　B. 不一致
C. 与生产车间一致　　D. 不一定完全一致

12. 逐步结转分步法实际上是多次连续应用（　　）。
A. 品种法　　B. 分批法　　C. 分类法　　D. 定额法

13. 综合结转成本法所计算的产品成本在成本还原前，产品成本中的人工和制造费用是指（　　）。
A. 半成品中所包含的费用　　B. 第一步骤的人工和制造费用
C. 最后步骤的人工和制造费用　　D. 产品生产过程中的人工和制造费用

14. 产品成本计算的分类法适用于（　　）。
A. 品种、规格繁多的产品
B. 可以按照一定标准分配的产品
C. 品种、规格繁多的产品，而且可以按照产品结构、所用原材料和工艺过程的不同划分若干类别的产品
D. 只适于大量、大批生产的产品

15. 采用分类法的目的，在于（　　）。
A. 分类计算产品成本　　B. 简化各种产品的成本计算工作
C. 简化各类产品的成本计算工作　　D. 准确计算各种产品成本

16. 按照系数比例分配同类产品中各种产品成本的方法（　　）。
A. 是一种完工产品和月末在产品之间分配费用的方法
B. 是一种单独的产品成本计算方法
C. 是一种简化的分类法
D. 是一种分配间接费用的方法

17. 下列各项不能采用分类法计算成本的是（　　）。
A. 联产品
B. 副产品
C. 由工人操作所造成的质量等级不同的产品
D. 品种、规格繁多，但可按规定标准分类的产品

18. 联产品是指（　　）。
A. 在同一生产过程中用不同的原材料加工出的几种主要产品
B. 在同一生产过程中用同一种原材料进行加工生产出的几种主要产品
C. 在同一生产过程中附带生产出来的非主要产品
D. 在不同的生产过程中，用同一种原材料生产出的不同产品

## 二、多项选择题

1. 品种法的适用范围包括（　　）。

A. 大量大批的单步骤生产

B. 大量大批多步骤管理上不要求按照生产步骤计算产品成本的生产

C. 大量大批的多步骤生产

D. 规格多、品种多的产品生产

E. 单件、小批生产

2. 在单一产品生产，没有在产品的情况下，品种法也称为（　　）。

A. 订单法　　B. 不计算半成本法

C. 单一法　　D. 简单法

E. 简化的品种法

3. 分步法适用于（　　）。

A. 大量生产　　B. 大批生产　　C. 小批生产　　D. 单步骤生产

E. 管理上要求分步计算成本的多步骤生产

4. 采用简化分批法（　　）。

A. 不计算在产品成本　　B. 不分批计算在产品成本

C. 不计算全部在产品成本　　D. 计算全部在产品总成本

E. 将发生的费用在各批产品的完工产品和在产品之间分配

5. 分批法适用于（　　）。

A. 小批生产　　B. 大批生产　　C. 单件生产　　D. 多步骤生产

E. 大量生产

6. 采用分批法计算产品成本时，如果产品跨月陆续完工的情况不多，完工产品数量的比重很小，先完工的产品可以按（　　）从产品成本明细账转出。

A. 按计划单位成本计价

B. 按定额单位成本计价

C. 按近期相同产品的实际单位成本计价

D. 按实际单位成本计价

E. 按固定成本计价

7. 简化分批法的适用范围和应用条件有（　　）。

A. 同一月份投产的产品批数很多　　B. 月末完工产品批数较少

C. 各月间接费用水平相差不多　　D. 各月生产费用水平相差不多

E. 与各月间接费用水平无关

8. 采用简化分批法（　　）。

A. 必须设立基本生产成本二级账

B. 在产品完工之前，产品成本明细账只登记直接费用和生产工时

C. 在基本生产成本二级账中只登记间接费用

D. 不分批计算在产品成本

E. 分批计算在产品成本

9. 分步法进行具体详细分类后，可以分为（　　）。

A. 按计划成本综合逐步结转分步法　　B. 按实际成本综合逐步结转分步法

C. 按计划成本分项逐步结转分步法　　D. 按实际成本分项逐步结转分步法

E. 平行结转分步法

10. 分项结转分步法时（　　）。

A. 按计划成本核算比按实际成本核算工作量小

B. 按实际成本核算比按计划成本核算工作量小

C. 不需要成本还原

D. 适用于管理上不要求计算各步骤完工产品所耗半成品费用和本步骤加工费用的企业

E. 不利于考核产品成本结构

11. 采用逐步结转分步法，按照结转的半成品成本在下一步骤产品成本明细账中的反映方法分为（　　）。

A. 定额成本结转法　　B. 综合结转分步法

C. 实际成本结转法　　D. 分项结转分步法

E. 计划成本结转法

12. 采用分类法计算产品成本时，同类产品内各种产品之间分配费用的标准有（　　）。

A. 定额耗用量　　B. 定额费用

C. 产品的售价　　D. 产品的质量

E. 产品体积、长度

13. 可以或者应该采用分类法计算成本的产品有（　　）。

A. 联产品

B. 副产品

C. 由工人操作所造成的质量等级不同的产品

D. 品种、规格繁多，但可按规定标准分类的产品

E. 由于内部结构、所用原材料的质量不同而产生的不同规格的产品

14. 采用分类法计算产品成本，是在同类产品的各种产品之间，采用一定的标准分配（　　）。

A. 原材料费用　　B. 工资及福利费

C. 燃料和动力费用　　D. 制造费用

E. 管理费用

15. 副产品可以按固定单价计价，副产品的计价金额（　　）。

A. 应从主产品的各个成本项目中分项扣除

B. 应从主产品的“原材料”成本项目中扣除

C. 不能过高，以免把主产品超支转嫁到副产品上

D. 不能过低，以免把销售副产品的亏损转嫁到主产品上

E. 以上说法都正确

## 三、判断题

1. 多步骤生产的企业成本计算均采用分步法。（　　）

2. 如果一张订单规定的产品数量较大，不便集中一次投产，或者需用单位要求分批交货，可以分为数批生产，计算成本。（　　）

3. 如果一张订单规定的是一件大型复杂的产品，价值较大、生产周期较长，可以按照产品的组成部分分批组织生产，计算成本。（　　）

4. 在小批单件生产的企业或车间中，每月投产的产品批数很多，可以采用简化分批法计算产品成本。（　　）

5. 采用简化分批法，必须设立基本生产成本二级账。（　　）

6. 简化分批法适用于月末完工产品的批数比较多。(　　)
7. 简化分批法适用于各个月份的间接计入费用水平相差不多的产品生产。(　　)
8. 由于各个企业生产工艺过程的特点不同，各生产步骤成本的计算和结转采用两种不同的方法：逐步结转和平行结转。(　　)
9. 采用逐步结转分步法，半成品成本的结转与半成品实物的转移是一致的，因而有利于半成品的实物管理和在产品的资金管理。(　　)
10. 成本还原的对象是还原前的产品成本。(　　)
11. 综合结转半成品成本有利于从企业角度分析和考核产成品成本的结构。(　　)
12. 无论是综合结转还是分项结转，半成品成本都是随着半成品实物的结转而结转。(　　)
13. 在平行结转分步法下，各步完工产品与在产品之间的费用分配，都是指产成品与广义在产品之间的费用分配。(　　)
14. 在平行结转分步法下，在产品费用不按其发生地点登记，而按其所在地点登记。(　　)
15. 只要产品的品种、规格繁多，就可以采用分类法计算产品成本。(　　)
16. 按照系数分配计算同类产品中各种产品成本的方法，是一种简化的分类法。(　　)
17. 在选择同类产品内各种产品之间分配费用的标准时，应考虑分配标准是否与产品成本的高低关系较大。(　　)
18. 按标准产品产量比例分配费用，实际上是按总系数比例分配费用。(　　)
19. 分类法的适用范围与生产类型有直接关系。(　　)
20. 在生产过程中利用不同的原材料进行加工，生产出几种主要产品，这些产品称为联产品。(　　)
21. 联产品必须采用分类法计算成本。(　　)
22. 采用分类法计算出的各种产品成本，具有一定的假定性。(　　)
23. 对于主产品、副产品均应该按照各自的生产特点和管理要求分别计算实际成本。(　　)
24. 主产品、副产品在分离前应该合为一类产品来计算成本。(　　)
25. 副产品在与主产品分离以后还需要进行加工的，应按照分离后的继续加工的生产特点和管理要求单独计算成本。(　　)
26. 工业企业的“三废”，一经利用就是副产品，就应按副产品计算成本。(　　)
27. 副产品可以按固定的单价计算，一般从主产品的各个成本项目中分项扣除。(　　)
28. 副产品是在主要产品的生产过程中附带生产出来的非主要产品。(　　)

## 四、名词解释

1. 品种法　2. 分批法　3. 分步法　4. 成本还原　5. 分类法　6. 联产品
7. 副产品

## 五、思考题

1. 简述品种法的一般计算程序。
2. 简述各种分步法的优缺点。
3. 简述各种分步法的适用范围。
4. 简述分类法的计算程序。
5. 什么是联产品、副产品、等级品？简要说明其成本计算特点。

## 六、业务计算题

1. 生产A、B两种产品成本如表8-65、表8-66所示，月初余额A产品原材料费用12 600元、燃料及动力费用4 700元、人工费用6 500元、制造费用11 000元，B产品原材料费用14 800元、燃料及动力费用 5 000 元、人工费用 7 600 元、制造费用 13 200 元，本月发生以下业务。

**表 8-65　A 产品成本**　　单位：元

| 项目 | 原材料费用 | 燃料和动力费用 | 人工费用 | 制造费用 | 废品损失 | 合计 |
|---|---|---|---|---|---|---|
| 月初 | 12 600 | 4 700 | 6 500 | 11 000 | | 34 800 |
| 本月 | 69 600 | 6 000 | 43 890 | 41 173 | | 160 663 |
| 转出废品成本 | 3 000 | 400 | 1 200 | 1 500 | | 6 100 |
| 转入净损失 | | | | | 5 000 | 5 000 |
| 累计 | 79 200 | 10 300 | 49 190 | 50 673 | 5 000 | 194 363 |
| 完工成本 | 79 200 | 10 300 | 49 190 | 50 673 | 5 000 | 194 363 |

**表 8-66　B 产品成本**　　单位：元

| 项目 | 原材料费用 | 燃料和动力费用 | 人工费用 | 制造费用 | 合计 |
|---|---|---|---|---|---|
| 月初 | 14 800 | 5 000 | 7 600 | 13 200 | 40 600 |
| 本月 | 46 400 | 3 600 | 35 910 | 33 687 | 119 597 |
| 累计 | 61 200 | 8 600 | 43 510 | 46 887 | 160 197 |
| 单位成本 | 122.4 | 21.5 | 108.775 | 117.217 5 | 369.892 5 |
| 转出完工成本 | 36 720 | 6 450 | 32 632.5 | 35 156.25 | 110 967.75 |
| 在产品 | 24 480 | 2 150 | 10 877.5 | 11 721.75 | 49 229.25 |

(1) 生产产品领用原材料费用 116 000 元，辅助车间耗用 11 000 元，基车间耗用3 200元，A、B 产品定额费用分别为 6 万元、4 万元，按照定额费用比例划分产品耗用的原材料费用。

(2) 分配本月动力，生产产品耗电 12 000 千瓦时，机器工时分别为 2 500 小时、1 500小时，辅助车间耗电 5 000 千瓦时，基本车间耗电 1 000 千瓦时，每千瓦时成本 0.8 元，按机器工时比例分配动力费。

(3) 分配本月工资费用，生产工人工资 70 000 元，辅助车间 20 000 元，车间技术人员 12 000 元，产品生产工时分别为 22 000 小时、18 000 小时，按工时比例分配。

(4) 按照工资总额的 14%提取其他职工薪酬。

(5) 车间领用低值易耗品 1 500 元，一次摊销。

(6) 提取本月折旧，基本车间 15 800 元，辅助车间 6 000 元。

(7) 摊销保险费，基本车间负担 3 000 元，辅助车间负担 2 000 元。

(8) 用存款支付劳保费，基本车间 7 000 元，辅助车间 4 000 元。

(9) 归集本月辅助生产费用并进行分配，基本车间与管理部门分别负担 60%和 40%。

(10) 将本月制造费用进行结转，按生产工时比例分配。

(11) 月末时 A 产品全部完工。生产中发现有不可修复废品 10 件，每件废品原材料 300 元，燃料和动力费用 40 元，人工费用 120 元，制造费用 150 元，转出废品成本，报废废品时收残料 800 元，应收赔款 300 元，结转净损失并计算完工成本。

(12) B产品完工300件，在产品200件，原材料一次投入，在产品加工程度50%，按约当产量划分费用。

要求：应用品种法计算产品生产成本。

2. 月初一车间原材料费用12 900元、人工费用6 600元、制造费用8 500元，二车间原材料费用4 400元、人工费用2 100元、制造费用3 500元；本月一车间原材料费用41 100元、人工费用23 400元、制造费用31 500元，完工半成品300件，在产品200件，原料在生产开始一次投入，在产品加工程度50%。月初库存半成品100件，原材料费用12 000元、人工费用7 200元、制造费用9 500元，本月领用350件半成品用于二车间生产，半成品发出采用加权平均单价，二车间本月人工费用11 000元、制造费用14 600元，月末在产品原材料费用5 500元、人工费用8 600元、制造费用10 000元。

要求：用分项结转分步法计算成本。

3. 月初一车间原材料费用11 600元、人工费用5 800元、制造费用7 300元，二车间人工费用4 100元、制造费用6 500元，一车间本月耗用原材料费用40 400元、人工费用21 200元、制造费用27 300元，二车间人工费用16 900元、制造费用27 500元。月初一车间原料定额费用9 500元，定额工时3 000小时，二车间定额工时3 500小时。本月一车间原材料定额费用40 500元，定额工时12 000小时，二车间定额工时14 500小时，本月完工产成品300件，原料在一车间一次性投入，原材料费用定额120元，在一车间的工时定额30小时，在二车间工时定额40小时。

要求：按定额比例划分完工产品与在产品费用，平行结转计算产品成本。

4. 生产产品经过两个步骤，一车间生产出半成品入半成品库以后，再由二车间领用，加工出产成品，半成品发出时采用加权平均单价，月初余额一车间原材料费用8 500元、人工费用3 900元、制造费用5 200元，二车间半成品11 600元、人工费用4 800元、制造费用6 500元；本月费用一车间原材料费用39 500元、人工费用15 300元、制造费用18 800元，二车间人工费用11 200元、制造费用17 600元。月末时一车间完工160件，在产品80件，原材料在生产开始一次投入，在产品加工程度50%，按约当产量划分费用；二车间领用半成品220件，月初库存半成品90件，总成本39 600元，二车间月末在产品按定额成本计价半成品7 700元、人工费2 500元、制造费用3 800元。

要求：用综合结转分步法计算成本。

5. 某企业大量生产甲产品，该产品经过三个生产步骤连续加工，最后形成产成品，原材料在生产开始时一次投入，其他费用陆续发生，各步骤完工的半成品直接交下步骤加工，不通过半成品库收发。该企业采用逐步结转分步法计算产品成本，半成品成本按实际成本综合结转，各步骤在产品成本采用约当产量法计算。甲产品的产量记录和有关费用资料如表8-67和表8-68所示。

**表8-67　产量记录**　　单位：件

| 项目 | 一车间 | 二车间 | 三车间 | 产成品 |
|---|---|---|---|---|
| 月初在产品 | 100 | 40 | 140 | |
| 本月投入或转入 | 600 | 500 | 400 | |
| 本月完工产成品 | 500 | 400 | 500 | 500 |
| 月末在产品 | 200 | 140 | 40 | |

注：在产品完工程度均为50%

表 8-68 各项费用资料 单位：元

| 项目 | 车间 | 直接材料 | 自制半成品 | 直接人工 | 制造费用 | 合计 |
|---|---|---|---|---|---|---|
| 月初在产品成本 | 一车间 | 9 000 | | 1 100 | 1 900 | 12 000 |
| | 二车间 | | 6 000 | 960 | 1 040 | 8 000 |
| | 三车间 | | 35 000 | 7 700 | 6 300 | 49 000 |
| 本月发生费用 | 一车间 | 54 000 | | 12 100 | 20 900 | 87 000 |
| | 二车间 | | | 21 600 | 23 400 | 45 000 |
| | 三车间 | | | 49 500 | 40 500 | 90 000 |

要求：采用逐步结转分步法按实际成本综合结转成品成本，将结果填入表 8-69～表 8-71。

表 8-69 一车间生产成本明细账 单位：元

| 项目 | 直接材料 | 自制半成品 | 直接工资 | 制造费用 | 合计 |
|---|---|---|---|---|---|
| 月初在产品 | | | | | |
| 本月生产品 | | | | | |
| 生产费用合计 | | | | | |
| 完工产品成本 | | | | | |
| 月末在产品成本 | | | | | |

表 8-70 二车间生产成本明细账 单位：元

| 项目 | 直接材料 | 自制半成品 | 直接工资 | 制造费用 | 合计 |
|---|---|---|---|---|---|
| 月初在产品 | | | | | |
| 本月生产品 | | | | | |
| 生产费用合计 | | | | | |
| 完工产品成本 | | | | | |
| 月末在产品成本 | | | | | |

表 8-71 三车间生产成本明细账 单位：元

| 项目 | 直接材料 | 自制半成品 | 直接工资 | 制造费用 | 合计 |
|---|---|---|---|---|---|
| 月初在产品 | | | | | |
| 本月生产品 | | | | | |
| 生产费用合计 | | | | | |
| 完工产品成本 | | | | | |
| 月末在产品成本 | | | | | |

6. 企业生产三批产品，批号分别为 2106、2107、2108，2106 批产品月初余额原材料费用 12 500 元、人工费用 8 600 元、制造费用 11 200 元，2107 批产品原材料费用 23 000 元、人工费用 15 200 元、制造费用 17 800 元。本月发生以下业务：

(1) 2108 批产品原材料费用 31 000 元，2106 批产品修理可修复废品耗用材料费用 200 元。

(2) 本月全部工资费用 48 000 元，三批产品生产工时依次分别为 5 000 小时（其中可修复废品修理所用工时为 200 小时）、6 000 小时、9 000 小时，按工时比例分配人工费用。

(3) 本月全部制造费用 56 000 元，按工时比例分配。

(4) 本月 2106 批产品全部完工；2107 批产品完工 6 件，按计划单位成本转出原材料费用 800 元、人工费用 600 元、制造费用 700 元；2108 批产品完工 15 件，在产品 10 件，分布于三道工序上，每道工序分别为 2 件、3 件、5 件，原材料在生产开始时一次投入，在产品每道工序的加工程度分别为 20%、40%、60%，约当产量划分费用。

要求：开设成本明细账，计算完工产品成本。

7. 生产产品经过三个步骤，一车间生产 A 半成品，被二车间领用继续加工成 B 半成品，然后由三车间领用，最后加工出产成品。本月一车间完工的 A 半成品成本中原材料费用 11 000 元、人工费用 4 000元、制造费用 5 000 元，二车间完工的 B 半成品成本中 A 半成品成本 17 200 元、人工费用 5 600元、制造费用 8 200 元，三车间完工的产成品成本中 B 半成品 34 100 元、人工费用 5 000 元、制造费用 8 000 元。

要求：按照本月所产半成品的成本结构对产成品进行成本还原。

8. 某企业 A 产品生产分两个步骤，分别由第一、第二两个生产车间进行。第一车间为第二车间提供半成品，第二车间将半成品加工为产成品。该企业采用平行结转分步法按生产步骤（车间）计算产品成本。在完工产品和月末在产品之间，采用定额比例法分配费用。直接材料费用按材料定额费用比例分配，其他各项费用按定额工时比例分配。第一、第二两个车间月初和本月费用资料，以及产成品和月末在产品有关定额资料见表 8-72～表 8-74。

**表 8-72　产品成本明细账（六）**

车间名称：第一车间　　　　产品名称：A 产品　　　　产量：100 件

| 项目 | 月初在产品成本/元 | 本月费用/元 | 生产费用合计/元 | 分配率 | 产成品成本中本车间份额 | | 月末在产品成本 | |
|---|---|---|---|---|---|---|---|---|
| | | | | | 定额 | 实际成本 | 定额 | 实际成本 |
| 直接材料 | 4 000 | 8 600 | 12 600 | | 8 000 元 | | 6 000 元 | |
| 直接人工 | 1 300 | 3 500 | 4 800 | | 700 小时 | | 500 小时 | |
| 制造费用 | 900 | 2 700 | 3 600 | | | | | |
| 合计 | 6 200 | 14 800 | 21 000 | | | | | |

**表 8-73　生产成本明细账**

车间名称：第二车间　　　　产品名称：A 产品　　　　产量：100 件

| 项目 | 月初在产品成本 | 本月费用 | 生产费用合计 | 分配率 | 产成品成本中本车间份额 | | 月末在产品成本 | |
|---|---|---|---|---|---|---|---|---|
| | | | | | 定额 | 实际成本 | 定额 | 实际成本 |
| 直接材料 | | | | | | | | |
| 直接人工 | 1 300 元 | 4 700 元 | 6 000 元 | | 900 小时 | | 300 小时 | |
| 制造费用 | 700 元 | 1 700 元 | 2 400 元 | | | | | |
| 合计 | 2 000 元 | 64 600 元 | 8 400 元 | | | | | |

**表 8-74　产成品成本汇总计算表**

产成品名称：A 产品　　　　产量：100 件　　　　单位：元

| 项目 | 直接材料 | 直接人工 | 制造费用 | 合计 |
|---|---|---|---|---|
| 第一车间份额 | | | | |
| 第二车间份额 | | | | |
| 总成本 | | | | |

要求：

(1) 根据有关资料计算填列 A 产品第一、第二两个车间的产品成本明细账。

(2) 计算填列 A 产品产成品成本汇总计算表。

9. 有关资料如表 8-75 所示。

**表 8-75　产成品成本还原计算表**

产品名称：甲　　　　产量：200 件

| 项目 | 产量/件 | 还原分配率/（元/件） | 半成品/元 | 原材料/元 | 工资及福利费/元 | 制造费用/元 | 成本合计/元 |
|---|---|---|---|---|---|---|---|
| 还原前产成品成本 | | | 52 800 | | 22 800 | 34 160 | |
| 本月所产半成品成本 | | | | 24 600 | 13 800 | 27 600 | |
| 产成品所耗半成品成本还原 | | | | | | | |
| 还原后产成品总成本 | | | | | | | |
| 还原后产成品单位成本 | | | | | | | |

要求：

(1) 计算还原分配率；

(2) 将还原前产成品成本中的半成品费用，按本月所产半成品成本的结构进行还原，计算按原始成本项目反映的产成品成本。

10. 企业生产 A、B、C 三种产品归为甲类，三种产品分别消耗乙、丙两种材料，A、B、C 产品的乙材料消耗定额分别为 1 千克、5 千克、10 千克，A、B、C 产品的丙材料消耗定额分别为 4 千克、8 千克、12 千克，乙材料和丙材料单价分别为 4 元、3.75 元，按费用定额确定系数，其中 B 产品为标准产品，A、B、C 产品完工产量分别为 600 件、1000 件、500 件，工时定额分别为 8 小时、5 小时、4 小时，月初甲类产品明细账原材料费用 48 200 元、人工费用 34 000 元、制造费用 46 000元，本月原材料费用 49 000 元、人工费用60 400元、制造费用 83 800 元，月末在产品按固定成本计价用系数法分配各项费用。

要求：采用系数法计算完工成本。

11. 企业生产 A 产品，附带生产出副产品。月初余额 A 产品原材料费用 27 900 元、人工费用 11 600 元、制造费用 18 400 元，副产品原材料费用 3 500 元、人工费用 1 700 元、制造费用 2 000 元，本月 A 产品领用原材料费用 49 800 元、全部人工费用 36 000 元、制造费用 48 000 元。主副产品生产工时分别为 19 000 小时、1 000 小时，按工时比例分配人工和制造费用。本月共生产出副产品原材料 4 500 千克，按每千克 2 元价格从主产品中扣除。月末在产品成本：主产品原材料费用 11 200元、人工费用 7 700 元、制造费用 9 100 元；副产品的在产品按固定成本计价。

要求：计算主副产品成本。

12. 甲、乙、丙三种产品归为 A 类，A 类产品月初余额原材料费用 28 500 元、人工费用 13 700 元、制造费用 19 800 元，本月耗用原材料费用 57 900 元、人工费用 41 200 元、制造费用 52 800 元，月末在产品按定额成本计价，原材料费用 8 000 元、人工费用 5 000 元、制造费用 7 000 元，甲产品为标准产品，按消耗定额确定系数，消耗定额分别为 15 千克、24 千克、9 千克，完工产量分别为 600 件、800 件、500 件，工时定额分别为 40 小时、30 小时、50 小时，用系数法划分费用。

要求：采用系数法计算完工成本。

# 第九章 报表编制分析

**本章逻辑框架**

- 报表编制分析
  - 成本报表及成本分析概述
    - 工业企业成本报表的作用、种类
    - 成本分析的意义、内容、方法
  - 产品生产成本表的编制和分析
    - 产品生产成本表的编制
    - 产品生产成本表的分析
  - 主要产品单位成本表的编制和分析
    - 主要产品单位成本表的编制
    - 主要产品单位成本表的分析
  - 各种费用明细表的编制和分析
    - 各种费用表的编制
    - 各种费用表的分析
  - 其他成本分析
    - 技术经济指标对单位成本影响的分析
    - 其他组织方式的成本分析
    - 降低成本措施分析

**本章重要概念**

产品生产成本表　主要产品单位成本表　制造费用明细表　销售费用明细表
管理费用明细表　对比分析法　比率分析法　连环替代法　差额分析法

**本章内容引言**

企业需要根据日常成本核算等资料定期编制成本报表，用以反映企业的成本水平，分析考核一定时期内成本计划的执行情况，为加强成本管理提供依据。工业企业编制的成本报表主要有产品生产成本表、主要产品单位成本表、制造费用明细表、各种期间费用明细表。

高质量发展是全面建设社会主义现代化国家的首要任务，为了提高成本信息的质量，充分发挥成本报表的作用，企业还需要根据成本核算、成本报表等相关资料，采用一定的方法，对成本计划完成等情况进行全面分析，以达到降低成本、提高经济效益的目的。企业通常采用对比分析法、比率分析法、连环替代法、差额分析法等方法，对成本计划的完成情况、产品单位成本、成本效益等方面进行分析。

## 第一节 成本报表及成本分析概述

### 一、工业企业成本报表的作用

工业企业的成本报表，是根据工业企业产品成本和经营管理费用核算的账簿等有关资料编制的，用来反映工业企业一定时期产品成本和经营管理费用水平与构成情况的报告文件。编制和分析成本报表，是成本会计工作的重要内容。

工业企业和主管企业的上级机构（或公司）利用成本报表，可以分析和考核企业成本计划的执行情况，促使企业降低成本、节约费用，从而提高企业的经济效益，增加国家的财政收入。通过对成本报表的分析，还可以揭示工业企业在生产、技术、经营、管理方面取得的成绩和存在的问题，进一步提高企业生产、技术和经营管理的水平。此外，成本报表提供的实际成本资料，还可以为企业确定产品价格，进行成本和利润的预测，制定有关的生产经营决策，以及编制成本和利润等计划提供重要的数据。

### 二、工业企业成本报表的种类

成本报表不是对外报送或公布的会计报表，因此，成本报表的种类、项目、格式和编制方法，由企业自行确定。主管企业的上级机构为了对本系统所属企业的成本管理工作进行领导或指导，为了为国民经济管理提供所需成本数据，也可以要求企业将其成本报表作为会计报表的附表上报。在这种情况下，企业成本报表的种类、项目、格式和编制方法，也可以由主管企业的上级机构会同企业共同规定。

成本报表一般包括产品生产成本表、主要产品单位成本表、制造费用明细表、销售费用明细表、管理费用明细表和财务费用明细表。

为了加强企业成本的日常管理，除了上列定期编制的成本报表以外，企业还要设计和编制日常的成本报表，如主要产品成本旬报、日报等。

### 三、成本分析的意义

成本分析是成本会计的重要组成部分，它以成本核算提供的数据为主，结合有关计划、定额、统计和技术资料，应用一定的方法对影响成本升降的各种因素进行科学的分析，查明成本变动的原因，以便进一步认识和掌握成本变动的规律，充分挖掘企业内部降低成本的潜力。

对于企业来说，进行成本分析主要有以下几方面的意义。

（1）通过成本分析随时查明各项定额、费用指标和成本计划的执行情况，迅速采取有效措施，使各项消耗和费用开支控制在预先制定的标准限度内，达到降低成本的目的。

（2）通过系统地、全面地分析成本计划完成或没有完成的原因，可以对成本计划本身及其执行情况进行评价，对成本管理的经验教训进行总结，从而逐步认识和掌握产品成本变动的规律，以便今后更好地完成计划任务，并为下期成本计划的编制提供重要依据。

（3）开展成本分析，对各种备选方案进行经济效果的比较，为确定最佳方案提供客观依据。这对于企业正确进行生产、技术和经营决策，提高经济效益，具有重要的意义。

## 四、成本分析的内容

产品成本分析的内容，通常包括以下三个方面。

（1）产品生产成本表分析。分析与评价全部产品生产成本计划执行情况和可比产品成本降低任务计划执行情况。

（2）主要产品单位成本表分析。重点分析企业经常生产的，在企业产品总成本中占较大比重且能代表企业生产全貌的主要产品。分析的内容主要是各个成本项目执行计划的情况，并确定单位成本的升降原因。

（3）车间、班组成本分析。重点分析各班组的成本任务完成情况，作为评价班组工作成绩的标准。

## 五、成本分析的方法

### （一）对比分析法

对比分析法是通过成本指标的实际数和基数的对比来揭示实际数与基数之间的差异，借以了解成本管理的成绩和问题的一种分析方法。

对比的基数由于分析目的的不同而有所不同，一般有计划数、定额数、前期实际数、以往年度同期实际数以及本企业的历史先进水平和国内外同行业的先进水平等。

将成本指标的实际数与计划数或定额数进行对比，可以揭示计划或定额的执行情况。但在分析时还应检查计划或定额本身是否既先进又切实可行。因为实际数与计划数或定额之间差异的产生，除了成本管理水平的原因以外，还可能由计划或定额太保守或不切实际造成。将成本指标的本期实际数与前期实际数或以往年度同期实际数进行对比，可以考察企业成本指标的发展变化情况。将成本指标的本期实际数与本企业的历史先进水平进行对比，将本企业实际数与国内外同行业的先进水平进行对比，可以发现本企业与先进水平之间的差距，从而学习先进、赶上和超过先进。

对比分析法只适用于同质指标的对比，如产品实际成本与产品计划成本对比，实际原材料费用与定额原材料费用对比，本期实际制造费用与前期实际制造费用对比，等等。在采用这种分析方法时，应该注意对比指标的可比性。进行对比的各项指标，在经济内容、计算方法、计算期和影响指标形成的客观条件等方面，应有可比的共同基础。如果相比的指标之间有不可比因素，应先按可比的口径进行调整，然后再进行对比。

**（二）比率分析法**

比率分析法是指通过计算和对比经济指标的比率，进行数量分析的一种方法。采用这一方法，先要将对比的数值变成相对数，求出比率，然后再进行对比分析。具体形式有以下几种。

知识链接
比率分析法的局限性与注意事项

（1）相关指标比率分析。将两个性质不同但又相关的指标对比求出比率，然后再以实际数与计划（或前期实际）数进行对比分析，以便从经济活动的客观联系中，更深入地认识企业的生产经营状况，如将成本指标与反映生产、销售等生产经营成果的产值、销售收入、利润指标进行对比求出的产值成本率、销售成本率和成本利润率指标，就可据以分析和比较生产耗费的经济效益。

（2）构成比率分析。构成比率是指某项经济指标的各个组成部分与总体的比重。例如，将构成产品成本的各个成本项目同产品成本总额相比，计算其占总成本的比重，确定成本的构成比率；然后将不同时期的成本构成比率相比较，通过观察产品成本构成的变动，掌握经济活动情况及其对产品成本的影响。

（3）动态比率分析。将不同时期同类指标的数值对比求出比率，进行动态比较，据以分析该项指标的增减速度和变动趋势，从中发现企业在生产经营方面的成绩或不足。

**（三）连环替代法**

连环替代法是用来计算几个相互联系的因素对综合经济指标变动影响程度的一种分析方法。这种分析方法的计算程序可以归纳为如下四个步骤。

（1）分解指标体系，确定分析对象。根据影响某项经济指标完成情况的因素，按其依存关系将经济指标的基数（计划数或上期数）和实际数分解为两个指标体系，并将该指标的实际数与基数进行比较，求出实际脱离基数的差异，即为分析对象。

（2）连环顺序替代，计算替代结果。以基数指标体系为计算基础，用实际指标体系中每项因素的实际数顺序地替代其基数；每次替代后，实际数就被保留下来，有几个因素就替换几次；每次替换后计算出由于该因素变动所得新的结果。

（3）比较替代结果，确定影响程度。将每次替换所计算的结果，与这一因素被替换前的结果进行比较，两者的差额，就是这一因素变化对经济指标差异的影响程度。

（4）加总影响数值，验算分析结果。将各个因素的影响数值相加，其代数和应与经济指标的实际数和基数的总差异数（分析对象）相符，据此检验分析结果是否正确。

设某一经济指标 $M$ 是由相互联系的 $A$、$B$、$C$ 三个因素综合影响的结果，计划指标和实际指标的公式为

$$\text{计划指标：} M_0 = A_0 \times B_0 \times C_0 \tag{9-1}$$

$$\text{第一次替代：} M_1 = A_1 \times B_0 \times C_0 \tag{9-2}$$

$$\text{第二次替代：} M_2 = A_1 \times B_1 \times C_0 \tag{9-3}$$

$$\text{第三次替代：} M_3 = A_1 \times B_1 \times C_1 \tag{9-4}$$

即实际指标。

据此测定的结果：式（9-2）一式（9-1）$=M_1-M_0$，是由于$A_0 \to A_1$变动的影响；式（9-3）一式（9-2）$=M_2-M_1$，是由于$B_0 \to B_1$变动的影响；式（9-4）一式（9-3）$=M_3-M_2$，是由于$C_0 \to C_1$变动的影响。

**【例 9-1】** 有关资料如表 9-1 所示。

**表 9-1 有关资料**

| 项目 | 计划数 | 实际数 |
|---|---|---|
| 产品产量/件 | 20 | 21 |
| 单位产品材料消耗量/千克 | 18 | 17 |
| 材料单价/元 | 10 | 12 |
| 材料费用总额/元 | 3 600 | 4 284 |

运用连环替代法，可以计算各因素变动对材料费用总额的影响程度。

根据表 9-1，材料费用总额实际数较计划增加 684 元，这是分析对象。

计划指标：20×18×10=3 600（元） (9-5)

第一次替代：21×18×10=3 780（元） (9-6)

第二次替代：21×17×10=3 570（元） (9-7)

第三次替代：21×17×12=4 284（元） (9-8)

式（9-6）一式（9-5）=3 780—3 600=180（元） 产量增加的影响

式（9-7）一式（9-6）=3 570—3 780=—210（元） 材料节约的影响

式（9-8）一式（9-7）=4 284—3 570=714（元） 价格提高的影响

180+714—210=684（元） 全部因素的影响

应用连环替代法，必须注意以下几个问题。

（1）因素分解的关联性。确定构成经济指标的因素，必须是客观上存在因果关系，要能够反映形成该项指标差异的内在构成原因，否则就失去了其存在的价值。例如，影响某种产品某种材料的总消耗数额的，只能是该产品的产量、单位产品材料耗用数量和材料单价，而不能是工人数量、每个工人平均用料量和材料单价。否则，就是毫无意义的分析。

（2）因素替代的顺序性。替代因素时，必须按照因素的依存关系，排列成一定的顺序并依次替代，不可随意加以颠倒，否则就会得出不同的计算结果。因此，在分析工作中必须从可能的替代顺序中确定正确的替代顺序。正确排列因素替代顺序的原则是，按分析对象的性质，从诸因素相互依存关系出发，并使分析结果有助于分清责任。实际工作中，往往将这一原则具体化为，先替代数量指标，后替代质量指标；先替代实物量指标，后替代货币量指标；先替代主要指标，后替代次要指标。

（3）顺序替代的连环性。连环替代在计算每一个因素变动的影响时，都是在前一次的基础上进行的。并采用连环比较的方法确定因素变化影响。因为只有保持计算程度上的连环性，才能使各个因素影响数之和，等于所分析指标变动的差异，以全面说明分析指标变动的原因。同时，各因素影响数之和，等于分析指标变动的总差异，也是对分析计算的正确性进行检查验证的依据。

(4) 计算结果的假定性。连环替代法计算的各因素变动影响数，因替代计算顺序的不同而有差别，因而计算结果不免带有假定性，即它不可能使每个因素计算的结果，都达到绝对准确，它只能说是在某种假定前提下的影响结果，离开了这种假定前提条件，也就不会是这种影响结果。问题在于，应力求使这种假定合乎逻辑，是具有实际经济意义的假定。这样，计算结果的假定性，才不至于妨碍分析的有效性。

认识上述连环替代法的性质，不仅是正确运用连环替代法的需要，也是根据分析计算结果，对企业经济活动做出正确评价的需要。

**(四) 差额分析法**

差额分析法是连环替代法的一种简化形式，它是利用各个因素的实际数与基数之间的差额，直接计算各个因素对综合指标差异的影响数值的一种技术方法。这一方法的特点在于运用数学提取公因数的原理，来简化连环替代法的计算程序。其他应遵循的原则、应注意的问题都与连环替代法相同，两种方法计算的结果也完全一样。

差额分析法的基本程序如下。

(1) 确定各因素的实际数与基数的差额。

(2) 以各因素的差额乘以计算公式中该因素前面的各因素的实际数，以及列在该因素后面的其余因素的基数，就可求得各因素的影响值。

(3) 将各个因素的影响值相加，其代数和应同该项经济指标的实际数与基数之差相符。

**【例 9-2】** 差额分析法的基本原理，仍用【例 9-1】表示如下。

因素影响如下。

(1) $A_0 \to A_1$变动的影响。

$$\Delta A = (A_1 - A_0) \times B_0 \times C_0$$

(2) $B_0 \to B_1$变动的影响。

$$\Delta B = A_1 \times (B_1 - B_0) \times C_0$$

(3) $C_0 \to C_1$变动的影响。

$$\Delta C = A_1 \times B_1 \times (C_1 - C_0)$$

代入前例表 9-1 的数据，分析计算如下。

分析对象为材料费用实际数与计划数的差异。

$$4\ 284 - 3\ 600 = 684\ (\text{元})$$

因素分析如下。

(1) 由于产量增加，对材料费用的影响：

$$(21 - 20) \times 18 \times 10 = 180\ (\text{元})$$

(2) 由于材料消耗节约，对材料费用的影响：

$$21 \times (17 - 18) \times 10 = -210\ (\text{元})$$

(3) 由于价格提高，对材料费用的影响：

$$21 \times 17 \times (12 - 10) = 714\ (\text{元})$$

(4) 全部因素对材料费用的影响：

$$180+714-210=684\text{（元）}$$

从以上实例可以看出，与连环替代法相比，差额分析法具有简便、直接的优点，所以在实际工作中应用比较广泛。

## 第二节　产品生产成本表的编制和分析

### 一、产品生产成本表的编制

产品生产成本表是反映企业在报告期内所产全部产品的总成本和单位成本的报表。利用该表，可以检查全部产品生产成本计划的执行情况，为企业管理部门了解全部产品生产成本提供及时可靠的成本信息。

产品生产成本表的格式和内容如表 9-2 所示。

**表 9-2　产品生产成本表**

20××年 12 月 31 日

| 产品名称 | 实际产量/件 | | 单位成本/元 | | | | 本月总成本/元 | | | 本年总成本/元 | | |
|---|---|---|---|---|---|---|---|---|---|---|---|---|
| | 本月 | 本年累计 | 上年实际平均 | 本年计划 | 本月实际 | 本年累计实际平均 | 按上年实际平均单位成本计算 | 按本年计划单位成本计算 | 本月实际 | 按上年实际平均单位成本计算 | 按本年计划单位成本计算 | 本年累计实际 |
| | (①) | (②) | (③) | (④) | (⑤=⑨÷①) | (⑥=⑫÷②) | (⑦=①×③) | (⑧=①×④) | (⑨) | (⑩=②×③) | (⑪=②×④) | (⑫) |
| 可比产品合计 | | | | | | | 253 000 | 242 500 | 272 000 | 2 704 000 | 2 590 000 | 2 688 000 |
| 其中：甲产品 | 200 | 2 000 | 420 | 400 | 410 | 415 | 84 000 | 80 000 | 82 000 | 840 000 | 800 000 | 830 000 |
| 乙产品 | 150 | 1 800 | 580 | 550 | 600 | 560 | 87 000 | 82 500 | 90 000 | 1 044 000 | 990 000 | 1 008 000 |
| 丙产品 | 100 | 1 000 | 820 | 800 | 1 000 | 850 | 82 000 | 80 000 | 100 000 | 820 000 | 800 000 | 850 000 |
| 不可比产品合计 | | | | | | | | 70 400 | 72 000 | | 440 000 | 474 000 |
| 其中：丁产品 | 80 | 500 | | 880 | 900 | | | 70 400 | 72 000 | | 440 000 | 474 000 |
| 全部产品 | | | | | | | | 312 900 | 344 000 | | 3 030 000 | 3 162 000 |

注：补充资料（本年累计实际数）如下。

(1) 可比产品成本累计实际降低额 16 000 元（本年计划降低额为 120 000 元）；

(2) 可比产品成本累计实际降低率 0.59%（本年计划降低率为 4.58%）

表 9-2 各主要项目的内容和填列方法如下。

(1) 本月实际产量，根据产品成本计算单或产品生产成本明细账的记录填列。

(2) 本年累计实际产量，根据本月实际产量，加上上月本表的本年累计实际产量计算填列。

(3) 上年实际平均单位成本，根据上年度本表所列全年累计实际平均单位成本填列。

(4) 本年计划单位成本，根据本年度成本计划填列。

(5) 本月实际单位成本，根据表中本月实际总成本除以本月实际产量计算填列。

(6) 本年累计实际平均单位成本，根据表中本年累计实际总成本除以本年累计实际产量计算填列。

(7) 按上年实际平均单位成本计算的本月总成本，根据本月实际产量乘以上年实际平均单位成本计算填列。

(8) 按本年计划单位成本计算的本月总成本，根据本月实际产量乘以本年计划单位成本计算填列。

(9) 本月实际总成本，根据产品成本计算单或产品成本明细账填列。

(10) 按上年实际平均单位成本计算的本年总成本，根据表中本年累计实际产量乘以上年实际平均单位成本计算填列。

(11) 按本年计划单位成本计算的本年总成本，根据表中本年累计实际产量乘以本年计划单位成本计算填列。

(12) 本年累计实际总成本，根据本月实际总成本，加上上月本表的本年累计实际总成本计算填列。

该表补充资料的内容和填列方法如下。

(1) 可比产品成本累计实际降低额，根据可比产品按上年实际平均单位成本计算的本年累计总成本减去本年累计实际总成本计算填列（超支用负数表示）。

(2) 可比产品成本累计实际降低率，根据可比产品成本累计实际降低额除以可比产品按上年实际平均单位成本计算的本年累计总成本计算填列（超支用负数表示）。

本年可比产品计划降低额和降低率，根据可比产品成本降低计划填列。

## 二、产品生产成本表的分析

### (一) 全部产品生产成本计划完成情况的分析

企业的全部产品，包括可比产品和不可比产品。可比产品指以前年度正式生产过并具有完整的实际成本资料的产品；不可比产品则是以前年度没有生产过、本年度初次生产的新产品。全部产品成本计划完成情况的分析应当是全部产品的计划总成本和实际总成本对比，确定实际成本比计划成本的降低额和降低率。产品成本表中的计划总成本是按实际产量计算的，因此进行对比的产品计划总成本是经过调整后的实际产量计划总成本，这样就剔除了产量变动对总成本的影响。

全部产品成本降低额和降低率的计算公式为

$$\begin{matrix}\text{全部产品}\\\text{成本降低额}\end{matrix}=\begin{matrix}\text{实际}\\\text{总成本}\end{matrix}-\sum\left(\begin{matrix}\text{实际}\\\text{产量}\end{matrix}\times\begin{matrix}\text{计划}\\\text{单位成本}\end{matrix}\right)$$

$$\begin{matrix}\text{全部产品}\\\text{成本降低率}\end{matrix}=\frac{\text{降低额}}{\sum(\text{实际产量}\times\text{计划单位成本})}$$

**【例 9-3】** 根据表 9-2，计算全部产品生产成本降低额和降低率，如表 9-3 所示。

表 9-3 全部产品生产成本降低额和降低率

| 产品名称 | 计划总成本/元 | 实际总成本/元 | 降低额/元 | 降低率/% |
|---|---|---|---|---|
| 可比产品 | 2 590 000 | 2 688 000 | 98 000 | 3.78 |
| 其中：甲产品 | 800 000 | 830 000 | 30 000 | 3.75 |
| 乙产品 | 990 000 | 1 008 000 | 18 000 | 1.82 |
| 丙产品 | 800 000 | 850 000 | 50 000 | 6.25 |
| 不可比产品 | 440 000 | 474 000 | 34 000 | 7.73 |
| 其中：丁产品 | 440 000 | 474 000 | 34 000 | 7.73 |
| 合计 | 3 030 000 | 3 162 000 | 132 000 | 4.36 |

从表 9-3 中可以看出，该企业全部产品成本实际比计划超支 132 000 元，超支率为 4.36%。从各种产品看，也都未完成成本计划，但超支程度不同，可比产品丙产品和不可比产品丁产品超支率较高。

### （二）可比产品成本降低计划完成情况的分析

可比产品成本降低计划包括计划降低额和计划降低率。计划降低额指可比产品计划总成本比计划产量的上年总成本的降低额。计划降低率指降低额除以计划产量的上年总成本的比率。

根据表 9-2 资料，可比产品成本降低计划如表 9-4 所示。

表 9-4 可比产品成本降低计划

| 产品名称 | 计划产量/件 | 单位成本 | | 总成本 | | 计划降低任务 | |
|---|---|---|---|---|---|---|---|
| | | 上年实际平均/元 | 本年计划/元 | 按上年实际平均单位成本计算/元 | 本年计划/元 | 降低额/元 | 降低率/% |
| 甲产品 | 2 500 | 420 | 400 | 1 050 000 | 1 000 000 | 50 000 | 4.76 |
| 乙产品 | 2 000 | 580 | 550 | 1 160 000 | 1 100 000 | 60 000 | 5.17 |
| 丙产品 | 500 | 820 | 800 | 410 000 | 400 000 | 10 000 | 2.44 |
| 合计 | | | | 2 620 000 | 2 500 000 | 120 000 | 4.58 |

根据可比产品成本实际降低额和降低率同可比产品成本降低计划比较，确定可比产品降低计划完成情况。

$$降低额差异=16\ 000-120\ 000=-104\ 000（元）（不利差异）$$

$$降低率差异=0.59\%-4.58\%=-3.99\%（不利差异）$$

从上述计算中，可以看出可比产品成本降低计划没有完成。影响可比产品成本降低计划完成情况的因素，概括起来有以下三个。

（1）产品产量。由于可比产品成本降低计划是按计划产量计算的，而实际降低额和降低率是按实际产量计算的。当实际产量同计划产量不一致时，则会影响可比产品成本降低额，但不会影响成本降低率。

（2）产品品种结构。产品品种结构是指各种产品成本占全部可比产品成本的比重。

由于各种可比产品的成本降低率不同，当品种结构发生变化时，就会使全部可比产品成本的降低率和降低额发生变化。若只有一种可比产品，不存在成本结构的变化，因而也不需分析品种结构变化的影响。

(3) 单位产品成本。可比产品成本的计划降低额和计划降低率，是以本年计划成本与上年实际成本进行对比来确定的，而可比产品成本的实际降低额和实际降低率，则是以本年实际成本与上年实际成本进行对比来确定的。因此，当本年实际单位成本比本年计划单位成本下降或上升时，必然会引起可比产品成本降低额和降低率发生变化。

在确定上述各种因素变化对可比产品成本降低计划完成情况的影响时，可采取连环替代法在可比产品降低计划的基础上，分别以实际产量、实际品种结构和实际单位产品成本，逐步替代计划数，确定各种因素变化对可比产品成本降低额和降低率的差异的影响。

**【例 9-4】** 以表 9-2 和表 9-4 的资料对可比产品成本降低计划完成情况分析计算如下。

(1) 产品产量。如前所述，在其他条件不变的情况下，单纯产量的变化，只影响降低额，不影响降低率。产量对降低额的影响公式为

$$\begin{aligned}\text{产品产量变化对成本降低额的影响} &= \left[\sum\left(\text{本年量}\times\text{上年平均单位成本}\right)\times\text{计划降低率}\right]-\text{计划降低额}\\ &=2\ 704\ 000\times 4.58\%-120\ 000=3\ 843.20(\text{元})\end{aligned}$$

(2) 产品品种结构。产品品种结构变化对可比产品成本降低计划完成情况的影响公式为

$$\begin{aligned}\text{产品品种结构变动对成本降低额的影响} &= \left[\sum\left(\text{本年实际产量}\times\text{上年实际平均单位成本}\right)-\sum\left(\text{本年实际产量}\times\text{本年计划单位成本}\right)\right]\\ &\quad -\sum\left(\text{本年实际产量}\times\text{上年实际平均单位成本}\right)\times\text{计划降低率}\\ &=(2\ 704\ 000-2\ 590\ 000)-2\ 704\ 000\times 4.58\%\\ &=-9\ 843.20(\text{元})\end{aligned}$$

$$\begin{aligned}\text{产品品种结构变动对成本降低率的影响} &= \frac{\text{品种结构变化对降低额的影响}}{\sum(\text{本年实际产量}\times\text{上年实际平均单位成本})}\times 100\%\\ &=\frac{-9\ 843.20}{2\ 704\ 000}=-0.36\%\end{aligned}$$

(3) 单位产品成本。单位产品成本变化对可比产品成本降低计划完成情况的影响公式为

$$\begin{aligned}\text{单位产品成本变动对成本降低额的影响} &= \sum\left(\text{本年实际产量}\times\text{本年计划单位成本}\right)-\sum\left(\text{本年实际产量}\times\text{本年实际平均单位成本}\right)\\ &=2\ 590\ 000-2\ 688\ 000=-98\ 000(\text{元})\end{aligned}$$

$$\begin{aligned}\text{单位产品成本变动对成本降低率的影响} &= \frac{\text{单位产品成本变动对降低额的影响}}{\sum(\text{本年实际产量}\times\text{上年实际平均单位成本})}\times 100\%\\ &=\frac{-98\ 000}{2\ 704\ 000}=-3.62\%\end{aligned}$$

将上述各因素对可比产品成本降低计划完成情况的影响汇总，如表 9-5 所示。

**表 9-5　各因素对可比产品成本降低计划完成情况的影响汇总表**

| 影响因素 | 降低额/元 | 降低率/% |
|---|---|---|
| 产品产量 | 3 843.20 | |
| 产品品种结构 | 9 843.20 | 0.36 |
| 单位产品成本 | 98 000 | 3.62 |
| 合计 | 104 000 | 3.99 |

## 第三节　主要产品单位成本表的编制和分析

### 一、主要产品单位成本表的编制

知识链接
主要产品单位成本表的特点与作用

主要产品单位成本表是反映企业在报告期内各种主要产品单位成本的报表。利用该表可以了解成本和主要技术经济指标的执行情况，从而分析各项消耗定额的变化情况和单位产品成本升降的原因，以便进一步挖掘降低成本的潜力。

主要产品单位成本表是对产品生产成本表的具体说明和补充，其格式和内容如表 9-6所示。

**表 9-6　主要产品单位成本表**

××工厂　　产品名称：A　　产品规格：××　　20××年 12 月

计量单位：件　　本月实际产量：180 件　　本年累计实际产量：2 000 件

| 成本项目 | 历史先进水平 | 上年实际平均 | 本年计划 | 本月实际 | 本年累计实际平均 |
|---|---|---|---|---|---|
| 直接材料/元 | 67.1 | 67.3 | 67 | 68 | 67 |
| 直接人工/元 | 29 | 29 | 30 | 29.6 | 30.1 |
| 制造费用/元 | 37.9 | 37.9 | 38 | 39.2 | 38.8 |
| 生产成本/元 | 134 | 134.2 | 135 | 136.8 | 135.9 |
| 主要技术经济指标 | 用量 | 用量 | 用量 | 用量 | 用量 |
| 主要材料/千克 | 4.2 | 4.1 | 4 | 3.4 | 3.5 |

该表各项目的内容和填列方法如下。

（1）历史先进水平单位成本。根据历史上该种产品成本最低年度本表的实际平均单位成本填列。

（2）上年实际平均单位成本。根据上年度本表实际平均单位成本填列。

（3）本年计划单位成本。根据本年度成本计划填列。

（4）本月实际单位成本。根据该种产品成本明细账或成本计算单填列。

(5) 本年累计实际平均单位成本。根据该种产品成本明细账所记年初起至报告期末止完工入库总成本除以本年累计实际产量计算填列。

不可比产品，历史先进水平的单位成本和上年实际平均单位成本这两项不填。

表中上年实际平均单位成本、本年计划单位成本、本月实际单位成本和本年累计实际平均单位成本，应与生产产品成本表该种产品的相应项目相符。

表中的有关技术经济指标，应根据有关业务核算资料填列。

## 二、主要产品单位成本表的分析

该表的分析应该选择成本超支或节约较多的产品有重点地进行，以便克服缺点，吸取经验，更有效地降低产品的单位成本。分析时，可以先根据表 9-6 中本期实际的生产成本（本期实际的单位成本合计数）与其他各种生产成本进行对比，对产品单位成本进行一般的分析；然后按其成本项目进行具体的分析。

### （一）主要产品单位成本的一般分析

现以 A 种产品的单位成本表（表 9-6）为例，说明一般分析的方法。A 种产品的本年累计实际平均成本和本月实际成本，不仅均高于本年计划成本，还高于上年实际平均成本和历史先进水平，可见，成本超支的情况是比较严重的。

从上年实际平均成本高于历史先进水平可以看出，该种产品的实际成本不是逐年降低，而可能是逐年提高的。从本年计划成本高于上年实际平均成本可以看出，在制订本年度的成本计划时，就已预见到成本不断提高的趋势。此外，从本月（12 月）实际成本高于本年累计实际平均成本还可以看出，即使在本年度内，其成本也可能是逐月提高的。因此，确定该种产品作为重点进行单位成本分析是完全正确的。

**【例 9-5】** 下面通过最近 5 年的单位成本资料，对该种产品的成本进行趋势分析。其 5 年来的实际平均单位成本分别为：第 1 年（假定为历史先进年）134 元，第 2 年 134.6 元，第 3 年 135.2 元，第 4 年 134.2 元，第 5 年（本年）135.9 元。现以第 1 年为基期，134 元为基数，计算其他各年与之相比的比率如下。

$$\text{第 2 年：}\frac{134.6}{134}\times 100\% = 100.44776\%$$

$$\text{第 3 年：}\frac{135.2}{134}\times 100\% = 100.89552\%$$

$$\text{第 4 年：}\frac{134.2}{134}\times 100\% = 100.14925\%$$

$$\text{第 5 年：}\frac{135.9}{134}\times 100\% = 101.41791\%$$

再以上年为基期，计算各年环比的比率如下。

$$\text{第 2 年比第 1 年：}\frac{134.6}{134}\times 100\% = 100.44776\%$$

$$\text{第 3 年比第 2 年：}\frac{135.2}{134.6}\times 100\% = 100.44576\%$$

$$第4年比第3年：\frac{134.2}{135.2}\times 100\%=99.260\ 36\%$$

$$第5年比第4年：\frac{135.9}{134.2}\times 100\%=101.266\ 77\%$$

通过以上分析计算可以看出，A种产品的单位成本，如果以第1年为基期，以后4年均高于第1年，只是提高的程度各不相同；第5年提高最多，第4年提高最少；如果以上一年为基期逐年进行环比，第5年比第4年提高最多，而第4年相比于第3年则是降低的。可见这种产品成本的变动趋势不是逐年递增，而是在总体提高的情况下，存在一个“马鞍形”。应该进一步查明这些变动的具体原因：是由于物价上涨而引起原材料费用增加等客观原因，还是由于成本管理工作弱化或强化等主观原因。为了查明单位成本变动的具体原因，还应按照成本项目进行成本分析。

### （二）主要产品单位成本的分项目分析

1. 直接材料费用的分析

从表9-6中A种产品的各项成本来看，直接材料费用占产品生产成本的一半左右，比重较大，而且本月实际材料费用不仅超过本年计划、上年实际平均、历史先进水平，还超过了本年累计实际平均，应该作为重点成本项目进行分析。

假定A种产品本年成本计划规定和本月实际发生的材料消耗量与材料单价如表9-7所示。

**表9-7 直接材料计划与实际费用对比表**

| 项目 | 材料消耗数量/千克 | 材料价格/（元/千克） | 直接材料/元 |
|---|---|---|---|
| 本年计划 | 4 | 16.75 | 67 |
| 本月实际 | 3.4 | 20 | 68 |
| 直接材料差异 | | | 1 |

**【例9-6】** 从表9-6和表9-7可以看出，该种产品单位成本中的直接材料费用本月实际比本年计划超支1元。单位产品材料费用是材料消耗数量与材料价格的乘积，其影响因素不外乎材料消耗数量差异（量差）和材料价格差异（价差）两个方面。现用差额分析法计算这两方面因素变动对直接材料费用超支的影响如下。

材料消耗数量变动的影响＝（3.4－4）×16.75＝－10.05（元）

材料价格变动的影响＝（20－16.75）×3.4＝11.05（元）

两因素影响程度合计＝－10.05＋11.05＝1（元）

通过以上计算可以看出，该种产品的直接材料费用虽然只超支1元，差异不大，但分析结果表明：材料消耗量的节约（由4千克降为3.4千克）使材料费用降低10.05元；材料价格的提高（由16.75元涨为20元）则使材料费用超支11.05元。两者相抵，净超支1元。由此可见，该种产品材料消耗的节约掩盖了绝大部分材料价格提高所引起的材料费用超支。材料消耗节约只要不是偷工减料的结果，一般都是生产车间改革生产工艺、加强成本管理的成果。材料价格的提高，则要看是市场价格上涨或者国家调升价格等客观原因引起的，还是材料采购人员不得力，致使材料买价偏高或材料运杂费增加的结果。

与此相联系，该种产品的本年累计实际平均材料费用与本年计划持平（均为67元），低于本月实际、上年实际平均和历史先进水平，也不一定全是成本管理工作的成绩，也应比照上述方法进行量差和价差的分析。

2. 直接人工费用的分析

在A产品单位成本的直接人工费用中，本年累计实际平均数高于本年计划数，但本月实际数不仅低于本年累计实际平均数，还低于本年计划数（虽然仍高于上年实际平均数和历史先进水平），说明情况已明显好转。该企业实行的工资制度如果是计件工资制度，这些变动主要是由计件单价变动引起的，应该查明该种产品计件单价变动的原因。如果是计时工资制度，单位成本中的直接工资费用是根据单位产品所耗工时数和每小时的工资费用分配计入的，可以比照直接材料费用采用差额分析法进行分析（单位产品所耗工时数相当于单位产品的材料消耗数量，每小时的工资费用相当于材料单价），计算产品所耗工时数变动（量差）和每小时工资费用变动（价差）对直接人工费用变动的影响。

**【例 9-7】** 假定例9-6中的企业实行计时工资制度。A种产品每件所耗工时数和每小时工资费用的计划数和实际数如表9-8所示。

**表 9-8 直接人工费用计划与实际对比表**

| 项目 | 单位产品所耗工时/小时 | 每小时工资费用/元 | 直接人工费用/元 |
|---|---|---|---|
| 本年计划 | 15 | 2 | 30 |
| 本月实际 | 11.84 | 2.5 | 29.6 |
| 直接人工费用差异 | 3.16 | 0.5 | 0.4 |

从表9-6和表9-8可以看出，该种产品单位成本中的直接人工费用本月实际比本年计划降低0.4元。采用差额分析法计算各因素的影响程度如下。

单位产品所耗工时变动的影响＝－3.16×2＝－6.32（元）

每小时工资费用变动的影响＝0.5×11.84＝5.92（元）

两因素影响程度合计＝－6.32＋5.92＝－0.4（元）

以上分析计算表明：该种产品直接人工费用节约0.4元，完全是由工时消耗大幅度节约的结果，而每小时的工资费用则是超支的，它抵销了绝大部分由工时消耗节约所产生的直接人工费用的降低额。应该进一步查明单位产品工时消耗节约和每小时工资费用超支的原因。

单位产品所耗工时的节约，一般是生产工人提高了劳动的熟练程度，从而提高了劳动生产率的结果；但也不排斥是由偷工减料造成的。应该查明节约工时是否影响了产品的质量，通过降低产品质量来节约工时是不允许的。

每小时工资费用是以生产工资总额除以生产工时总额计算求出的。工资总额控制得好，生产工资总额减少，会使每小时工资费用节约；否则会使每小时工资费用超支。对生产工资总额变动的分析，可以与前述按成本项目反映的产品生产成本表中直接人工费用的分析结合起来进行。

在工时总额固定的情况下，非生产工时控制得好，减少非生产工时，增加生产工时总额，会使每小时工资费用节约；否则会使每小时工资费用超支。因此，要查明每小时工资费用变动的具体原因，还应对生产工时的利用情况进行调查研究。

3. 制造费用的分析

制造费用一般是间接计入费用，产品成本中的制造费用一般是根据生产工时等分配标准分配计入的。因此，产品单位成本中制造费用的分析，通常与计时工资制度下直接人工费用的分析相类似，先要分析单位产品所耗工时变动和每小时制造费用变动两因素对制造费用变动的影响，然后查明这两个因素变动的具体原因，如果在进行直接人工费用分析时，已经查明单位产品所耗工时变动和生产工时利用好坏的具体原因，只需要联系前述按成本项目反映的产品生产成本表中制造费用总额变动的分析，并结合后述制造费用明细表中制造费用各费用项目具体变动的分析，就可以了解产品单位成本中制造费用变动的种种原因。

4. 主要技术经济指标的分析

这一方面分析主要是通过本月实际数和本年累计实际平均数与本年计划数、上年实际平均数和历史先进水平分别进行对比，揭示差异，进而查明发生差异的具体原因。

根据表 9-6 可以看出，该产品主要材料的耗用数是不断降低的。上年实际数低于历史先进水平，因而从主要材料耗用指标来说，上年的耗用量已经跃居历史先进水平。本月实际数不仅低于本年计划数，而且低于本年累计实际平均数，已经大大超过历史先进水平。这一情况与前述直接材料费用量差和价差分析的结果也是一致的。这也说明，产品单位成本中的本月直接材料费用的超支完全是由材料价格的提高所造成的。

## 第四节 各种费用明细表的编制和分析

各种费用是指企业在生产经营过程中，为组织和管理生产经营活动所发生的制造费用、管理费用、财务费用和销售费用。其中制造费用属于成本费用，其他三种费用为期间费用。编制各种费用表的作用在于反映各项费用的计划执行情况和费用构成及增减变动情况。

### 一、各种费用表的编制

制造费用明细表的格式如表 9-9 所示。

表 9-9 制造费用明细表

20××年×月 单位：元

| 费用项目 | 本年计划 | 上年同期实际 | 本月实际 | 本年累计实际 |
|---|---|---|---|---|
| 工资 | | | | |
| 职工福利费 | | | | |

续表

| 费用项目 | 本年计划 | 上年同期实际 | 本月实际 | 本年累计实际 |
|---|---|---|---|---|
| 折旧费 | | | | |
| 修理费 | | | | |
| 办公费 | | | | |
| 取暖费 | | | | |
| 水电费 | | | | |
| 机物料消耗 | | | | |
| 低值易耗品摊销 | | | | |
| 劳动保护费 | | | | |
| 租赁费 | | | | |
| 运输费 | | | | |
| 保险费 | | | | |
| 设计制图费 | | | | |
| 试验检验费 | | | | |
| 在产品盘亏和毁损 | | | | |
| 其他 | | | | |
| 合计 | | | | |

管理费用明细表的格式如表 9-10 所示。

**表 9-10　管理费用明细表**

20××年×月　　　　单位：元

| 费用项目 | 本年计划 | 上年同期实际 | 本月实际 | 本年累计实际 |
|---|---|---|---|---|
| 工资 | | | | |
| 职工福利费 | | | | |
| 折旧费 | | | | |
| 办公费 | | | | |
| 差旅费 | | | | |
| 运输费 | | | | |
| 保险费 | | | | |
| 租赁费 | | | | |
| 修理费 | | | | |
| 咨询费 | | | | |
| 排污费 | | | | |
| 诉讼费 | | | | |
| 绿化费 | | | | |
| 物料消耗 | | | | |

续表

| 费用项目 | 本年计划 | 上年同期实际 | 本月实际 | 本年累计实际 |
|---|---|---|---|---|
| 低值易耗品摊销 | | | | |
| 无形资产摊销 | | | | |
| 长期待摊费用摊销 | | | | |
| 研究开发费 | | | | |
| 业务招待费 | | | | |
| 工会经费 | | | | |
| 职工教育经费 | | | | |
| 房产税 | | | | |
| 车船税 | | | | |
| 土地使用税 | | | | |
| 印花税 | | | | |
| 材料、产成品盘亏和毁损 | | | | |
| 其他 | | | | |
| 合计 | | | | |

财务费用明细表的格式如表 9-11 所示。

**表 9-11 财务费用明细表**

20××年×月　　单位：元

| 费用项目 | 本年计划 | 上年同期实际 | 本月费用 | 本年累计实际 |
|---|---|---|---|---|
| 利息支出（净支出） | | | | |
| 汇兑损失（净损失） | | | | |
| 金融机构手续费 | | | | |
| 其他筹资费用 | | | | |
| 合计 | | | | |

销售费用明细表的格式如表 9-12 所示。

**表 9-12 销售费用明细表**

20××年×月　　单位：元

| 费用项目 | 本年计划 | 上年同期实际 | 本月费用 | 本年累计实际 |
|---|---|---|---|---|
| 工资 | | | | |
| 职工福利费 | | | | |
| 业务费 | | | | |
| 运输费 | | | | |

续表

| 费用项目 | 本年计划 | 上年同期实际 | 本月费用 | 本年累计实际 |
| --- | --- | --- | --- | --- |
| 装卸费 | | | | |
| 包装费 | | | | |
| 保险费 | | | | |
| 展览费 | | | | |
| 广告费 | | | | |
| 差旅费 | | | | |
| 租赁费 | | | | |
| 低值易耗品摊销 | | | | |
| 销售部门办公费 | | | | |
| 委托代销手续费 | | | | |
| 折旧费 | | | | |
| 其他 | | | | |
| 合计 | | | | |

上述各种费用明细表中的本年计划数据根据各项费用计划填列，上年同期实际数据根据上年同期该表累计实际数填列，本月费用数据根据各种费用明细账本月发生额填列，本年累计实际数据根据各种费用明细账的本年累计发生额填列。

## 二、各种费用表的分析

首先，将各项费用本年实际发生额同本年计划数进行对比，了解完成计划的情况。同时也可将各项费用本年实际发生额同上年同期实际数进行对比，以观察各项费用的变化趋势。其次，进一步研究各种费用增减变化的具体原因。上述四种费用包括的内容较多，且各项费用的性质和用途不同，因此需将各种费用进行分类分析，以便正确评价费用支出的合理性，寻求降低各种费用支出的不同途径和方法。

（1）生产性费用。例如制造费用中的折旧费、修理费、机物料消耗、低值易耗品摊销等，这些费用的变动与企业生产规模、生产组织、设备利用情况的变化有关。因此，分析时应结合上述因素，分析评价这类费用的开支是否节约或超支。例如，企业生产规模扩大或生产组织发生改变，这些对应的生产性费用支出也将发生一定的变化，若企业采取一些降低费用支出的措施，使得生产规模扩大但不增加生产费用支出，从表面上看费用支出没有发生变化，实际上是降低了费用支出水平。

（2）管理性费用。例如行政管理部门人员的工资、办公费、差旅费、业务招待费等，这些费用支出的多少，取决于企业行政管理系统的设置和运行情况以及各项开支标准的执行情况。对这些费用的分析应从紧缩开支、精简机构、提高工作效率入手。

（3）发展性费用。例如职工教育经费、设计制图费、试验检验费、研究开发费等，这些费用与企业的发展相关，是对企业未来发展的投资。对于这些费用，应着重分析其支出的科学性、合理性和可行性，并将支出与应取得的效果联系起来进行分析评价。

（4）防护性费用。例如劳动保护费、保险费等。这类费用的变动直接与劳动条件的改善、安全生产等相关，对这类费用支出的分析，应结合劳动保护工作的开展情况，分析费用支出的效果。

（5）非生产性费用。例如有关存货的盘亏和毁损等，对这类支出的分析，重点放在企业内部有关管理制度的建立和健全方面所存在的问题上，并追究有关责任者的责任，把分析与推行、加强经济责任制结合起来，以减少这类支出。

## 第五节　其他成本分析

### 一、技术经济指标对单位成本影响的分析

技术经济指标的分析是指技术经济指标的变动对单位产品成本的影响。技术经济指标变动对成本影响的分析主要包括如下几个方面。

#### （一）原材料利用率变动对单位成本影响的分析

原材料利用率是用来反映原材料利用程度的指标，该指标越高，表明材料的利用程度越高，产品成本则可随之降低，有关指标的计算公式为

$$原材料利用率=\frac{某产品合格品产量}{生产该产品所耗用原材料总量}$$

$$\begin{matrix}原材料利用率变动\\对单位成本的影响\end{matrix}=\left(\frac{计划原材料利用率}{实际原材料利用率}-1\right)\times\begin{matrix}单位产品成本中计划\\原材料所占的比重\end{matrix}$$

【例9-8】　某企业生产甲产品，有关资料如表9-13所示。

表9-13　甲产品有关资料

| 项目 | 计划 | 实际 | 差异 |
|---|---|---|---|
| 产品产量/千克 | 800 | 800 | — |
| 原材料耗用总量/千克 | 1 000 | 950 | −50 |
| 原材料利用率/% | 80 | 84.21 | 4.21 |
| 直接材料总成本/元 | 2 000 | 1 900 | −100 |
| 产品总成本/元 | 6 000 | 5 900 | −100 |
| 产品单位成本/（元/千克） | 7.50 | 7.375 | −0.125 |

根据表9-13中的资料计算的原材料利用率变动对单位成本的影响如下。

$$原材料利用率变动对单位成本的影响=\left(\frac{80\%}{84.21\%}-1\right)\times\frac{2.5}{7.5}=-1.67\%$$

#### （二）劳动生产率变动对单位成本影响的分析

在一般情况下，随着劳动生产率的不断提高，平均工资也应随之增长，但平均工资

的增长速度不应超过劳动生产率的增长速度。只有如此，才能使单位产品成本不断降低。劳动生产率变动对产品成本的影响可按下式计算。

$$\text{劳动生产率变动对单位产品成本的影响}=\left(\frac{1+\text{平均工资增长的百分比}}{1+\text{劳动生产率增长的百分比}}-1\right)\times\text{计划单位产品成本中生产工人工资所占的百分比}$$

$$\text{劳动生产率增长百分比}=\frac{\text{单位产品计划工时}-\text{单位产品本年实际工时}}{\text{单位产品计划工时}}$$

$$\text{平均工资增长百分比}=\frac{\text{本年实际小时工资率}-\text{计划小时工资率}}{\text{计划小时工资率}}$$

如果企业生产多种产品，每种产品所应负担的生产工人工资费用一般是按工时的比例分配的。这样，单位产品成本中的工资费用则受工时和小时工资率两个因素的影响。这时，劳动生产率变动对单位产品成本的影响按下式计算。

$$\text{劳动生产率变动对单位产品成本的影响}=\left[\left(1+\text{小时工资率增减的百分比}\right)\times\left(1+\text{单位产品工时增减百分比}\right)-1\right]\times\text{计划单位产品成本中生产工人工资所占的百分比}$$

**【例 9-9】**　某企业有关资料如表 9-14 所示。

**表 9-14　工资成本等资料**

| 项目 | 计划 | 实际 | 差异 |
|---|---|---|---|
| 单位产品工时/小时 | 100 | 95 | −5 |
| 小时工资率/（元/小时） | 0.8 | 0.85 | 0.05 |
| 单位产品工资成本/元 | 80 | 80.75 | 0.75 |
| 工资占成本比重/% | 15 | | |

根据上述资料计算的劳动生产率变动对单位产品成本的影响结果如下。

$$\text{劳动生产率增长百分比}=\frac{100-95}{95}=5.26\%$$

$$\text{平均工资增长百分比}=\frac{0.85-0.8}{0.8}=6.25\%$$

$$\text{劳动生产率变动对单位产品成本的影响}=\frac{5.26\%-6.25\%}{1+5.26\%}\times15\%=0.14\%$$

### （三）产品质量变动对产品单位成本影响的分析

在产品分为不同等级的情况下，各等级产品数量的变动，也会影响产品的单位成本。等级产品平均质量水平以等级系数表示，等级系数高，折合为一级品的产量多。这样，等级产品的单位成本就相应地降低了。产品质量变动对单位成本的影响可按下式计算。

$$\text{产品质量变动对单位成本的影响}=\left(\frac{\text{计划等级系数}}{\text{实际等级系数}}-1\right)\times100\%$$

$$\text{等级系数}=\frac{\text{各等级品折合成一级品产量之和}}{\text{各等级品产量之和}}$$

**【例 9-10】**　某企业生产甲产品，各等级产品有关资料如表 9-15 所示。

表 9-15 各等级产品产量及成本资料

| 产品等级 | 单价/元 | 折合率 | 产量/件 | | 折合成一级品产量/件 | | 总成本/元 | |
|---|---|---|---|---|---|---|---|---|
| | | | 计划 | 实际 | 计划 | 实际 | 计划 | 实际 |
| 一 | 100 | 1 | 2 000 | 2 100 | 2 000 | 2 100 | | |
| 二 | 90 | 0.9 | 800 | 750 | 720 | 675 | | |
| 三 | 60 | 0.6 | 500 | 600 | 300 | 360 | | |
| 合计 | | | 3 300 | 3 450 | 3 020 | 3 135 | 264 000 | 276 000 |

根据表 9-15 中资料计算的产品质量变动对单位成本的影响结果如下。

$$计划等级系数=\frac{3\ 020}{3\ 300}=0.915\ 15$$

$$实际等级系数=\frac{3\ 135}{3\ 450}=0.908\ 70$$

$$产品质量变动对单位成本的影响=\left(\frac{0.915\ 15}{0.908\ 70}-1\right)\times 100\%=0.709\ 8\%$$

产品质量变动对单位成本产生影响。在产品不分为各等级的情况下，可按废品率进行计算，即废品率越高，产品成本就越高。降低废品率，就可以降低产品成本，其计算公式为

$$\begin{matrix}废品率变动对\\单位成本的影响\end{matrix}=\left[\frac{实际废品率\div(1-实际废品率)}{计划废品率\div(1-计划废品率)}-1\right]\times\begin{matrix}计划单位成本中\\废品损失的百分比\end{matrix}$$

$$计划单位成本中废品损失的百分比=\frac{合格品单位成本-总产量的单位成本}{合格品单位成本}$$

**【例 9-11】** 某企业有关合格品和废品资料如表 9-16 所示。

表 9-16 合格品及废品资料

| 项目 | 计划 | 实际 |
|---|---|---|
| 总产量/件 | 150 | 200 |
| 其中：合格品/件 | 135 | 190 |
| 废品/件 | 15 | 10 |
| 合格品率/% | 90 | 95 |
| 废品率/% | 10 | 5 |
| 产品总成本/元 | 5 625 | 7 500 |
| 废品残值/元 | 225 | 150 |
| 合格品成本/元 | 5 400 | 7 350 |
| 总产量单位成本/（元/件） | 37.5 | 37.5 |
| 合格品单位成本/（元/件） | 40 | 38.68 |

根据表 9-16 中的资料计算的废品率变动对单位成本的影响如下。

$$计划单位成本中废品损失的百分比=\frac{40-37.5}{40}=6.25\%$$

$$废品率变动对单位成本的影响=\left[\frac{5\%\div(1-5\%)}{10\%\div(1-10\%)}-1\right]\times 6.25\%=-3.3\%$$

**（四）产品产量变动对产品单位成本影响的分析**

在生产费用按其与产品产量的关系划分为固定费用和变动费用的情况下，随着产量的增加，虽然固定费用总额不变，但单位产品成本中的固定费用却随之成比例地减少，反之亦然。单位产品的变动费用则不发生变化，因此，产量变动对单位产品成本的影响主要与固定费用有关，其影响程度可按下式计算。

$$产量变动对单位产品成本的影响程度=\left(\frac{1}{产量计划完成率}-1\right)\times 计划单位产品成本中固定费用所占百分比$$

**【例 9-12】** 某企业甲产品产量及成本资料如表 9-17 所示。

**表 9-17　甲产品产量及成本资料**

| 项目 | 产量/件 | | 单位成本/元 | | 总成本/元 | |
|---|---|---|---|---|---|---|
| | 计划 | 实际 | 计划 | 实际 | 计划 | 实际 |
| 变动费用 | | | 10 | 10 | 30 000 | 33 000 |
| 固定费用 | | | 2.97 | 2.70 | 8 910 | 8 910 |
| 合计 | 3 000 | 3 300 | 12.97 | 12.70 | 38 910 | 41 910 |

根据表 9-17 中的资料计算的产量变动对单位产品成本的影响程度如下。

$$产量变动对单位产品成本的影响程度=\left(\frac{1}{3\ 300\div 3\ 000}-1\right)\times\frac{2.97}{12.97}=-2.08\%$$

## 二、其他组织方式的成本分析

成本分析除了可按上面各节所述的全厂性的成本分析外，还可采取其他几种组织方式，如车间成本分析、班组成本分析、厂际成本分析和成本分析会议等。

**（一）车间成本分析**

对车间成本计划的执行情况及其结果的分析，称为车间成本分析。企业的产品是由车间生产的，车间是生产费用发生的主要地点，其成本水平的高低，对成本计划执行的结果影响很大。企业车间成本分析主要包括如下几个方面的内容。

（1）考核各车间成本计划的执行结果。企业在编制成本计划时，除了按产品类别编制外，为了考核各个车间的成本情况，实行厂内的经济核算，还要分车间类别编制各个车间的成本计划。其分析对象也是将实际成本与计划成本进行对比。在进行对比分析时，应剔除一些车间不能控制的不可比因素（如材料的价格、厂内的劳务结算价格等），从而分析出车间主观因素对成本计划执行结果的影响。

（2）分析影响车间成本计划的因素及其原因。在计算出各车间成本计划执行结果的基础上，还应分析影响车间成本计划的因素及其原因。车间在进行分析时，当然可以采用前几节介绍的全厂成本分析中的一些方法进行分析，但由于车间是产品生产的基层单位，所以，在分析时，可比全厂成本分析更详细、具体，指标分解及因素可更细致一些。

(3) 分清各车间的经济责任。在分析出实际成本与计划成本的差额后，应分清各车间的经济责任，以便采取相应的奖惩措施。车间成本差异产生的原因有很多，有的是车间本身工作的结果，如材料消耗量等。当然也有其他车间和部门的因素，如材料价格、其他车间转入的半成品和劳务的价格等。这时，应将由各车间、部门负担的差异额进行相互的结转，从而确定出应由各车间负担的差异额。

(4) 提出改进措施。在进行车间成本分析时提出的问题及产生差异的原因，应采取相应的措施加以改进，取得的成绩应进一步巩固，使车间成本能进一步降低。

### (二) 班组成本分析

班组成本分析是对生产班组的生产经营活动进行记录，从而算出成本升降的数额并分析其产生的原因及过程。班组成本分析可由班组兼职的工人负责。班组成本分析的内容应根据班组的特点和经济核算的特点进行，主要对班组能控制的生产消耗因素进行分析，有的班组还可对其所生产的产品成本进行分析。

### (三) 厂际成本分析

在进行成本分析时，不仅要根据本企业的有关成本资料进行，还应进行横向的分析，即与同行业其他企业的成本资料进行对比分析，汲取其他企业的先进经验，弥补本企业的不足，采取相应的措施降低本企业的成本。因为各企业的规模、产品等具体情况不同，所以在进行厂际成本分析时，主要应进行单位成本的对比分析。

### (四) 成本分析会议

成本分析会议是通过召开会议的形式对成本进行分析，寻求降低成本的措施的方式。成本分析会议可由领导、专业人员和有关的职工群众参加。采用成本分析会议的形式，可以集思广益，发现通过技术分析方法不能找出的问题，收到良好的效果。所以，成本分析会议是动员群众参与成本管理，实现领导检查和群众监督相结合、专业分析和群众分析相结合的一种重要形式。

成本分析会议可分为厂际成本分析会议和厂内成本分析会议两种形式。其中，厂际成本分析会议可由企业的主管部门召开，组织同类型企业参与，对同类产品的成本进行分析，并相互交流降低成本的措施和经验。厂内成本分析会议可分为全厂的成本分析会议、车间成本分析会议和班组成本分析会议等形式。全厂的成本分析会议一般每季度召开一次，车间成本分析会议可以定期和不定期地召开，班组成本分析会议一般也是不定期地召开，也可以在班前或班后召开。为了开好成本分析会议，专业人员应做好充分的准备，每次会议都应有明确的目的，并且应准备好相关的数据，提出问题及解决问题的措施方案。参加会议的人员应有广泛的代表性。对于成本分析会议提出的问题及改进的措施，应进行整理，提出具体的措施意见，并具体落实到每个单位和个人。同时，隔一段时间还应对成本分析会议中提出的问题、措施的改进情况进行检查，使成本分析会议提出的各项措施得到落实。

## 三、降低成本措施分析

在进行成本分析时，通过一系列的分析方法，可以确定各因素变动对成本计划完成情况的影响，并且能计算出哪些成本项目发生了差异。如果企业成本计划编制得相对准确，实际成本与计划成本的差异就较小。如果实际成本与计划成本的差异额较大，就应对降低成本的措施进行分析，以便进一步揭示成本升降的原因。在计划年度里，企业为了完成成本计划任务，保证目标利润的实现，通常采取一些降低成本的措施。降低成本措施的分析，就是要分析企业采取的各种降低成本的措施对成本计划完成的影响程度，主要包括产品结构和工艺改革对成本影响的分析，生产组织措施对成本影响的分析，其他措施对成本影响的分析，等等。

### （一）产品结构和工艺改革对成本影响的分析

在产品生产过程中，为了降低产品成本，在保证产品性能、质量、用途等条件不变的情况下，可对产品的结构和工艺过程进行改革，如将结构较复杂的产品进行简化，取消一些不必要的功能；在材料选择上，将价值高的材料用价值低的材料代替，将进口材料用国产材料代替等；在生产工艺上进行改革，采用新的工艺，缩短加工时间，减少工序等。通过采取上述各种措施，在产品的性能、质量、用途不变或稍有改变用途的情况下，可使产品成本有较大幅度的降低。

### （二）生产组织措施对成本影响的分析

生产组织措施属于企业管理方面的问题，对于生产组织措施搞得较好的企业，应对人力、物力和财力实行科学的管理，促使企业在生产过程中以较少的消耗、较低的成本取得较大的经济效益。为了降低成本所采取的生产组织措施一般包括人员的合理安排、材料的最佳套裁方案、投产的最佳批量、生产的合理调度等。

### （三）其他措施对成本影响的分析

降低成本的措施除了对产品结构和工艺改革、合理的生产组织措施外，还应采取其他一些措施，如对产品成本中较大的费用项目、差异额较大项目进行重点分析，以寻求降低成本的途径。这些项目的费用及差异额较大，若使它们降低，则对成本计划降低任务的完成情况产生较大的影响。例如，若企业的产品成本中材料费用占有最大的比例，则应将其作为分析的重点。影响材料费用的因素主要有价格和消耗量。若经过分析认为材料费用的超支主要是由于价格因素的影响，则应对其作进一步的分析。如果企业生产用的材料中有一部分是自制的，则应将自制的成本与外购的成本进行对比分析，得出是自制合适还是应当外购的结论。这样，在一定程度上可以使材料成本降低。

第九章重要术语　　第九章案例分析　　第九章思政课堂

# 课后练习题

## 一、单项选择题

1. 按照有关规定，成本报表是（　　）。

A. 对外报表　　B. 对内报表

C. 既是对外报表，又是对内报表　　D. 对内还是对外，由企业自行决定

2. 成本报表的分析方法很多，如果通过计算两个性质不同而又相关的指标的比率进行数量分析，应采用的方法是（　　）。

A. 比率分析法　　B. 相关指标比率分析法

C. 构成比率分析法　　D. 对比分析法

3. 产量变动之所以影响产品单位成本，是（　　）。

A. 在产品全部成本中包含一部分变动费用的情况下

B. 在产品全部成本中包括一部分相对固定的费用的情况下

C. 在产品总成本不变的情况下

D. 在产量增长超过产品总成本增长的情况下

4. 只影响可比产品成本降低额变动，不影响可比产品成本降低率的因素是（　　）。

A. 产品产量的变动　　B. 产品品种结构变动

C. 产品单位成本的变动　　D. 产品投产量的变动

5. 用来揭示各期之间的增减变化，据以预测经济发展趋势的分析方法有（　　）。

A. 对比分析法　　B. 比率分析法

C. 连环替换法　　D. 趋势分析法

## 二、多项选择题

1. 成本报表分析的方法，包括（　　）。

A. 对比分析法　　B. 比率分析法

C. 连环替代法　　D. 趋势分析法

E. 差额分析法

2. 用来分析各项因素对总体指标影响程度的分析方法有（　　）。

A. 对比分析法　　B. 比率分析法

C. 连环替代法　　D. 趋势分析法

E. 差额分析法

3. 采用连环替代法时，在确定各因素排列顺序上应遵循的原则有（　　）。

A. 如果既有数量因素又有质量因素，先计算数量因素变动的影响，后计算质量因素变动的影响

B. 如果既有数量因素又有质量因素，先计算质量因素变动的影响，后计算数量因素变动的影响

C. 如果既有实物数量因素又有价值数量因素，先计算实物数量因素变动的影响，后计算价值数量因素变动的影响

D. 如果有几个数量因素或质量因素，还应区分主要因素和次要因素，先计算主要因素变动的影响，后计算次要因素变动的影响

E. 先计算次要因素变动的影响，后计算主要因素变动的影响

4. 影响可比产品降低额变动的因素有（ ）。

A. 产品产量　　B. 产品价格

C. 产品品种结构　　D. 产品单位成本

E. 产品的性能

5. 影响可比产品成本降低率变动的因素有（ ）。

A. 产品产量　　B. 产品品种构成

C. 产品价格　　D. 产品单位成本

E. 产品生产方式

6. 主要产品单位成本表反映的单位成本包括（ ）。

A. 本月实际　　B. 历史先进水平

C. 本年计划　　D. 上年实际平均

E. 本年累计实际平均

7. 用来反映工业企业在报告期内发生的期间费用及其构成情况的报表有（ ）。

A. 制造费用明细表　　B. 产品生产成本表

C. 财务费用明细表　　D. 产品销售费用明细表

E. 管理费用明细表

## 三、判断题

1. 成本报表对内报送还是对外报送由企业自行决定。（ ）
2. 比率分析法只适用于同质指标的数量对比。（ ）
3. 相关指标比率是指某项经济指标的各个组成部分占总体的比重。（ ）
4. 成本利润率是相关指标比率。（ ）
5. 采用差额分析法能够揭示各项因素的变动对总体指标的影响程度。（ ）
6. 对比分析法能够揭示各期之间的增减变化，据以预测经济发展趋势。（ ）
7. 影响可比产品成本降低率指标的因素有产品品种结构和产品单位成本。（ ）
8. 按产品种类反映的产品生产成本表，是按产品种类汇总反映工业企业在报告期内生产的可比产品的单位成本和总成本的报表。（ ）
9. 可比产品成本降低额是本年累计实际总成本与可比产品计划产量按上年实际平均单位成本计算的总成本。（ ）
10. 制造费用表是反映工业企业在报告期内发生的期间费用及其构成情况的报表。（ ）

## 四、名词解释

1. 成本报表　2. 成本分析　3. 产品生产成本表　4. 主要产品单位成本表

## 五、思考题

1. 成本报表的编制要求是什么?
2. 制造业企业应设置哪几种成本报表?
3. 使用连环替代法进行成本分析，应注意哪些问题?
4. 如何进行可比产品成本降低任务完成情况的分析?
5. 影响产品成本变动的因素有哪些?

## 六、业务计算题

1. 某企业生产甲、乙两种可比产品和丙一种不可比产品，本年三种产品成本资料如表 9-18 所示。

**表 9-18　三种产品成本资料**

| 产品 | | 产量/件 | | 单位成本/元 | | |
|---|---|---|---|---|---|---|
| | | 计划 | 实际 | 上年 | 计划 | 实际 |
| 可比产品 | 甲产品 | 260 | 280 | 260 | 255 | 247 |
| | 乙产品 | 500 | 500 | 82 | 80 | 78 |
| 不可比产品 | 丙产品 | 280 | 300 | | 100 | 102 |

要求：

(1) 分析全部产品成本计划的完成情况；

(2) 分析可比产品成本的降低任务完成情况及各因素影响程度；

(3) 评价与建议。

2. 某企业生产甲产品，本年单位成本情况如表 9-19 所示。

**表 9-19　本年单位成本情况**　　单位：元

| 成本项目 | 上年单位成本 | 计划单位成本 | 实际单位成本 |
|---|---|---|---|
| 直接材料 | 18.2 | 18.0 | 18.6 |
| 直接人工 | 7.5 | 7.3 | 7.8 |
| 制造费用 | 5.3 | 5.1 | 4.1 |
| 合计 | 31.0 | 30.4 | 30.5 |

要求：

(1) 分析甲产品单位成本变动的一般情况；

(2) 分析甲产品成本结构的变动情况；

(3) 评价与建议。

# 第十章

# 其他主要行业的成本核算

**本章逻辑框架**

- 其他主要行业的成本核算
  - 商品流通企业成本核算
    - 商品流通企业及其经营活动的特点
    - 商品流通企业成本核算的内容及特点
    - 商品流通企业成本核算过程
  - 建筑施工企业成本核算
    - 建筑施工企业及其经营活动的特点
    - 建筑施工企业成本核算的特点
    - 建筑施工企业成本核算的账户设置及核算程序
    - 建筑施工企业成本核算过程
  - 房地产开发企业成本核算
    - 房地产开发企业及其生产经营特点
    - 房地产开发企业成本核算的特点
    - 房地产开发企业成本核算的账户设置
    - 土地开发成本核算
    - 房屋开发成本核算
    - 代建工程开发成本核算
    - 配套设施开发成本核算
  - 农业企业成本核算
    - 农业企业及其生产经营活动的特点
    - 种植业农产品成本核算的特点
    - 种植业农产品成本核算
    - 林业产品成本核算
    - 畜牧养殖业成本核算
  - 交通运输企业成本核算
    - 交通运输企业及其生产经营特点
    - 交通运输企业成本核算的特点
    - 交通运输企业成本核算的账户设置
    - 公路运输企业成本核算
    - 铁路运输企业成本核算
    - 航空运输企业成本核算

**本章重要概念**

商品流通企业　综合差价率计算法　房地产开发企业　前期工程费　基础设施费　建筑安装工程费　配套设施费　开发间接费用　工程结算　分群核算制

**本章内容引言**

与工业企业相比，商品流通企业、建筑施工企业、房地产开发企业、农业企业、交通运输企业具有各自独特的生产经营特点，其成本核算在成本核算对象、成本计算期、成本项目、成本计算方法等方面具有独特之处，在系统掌握工业企业成本核算之后，了解其他主要行业成本核算方法非常必要。

# 第一节　商品流通企业成本核算

## 一、商品流通企业及其经营活动的特点

**知识链接**
商品流通企业的资金运动

商品流通是指商品生产以后，通过以货币为媒介的商品买卖，实现从生产领域到消费领域的转移。商品流通企业是指以从事商品流通为主营业务的企业，通过商品购进、销售、调拨、储存、运输等经营业务实现商品流转，其中购进和销售是完成商品流通的关键业务，调拨、储存、运输等活动都是围绕商品购销活动展开，其经营资金的运动形态表现为从货币资金到商品资金再到货币资金的循环过程，主要包括商业、对外贸易、医药、石油、烟草和图书发行等企业。因商品流通企业的经济活动主要是流通领域中的购销存活动，所以商品流通企业的核算主要侧重于采购成本和销售成本的核算及商品流通费用的核算。

商品流通企业按其在商品流通过程中所处地位分为商品批发企业和商品零售企业。商品批发企业是指向生产企业或其他企业购进商品，供应其他生产企业或零售企业以及其他批发企业用以转售，或供应给其他企业用以加工后销售的商品流通企业。商品批发企业以从事批发业务为主，其特点是经营规模及业务量较大，销售对象一般是生产企业和零售企业，商品购销活动都是大宗商品，交易额较大。商品零售企业是指向批发企业或生产企业购进商品，销售给消费者，或销售给企事业单位用以生产消费和非生产消费的商品流通企业。商品零售企业以从事零售业务为主，其商品经营特点是商品品种较多，规格型号较复杂，库存量较少，流通速度快，销售对象广泛，交易频繁，是商品流转的最终环节。

与工业企业经营活动相比，商品流通企业有三个特点：一是经营活动的主要内容是商品购销；二是商品资产在企业全部资产中占有较大的比例，是企业资产管理的重点；三是企业营运中资金活动的轨迹是“货币—商品—货币”。

## 二、商品流通企业成本核算的内容及特点

### （一）商品流通企业成本核算的内容

商品流通企业成本主要指在组织商品购销存等过程中发生的直接计入商品成本和不

计入商品成本的销售费用，主要包括商品取得成本、商品储存成本和商品销售成本。

（1）商品取得成本。商品取得成本包括采购成本、加工成本和其他成本。采购成本包括购买价款、相关税费（进口关税、消费税、资源税以及教育费附加等）、运输费、装卸费、保险费及其他可归属于采购成本的费用，包括采购过程中发生的仓储费、包装费、运输途中的合理损耗、入库前的挑选整理费用等。商品购进环节是货币资金转为商品的过程。

（2）商品储存成本。商品储存成本是商业企业购进的商品在被销售以前在企业的停留状态，它以商品资金的形态存在于企业中。

（3）商品销售成本。商品销售成本指已销商品的购进成本，按照已销商品的数量和单位购进成本核算，是商业企业通过货币结算而售出商品的行为，商品销售的过程是商品资金转变为货币资金的过程。

无论是批发企业还是零售企业，商品流转的购进、储存和销售三个环节都构成会计核算的核心内容。

### （二）商品流通企业成本核算的特点

（1）成本核算对象。一般是以购进或销售商品的品种或类别作为成本核算对象。

（2）成本计算期。成本计算期一般按月进行，与会计期间一致。

（3）成本构成项目。成本构成项目包括购进或销售商品的购买价款和商品采购费用等。

（4）成本账户的设置。购进商品的采购成本一般通过设置“商品采购”和“库存商品”账户进行核算，已销商品的销售成本一般通过设置“主营业务成本”账户进行核算。

## 三、商品流通企业成本核算过程

### （一）商品采购成本的核算

商品流通企业设置“商品采购”账户核算尚未验收入库商品的进价，“商品采购”账户按照供货单位、商品类别等设置明细账进行明细核算，“库存商品”账户核算验收入库商品的售价，“商品进销差价”账户核算入库商品售价和进价之间的差额。会计处理程序如下。

借：商品采购

　　应交税费——应交增值税（进项税额）

　　贷：银行存款

借：库存商品

　　贷：商品采购

　　　　商品进销差价

**【例 10-1】** 某商品流通企业（一般纳税人）购进一批商品，增值税专用发票上注明价款 10 000 元，增值税 1 700 元，另外支付运杂费 500 元，款项已用银行存款支付，商品已验收入库，该批商品售价为 15 000 元，该企业编制会计分录如下。

借：商品采购　　　　10 500

应交税费——应交增值税（进项税额） 1 700
贷：银行存款 12 200
借：库存商品 15 000
贷：商品采购 12 200
商品进销差价 2 800

### （二）商品销售成本的核算

1. 商品销售成本核算方法

根据商品流通企业成本核算的特点和管理要求，通常采用售价金额核算方法。其基本内容如下。

（1）建立实物负责人制，实物负责人对其经营的商品数量和质量负责。

（2）“库存商品”账户按售价进行记录，只登记商品的售价金额，按售价金额反映各实物负责人经营商品的进销存情况。

（3）“商品进销差价”反映商品采购成本和售价之间的差额，该账户是库存商品账户的调整账户，按商品类别设置明细账，进行明细核算。

（4）加强商品盘点和物价管理。

2. 商品销售会计处理过程及计算

库存商品是按售价计价，因此在发生商品销售业务时，按含税售价反映销售收入，借记“银行存款”等账户，贷记“主营业务收入”账户，并按含税售价结转商品销售成本，借记“主营业务成本”账户，贷记“库存商品”账户。月末，当计算销项税额时，将含税销售收入调整为不含税销售收入，借记“主营业务收入”，贷记“应交税费”账户。为了计算销售商品的实际成本，按一定的方法将本月已实现的商品进销差价从以售价记录的商品销售成本中转出。具体会计处理如下。

发生商品销售业务时

借：银行存款等

贷：主营业务收入

结转已销商品成本时

借：主营业务成本

贷：库存商品

月末计算销项税额时

借：主营业务收入

贷：应交税费——应交增值税（销项税额）

已销商品进销差价结转时

借：商品进销差价

贷：主营业务成本

已销商品进销差价的计算方法有差价率法和实际差价计算法，其中差价率法是按商品的存销比例分摊进销差价的方法，根据进销差价占当月可供销售商品售价的比率，计算已销商品应分摊的进销差价。由于计算差价率的范围不同，进销差价率的计算方法又分为综合差价率计算法、分类差价率计算法和实际差价计算法。

（1）综合差价率计算法。综合差价率是指按企业全部商品计算的差价率。其过程是首先计算全部商品的综合差价率，乘以本月商品的销售额，即为已销商品应分配的进销差价，其计算公式为

综合差价率＝月末分摊前“商品进销差价”账户余额/（月末“库存商品”账户余额＋本月“主营业务成本”账户借方发生额）

已销商品应分摊的进销差价＝本月“主营业务成本”账户借方发生额×综合差价率

**【例 10-2】** 某商品流通企业 10 月末“库存商品”账户余额为 200 000 元，“商品进销差价”账户余额为 50 000 元，10 月“主营业务成本”账户借方发生额为 300 000元。

综合差价率＝50 000/（200 000＋300 000）＝10%

10 月已销商品应分摊的进销差价＝300 000×10%＝30 000（元）

会计处理如下。

借：商品进销差价　　30 000

　贷：主营业务成本　　30 000

经过上述调整后，“主营业务成本”账户的期末余额便是本期已销商品的实际成本，“商品进销差价”账户的期末余额则是期末库存商品应分摊的进销差价。采用综合差价率计算法确定商品的销售成本，计算手续比较简便，但只适用于商品种类较少、各种商品的进销差价比较接近的企业。对于商品种类多且各商品的进销差价差异很大的企业不宜采用，以免成本计算结果扭曲。

（2）分类差价率计算法。分类差价率是指按企业各类商品计算的差价率。在这种计算方式下，“库存商品”“商品进销差价”“主营业务收入”等账户均应按商品类别设置明细账。计算原理与综合差价率法相同，只是按照商品类别先计算各类商品的进销差价率和各类商品应分摊的进销差价，最后汇总计算已销商品分摊的进销差价。其计算公式为

$$\text{某类商品的进销差价率}=\text{某类商品分摊前月末“商品进销差价”账户余额}\Big/\left(\text{某类商品月末“库存商品”账户余额}+\text{某类商品本月“主营业务成本”账户借方发生额}\right)$$

某类已售商品应分摊的进销差价＝该类商品本月“主营业务成本”账户借方发生额×该类商品的进销差价率。

分类差价率计算法的计算结果较为准确，但和实际的进销差价仍有一定距离。

（3）实际差价计算法。这种方法也称盘存商品进销差价计算法。这种方法是在期末对库存商品进行盘点，以盘存数量分别乘以商品的进货单价、销售单价计算出结存商品应负担的差价，再计算出已销商品的进销差价的一种方法。采用实际差价计算法，必须与商品的实物盘点结合起来，在商品盘点清单上列出全部商品的实有数量，并计算全部商品的进价总额和售价总额，计算出全部库存商品的进销差价。计算公式为

库存商品售价金额＝商品盘存数量×商品销售单价

库存商品进价金额＝商品盘存数量×商品单位采购成本

商品进销差价＝库存商品售价金额－库存商品进价金额

已销商品进销差价＝期末商品进销差价账户余额－库存商品进销差价

实际差价计算法计算结果较为准确，但逐一盘点库存商品导致工作量较大，一般在年终结合商品清查盘点进行，采用这种方法核实调整库存商品的进销差价。

**【例 10-3】** 某商品流通企业采用实际差价计算法计算已销商品应分摊的进销差价，年末进行库存商品盘点，按进价计算的结存商品金额为 100 000 元，按售价计算的结存商品金额为 150 000 元，商品进销差价账户余额为 60 000 元，根据上述资料计算已销商品差价。

库存商品进销差价＝库存商品售价金额－库存商品进价金额
＝150 000－100 000＝50 000（元）

已销商品进销差价＝期末商品进销差价账户余额－库存商品进销差价
＝60 000－50 000＝10 000（元）

## 第二节　建筑施工企业成本核算

### 一、建筑施工企业及其经营活动的特点

建筑施工企业是从事以建筑安装工程为主营业务的企业，具体为专门从事建筑工程、装饰工程、公用工程、线路管道和设备安装工程及装修工程的新建、扩建和改建等有关活动的企业。建筑施工企业的建筑产品和生产活动与一般制造业相比，有以下几个特点：建筑产品的固定性和施工生产的流动性；建筑产品的多样性和施工生产的单件性；生产周期与建筑产品使用的长期性。工程成本核算是对发生的施工费用进行确认、计量，并按一定的成本核算对象进行归集和分配，从而计算出工程的实际成本。工程成本核算，可以反映企业的施工管理水平，确定施工耗费的补偿尺度，有效地控制成本支出，建筑施工企业成本核算是施工企业经营管理工作的一项重要内容，对于加强成本管理、提高企业的市场竞争力具有非常重要的作用。

### 二、建筑施工企业成本核算的特点

建筑施工企业生产特点决定了其在成本计算上的特点，主要表现在以下几个方面。

#### （一）成本计算对象

建筑施工企业成本核算对象是在成本核算时选择的归集施工生产费用的目标。建筑施工企业成本计算对象一般以单位工程为对象归集生产费用，计算施工成本。一个企业通常要承建多个工程项目，应结合建筑工程的具体情况，合理确定成本核算对象。对于同时建设的项目，由同一单位施工，同一施工地点，同一结构类型，开工、竣工时间相接近的若干个单位工程，可合并成为一个成本核算对象。对规模大、工期长的工程，可将其划分为若干单位，以每一个分部的工程作为成本核算对象。成本核算对象确定后，在成本核算过程中不得随意变更。

### （二）成本计算期

建筑施工企业的施工生产费用应按月进行归集和分配，如月末某成本计算对象无完工工程，则该成本计算对象所归集的施工生产费用即为未完施工成本；如果当月有完工工程，则应计算完工工程成本，同时计算未完施工成本；如果当月该成本计算对象的工程竣工，则不仅要计算当月完工工程成本，而且还要计算竣工工程的实际成本。

### （三）成本项目

建筑施工工程成本按其在施工生产过程中的具体用途，可以分为材料费用、人工费用、机械使用费用、其他直接费用和间接费用五个成本项目。

（1）材料费用。材料费用指施工过程中耗用的构成工程实体的原材料、辅助材料、零配件、半成品以及周转材料的摊销费用等。

（2）人工费用。人工费用指直接从事建筑施工的工人工资、奖金、福利费、津贴补贴及劳动保护费等。

（3）机械使用费用。机械使用费用指建筑施工过程中使用自有施工机械所发生的费用和租用外单位施工机械的租赁费，以及按规定支付的施工机械安装、拆卸和进出场费等。

（4）其他直接费用。其他直接费用指施工过程中发生的材料二次搬运费、临时设施摊销费、生产工具用具使用费、检验试验费和场地清理费等。

（5）间接费用。间接费用指建筑施工企业下属的各施工单位，如施工队、工区、工程处、分公司、项目部等为组织和管理工程施工发生的施工管理费用。主要包括施工单位管理人员的职工薪酬、固定资产折旧费及修理费、差旅费、低值易耗品摊销及物料消耗费、办公费、水电费、取暖费、财产保险费、工程保修费、劳动保护费等。

以上成本项目中，材料费用、人工费用、机械使用费用、其他直接费用构成施工企业工程成本的直接成本，间接费用构成工程成本的间接成本。

## 三、建筑施工企业成本核算的账户设置及核算程序

### （一）建筑施工企业成本核算的账户设置

#### 1.“工程施工”账户

“工程施工”账户核算施工企业进行工程施工发生的合同成本和合同毛利，借方登记施工过程中实际发生的各项直接费用、应负担的间接费用以及确认的工程毛利，贷方登记确认的工程亏损，期末借方余额表示工程自开工至本期累计发生的施工费用及各期确认的毛利。该账户应按照建造合同分别设置“合同成本”“合同毛利”明细账户进行核算。

（1）“工程施工——合同成本”账户。该明细账户核算企业进行工程施工发生的各项施工生产费用，并确定各个成本对象的成本。其借方登记施工过程中实际发生的直接费用和应负担的间接费用，贷方登记工程竣工后结转到“工程结算”账户的费用，期末借方余额表示工程自开工至本期累计发生的施工费用。

（2）“工程施工——合同毛利”账户。该明细账户核算各个成本核算对象各期确认的毛利，其借方登记期末确认的工程毛利，贷方登记确认的工程亏损。期末借方余额表示工程自开工至本期累计确认的毛利；期末若为贷方余额，则表示工程自开工至本期累

计确认的亏损。

2.“间接费用”账户

“间接费用”账户核算企业所属的施工生产单位为组织管理施工生产而发生的各项费用。包括工区或施工队管理人员的薪酬、固定资产折旧费、财产保险费、差旅费、办公费等间接费用。该账户借方登记实际发生的各项间接费用，贷方登记期末分配转入各工程成本的间接费用，期末结转后一般无余额。该账户应按不同的施工管理单位设置明细账进行明细核算。

3.“辅助生产成本”账户

“辅助生产成本”账户核算企业所属的非独立核算的辅助生产部门为工程施工生产材料和提供劳务所发生的费用。借方登记实际发生的费用，贷方登记生产完工验收入库的产品成本或按受益对象分配结转的费用，期末借方余额表示在产品的成本。该账户应按辅助生产车间设置明细账。

4.“机械作业”账户

“机械作业”账户核算施工企业使用自有的施工机械和运输设备进行机械作业所发生的各项费用。该账户借方登记发生的各项机械作业费用，贷方登记月末分配计入“工程施工——合同成本”的机械化施工和运输作业成本，账户期末结转后应无余额。该账户应以不同的施工机械为成本核算对象设置明细账。对大型施工机械，应按单机或机组设置明细账户；对小型施工机械，可按类别设置明细账户，如“施工机械”“运输设备”等。

5.“工程结算”账户

“工程结算”账户核算施工企业根据建造合同约定向发包方办理工程价款结算的累计金额。贷方登记企业向发包方办理工程价款结算的金额，借方登记合同完工时，从“工程施工”账户结转的金额，期末余额反映尚未完工建造合同已办理结算的累计金额。

### （二）建筑施工企业成本核算的程序

（1）归集各项生产费用。将本期发生的各项要素费用（如职工薪酬、材料费、折旧费等生产费用）按其用途和发生地点，归集到有关成本费用账户中。

（2）分配辅助生产费用。期末将归集在“辅助生产成本”账户的费用向各受益对象分配，计入“机械作业”“工程施工”等账户。

（3）分配机械作业费用。期末将归集在“机械作业”账户的费用向各受益对象分配，计入“工程施工”的有关明细账户。

（4）分配施工间接费用。期末将归集在“间接费用”账户的费用向各工程分配，计入“工程施工”各有关明细账户。

（5）计算和结转工程成本。期末计算本期已完工程或竣工工程的实际成本，并将竣工工程的实际成本从“工程施工”账户转出，与“工程结算”账户对冲，尚未竣工工程的实际成本仍然保留在“工程施工”账户暂时不予结转。

## 四、建筑施工企业成本核算过程

### （一）材料费用的归集和分配

材料费用是工程成本的重要组成部分，具有品种多、用量大、领用次数频繁的特点。因此月末核算工程的材料费用时，应根据不同情况对材料费用进行归集和分配。

（1）领用时能清点数量并分清用料对象的材料，应根据成本计算对象直接计入各受益对象的成本。

（2）领用时虽然能清点数量，但属于统一下料的或集中配料的材料，如木材、油漆、玻璃等，月末根据配料情况，分配计入有关成本计算对象的“材料费用”项目。

（3）领用时难以逐一计量的大堆材料，如砖、瓦、砂、石等材料，可采用定期盘存制进行月末实地盘点，以月初结存数量加本月收入数量减月末结存量计算出本月实际耗用量。

（4）建筑施工过程中周转使用的模板、脚手架等周转材料，应按各有关成本计算对象实际领用数量及确定的摊销方法计入各有关成本计算对象的材料费项目。

**【例 10-4】** 某建筑施工企业某月编制材料费用分配汇总表如表 10-1 所示。

**表 10-1 材料费用分配表** 单位：元

| 应借科目 | | 金属费用 | 柴油费用 | 配件费用 | 砂石费用 | 其他材料 | 合计 |
|---|---|---|---|---|---|---|---|
| 工程施工 | 甲工程 | 30 000 | 10 000 | | 15 000 | 5 000 | 60 000 |
| | 乙工程 | 20 000 | 5 000 | | 12 000 | 4 000 | 41 000 |
| 辅助生产成本 | 供电车间 | | | | | 4 000 | 4 000 |
| | 机修车间 | | | 10 000 | | 3 000 | 13 000 |
| 机械作业 | 施工机械 | | 10 000 | 5 000 | | 1 000 | 16 000 |
| 间接费用 | 工程三处 | | | | | 8 000 | 8 000 |
| 合计 | | 50 000 | 25 000 | 15 000 | 27 000 | 25 000 | 142 000 |

根据以上材料费用分配汇总表，编制以下会计分录。

借：工程施工——合同成本——甲工程 60 000

——乙工程 41 000

辅助生产成本——供电车间 4 000

——机修车间 13 000

机械作业——施工机械 16 000

间接费用——工程三处 8 000

贷：原材料——金属 50 000

——燃料——柴油 25 000

——配件 15 000

——砂石 27 000

——其他材料 25 000

### （二）人工费用的归集和分配

建筑施工工程成本中的人工费用与工业企业人工费用计算基本相同，本节予以简单介绍。建筑施工企业人工费用主要包括计时工资、加班加点工资、奖金、津贴和补贴、特殊情况下支付的工资。

工程施工企业月末计算出应付职工薪酬应根据职工所属部门和提供劳务的性质不同，分别计入有关成本或费用账户。其中：建筑安装工人的薪酬直接计入“工程施工——合同成本”，而且应按照不同的工程项目，将职工薪酬分别计入不同的成本计算对象；辅助生产部门人员的薪酬计入“辅助生产成本”；施工现场管理人员的薪酬计入“间接费用”；企业固定资产建设人员和无形资产开发人员的薪酬，分别计入“在建工程”或“研发支出”等，企业管理人员的薪酬计入“管理费用”。

**【例 10-5】** 2017 年 5 月，某建筑施工企业计算出当月应付工资薪酬情况如下：甲工程直接施工生产人员工资 200 000 元，乙工程直接施工生产人员工资 400 000 元，供电车间 40 000 元，机修车间 50 000 元，施工机械作业人员的工资 100 000 元。负责甲工程和乙工程的工程三处施工管理人员工资 80 000 元，公司管理人员工资 100 000 元。该企业职工的医疗保险按工资总额的 12%计提，养老保险按 10%计提，失业保险按 3%计提，住房公积金按 12%计提。另根据有关规定工会经费按 2%计提，职工教育经费按 2.5%计提。

根据上述职工薪酬资料编制会计分录如下。

| | | |
|---|---|---|
| 借：工程施工——合同成本——甲工程 | 283 000 | |
| ——乙工程 | 566 000 | |
| 辅助生产成本——供电车间 | 56 600 | |
| ——机修车间 | 70 750 | |
| 机械作业——施工机械 | 141 500 | |
| 间接费用——工程三处 | 113 200 | |
| 管理费用 | 141 500 | |
| 贷：应付职工薪酬——工资 | | 970 000 |
| ——社会保险(医疗保险) | | 116 400 |
| (养老保险) | | 97 000 |
| (失业保险) | | 29 100 |
| ——住房公积金 | | 116 400 |
| ——工会经费 | | 19 400 |
| ——职工教育经费 | | 24 250 |

**(三) 机械使用费用的归集和分配**

建筑施工企业发生的机械使用费通过“机械作业”账户进行归集。当发生机械使用费时，借记“机械作业”账户，贷记各有关账户。月末根据各成本计算对象实际使用建筑施工机械的台班数计算各成本计算对象应分摊的机械使用费用。机械使用费用的分配可按各项工程的实际工作台班数或完工工程量的比例进行分配，也可按计划分配率进行分配。按计划分配率分配机械使用费用时，机械使用费用的实际发生额与按计划分配率分配的数额之差应在年末进行调整。

**【例 10-6】** 企业本月租用推土机和挖掘机，本月使用推土机 20 个台班，其中：甲工程 12 个台班，乙工程 8 个台班，推土机每台班租赁费 1 000 元；使用挖掘机 40 个台班，其中：甲工程 24 个台班，乙工程 16 个台班，挖掘机每台班租赁费 1 500 元，款项已通过银行存款支付。根据以上资料，编制机械租赁费用分配表（表 10-2）并进行会计处理。

**表 10-2 机械租赁费用分配表**

| 受益对象 | 推土机 | | 挖掘机 | | 合计/元 |
|---|---|---|---|---|---|
| | 台班/个 | 金额/元 | 台班/个 | 金额/元 | |
| 甲工程 | 12 | 12 000 | 24 | 36 000 | 48 000 |
| 乙工程 | 8 | 8 000 | 16 | 24 000 | 32 000 |
| 合计 | 20 | 20 000 | 40 | 60 000 | 80 000 |

根据上述机械租赁费用分配表，编制以下会计分录。

借：机械作业　　80 000

　　贷：银行存款　　80 000

借：工程施工——合同成本——甲工程　　48 000

　　　　　　　　　　　　——乙工程　　32 000

　　贷：机械作业　　80 000

**（四）间接费用的归集和分配**

间接费用是企业各施工单位为组织和管理工程发生的各项费用，这些费用发生时在“间接费用”账户进行归集，期末按一定标准分配计入各工程项目的成本。间接费用的分配方法包括直接费用比例法、人工费用比例法等。如果本单位的工程既有建筑施工工程，又有安装工程，可先将间接费用分配给不同类别的工程，然后再将每一类别工程分配的间接费用分配给类别内每一成本计算对象。

**【例 10-7】** 某建筑公司工程三处本月发生办公费 5 000 元，劳动保护费 3 000 元，差旅交通费 2 000 元，保险费 2 000 元，以上费用均用银行存款支付。

编制以下会计分录。

借：间接费用——工程三处(办公费)　　5 000

　　　　　　　　　　　　(劳动保护费)　　3 000

　　　　　　　　　　　　(差旅费)　　2 000

　　　　　　　　　　　　(保险费)　　2 000

　　贷：银行存款　　12 000

**【例 10-8】** 某建筑公司工程三处本月发生的间接费用总额为 12 000 元，甲工程发生的直接人工费用为 250 000 元，乙工程发生的直接人工费用为 150 000 元，该企业按人工费用标准分配间接费用，根据上述资料，编制间接费用分配表如表 10-3 所示。

**表 10-3 间接费用分配表**

| 项目 | | 直接人工费用/元 | 分配率 | 分配金额/元 |
|---|---|---|---|---|
| 工程施工 | 甲工程 | 250 000 | | 7 500 |
| | 乙工程 | 150 000 | | 4 500 |
| 合计 | | 400 000 | 0.03 | 12 000 |

根据上述分配表，编制以下会计分录：

借：工程施工——合同成本——甲工程　　7 500

　　　　　　　　　　　——乙工程　　4 500

　贷：间接费用——工程三处　　12 000

## 第三节　房地产开发企业成本核算

### 一、房地产开发企业及其生产经营特点

房地产开发包括土地开发和房屋开发，房地产开发企业生产经营的对象是房地产，是房产和地产的总称。房地产开发公司，是指从事房地产开发、经营、管理和服务活动，并以营利为目的进行自主经营、独立核算的经济组织。房地产是指土地、建筑物及附着在土地、建筑物上不可分离的部分及其附带的各种权益。房地产由于其自己的特点即位置的固定性和不可移动性又称为不动产，有三种存在形态：土地、建筑物、房地合一。征地、拆迁、土地开发、土地出让转让、房屋开发、房屋出售、出租、转租、房地产抵押以及房地产建设过程是房地产开发企业经营活动的主要内容。

在房地产开发企业经营管理过程中，行业特征对其影响明显，主要表现在以下方面：第一，行业的市场规模较大，对企业发展起到巨大的推动作用；第二，行业竞争范围主要是本地市场，是面向区域的；第三，房地产行业竞争者的数量较大，但有较大实力的企业数量则较少，市场竞争激烈，企业经营过程中面临的不确定性较强；第四，房地产用户数量较多，主要包括一般的住房消费者及其他需要房地产产品的集团购买者，市场领域较为广阔；第五，房地产业进入障碍比较大，进入房地产业需要较大的启动资本，而且房地产的固定性也决定了退出房地产业的转移成本很高；第六，房地产开发企业资金量投入大、风险高，但其高盈利水平是吸引其他行业资金进入房地产业的主要因素。总之，房地产具有位置固定、寿命期长、单件生产、价值昂贵、保值增值等特点。

### 二、房地产开发企业成本核算的特点

（1）成本计算对象。房地产开发和建设的单件性特点，决定了成本计算对象具有独立性，即可以独立组织施工的开发建设项目。企业在确定成本计算对象时，还需充分考虑企业的管理需要和管理水平，对于管理工作较好的企业，成本计算对象应更具体、详细，从而使费用的归集和分配更近于实际耗费水平。

（2）成本核算项目。房地产开发项目的建造成本一般按经济用途划分为土地受让金、土地征用及拆迁补偿费、前期工程费、建筑安装工程费、基础设施费、公共配套设施费、开发间接费用等。

（3）房地产开发企业成本计算方法通常采用订单法。

（4）房地产开发企业的开发项目可分为土地开发项目、房屋开发项目、配套设施开发项目和代建工程项目。对于应计入本月开发项目成本的各项费用，还应按其受益对象

分别计入各类及各种开发项目成本。

## 三、房地产开发企业成本核算的账户设置

房地产开发企业应设置“开发成本”账户。“开发成本”账户核算企业在土地、房屋、配套设施和代建工程开发过程中所发生的各项费用，在开发成本一级科目下设置“土地成本”“前期费用”“建筑安装成本”“基础设施费用”“公共配套设施费用”“开发间接费用”“财务费用”等二级明细核算，并按成本项目设置专栏，分别核算各成本计算对象发生的各项费用。土地开发成本计算对象一经确定，就应按其设置土地开发成本明细账，在明细账上按成本项目设置专栏，归集土地开发项目的实际成本。土地开发成本项目的确定，取决于土地开发项目的设计要求、开发程度和开发内容。其设计要求、开发程度和开发内容不同，土地开发实际发生的费用及成本构成也不尽相同。企业应该根据土地开发项目的具体内容和有关制度规定，设置特定土地开发项目的具体成本项目。

（1）土地成本。土地成本包括土地出让金、动拆迁补偿费、土地权证费、契税、土地使用税、土地闲置费等。如果开发产品单一，可以用房管测绘部门确定的可售总面积与土地开发总成本计算单位面积成本，然后根据单一的开发产品的面积计算出其土地开发成本。

（2）前期费用。前期费用包括勘察费、规划方案设计费、可行性研究费、环评费、施工图设计费、招标费、政府收取的各项规费等为项目施工前所做的一切准备而发生的成本费用。前期费用在开发产品的成本中所占比例较低，可以根据总费用与总面积直接计算分配。

（3）建筑安装成本。建筑安装成本包括土建工程、水电安装工程、室内外装修工程、设备及工器具购置等所发生的费用。这部分成本在某个单一产品成本中所占比重很大，相对其他成本项目其分配对象较为明确，可直接分配到单一产品对象，也可对同一类别的开发产品进行分类汇总。

（4）基础设施费。基础设施费包括排污排洪费、供电费、供气费、供水费、通信费、有线电视、宽带网络、照明费、环卫设施、消防设施、绿化景观等其他基础性工程费用，分配相对简单，可按可售面积、工程造价比等方法进行分配。

（5）公共配套设施费。公共配套设施包括教育设施费、医疗设施费、商业设施费、地区市政设施建设费、物业管理配套服务设施费、大型人防工程等配套工程的成本费用。其成本分配根据受益对象进行，配套工程是为完善项目的功能或为提高项目的服务品质而建设的，分为可单独有偿转让或不能有偿转让的大型配套项目，有偿转让的配套设施视同开发产品进行核算，此处所指的是不能有偿转让的设施。

## 四、土地开发成本核算

### （一）土地开发成本的核算对象

土地开发是土地开发和土地再开发的总称。土地开发是将原始形态的土地经过开发建设使之变成具备一定建设条件的建设场地；土地的再开发是指对旧城区进行更新改

造，全部或部分废除旧有土地的功能，使之再生新的功能，以满足发展的需要。在确定土地开发成本计算对象时，对于这两项土地开发项目应分别处理。

（1）企业开发的商品性建设场地属于房地产开发企业的商品性产品，即最终产品，需要单独计算土地开发成本。

（2）企业开发的自用建设场地属于房地产开发企业的中间产品，在计算土地开发成本时，应区别情况，采用不同的归集方法。如果在这块建设场地上进行一个房屋开发建设项目的建设，则不必单独计算土地开发成本，而将土地开发过程中发生的各项费用直接计入房屋开发成本的相应成本项目；如果在这块建设场地上将进行两个以上房屋和大型配套设施开发项目的建设，则应单独计算土地开发成本，待土地开发完成交付使用时，再按一定标准分配计入有关房屋和大型配套设施的开发成本；如果拟作为自用建设场地，但土地开发项目开工时尚无房屋开发建设的规划，也应单独计算土地开发成本。

（3）企业开发的同一建设场地，如果一部分属于商品性建设场地，另一部分属于自用建设场地，或者在进行土地开发时，未来土地的具体用途并不明确，则应视同商品性建设场地，单独计算土地开发成本。

**（二）土地开发成本计算及会计处理**

（1）企业为有偿转让而开发的商品建设场地，开发完成即形成企业的最终产品——开发产品。应于竣工验收时，将其实际成本由“开发成本——土地开发”账户结转到“开发产品——土地”账户，其会计处理如下。

借：开发产品——土地

　　贷：开发成本——土地开发——××工程

**【例 10-9】** 某房地产开发企业本月商品性建设场地 A 工程已开发完成，竣工验收，实际成本 1 000 000 元。

| | | |
|---|---|---|
| 借：开发产品——土地 | 1 000 000 | |
| 　　贷：开发成本——土地开发——A 工程 | | 1 000 000 |

（2）企业为建造商品房而开发的自用建设场地，开发完成后形成企业的中间产品。如果开发完成后近期便投入使用，应在竣工验收时，将其实际成本由“开发成本——土地开发”账户转入“开发成本——房屋开发”账户。

借：开发成本——房屋开发——××工程

　　贷：开发成本——土地开发——××工程

**【例 10-10】** 某房地产开发企业本月自用建设场地工程已开发完成，竣工验收，实际成本 1 200 000 元，近期投入使用，房屋开发 A 工程负担 500 000 元，B 工程负担 700 000元。编制会计分录如下。

| | | |
|---|---|---|
| 借：开发成本——房屋开发——A 工程 | 500 000 | |
| 　　　　　　——房屋开发——B 工程 | 700 000 | |
| 　　贷：开发成本——土地开发——××工程 | | 1 200 000 |

（3）如果场地开发建设完成后，近期不准备使用的，应视同企业最终产品，在竣工验收时，将其实际成本由“开发成本——土地开发”账户结转到“开发产品——自用土地”账户。自用建设场地开发成本无论结转到“房屋开发”还是“自用土地”，一般都

采用按成本项目分项平行结转法。

借：开发产品——自用土地

　　贷：开发成本——土地开发——××工程

**【例 10-11】** 某房地产开发企业本月自用建设场地工程已开发完成，竣工验收，实际成本 1 200 000 元，假设土地开发工程竣工验收后近期不准备投入使用，编制如下会计分录。

借：开发产品——自用土地　　1 200 000

　　贷：开发成本——土地开发——××工程　　1 200 000

## 五、房屋开发成本核算

房屋开发是指城市各种房屋建设从可行性研究、规划设计、建筑安装工程到房屋建成竣工验收的全过程，它是房地产开发企业的主要经济活动。企业开发建设的房屋按用途分为三类：①为销售而开发的商品房，开发完成后将作为商品对外销售；②为出租经营而开发建设的出租房，开发完成后将作为出租开发产品租给单位或个人使用并收取租金；③为安置拆迁居民而开发建设的周转房，开发完成以后用于安置拆迁居民周转使用。无论哪一类房屋，均要在开发完成的土地上进行开发建设，开发建设完成后均属于企业的最终产品。因此，均需设置“房屋开发”明细账。房屋开发成本计算对象应结合房屋开发内容、地点、用途、结构、施工方式等因素加以确定。

(1) 一般开发项目应以每栋独立的房屋作为成本计算对象。

(2) 对于统一开发地点、开竣工时间相近，结构类型相同的群体开发项目，可合并为一个成本计算对象，待开发完成后，再将其实际总成本按每栋独立房屋预算的比例进行分配，计算每栋房屋的开发成本。

(3) 对于规模较大且工期较长的房屋开发项目，可以结合工程进度以房屋开发项目的各个部分作为成本计算对象，待开发完成后再将各部分的实际成本进行汇总，计算该房屋的开发成本。

(4) 如果在开发的自用建设场地上继续进行房屋开发，且能分清每个房屋开发成本计算对象应分担的土地开发成本的，则应将土地开发和房屋开发合并设置为房屋开发成本计算对象，不再单独计算土地开发成本。

**【例 10-12】** 某房地产公司某月发生的有关土地开发支出如表 10-4 所示。

**表 10-4 土地开发支出汇总表**　　单位：元

| 项目 | 商品性土地 | 自用土地 | 合计 |
|---|---|---|---|
| 支付征地拆迁费 | 200 000 | 300 000 | 500 000 |
| 支付前期工程费 | 150 000 | 200 000 | 350 000 |
| 应付基础设施费 | 300 000 | 240 000 | 540 000 |
| 分配开发间接费 | 100 000 | 60 000 | 160 000 |
| 合计 | 750 000 | 800 000 | 1 550 000 |

(1) 用银行存款支付征地拆迁费时。

借：开发成本——土地开发　　200 000
　　　　　　——房屋开发　　300 000
　贷：银行存款　　500 000

(2) 用银行存款支付前期工程费时。

借：开发成本——土地开发　　150 000
　　　　　　——房屋开发　　200 000
　贷：银行存款　　350 000

(3) 应付基础设施费时。

借：开发成本——土地开发　　300 000
　　　　　　——房屋开发　　240 000
　贷：应付账款——应付工程款　　540 000

(4) 分配应计入商品性土地开发成本的开发间接费用时。

借：开发成本——土地开发　　100 000
　　　　　　——房屋开发　　60 000
　贷：开发间接费用　　160 000

## 六、代建工程开发成本核算

代建工程是指房地产开发企业接受委托单位的委托，代为开发的各种工程，包括土地、房屋、市政工程等。房地产开发企业发生的各项代建工程支出和对代建工程分配的开发间接费用，应计入“开发成本——代建工程”科目的借方和“银行存款”“应付账款”“原材料”“应付职工薪酬”等科目的贷方。完成全部开发过程并经验收的代建工程，应将其实际开发成本自“开发成本——代建工程”科目的贷方转入“开发产品”科目的借方，并在将代建工程移交委托代建单位，办妥工程价款结算手续后，将代建工程开发成本自“开发产品”科目的贷方转入“主营业务成本”科目的借方。

**【例 10-13】** 某房地产公司接受市政工程管理部门的委托，代为扩建开发一条小区旁边道路。扩建过程中，用银行存款支付拆迁补偿费 200 000 元，前期工程费 100 000元，应付基础设施工程款 120 000 元，分配开发间接费用 50 000 元。

(1) 在发生上列各项扩建工程开发支出和分配开发间接费用时。

借：开发成本——代建工程　　470 000
　贷：银行存款　　300 000
　　　应付账款　　120 000
　　　开发间接费用　　50 000

(2) 道路扩建工程完工并经验收结转已完工程成本时。

借：开发产品——代建工程　　470 000
　贷：开发成本——代建工程　　470 000

## 七、配套设施开发成本核算

配套设施一般包括基础设施及相关配套设施，基础设施指供暖、供电、供水、小区内道路、停车场等，公共配套设施包括商品房规划范围内的配套和商品房规划范围外的配套，如商业、服务业以及医疗教育、公共交通等公共设施的配套。配套设施或称房屋相关设施，从其与房产的财产权属关系上可作两类区分：一类是商品房小区范围内的配套设施，其权属性质应属房产小区共有共用，如小区内的电梯、绿化、道路等；另一类是商品房小区范围外的配套设施与条件，如公交线路、商场等，可称为周边公共配套，其可能是政府因房产区域安排而统一规划建设的配套设施，或者是自然形成的区位条件，但权属上是公有权属。

房屋的开发所用时间较长，有的需要几年，开发企业在开发进度安排上，有时先建房屋，后建配套设施，往往出现房屋已经建成而配套设施尚未完成，或者商品房已经销售，而幼托、消防设施等尚未完工的情况。这种房屋开发与配套设施建设的时间差，使得那些已具备使用条件并已出售的房屋应负担的配套设施费，无法按配套设施的实际开发成本进行结转和分配，只能以未完成配套设施的预算成本或计划成本为基数，计算出已出售房屋应负担的数额，用预提方式计入出售房屋等的开发成本。

开发产品预提的配套设施费的计算，一般可按以下公式进行：

某项开发产品预提的配套设施费＝该项开发产品预算成本×配套设施费预提率

配套设施费预提率＝该配套设施的预算成本/应负担该配套设施费的各开发产品预算成本合计

配套设施费用的会计处理如下。

（1）预提配套设施费时，根据预提金额，借记“开发成本——房屋开发”等科目，贷记“应付账款”科目。

（2）实际发生时按支付款项的金额，借记“应付账款”科目，贷记“银行存款”“应付账款——应付工程款”等科目。

（3）完工结算时对已经按照预提成本结转的销售成本和资产账面价值以及库存开发产品成本进行调整，按预提率计算各项开发产品的配套设施费时，其与实际支出数的差额，应在配套设施完工时，按预提数的比例，调整增加或减少有关开发产品的成本。

①如果实际成本大于预提成本，按其差额，借记“主营业务成本”“固定资产”“库存商品”等科目，贷记“银行存款”“应付账款——应付工程款”等科目。

②如果实际成本小于预提成本，按其差额，借记“应付账款——预提费用”科目，贷记“主营业务成本”“固定资产”“库存商品”等科目。

**【例 10-14】** 某房地产开发企业开发项目内绿化工程开发成本应由住宅、公寓、写字楼、商铺共同负担。由于绿化工程在其他销售物业完工出售时尚未完工，为了及时结转完工的销售物业成本，应先将绿化工程配套设施费用预提计入销售物业的开发成本。假定各项开发产品和幼托设施的预算成本如下：住宅 1 000 000 元，公寓 800 000 元，写字楼 800 000 元，商铺 600 000 元，绿化工程 160 000 元。假设实际支出数为 180 000元。

绿化工程配套设施费预提率＝160 000/（1 000 000＋800 000＋800 000＋600 000）×100%＝5%

各项开发产品预提绿化工程的配套设施费为

住宅负担的预提绿化工程的配套设施费＝1 000 000×5%＝50 000（元）

公寓负担的预提绿化工程的配套设施费＝800 000×5%＝40 000（元）

写字楼负担的预提绿化工程的配套设施费＝800 000×5%＝40 000（元）

商铺负担的预提绿化工程的配套设施费＝600 000×5%＝30 000（元）

（1）预提配套设施费时。

借：开发成本——房屋开发——住宅——配套设施费　　50 000
　　　　　　　　　　　　——公寓——配套设施费　　40 000
　　　　　　　　　　　　——写字楼——配套设施费　　40 000
　　　　　　　　　　　　——商铺——配套设施费　　30 000
　　贷：应付账款——预提费用　　160 000

（2）配套设施建造时。

借：应付账款——预提费用　　160 000
　　贷：银行存款　　160 000

（3）配套设施完工时。

借：销售费用　　20 000
　　贷：银行存款　　20 000

## 第四节　农业企业成本核算

### 一、农业企业及其生产经营活动的特点

农业企业是通过对生物的生长和繁殖进行经营与管理获取经济利益的企业，包括种植业和养殖业两大类。无论是农业生产过程，还是组织方式、经营方式等，与工业企业都有着较大的差别，具有以下特点。

（1）土地是农业企业的重要生产资料，是农业企业生产的基础。在农业生产中，土地具有不可替代性，同其他劳动资料相比，土地不需考虑磨损，不计提折旧。但是土地不是无偿使用的，开发土地发生土地费和使用费，同时土地作为农业生产的基础，除计算农业成本外，还要计算单位面积的收入及单位面积的成本，以反映土地的利用情况。

（2）农业生产具有明显的季节性和地域性，生产周期长。由于农业生产的对象是具有生命的动植物，而动植物都有其自然生长过程，因此农业生产还必须与气候条件相适应。企业从事农业生产，其生产过程有时是在劳动的直接作用下进行，有时则依靠自然作用进行生长，所以农业生产中的劳动时间并不等于全部生产时间，两者不相一致。

（3）农业生产中部分生产资料和劳动对象可以相互转化，部分农产品可以作为生产

资料重新投入生产。例如，收获的粮食产品除作为商品产品外，还必须留存一部分作为种子和饲料，以供农业和畜牧业的再生产需要。

（4）种植业和养殖业之间是相互依赖、相互促进的关系，从而要求经营管理必须与之相适应，一般实行“一业为主，多种经营，全面发展”的策略。

## 二、种植业农产品成本核算的特点

### （一）种植业农产品成本核算对象

根据农业种植业生产的特点，考虑到种植业中各种作物的播种面积、产量以及在生产中所占的地位，企业首先区分主要作物与次要作物。对主要作物应当以每种作物为成本计算对象，对主要农产品的成本核算实行重点而详细的核算，单独核算其产品成本；次要作物无须按农产品品种单独组织成本核算，可合并核算其生产成本，以每类作物为对象合并计算该类作物的总成本，先计算出各类作物的产品总成本，再按一定标准确定类内各种作物的产品成本。主要作物为小麦、水稻、大豆、玉米、棉花、糖料等，主要农产品播种面积大、产量高、播种范围广，在种植业生产中占有非常重要的地位，而其他农产品由于播种面积小、产量低，因而相对次要。

### （二）种植业农产品的成本计算期

种植业农产品从播种期、栽培期、成熟期到收割入库或可以对外出售时发生的生产成本均计入农产品成本，其成本计算期为生产周期。由于农作物的生产周期较长，产品单一，收获期比较集中，在年度中间各项费用和用工发生又不均匀，根据这些特点，农产品的成本计算期，一般为一年计算一次成本。

### （三）种植业农产品成本项目

（1）直接材料。农业企业种植业直接材料指生产经营中耗用种子、种苗、肥料、农药等。种植业生产中耗用的直接材料在农产品成本中占比较大，发生时直接计入农产品的生产成本。

（2）直接人工。农业企业的直接人工是指直接从事种植业的生产人员，包括机械作业人员的工资、福利费、奖金、津贴和补贴等，发生时直接计入该农产品的生产成本。

（3）机械作业费用。农业企业种植业生产中的机械作业费是指生产过程中进行机械作业所发生的费用支出，如燃料与动力、修理用零件、农机具折旧费等。当发生机械作业费用时，对于能够区分应由哪种农产品负担的机械作业费直接计入该种农产品的生产成本，对于不能区分的可以采用一定方法分配计入农产品的生产成本。

（4）制造费用。农业企业种植业生产中的制造费用是指应摊销、分配计入各农产品的间接费用，如种植业生产中所发生的管理人员工资及福利费、晒场等固定资产折旧费、晾晒费用、场院照明费用、烘干费等。

### （四）农产品生产费用确认的终点

不同农产品生产费用确认的终点不同，计入农产品成本的费用界限是：粮、豆的成本计算至入仓入库能够销售为止。从仓囤出库和场上交售发生的包装费、运杂费作销售费用处理；不入库入窖的鲜活产品的成本，计算至销售为止；入库入窖的鲜活产品的成本，计算至入库、入窖为止；棉花的成本计算至加工成皮棉为止。打包上交过程中发生的包装费、运输费作销售费用处理；纤维作物等农产品的成本计算至加工完成为止；年底尚未脱粒作物的成本，应当包括预提脱粒费用，下年度实际发生的脱粒费用的差额，由下年度同一作物负担。

## 三、种植业农产品成本核算

### （一）账户设置及会计处理

种植业生产发生的各项生产费用是通过“农业生产成本”账户进行核算的。为了便于汇集种植业及各个成本计算对象发生的各项费用，计算种植业产品的生产成本，可在“农业生产成本”账户下设置“××农产品”二级账户，按成本计算对象设置明细账户。发生或通过分配转来各项费用时，计入“农业生产成本”账户及所属有关明细账户的借方。种植业发生的费用，不能够区分属于某种产品负担的，先在制造费用中归集，然后计入该种农产品成本；不能区分的，可以采用一定的方法在各农产品之间进行分配。农业企业为种植业生产服务的辅助生产车间，在提供自制工具、备件、供电、供水、修理等过程中发生的费用，先在“生产成本——辅助生产成本”中归集，然后直接计入或分配计入“农业生产成本”“制造费用”账户。

**【例 10-15】** 某农业企业种植小麦 1 000 亩（1 亩≈666.67 平方米），施肥 5 000 千克，单价 3 元/千克，支付耕种费用 20 000 元，消耗种子 1 000 千克，单价 4 元/千克，播种费 15 000 元，支付的人工费 5 000 元。会计处理如下。

（1）施肥时。

借：农业生产成本——小麦　　15 000
　　贷：原材料　　15 000

（2）支付耕种费用时。

借：农业生产成本——小麦　　20 000
　　贷：银行存款　　20 000

（3）播种时。

借：农业生产成本——种子——小麦　　4 000
　　贷：原材料——小麦　　4 000

（4）支付播种费和人工费时。

借：农业生产成本——小麦　　20 000
　　贷：银行存款　　20 000

**【例 10-16】** 接【例 10-15】，农业企业收获小麦 400 000 千克入库，收获时支付收割费、运输费共计 50 000 元，会计处理如下。

（1）支付收割费、运输费时。

借：农业生产成本——小麦　　50 000
　　贷：银行存款　　50 000

（2）收获小麦时。

借：原材料——小麦　　109 000
　　贷：农业生产成本——小麦　　109 000

### (二) 计算方法

农产品成本的计算包括单位面积成本和单位产量成本。单位面积成本是指种植某种农产品平均每单位播种面积所支出的费用总额。其计算公式为

某农产品单位面积成本=该农产品生产费用总额/该作物播种面积

单位产量成本是指种植某种农产品平均每单位产品所支出的费用总额。其计算公式为

某农产品单位产量成本=该农产品生产费用总额/该农产品产量

农产品在完成生产过程时，一般可以产出主产品和副产品两种产品。主产品是生产主要目的的产品，如小麦、水稻。副产品不是生产的主要目的，而是在生产过程中随着主产品附带获得的产品，如麦秸、稻草。因为主产品和副产品是同一个生产过程的结果，所以它们的各种费用是联系在一起的。因此，必须将费用在主产品和副产品之间进行分配，以分别确定其成本。

**【例 10-17】** 某农业企业 2017 年收获小麦 150 000 千克，计划成本为 0.6 元/千克，麦秸 200 000 千克，计划成本为 0.05 元/千克，当年发生的实际生产费用总额为 90 000元，用比率法计算小麦和麦秸的实际成本如表 10-5 所示。

**表 10-5　农产品主副产品成本分配表**

| 产品名称 | 实际产量/千克 | 计划成本 | | 分配率 | 实际成本 | |
|---|---|---|---|---|---|---|
| | | 单位成本/元 | 总成本/元 | | 单位成本/元 | 总成本/元 |
| 小麦 | 150 000 | 0.6 | 90 000 | | 0.54 | 81 000 |
| 麦秸 | 200 000 | 0.05 | 10 000 | | 0.045 | 9 000 |
| 合计 | | | 100 000 | 0.9 | | 90 000 |

## 四、林业产品成本核算

林业产品生产一般是指经济林木的生产，经济林木是指橡胶、水果、蚕桑、茶叶等。经济林木和农作物一样，都属于种植业，但林木是多年生植物，生长期较长，按其生长过程一般要经过苗圃育苗、幼树培育和成林管理三个阶段。苗圃育苗是培育树苗的阶段，幼树培育是从树苗起土、移植到成林投产为止的抚育管理阶段，成林管理是正式投产后的抚育管理阶段。林业生产费用是指企业在林业产品生产过程中发生的全部费用，包括人工栽培各种林业产品的生产费用，如苗圃育苗的费用、经济林木成林后生产林业产品的费用。经济林木在幼树成林后，按规定转为固定资产管理。此后采摘果品等发生的生产费用，均为培育林业产品的成本。成本计算期一般按年度进行。经济林木的产品成本，包括当年的抚育费用和停采、停割期间的费用。停采、停割期间的费用，在本年度内产品产出以前发生的部分，计入产品成本，在产品产出以后发生的部分一般作为在产品结转至下年。经济林木产品单位成本的计算公式为

某种经济林木产品单位成本=（该种经济林木本年全部抚育费+停割停采期间费用-副产品价值）/该种经济林木产品年总产量

如果林业产品为果树，各种果树的生产费用采取合并核算时，可按各种果品计划成本或产值的比例分配费用，分别计算各种果品的成本。同一果品由于大小和质量有差异，在出售前还要按一定标准进行分级。因此，果品的总成本还要按计划成本或产值的比例在各级果品间进行分配。

**【例 10-18】** 某林场栽培的苹果林于 2017 年发生实际费用 107 800 元，当年的副产品价值 50 000 元。生产一级品 8 000 千克、二级品 6 000 千克、三级品 4 000 千克、等外品 2 000 千克。每千克计划成本分别为 6 元、5 元、4 元和 2 元，编制苹果成本计算单如表 10-6 所示。

**表 10-6 各级苹果成本计算表**

| 品级 | 产量/千克 | 计划成本/元 | | 分配率 | 实际成本/元 | |
|---|---|---|---|---|---|---|
| | | 单价 | 金额 | | 单价 | 金额 |
| 一级品 | 8 000 | 6 | 48 000 | | 6.6 | 52 800 |
| 二级品 | 6 000 | 5 | 30 000 | | 5.5 | 33 000 |
| 三级品 | 4 000 | 4 | 16 000 | | 4.4 | 17 600 |
| 等外品 | 2 000 | 2 | 4 000 | | 2.2 | 4 400 |
| 合计 | 20 000 | | 98 000 | 1.1 | | 107 800 |

## 五、畜牧养殖业成本核算

畜牧业生产是指对猪、牛、羊、鸡、鸭等畜禽产品的生产。畜牧养殖业成本核算对象是由其成本核算是采用分群核算制还是采用混群核算制所决定的。分群核算制，是将各种不同畜按照其畜禽龄分为若干群别，以不同群别的畜禽作为成本核算对象，按群别设置畜牧业生产成本明细账，汇集生产费用，采用分步法计算群别产品的生产成本及单位成本；混群核算制是直接以各种畜禽作为成本计算对象，畜牧业生产成本明细账按畜禽种类设置，采用品种法计算各种产品的生产总成本和单位总成本。畜牧业产品的成本计算期，一般规定为一年一次，对经常有产品产出的单位，也可以按月计算成本。

### （一）畜牧养殖业成本项目

（1）直接材料。农业企业畜牧养殖业生产中的直接材料是指耗用的饲料、燃料、动力、医药费等。直接材料费用在畜牧养殖业产品成本中占很大的比重。产品生产实行混群制核算的，本身的价值及饲养中发生的直接材料费用直接计入“农业生产成本——××类别”；对于分群核算的饲养费用中的直接材料费用，直接计入“农业生产成本——××群别”。

（2）直接人工。畜牧养殖业的直接人工是指直接从事畜牧养殖业人员的工资、工资性津贴、奖金和福利费。农业企业从事畜牧养殖业人工费用，混群饲养的，可直接计入“农业生产成本——××类别”；分群饲养的，能够区分群别的可以直接计入“农业生产成本——××群别”。

（3）制造费用。农业企业畜牧养殖业中发生的除直接材料、直接人工以外的费用，如饲舍的维修费等称为其他直接费用。农业企业畜牧养殖业生产中发生的应摊销、分配计入各群别的间接费用，如畜牧业生产过程中发生的管理人员工资及福利费、防疫费、产役畜禽折旧、各畜禽饲舍的折旧、照明电费等。费用分配时，能够直接计入各群别的制造费用直接计入“制造费用——××群别”；不能直接计入的，也可以按一定的方法分配计入“制造费用——××群别”。

**（二）畜牧养殖业核算方法举例**

以养猪业分群核算为例，说明畜牧业产品成本计算。

基本猪群的主产品为母猪繁殖的仔猪，其副产品为厩肥、猪鬃等。对副产品一般按市价作为其成本，全部饲养费用减去副产品成本，即为主产品的总成本。

确定基本猪群主产品的总成本后，再按照一定的计算方法分别计算出仔猪出生时的活重和出生后两个月内的增重，确定的仔猪的活重单位成本和增重单位成本。

出生的仔猪成本均按活重计算。仔猪出生至满两个月断奶时的成本，以及期末结存未断奶仔猪的成本，也以当时的活重和活重单价计算，仔猪出生活重和出生后两个月内增重的单位成本计算公式为

仔猪出生活重和出生后两个月内增重的单位成本＝（基本猪群全部饲养费用－副产品价值）/（出生活重＋出生后两个月内的增重）

仔猪的活重单位成本计算公式为

仔猪的活重单位成本＝（期初结存两月内仔猪成本＋基本猪群全部饲养费用－副产品价值）/（期末存栏活重＋期内离群活重）

计算出仔猪活重单位成本以后，即可分别计算出断奶仔猪和期末结存未断奶仔猪的总成本，以及每头仔猪的总成本及每头仔猪的平均成本。计算公式为

断奶仔猪的总成本＝断奶仔猪的总活重×仔猪活重单位成本

未断奶仔猪的总成本＝未断奶仔猪的总活重×仔猪活重单位成本

断奶仔猪的单位成本＝断奶仔猪的总成本/断奶仔猪数量

未断奶仔猪的单位成本＝未断奶仔猪的总成本/未断奶仔猪数量

**【例 10-19】**　某畜牧企业 2017 年 10 月的“基本猪群饲养”和“两个月内仔猪”相关资料如下：上期结转的母猪照管下的仔猪 100 头，活重 150 千克，成本为 3 000 元；本月基本猪群共繁殖仔猪 2 000 头，出生时活重为 2 000 千克；本月内将满两个月的仔猪1 500头，转入 2～4 个月内的幼猪群，转群时的活重为 6 000 千克；期内死亡两个月内的仔猪 150 头计 300 千克；期末仔猪出生后两个月内的增重量为 4 000 千克；期末结存两个月内仔猪为 450 头，活重为 800 千克；本期发生的饲养费用为 20 000 元，取得副产品价值为 800 元。

根据上列资料计算成本如下：

仔猪出生活重和出生后两个月内增重的单位成本＝（20 000－800）/（2 000＋4 000）＝3.2 元

仔猪的活重单位成本＝（3 000＋20 000－800）/（6 000＋800）＝3.264 7（元）

断奶仔猪的总成本＝6 000×3.264 7＝19 588.2（元）
未断奶仔猪的总成本＝800×3.264 7＝2 611.76（元）
每头断奶仔猪的成本＝19 588.2/1 500＝13.06（元）
每头未断奶仔猪的成本＝2 611.76/450＝5.8（元）

## 第五节　交通运输企业成本核算

### 一、交通运输企业及其生产经营特点

交通运输业是指使用运输工具将货物或者旅客送达目的地，使其空间位置得到转移的业务活动，包括陆路运输服务、水路运输服务、航空运输服务和管道运输服务。我国交通运输业分为铁路运输、公路运输、水路运输、航空运输和管道运输。

与工业制造及商业企业的生产经营活动相比，交通运输企业的经营活动具有以下特点。

（1）生产过程具有流动性和分散性。除机场、港口、车站等场地相对固定外，交通运输企业的营运活动范围和空间十分广阔，流动方向分散。运输过程是生产过程和消费过程同时进行的，交通运输不创造有形的产品，其运输生产过程也是消费过程，对于运输供给者它是生产过程，对于运输需求者它是消费过程。

（2）生产成果用完成的周转量来表示，不创造新的物资产品。交通运输不生产有形产品，不改变劳动对象物理属性，只改变服务对象的空间位置。

（3）具有资本密集型。交通运输不产生有形的产品，构成交通运输业的成本和其他产业不同，交通运输业中的固定资本所占比重巨大，无论是交通路线的修建还是交通设备的购置，资本的有机构成比一般产业要高。

（4）交通运输企业的劳动对象是其运输的旅客和货物，但其生产过程只是对劳动工具及设备的消耗，而不能消耗劳动对象。

（5）交通运输企业的生产经营过程也是销售过程，生产和销售同时进行。运输业务完成意味着旅客、货物的运输劳务已提供，企业的销售业务同时宣告完成；运输产品无法储存，无在产品，也无销售过程，而且取得劳务报酬在前，提供劳务服务在后。

（6）交通运输企业的生产营运方式具有多样性和相互替代性。按交通运输企业的生产特点不同分为铁路运输、公路运输、水陆运输、航空运输等类型，各种运输方式具有各自不同的优势和特点，但同时彼此之间又可以相互替代。

（7）交通运输业具有外部性。加快建设交通强国是党中央作出的重大战略决策。交通运输业的发展会促进相关地区的经济发展，它带来的利益会超过其支付费用；同时又会带来环境污染、气候变化等问题，并且当交通拥挤超过一定程度，运输服务自身就不能以一种完全有效的方式提供给人们，这些带来了交通运输的外部成本。但是交通运输业所产生的效益和成本并没有由交通运输经营企业承担，使得交通运输业具有显著的外部特征。

## 二、交通运输企业成本核算的特点

（1）成本计算对象多样化。交通运输企业的成本核算对象是其运输的各类业务，以及构成各类业务的具体项目，如公路运输企业是以旅客运输和货物运输业务为核算对象，其成本核算对象既可以是承接运输的各类业务及构成各类业务的具体业务项目，又可以是承担运输任务的各类运输工具及具体运行情况，如以旅客运输业务和货物运输业务为成本对象，也可按运输工具，如客车、货车、客轮、货轮等确定成本计算对象，或者交通运输企业也可以运输线路或运输班次等为成本计算对象。

**知识链接**
交通运输企业与工业企业成本计算方法的比较

（2）成本计算期较短。交通运输企业运输周期相对较短，一般按月计算成本，交通运输企业生产经营与销售合二为一，无在产品，也无储存环节，因此不存在运输成本与销售成本之分，实际发生的营运成本一般是当期成本，运输过程中发生的各项实际消耗支出构成当期的运营成本。交通运输企业在成本计算期末，一般不存在将运输费用在本期成本和下期成本之间进行分配的问题。

（3）交通运输企业在采用客货兼营的运输方式时，应分别计算客运成本和货运成本，而且要将共同费用采用适当的方法进行分配。交通运输企业成本中运输工具的使用成本所占比重较大，且运输企业生产过程的消耗，主要取决于运行距离长短，而不是取决于完成周转量的多少。

（4）成本计量单位采用复合计量。不同业务类别的交通运输企业由于运输工具、运输时间、运输距离的不同，在全面、综合反映运输成本时一般采用运输数量和距离相结合的复合计量单位进行成本计量。

（5）交通运输生产过程受自然环境和地理环境的影响较大，存在较多的不确定因素，且对企业产生重大影响。

## 三、交通运输企业成本核算的账户设置

因交通运输企业的生产过程与销售过程是直接统一的，生产过程本身就是销售过程，生产过程的结束也是销售过程的结束。所以交通运输企业在运输过程中发生的各项成本实际上就是“主营业务成本”，可以直接计入“主营业务成本”账户。在主营业务成本总账科目下设置“运输支出”“装卸支出”等二级账户进行核算。也可以直接将“运输支出”“装卸支出”等设为一级账户。为了反映和监督交通运输企业的实际运营成本，可设置如下账户。

（1）“运输支出”账户。该账户核算交通运输企业经营客运及货运业务所发生的各项支出。该账户一般按运输工具类型或车船个体设置明细账，如“货车运输支出”“客车运输支出”等。

（2）“装卸支出”账户。该账户核算交通运输企业经营装卸业务所发生的各项支出。该账户一般按业务类型或货物种类设置明细账。

（3）“辅助营运费用”账户。核算交通运输企业发生的辅助费用，包括工资、福利

费、燃料、折旧费用、劳动保护费、事故损失及其他等。该账户按车船个体或辅助生产部门设置明细账。

(4)“营运间接费用”账户。该账户核算交通运输企业在营运过程中所发生的不能直接计入成本核算对象的各种间接费用。

(5)“其他业务成本”账户。该账户核算除营运业务以外的其他业务所发生的各项支出，包括相关的成本费用及税金及附加等。该账户按其他业务的种类设置明细账。

## 四、公路运输企业成本核算

公路运输企业主要经营旅客运输和货物运输业务，其运载工具主要是汽车，汽车运输企业成本的计算，一般采取公司和车队二级核算，车辆较少时也可以由公司集中核算成本。汽车运输企业的成本计算对象是汽车和客车的运输业务，即按货车运输和客车运输分别归集计算期完成的运输总成本和单位成本。客车运输计算单位为人公里，用“元/千人公里”表示；货车运输成本计算单位为吨公里，用“元/千吨公里”表示。汽车运输企业成本项目包括人工费用、燃材料费用、保养修理费、折旧费、养路费、行车事故损失、其他费用等。汽车运输企业采用制造成本法原理计算其运输业务的运输成本。汽车运输总成本分为客车运输总成本、货车运输总成本，即客车营运成本、货车营运成本。

### (一) 燃料费用的计算

企业应在“燃料”总账下设“库存”和“车存”两个明细账户。领油时，将燃料由库存转为车存，由于月末车存实际油数是一个变量，而不是一个固定数，所以需经过盘存加以确定，然后按下列公式计算当月实际耗用燃料的数量。

当月实际耗用数=月初库存油料数+本月领用油料数−月末车存油料数

**【例 10-20】** 某公路汽车运输企业 2017 年 8 月末根据燃料领用凭证及车存燃料盘点表等有关资料编制的燃料耗用计算汇总表如表 10-7 所示。

**表 10-7 客车货车燃油费用计算汇总表**

| 领用单位 | 月初存油/升 | 本月领用/升 | 月末存油/升 | 本月耗用/升 | 单位成本/（元/升） | 费用总额/元 |
|---|---|---|---|---|---|---|
| 客车 | 10 000 | 20 000 | 5 000 | 25 000 | 4 | 100 000 |
| 货车 | 15 000 | 25 000 | 10 000 | 30 000 | 4 | 120 000 |
| 合计 | 25 000 | 45 000 | 15 000 | 55 000 | | 220 000 |

(1) 油库向客车和货车车队发出燃料时。

借：燃料——车存　　180 000

　　贷：燃料——库存　　180 000

(2) 结转本月车队耗用燃料时。

借：运输支出——客车运输支出　　100 000

　　　　　　——货车运输支出　　120 000

　　贷：燃料——车存　　220 000

### （二）人工费用的核算

公路运输企业月末计算出应付职工薪酬，根据职工所属部门和提供劳务的性质不同，分别计入有关成本或费用账户。其中：对司机及乘务人员的薪酬直接计入运输成本，辅助生产部门人员的薪酬计入辅助营运费用，车队管理人员的薪酬计入营运间接费用，公司管理人员的薪酬计入管理费用，销售部门人员的薪酬计入销售费用。

**【例 10-21】** 某公路运输公司是一家从事客运和货运业务的运输公司，2017 年 8 月计算出当月应付工资薪酬情况如下：货车司机工资 200 000 元，客车司机工资 150 000元，调度部门人员工资 20 000 元，车队管理人员工资 30 000 元，企业管理人员工资 40 000 元，该企业职工的医疗保险按工资总额的 12%计提，养老保险按 10%计提，失业保险按 3%计提，住房公积金按 12%计提。

根据上述职工薪酬分配汇总表编制会计分录如下。

借：运输支出——客车运输支出　274 000
　　　　　　——货车运输支出　205 500
　　辅助营运费用　27 400
　　营运间接费用　41 100
　　管理费用　54 800
　　贷：应付职工薪酬——工资　440 000
　　　　　　　　　——社会保险（医疗保险）　52 800
　　　　　　　　　　　　　　　（养老保险）　44 000
　　　　　　　　　　　　　　　（失业保险）　13 200
　　　　　　　　　——住房公积金　52 800

### （三）其他费用的核算

（1）保养修理费。车辆的大修一般由专门的维修厂进行，大修间隔期一般在一年以上。大修理费用应计入车辆的保养及日常修理，一般是由车站或车队进行修理，领用的材料和低值易耗品应根据其保养领用数直接计入“运输支出”账户，如果保养及日常修理由附属修理厂进行，则应将有关费用归集在“辅助营运费用”账户，月末，按受益情况分配计入“运输支出”账户。

（2）车辆保险费。向保险公司缴纳的车辆保险费按照实际缴纳金额借记“运输支出”账户，贷记“银行存款”科目。

（3）运输管理费。向运输管理部门缴纳的运输管理费，应按实际缴纳金额计入“运输支出”账户。

（4）行车事故损失费用的核算。营运车辆在营运过程中发生行车事故所发生的修理费、救援费、赔偿费以及支付给外单位人员的医疗费等事故损失费，在扣除向保险公司收回的赔偿金额后，计入“运输支出”账户。

## 五、铁路运输企业成本核算

铁路运输企业主要经营客货运业务以及与货运相联系的装卸业务，其成本计算对象应为客货运业务和装卸业务。客运成本计算单位为人公里，用“元/人公里”表示；货运成本计算单位为吨公里，用“元/吨公里”表示。铁路运输成本一般按年或按季计算，其成本一般包括办理客货运输的费用、运输准备和列车运行的费用、运营单位固定资产维修保养费用和不构成固定资产的设备等维修保养费用、按规定应列入运输成本的固定资产折旧费、按规定列入运输成本的非生产性费用等。铁路运输实行分级核算，各基层单位只按作业内容及具体费用项目归集运输支出，强调费用发生地点。铁路运输成本不能直接利用“运输支出”账户进行计算，只能先由发生费用的基层单位按完成作业的各项费用编制运输支出表，然后由企业逐级汇总后编制汇总运输支出表并据以计算运输成本。

铁路运输企业的运输成本称为营运成本，指企业在营运生产过程中实际发生的与运输、装卸和其他业务等营运生产直接有关的各种支出。主要包括：企业在营运生产过程中实际耗用的各种材料、燃料、润料、备品、备件、动力等；企业直接从事营运生产活动人员的工资报酬等；企业在营运生产过程中发生的固定资产折旧费、修理费、铁路段绿化费、乘客紧急救护费、行车杂费、车辆冬季预热费、事故净损失、实验检验费、劳动保护费等。

铁路运输成本计算按其计算方法和作用不同，分为五大类：总成本、单位成本、专项成本、作业成本和分线运输成本。

（1）总成本。铁路运输企业为完成客货运输生产任务发生的运输总支出。由于铁路实行分级核算制，各级只核算本身的运输支出。铁路运输生产是由各级、各部门共同协作完成的，每个部门、每级的运输支出只能是运输产品总成本的一部分。因此，铁路集团公司和铁路公司要经过汇总运输支出资料，计算运输总成本。

（2）单位成本。其计算公式如下：

换算吨单位公里成本（元/万人公里）＝运输支出总额÷换算吨公里单位总数

或换算吨单位公里成本（元/万人公里）＝运输支出总额÷（旅客人公里＋货物吨公里）

旅客人公里成本（元/万人公里）＝客运支出总额÷旅客人公里数

货物吨公里成本（元/万吨公里）＝货物支出总额÷货物吨公里数

（3）专项成本。铁路承运不同等级、不同席别的旅客和采用不同运输方式对不同类货物分别计算的运输成本，如高铁人公里成本、特快软卧人公里成本、普客硬座人公里成本、整车零担、集装箱运输成本等。

（4）作业成本。铁路为完成某项具体生产作业而发生或应负担的运输支出，如车辆公里成本、调车作业成本、机车公里成本等。

（5）分线运输成本。根据某一铁路线段客货运输生产所发生的客货运输支出和所完成的客货周转量而计算的各种运输成本。

## 六、航空运输企业成本核算

**知识链接**
航空运输的特点

航空运输企业其经营一般分为民用航空运输业务、通用航空业务和机场服务业务。航空运输一般以每种机型为成本计算对象归集所发生的各种营运费用，计算每种机型的营运成本，并在此基础上进一步计算和考核每种机型运输周转量的单位成本。航空运输周转量的成本计算单位是吨公里，一般按月计算每种机型的成本。航空运输企业的成本项目包括直接营运费用和间接营运费用。其中：直接营运费用是指能直接计入机型成本的各种营运费用。如空勤人员、机务人员的薪酬，交通补贴费，燃油费，折旧费，修理费，保险费，飞行训练费，旅客餐宿费，客舱服务费，国内外起降服务费，营运过程中货物、行李损失、丢失赔偿净损失及其他费用等。航空运输企业在营运过程中发生的各项费用大部分是直接费用，发生的各类间接费用应按其用途归集，然后再按一定的标准采用适当方法分配计入各机型的成本。航空运输各机型的直接营运费用和间接营运费用之和就是各机型的成本，各机型成本汇总后即为航空运输总成本，除以运输周转量就是航空运输单位成本。

第十章重要术语　　第十章案例分析　　第十章思政课堂

## 课后练习题

### 一、思考题

1. 简述商品流通企业成本核算的特点。
2. 简述商品批发企业的经营特点。
3. 简述商品零售企业的经营特点。
4. 简述已销商品进销差价各种计算方法的优缺点。
5. 施工企业有哪些生产经营特点？
6. 施工企业成本计算对象如何确定？
7. 简述施工企业成本核算程序。
8. 交通运输业的成本计算有哪些特点？
9. 铁路运输企业的运输费用如何进行归集和分配？
10. 简述房地产开发企业的开发经营活动特点。
11. 简述房地产开发企业是如何确定成本计算对象的。
12. 简述房地产开发企业的成本核算程序。
13. 农业企业成本核算有何特点？

### 二、业务计算题

1. 某商品流通企业购进一批商品，增值税专用发票上注明价款 200 000 元，增值税税率 17%，另外支付运杂费 1 000 元，商品运输保险费 500 元，商品包装费 800 元，上述款项均已用银行存款支付，且商品已验收入库，该批商品售价为 300 000 元。要求：根据以上业务计算商品进销差价并编制会计分录。
2. 某商品流通企业采用实际差价计算法计算已销商品应分摊的进销差价，年末进行库存商品盘点，按进价计算的结存商品金额为 500 000 元，按售价计算的结存商品金额为 800 000 元，商品进销差价账户余额为 120 000 元。要求：根据上述资料计算已销商品差价。

3. 某施工企业某月的各种材料种类及费用分配表如表10-8所示。

表10-8 材料种类及费用分配表 单位：元

| 应借科目 | | 金属材料费用 | 汽油费用 | 备用件费用 | 砂石费用 | 其他材料 | 合计 |
|---|---|---|---|---|---|---|---|
| 工程施工 | A工程 | 100 000 | 20 000 | 5 000 | 40 000 | 8 000 | 173 000 |
| | B工程 | 200 000 | 30 000 | 3 000 | 80 000 | 6 000 | 319 000 |
| 辅助生产成本 | 运输车间 | | 50 000 | 2 000 | | 800 | 52 800 |
| | 机修车间 | | 5 000 | 10 000 | | 1 000 | 16 000 |
| 机械作业 | 施工作业 | | 8 000 | 15 000 | | 2 000 | 25 000 |
| 间接费用 | 施工甲厂 | 2 000 | 1 000 | 1 000 | | 500 | 4 500 |
| 合计 | | 302 000 | 114 000 | 36 000 | 120 000 | 18 300 | 590 300 |

要求：根据以上材料费用分配汇总表编制该施工企业成本业务会计分录。

4. 某建筑施工企业某月计算出的当月应付职工薪酬情况如下：A工程直接施工生产人员工资400 000元，B工程直接施工生产人员工资800 000元，运输车间800 00元，机修车间100 000元，施工机械作业人员的工资200 000元。负责A工程和B工程的工一处施工管理人员工资160 000元，公司管理人员工资200 000元。该企业职工的医疗保险按工资总额的10%计提，养老保险按12%计提，失业保险按2%计提，住房公积金按12%计提。另根据有关规定工会经费按2%计提，职工教育经费按2.5%计提。要求：根据上述职工薪酬编制职工薪酬费用分配汇总表并编制会计分录。

5. 某房地产公司接受市政工程管理部门的委托，代为扩建开发小区旁边的修筑绿化工程。扩建过程中用银行存款支付土地使用费200 000元，前期工程费100 000元，应付基础设施工程款120 000元，分配开发间接费用50 000元。要求：计算该代建工程成本并结转完工工程成本，并编制会计分录。

6. 某林场栽培的苹果林于某年发生实际费用300 000元，当年的副产品价值20 000元。生产一级品20 000千克、二级品15 000千克、三级品10 000千克和等外品5 000千克。每千克计划成本分别为6元、5元、4元和2元。要求：编制苹果成本计算单并编制会计分录。

7. 某畜牧企业某月的“基本猪群饲养”和“两个月内仔猪”相关资料如下：上期结转的母猪照管下的仔猪200头，活重350千克，成本为6 000元；本月基本猪群共繁殖仔猪4 000头，出生时活重为4 000千克；本月内将满两个月的仔猪3 000头，转入2～4个月内的幼猪群，转群时的活重为12 000千克；期内死亡两个月内的仔猪300头计600千克；期末仔猪出生后两个月内的增重量为8 000千克；期末结存两个月内仔猪为900头，活重为1 600千克；本期发生的饲养费用为40 000元，取得副产品价值为1 600元。要求：根据上列资料计算各单位成本和总成本。

8. 某公路运输公司是一家从事客运和货运业务的运输公司，某月计算出当月应付工资薪酬情况如下：货车司机工资400 000元，客车司机工资300 000元，调度部门人员工资40 000元，车队管理人员工资60 000元，企业管理人员工资80 000元，该企业职工的医疗保险按工资总额的12%计提，养老保险按10%计提，失业保险按3%计提，住房公积金按12%计提。要求：根据上述资料编制职工薪酬分配汇总表，并编制会计分录。

9. 某公路汽车运输企业某月末根据燃料领用凭证及车存燃料盘点表等有关资料编制的燃料耗用计算汇总表如表10-9所示。

**表 10-9　燃料费用汇总表**

| 领用单位 | 月初存油/升 | 本月领用/升 | 月末存油/升 | 本月耗用/升 | 单位成本/（元/升） | 费用总额/元 |
| --- | --- | --- | --- | --- | --- | --- |
| 客车 | 20 000 | 40 000 | 10 000 | 50 000 | 4.5 | 225 000 |
| 货车 | 30 000 | 50 000 | 20 000 | 60 000 | 4.5 | 270 000 |
| 合计 | 50 000 | 90 000 | 30 000 | 110 000 | | 495 000 |

要求：根据以上资料编制客车、货车燃料费用会计分录。

# 第十一章

# 成本会计前沿

**本章逻辑框架**

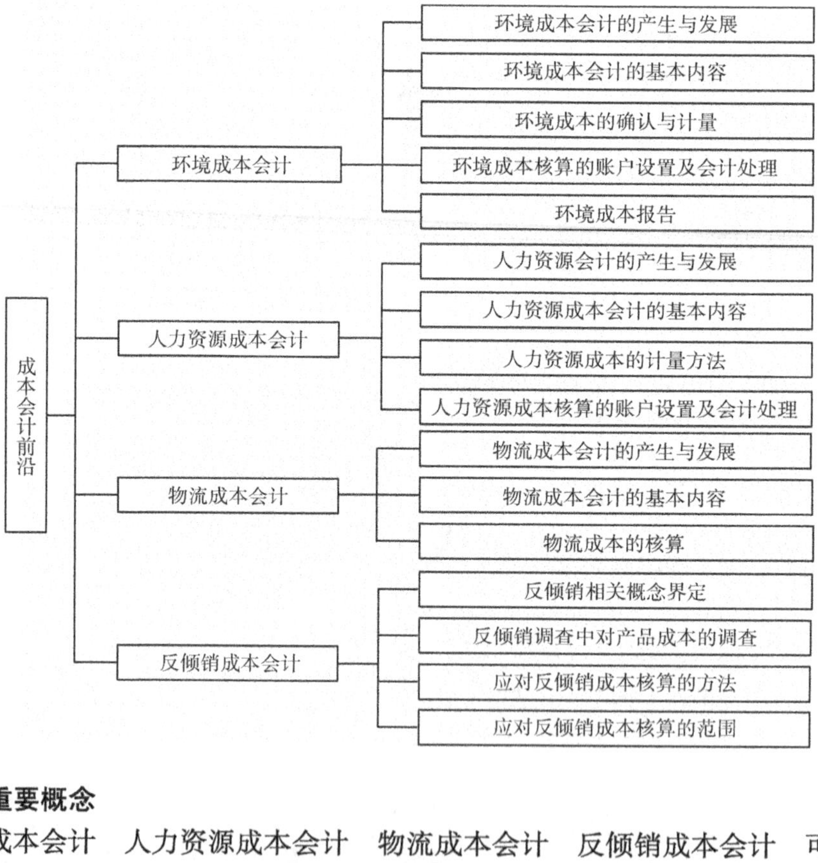


**本章重要概念**

环境成本会计　人力资源成本会计　物流成本会计　反倾销成本会计　可持续发展　人力资产　人力资本　第三利润源　单轨制　双轨制　反倾销调查　正常价值

**本章内容引言**

成本会计前沿内容主要介绍四项内容，分别是环境成本会计、人力资源成本会计、物流成本会计、反倾销成本会计。环境成本最早是由联合国统计署在 1993 年发布的

《环境经济综合核算体系》中提出的概念，当前世界各国都在致力于其推广与应用。

## 第一节　环境成本会计

### 一、环境成本会计的产生与发展

知识链接
环境会计研究的必要性

人类社会进入工业时代以来，经济、社会、科技、教育等领域取得了显著的成就，但在环境问题上面临严峻的挑战，资源过度消耗、环境污染、生态破坏日益严重，环境问题上升为全球性问题，各国政府先后制定了保护环境方面的法规和政策，掀起了全球性环境保护热潮。在我国改革开放过程中，国民经济增长迅速，但其增长是“高投入、高消耗、高污染”的粗放型方式，经济发展以环境严重污染为代价，为此我国相继出台了环境保护法、水污染防治法、环境标准管理办法等一系列法律规章，2011 年《中华人民共和国国民经济和社会发展第十二个五年规划纲要（草案）》首次以“绿色发展”为主题论述了“建设资源节约型、环境友好型社会”，这标志着我国进入绿色发展时代。

对于经济高速增长带来的严重的环境污染和资源过度消耗问题，各国会计界也积极投身于环保和绿色革命过程中，通过深入探讨会计如何参与环境保护、促进环境与经济之间的融合与发展，创立了“环境会计”这一现代会计新型分支，并取得了一定的成果。对环境会计的研究始于 20 世纪 70 年代，以英国学者比蒙斯在 1971 年发表的《控制污染的社会成本转换研究》和马林在 1973 年发表的《污染的会计问题》两篇文章为代表，揭开了环境会计研究的序幕。

环境会计除了引起各国学者的关注外，国际各组织机构也给予极大关注。联合国在改进国民经济核算体系时首次提出“环境会计”这一概念。联合国统计署在 1993 年发布的《环境经济综合核算体系》提出了环境成本的概念，环境成本分成两个层次：一是因为自然资源数量消耗和质量减退而造成的自然资源价值的减少；二是环保方面的实际支出，即为了防止环境污染而发生的各种费用和为了改善环境、恢复自然资源的数量或质量而发生的各种费用支出。1999 年 2 月，在日内瓦举行的联合国国际会计和报告标准政府间专家工作组第 15 次会议上讨论通过的《环境会计和报告的立场公告》是国际上第一份关于环境会计和报告的系统完整的国际指南。该公告以企业为主体，对于环境成本、环境资产和环境负债作了初步的定义，从而对微观层面上的环境会计起到了指导作用，所有这些都标志着环境会计作为世界发展的重要课题已向纵深发展。

加拿大特许专业会计师协会在 1993 年对环境成本提出了“环境损失”这一类别，“环境损失”包括对人类身体机能上造成的损害、对环境资源造成的破坏及其他损失。根据“环境损失”这一类别，又提出了“环境措施”这一环境成本，环境措施成本包含预防、减轻或修复破坏的环境或保护再生和不可再生资源或耗用的费用。英国的英格兰和威尔士特许会计师协会于 1996 年提出了《财务报告中的环境问题》讨论文件，详细阐述了环境成本核算、资产损害复原和信息披露问题。2002年日本环境省出版的《环境会计指南手册》中论述了环境会计的定义、功能、环境成本的内容、环境信息披露等问题。

除了政府明确提出环境成本的概念外，许多著名的专家学者也发表了自己的观点，北京大学王立彦教授将环境成本从时间、空间和功能三个层面进行界定，具体从时间上描述分为过去、当前和未来三种；从空间上分为内部环境成本与外部环境成本；从功能上分为环境方面损失补偿成本支出、维持环境现状的成本支出以及防备将来可能增加的环境成本的支出。中南大学肖序教授在其著作《环境成本论》中对环境成本分类进行分析，指出环境成本应分为降低环境负荷的直接成本、间接成本及增加环境负荷形成的相关成本。随着各国及社会公众对环境的重视程度越来越高，环境成本的研究一定会取得不断的发展和进步，为人类社会的发展做出巨大的贡献。

## 二、环境成本会计的基本内容

### （一）环境成本的含义

联合国统计署在1993年发布的《环境经济综合核算体系》中把环境成本界定为由自然资源数量消耗和质量减退造成的经济损失。美国环境质量委员会把环境成本界定为环境损耗成本，即环境污染导致的成本或支出。1998年联合国出台的《环境会计和报告的立场公告》，将环境成本定义为：本着对环境负责的原则，为管理企业经营活动对环境造成的影响而发生的支出，以及因企业执行环境目标和要求所付出的其他成本。国内较早提出环境和可持续发展会计思想的是著名会计学家郭道杨教授，他以生态环境成本的学术思想为基础，从耗费与补偿的辩证关系出发，将环境成本界定为为了维护生态环境，依据产品生产前后对其产生的影响并且按照所测定的标准，计量相应的资源耗用和环境治理补偿费。具体表现为：由于环境恶化而追加的治理生态环境的投入；因重大责任事故导致生态环境恶化所造成的损失，以及由此而引起的环境治理费用和罚款；未经环保部门批准，擅自投资项目所造成的罚款、环境治理无效率状况下的投资损失和浪费。

在众多专家学者观点的基础上，本书对环境成本的定义如下：环境成本是企业生产经营活动中所耗费的生态要素的价值以及为了恢复生态环境质量而产生的各种支出。其内容由维护环境支出、预防污染的支出、治理环境的支出和人为破坏生态环境造成的损失组成。

### （二）环境成本的分类

环境成本可以分为以下几类。

（1）环境预防成本。环境预防成本是指企业在生产之前就已经规划的费用支出，该部分成本是为了预防企业生产中可能发生的对环境的损害所支付的费用或是为了规避将来经营管理中可能遇到的风险所进行的投资。具体包括：①员工培训费，指企业为帮助员工增加产品安全生产和环保知识，使他们充分认识到环境在企业生产运作中所起的作用，自觉履行环境责任，定期组织开展各种环保培训教育宣传活动所发生的费用。②环境研发成本，指企业在从事污染严重的生产活动时，为了降低对环境的损害，对新的生产工艺研发所进行的投资，以及企业为改善环境开发新产品过程中所发生的研发支出。③环保设备投资，指企业为了治理生产过程中产生的废气、废水等污染物，减少它们对环境的污染而购买环保设备发生的支出。

(2) 环境治理成本。环境治理成本指企业为了保障周边的环境对生产中产生的废气、废渣等污染物进行治理发生的费用，或为了保证环保设备的正常运行发生的必要支出。具体包括：①环保设备运营费，指企业为治理或保障污染物排放达标，支付的空气污染监控、废水或固体废弃物检测、处理设施等环保设备上的操作维护费、设备维修费等。②污染治理费用，指企业生产过程结束后，为了减少废弃物排放对企业生产环境及周边环境的损害，而采取相应的措施导致的支出。

(3) 环境补偿成本。环境补偿成本指企业对已经产生的环境损害进行弥补而支付的成本，具体包括：①环境污染罚款，指企业在运作过程中产生违反环保法律法规规定的行为，并对环境造成污染、对他人利益产生损害，被处以的罚款等。②环境赔偿费用，指由于企业的生产经营，超标排放污染物给予的赔偿费用，该部分补偿费用还包括工作环境给员工健康带来影响而支付的补偿费用。③排污费，指企业因生产中排放的废水废气等污染物按一定标准向国家缴纳的排污费等。

### (三) 环境成本的特征

环境成本具有以下几个特征。

(1) 多样性。环境成本可能出现在企业生产经营管理活动的每一个环节，且其产生原因具有多样性，对环境成本的多样性研究是为进行正确的环境成本核算建立理论基础，对环境成本进行资本化和费用化的区分，对于可以延长企业资产使用寿命、提高效率、购买环保设备、减少未来活动引起环境污染等成本的发生应该予以资本化，对于当期的污染物处理费用等应该予以费用化。

(2) 不均衡性。不均衡性首先体现在环境成本发生时点的不均衡，其支出往往不是均衡地发生在产品生产过程中，通常具有突发性或不可预见性，如违反环境法规支付的罚款、发生意外事故的赔偿、环保设施的投资等；其次体现在发生阶段的不均衡性，对于不同的行业，企业环境成本可能集中在不同阶段；最后体现在环境成本在生产经营各个阶段的发生概率是不均匀的，有的阶段少，有的阶段多。

(3) 潜在性。由于环境本身具有一定的承受能力，企业当期生产经营活动对环境的破坏可能并不明显，但可能形成的危害是潜在的，这使得环境成本具有时滞性，其损害大小及所带来的影响可能难以完全掌握，但这并不表示企业不负担任何环境成本，会在以后期间以罚款、赔偿及环境修复等方式付出代价。

(4) 增长性。公众对环境保护的重视以及对环境质量标准要求越来越高，企业所承担的环境保护责任日益重大，环境支出也逐渐增加。随着政府不断出台环境保护法规，对企业的约束力逐渐增强，企业的环境支出呈现不断增长趋势。

(5) 相关性。环境成本的相关性促使企业不仅要核算本企业生产过程中发生的环境成本，还要核算包括为降低供货方和销售客户的环境成本而发生的各种环境成本。

### (四) 环境成本会计理论基础

(1) 可持续发展理论。1987 年，联合国世界环境与发展委员会在《我们共同的未来》报告中，第一次阐述了“可持续发展”的概念，是指既满足当代人需要，同时又不损害子孙后代满足其需要的能力。该理论是社会进步发展到一定时期的产物，主要反映了发展中人类与自然环境的依存关系。在可持续发展思想形成与发展过程中，最具国际化意义的是 1992 年在巴西里约热内卢举行的联合国环境与发展大会，在这次大会上来自世界 178 个国家和地区的领导人通过了《21 世纪议程》《联合国气候变化框架公约》等一系列文件，明确把发展与环境密切联系在一起，使可持续发展突破了理论探索阶段，提出了可持续发展战略，并付诸全球行动。

可持续发展包括可持续经济、可持续生态和可持续社会三方面的协调统一，要求人类在发展中讲究经济效率、关注生态和谐和追求社会公平，最终实现人的全面发展。可持续发展虽然起源于环境保护问题，但当前已超越单纯的环境保护，它将环境问题与发展问题有机地结合起来，已成为一个有关社会经济发展的全面性战略。可持续发展具体内容如下：①经济可持续发展。经济发展是国家实力和社会财富的基础，但可持续发展不仅重视经济增长的数量，更追求经济发展的质量。②生态可持续发展。可持续发展要求经济建设和社会发展与自然承载能力相协调，发展的同时必须保护和改善地球生态环境，保证以可持续的方式使用自然资源。③社会可持续发展。可持续发展强调社会公平是环境保护得以实现的机制和目标。可持续发展促使了环境会计的产生，根据可持续发展的观点，经济发展要和环境相协调，环境资源是经济发展运行的基础，资源环境的变化对经济产生的影响应该反映在经济运行的核算体系中。

（2）社会责任理论。企业的社会责任是企业在生产经营的过程中对社会应尽的义务，要求企业在生产经营过程中不仅要对利益相关者负责，还应对环境承担相应的责任，在获得利润的同时必须考虑其生产过程中对环境的污染和资源的损耗。社会责任会计从宏观出发，通过收集企业履行相关责任的数据，用一定的计量方法对其造成的社会影响做出具体的报告，分析企业履行社会责任的情况。这些社会责任主要包括治理污染、绿化环境、改善职工福利等，同时要求企业进一步核算企业外部的社会成本和社会效益，包括企业采取有效的措施防止废水、废气、废渣等对环境的污染，提高能源利用率，降低资源消耗，等等。环境成本属于社会责任会计中社会成本的一个重要组成部分，反映企业在处理环境相关问题时所支出的相关费用，如资源成本和环境费用等。

（3）环境价值理论。环境价值理论认为环境资源具有有效性和可利用性，自然资源是人类赖以生存和发展的基础，环境资源凝结着人类劳动，原始的资源环境是没有价值的，但随着经济的发展，人类对生态环境的超负荷利用导致环境的污染和资源的锐减，环境资源具有稀缺性，全球性资源和能源短缺越加受到人们的重视，人们要合理有效地利用和节约资源。环境资源是稀缺和不可替代的，而且是有价值的，过去企业忽视了环境资源的价值，以消耗和损害环境为代价来获取利润。传统会计没有将环境资源作为成本纳入会计核算也是不全面、不科学的，不利于全面客观地反映企业经营活动成本和收益，从而虚增了利润，这就要求企业建立环境成本会计，将环境因素纳入会计核算的总成本中。

（4）社会总成本理论。社会总成本理论是从整个人类生存的生态环境系统来定义成本的特性、范围和内容的一种成本理论，打破了传统企业只核算本企业内部成本的局限，使人们能够从更广阔的空间和时间上比较全面地考虑影响环境成本的因素及其计量的方法，以便合理计量环境资源的耗费，揭露真实的产品成本。人类对自然资源的利用越彻底，自然资源总量就会越少。企业为环境的改善和维护，也必将产生相应的环境成本。企业的生产成本和环境成本都应该算是企业为获取利润而支付的费用，但是企业往往忽略了环境成本，仅将生产成本作为成本核算的范围。社会总成本是从宏观的角度考虑，其范围较为广泛，主要包括对人类劳动的报酬、大自然资源的损耗补偿、维持现有状态的各项耗费等。因此，社会总成本理论是在人类活动中对于环境系统、物质系统的循环过程进行研究的一种成本理论。

（5）经济外部性理论。“外部性”概念最初是1890年由剑桥大学的马歇尔在其著作《经济学原理》中提出的，他将生产的扩大依赖于产业的普遍发展，称作“外部经济”，如知识积累、技术进步导致企业的成本下降，这种影响对行业是内在的，但对企业是外在的。外部性问题的进一步研究和系统论述是由庇古完成的，1920年庇古在他的名著《福利经济学》中提出了“内部不经济”和“外部不经济”的概念，将外界造成的不利影响称为外部不经济性，是指某些企业或个人因其他企业和个人的经济活动而受到不利影响，又不能从造成这些影响的企业和个人那里得到补偿的经济现象，研究环境问题外部性的目的主要是应用一定的经济管理分析方法，探讨环境问题产生的根源，提出解决环境污染和生态破坏这种外部不经济性问题的可行性方案。外部不经济性让人们认识到产生环境问题的经济根源，人类到目前为止一直把环境和资源看成公共物品，忽视其价值，且在经济核算中不包含对自然资源和环境的投入。因而，必须对企业生产产品和提供服务中使用的自然资源进行合理定价，企业应当将其污染产生的外部成本内在化。

## 三、环境成本的确认与计量

### （一）环境成本的确认

环境成本的确认就是按照规定的确认条件和方法，确定企业各项环境支出是否作为环境成本加以记录，并将符合确认条件的环境成本列入财务报表的过程。环境成本的确认目前尚无具体的准则规定，综合各专家学者的研究观点，总结环境成本的确认应符合以下原则：①导致企业环境成本的事项已经发生，主要有两个判断标准，一是企业的此项支出必须与环境保护活动有关；二是此项支出能够引起企业经济利益的流出，最终导致企业所有者权益的减少。②金额能够有效衡量。由于企业环境成本的内容较为广泛，其中某些环境成本不能准确地记录、计量，现阶段对环境成本的计量以货币计量为主，辅之以实物和技术单位。例如，对于排污费、污染罚款等有明确的计价，较为容易计量，但是非温室气体排放的生态成本等，计量难度较大，并且准确性相对较差，现有条件只有寻求相对简易且准确的方法。③以权责发生制为基础，划分资本性支出与收益性支出。除了非营利机构以外的所有会计主体都以权责发生制为确认基础，对于环境成本的确认要求划分资本性支出与收益性支出，即判断环境支出是资本化还是直接计入当期损益，使收入和费用达到合理配比，能正确地反映各个时点的环境支出，准确地衡量企业的当期经营成果。

**（二）环境成本的计量**

环境成本的计量是对环境成本确认的结果予以量化的过程，即在环境成本确认的基础上，为其事项选择合适的计量属性，确定数量和金额的过程。

1. 环境成本计量的特点

（1）计量单位的多元性。企业环境成本核算的范围包含人类活动和自然环境，自然环境资源种类繁多，单一的货币计量方式不能适应自然资源的计量，因此除了可以用货币来反映企业的各项环境成本以外，还应采用实物指标或文字加以说明。

（2）计量属性的多样性。对于环境成本可以采用多种会计计量属性，包括历史成本、重置成本等，计量属性的选择应根据企业具体的环境事项决定。

（3）计量的相对性。与传统成本相比，环境成本的计量更加复杂，环境成本核算的环境资源大多没有直接的市场价值，具有较大不确定性，对其计量所选用的方法带有一定的主观性，因此企业环境成本的计量只能做到相对准确，但这并不能否定其决策有用性。

2. 环境成本的计量方法

（1）历史成本法。目前企业会计准则要求所有会计信息以货币计量，传统的财务会计计量模式是以历史成本为主，兼用其他各种计量属性。在环境成本计量中，自然资源具有多样性价值，因此不能完全照搬已有的计量模式，企业环境成本的计量属性应以历史成本计量为主，通过专业判断对将来可能支出的成本进行合理估计。例如，企业为预防环境污染而购买的环境治理设备可按历史成本计入环境成本，但在环境成本计量中，由于自然资源具有多样性，环境问题具有持续性，环境资源从消耗到再生要经历一个时间过程。在此过程中，环境资源的市场价格也在不断地发生变化，这种变动在以历史成本计量为主的财务报表中无法得到反映，因此历史成本不应是环境成本计量的唯一属性。

（2）市场价值法。市场价值法认为企业的生产过程会引起自然环境的恶化，使环境对社会的服务能力下降，也就是环境资产的生产率降低，其结果最终会影响其相关商品的产出水平和预期收益。这种观点把自然环境资源视作一种生产要素，环境的损失可以用与此相关的商品的产量减少带来的成本和利润的变化来衡量。利用市场价格来计算由自然环境资源的恶化引起的产量下降而造成的损失，作为生态环境恶化的成本。市场价值法应用范围广泛，也易于理解。

（3）替代市场法。替代市场法主要是在市场法无法满足核算要求的情况下，通过寻找相关替代品的市场价格衡量环境成本。主要包括以下几种方法。

资产价值法。资产价值法主要将与环境相关的商品的价格作为切入点，通过核算此类商品获得生态环境成本。此种方法在房地产领域及空气质量领域应用比较广泛。例如，评价周围环境质量，可以根据房价的高低来确定，因为房价的影响因素包括绿化情况、空气质量、交通便利度、小区文化氛围等。因此，通过房价我们就不难看出环境的质量情况。此方法具有重要的前提条件，即假设其他因素不变，这里的其他因素主要指非环境因素，因此，破除这一假设会产生误差。

工资差额法。工资差额法在个人工作变换没有限制的基础上对环境成本进行计量，这种方法利用劳动力市场价值计量环境改善的效益。工作场所环境条件的差异会影响到劳动者对职业的选择，为了吸引劳动者从事工作环境比较差的职业并弥补环境污染给他们造成的损失，企业就需要在工资方面给予劳动者补偿。这种用工资水平的差异来衡量环境质量的货币价值的方法就是工资差额法。工作环境影响到工资差异进而影响到环境价值，通过这种方法来衡量环境成本，适用的范围较窄，但现实条件不允许人们完全自由地选择职业，而且尚不存在完全竞争的劳动市场，应用此种方法进行核算可行性较小。

人力资本法。环境的基本服务之一是为人类生命的存在提供必要的支持，而环境污染将导致环境的生命支持能力的变化，会给人类健康带来多方面的影响。人力资本法是用环境污染对人的身体健康和劳动能力的伤害来计算环境污染造成的损失，也可以用减少这种伤害来估量环境污染治理的效益。这种方法需要以一个运行良好和透明的资源市场为基础，生态环境没有达到环境质量标准会对人们的身体健康和生活造成诸多不利影响。这种不利影响不仅可以用劳动者因工作环境发病率与死亡率变化而给生产带来的损失来计量，还可以用医疗费开支的变化来计量，这种方法就是专门计量反映在人体健康上的环境价值的方法。

## 四、环境成本核算的账户设置及会计处理

### （一）环境成本核算的账户设置

当前我国会计理论界对环境成本账户的设置有两种观点：一种观点是在现有的财务报表体系之外单独设置一套账户体系，对其进行单独核算；另一种观点是在现有的账户体系内增设环境成本账户，通过设置二级明细账户的方式核算企业环境成本。理论学者普遍希望建立独立的环境会计体系，与现有企业会计体系并行，以满足环境管理者和外界信息使用者的需要，同时凸显环境成本的重要性，引起实务工作者对环境问题的重视。但在会计实务中，如果建立一套独立的环境会计体系，实际上是把相互联系的企业财务事项分割开来，破坏了财务会计信息的整体性。因此，本书倾向于将环境成本核算的相关会计处理纳入现行企业会计核算之中。

（1）资产类账户。资产类账户核算的是企业长期环境资产投资，包括新投资项目的环保设备支出和对原有环保设备改造的支出，在“在建工程”“固定资产”“无形资产”一级科目下设置“环境资产”二级明细账户，该账户反映企业购置或自建环保设备及购买环保技术的投资。

（2）负债类账户。企业发生的排污费和由违反环保法律法规所导致的罚款、赔款支出，在企业的支出义务已经确定但尚未实际支出时，应确认为一项环境负债，应在“其他应付款”一级科目下设置“应付环保费”二级明细账户。

（3）费用类账户。费用类账户核算的是企业环境支出中的费用项目，包括排污费、绿化费、环保部门经费、环保设备的折旧维修费、研发环保产品的费用等，这类费用有

些表现为期间费用，计入“管理费用”，如环境审计费、年度环境报告费、企业周围的绿化费、环境卫生费、企业环境广告和宣传费；有些应计入企业的产品生产成本，包括环境保护设备在运行过程中提取的折旧费、为环保设备正常运转而耗用的材料费、治理环境过程中耗用的材料费、污染治理人员工资及福利费、减少生态环境污染和破坏而发生的日常维修费用、降低污染和改善环境的研究与开发支出等，即先归集计入“制造费用”账户，后分配计入“生产成本”账户。

**（二）环境成本的会计处理**

（1）购置环保设备时。

借：固定资产——环境资产

　　贷：银行存款

（2）自建环保设施或对原有设备进行环保改造时。

借：在建工程——环境资产

　　贷：银行存款

　　　　原材料

　　　　应付职工薪酬等

设施设备建成或改造完成时。

借：固定资产——环境资产

　　贷：在建工程——环境资产

（3）发生与环保相关的各项支出时。

借：管理费用

　　制造费用

　　贷：银行存款

　　　　原材料

　　　　应付职工薪酬等

（4）将制造费用分配计入产品成本时。

借：生产成本——环保成本

　　贷：制造费用

## 五、环境成本报告

**（一）先进国家环境成本报告经验借鉴**

（1）日本模式。日本模式是环境成本与环保效果比较型模式。企业从事环境保护活动需要付出环境成本，同时投入的环境成本会给企业带来相应的效果，表现为企业环境负荷的减少和环保效益的增加。日本的环境成本报告从企业环境保护活动的成本投入和取得效果这两个方面向信息使用者报告相关信息，以反映企业处理环境问题的业绩，为其决策服务。日本企业的环境成本是在企业的可持续发展报告中披露的。可持续发展报告分成若干部分，在致力于环境的可持续发展方面，主要包括环境活动、致力于防止地球变暖、减少环境负担绿色采购、环境友好产品、低环境负荷、环境会计等。其中环境会计主要介绍本年度环境会计的成果，即在本会计年度内，企业环境投资及相应的环境成本金额，以及与之对应的收益金额，并通过表格和柱状图的形式展示环境成本和环境收益，将环境成本形象化，清晰明了。

（2）美国模式。美国模式是环境成本与经济效益比较模式。其特点是将环境成本与环保经济收益的相关数据都列入报告之中，报告以货币作为计量单位，使信息使用者可以清晰地了解企业的环境成本及其相关的收益情况，这种模式的报告由企业根据自身特点进行设计，更具有针对性。这种模式有助于企业的利益相关者了解企业环境成本的支出情况，了解环境成本不仅仅是增加企业的支出，还可以为企业带来效益。既有利于内部的使用者进行决策分析，也有利于外部信息使用者理解环境成本的作用，借此提高利益相关者对企业开展环境保护活动的信心。

**（二）我国环境成本报告建议方式**

根据目前相关研究，有研究者提出环境成本报告的中国模式，即环境成本信息的报告可借助于企业的可持续发展报告，在其中增加一部分环境会计。在这一部分中，要列示出与环境会计有关的各项信息，包括环境资产、环境负债、环境成本、环境收益等。这种报告模式所披露的内容比较全面，而且还包括环境资产等其他环境会计要素，但由于受环境会计发展水平及报告篇幅的限制，不能全面、清晰地反映环境成本的发生情况，因此该模式仍有一定的局限性。

为了突出反映企业在环境保护方面所作的努力，我国专家学者在借鉴国内外成功经验的基础上，构建了一种适合我国国情、符合低碳经济发展要求的环境成本报告模式。环境成本报告披露方式如下：①在会计报表中披露，即在资产负债表中增加反映环境资产、环境负债和环境权益的项目，在利润表中增加环境损益项目；②在会计报表附注中以文字描述形式披露很多不能量化的或者报表中不能完全披露的环境信息；③编制单独的环境报告，包含企业的环境支出、环境管理情况、主要环境影响及资源的使用状况等，可以使环境成本信息的披露更加全面和系统。另外，还可以将环境事项对企业财务状况和经营成果的影响单独编制环境资产负债表、环境利润表、环境现金流量表等环境会计报表，对企业的环境成本信息进行详细披露。

2010 年环境保护部发布《上市公司环境信息披露指南（征求意见稿）》第一次对上市公司环境信息披露作了较为明确的要求，要求上市公司应当准确、及时、完整地向公众披露环境信息，不得有虚假记载、误导性陈述或者重大遗漏，并规定上市公司编制和披露环境信息，应有利于债权人、投资者、社会公众和政府管理部门了解企业环境保护情况，要求上市公司环境信息披露包括定期披露和临时披露，并规定重污染行业上市公司应当定期披露环境信息，并发布年度环境报告。

## 第二节　人力资源成本会计

### 一、人力资源会计的产生与发展

人力资源理论源于西方经济学中的劳动价值理论，经济学家首先肯定人力资源在财富创造中的作用。现代经济学创始人亚当·斯密在其《国富论》中把劳动者的知识技能作为一种资本，提出了具有开创性的人力资本的思想体系。其后，具有代表性的人物英国著名的新古典学派创始人阿尔弗雷德·马歇尔于19世纪末在其著作《经济学原理》中指出："所有资本投资中最具价值的是对人本身的投资。"人力资源会计产生于20世纪六七十年代，最早由美国会计学家赫曼森在1964年的《人力资源会计》中提出，赫曼森认为应该把人力资产并入会计报表中，并提出了人力资源会计的概念，这被认为是人力资源会计理论研究的起点。其后美国会计学会对人力资源会计理论进行了系统研究，认为需要对人力资源成本以及人力资源效益进行衡量和评价，同时其他专家学者陆续提出一系列人力资源基本概念，如人力资产、人力资源成本、人力资源价值等，从此人力资源会计正式进入理论研究阶段。美国会计学会还专门成立了一个人力资源会计委员会，从事这一领域的研究和指导工作。

人力资源会计的思想在20世纪80年代引入我国，1980年我国著名会计学家潘序伦在参加人才问题的讨论时，提出应开展人力资源会计研究，并率先提出应重视人力资源研究的问题，此后对人力资源会计的研究便成为中国会计学界研究的重要课题之一。20世纪90年代以后，人力资源会计开始转向系统的研究，内容主要涉及人力资源会计的理论体系、会计假设、会计模式、核算方法等方面。1991年厦门大学陈仁栋先生主编的我国第一部人力资源会计专著问世，1993年著名会计学家阎达五教授将《人力资源会计准则》列入其主编的《会计准则全书》。

人力资源会计是在社会经济环境变化、企业发展和传统会计难以满足企业人力资本计量需求的现实情况下产生的。具体而言，①满足社会经济环境变化需求。当前服务行业逐渐成为发达国家的支柱产业，许多经济现象已不能用传统的经济理论解释，产生了许多新的经济理论，人力资本、人力资产等便是其中重要的组成部分。②满足企业发展需求。越来越多的企业意识到人力资源在企业价值增长及实现利润过程中的重要性，以人为本的管理理论已逐渐在企业管理中成为主导思想，人力资源会计的产生有其历史必然性。③打破传统会计局限性。传统会计处理方法将所有人力资源成本计入当期损益，而不是进行资本化并摊销，但人力资源投资的受益期是长期的，应予以资本化并在有效期内摊销。

## 二、人力资源成本会计的基本内容

### （一）人力资源成本的相关概念

1. 人力资产

人力资产是企业拥有或控制的一种人力资源，它可以用货币计量并且可以给企业带来未来经济利益。人力资产是一种具有主观能动性的资产，其价值除了受各种客观条件影响外，也易受劳动者个人主观因素，如能力、性格等的影响。人力资产投入企业后，其价值会随着企业的使用而逐渐消耗，由于企业对人力资源的投资和劳动者个人的不断学习及经验积累，其价值也在不断增长。因此，人力资产是一种特殊的资产，其价值具有很大的不确定性。

2. 人力资本

人力资本理论的创始人西奥多·舒尔茨认为人力资本是对人力资源进行投资所形成的凝聚在人身上的价值，该价值以知识、技能、经历、经验和熟练程度等形式表现。贝克尔则进一步把人力资本与时间因素联系起来，认为人力资本不仅意味着才干、知识和技能，而且还意味着时间、健康和寿命。我国会计学者阎达五认为人力资本代表人力资源的使用权让渡给企业后所形成的企业的一种资金来源，它在性质上近似于实收资本。

人力资本不同于物质资本，其具有特殊属性。第一，人力资本具有一定的依附性。主要表现在对人身的依附，人力资本与劳动者密不可分，人力资本不能脱离劳动者而单独存在，人们不能让渡其所有权，只能让渡其使用权。第二，人力资本本身具有可变性。这种可变性表现为随着技术的进步，人力资本所具有的知识与技能会不断变化，如果不更新还会失去其效用，而且其损耗过程是不可见的。第三，人力资本具有主观能动性。人力资本作为人力资源所拥有的一种能力，必须在使用过程中自觉地发挥作用，并且又受其主观能动性的制约，而使人力资源具有能动性。

3. 人力资源

人力资源是一种获得资源，是存在于人体内的体力资源和智力资源，具体指具有一定的劳动技能，能创造财富和价值的劳动者能力的价值。人力资源体现的是劳动者所具有的创造经济收益的潜在能力，在企业这个特定组织中，人力资源包括企业家或高级管理人员的经营管理能力、一般管理人员的协作管理能力、技术人员的科技开发能力、生产工人的劳动技能等，人力资源实质上就是劳动力资源。

人力资源具有以下特征：①时效性。其开发和利用受时间限制，其形成、开发、使用和培训具有周期性。②能动性。人的能动性主要体现在人是有目的地进行活动，主要表现为强化、选择工作和劳动。③时代性。经济发展水平不同，人力资源的质量也会不同。④再生性。人力资源是一种可再生资源，与不可再生资源相比是取之不尽的，人力资源是一个连续开发的资源，尤其是智力型人力资源，其使用过程本身也是开发过程。⑤社会性。人存在于特定的社会环境中，在不同的社会形态和文化背景下会产生不同的价值观和思维方式。⑥自有性。人力资源属于人类自身所有，具有不可剥夺性，虽然人力资源会阶段性地被雇主所使用，但劳动者仍拥有其终极所有权，这是区别于其他任何资源的根本特性。

**（二）人力资源成本的含义**

人力资源成本是指雇用劳动者所花费的全部代价，具有广义和狭义之分。广义的人力资源成本是企业为了实现一定的目标，获得经济效益，取得人力资产使用权、开发人力资源潜力，使用人力资源价值，保障人力资源丧失使用价值时的生存权等而付出的总代价。狭义的人力资源成本仅仅是指企业在一定时期内，在生产、经营和提供劳务活动中因使用劳动力而以直接支付或间接支付方式投资和分配的全部费用。

**（三）人力资源成本的构成**

人力资源成本由以下几部分构成。

1. 人力资源取得成本

①招聘成本。招聘成本指企业为了招揽所需人才，发布企业对人力资源需求的信息，进行社会和高校等范围的招聘宣讲、吸引所需的内外人力资源等工作而发生的一切费用。包括招聘时发生的广告宣传费、人才交流中心的手续费、招聘工作人员工资、招聘发生的差旅费等。②甄选成本。企业要对应聘人员进行筛选以判断是否能够录用，该阶段产生的各种费用称为甄选成本。主要包括：通过简单的口头询问进行筛选、对提交求职申请的候选人资料进行整理、对合格人员笔试面试、通过总体成绩得出结果决定是否录用、与候选人面谈录用的待遇。通常，甄选的应聘者应聘职位越高，产生的成本越高。③录用成本。企业将录用的员工安排到工作岗位而产生的各种费用。主要指搬迁费、接待费、差旅费、签约费，支付给录用人员原单位的离职补偿费等。

2. 人力资源开发成本

人力资源开发成本是指为提高人力资源的产出能力，提升人员的工作效率而付出的代价，或为了培训员工使其达到某个职位的预期业绩水平或提高其技能等而发生的支出。具体包括以下几项：①岗前培训成本。企业对上岗前的新职工在基本知识和基本技能等方面进行教育所发生的费用。②在岗培训成本。企业为使职工达到岗位要求，在其不脱离工作岗位的情况下对其进行培训而发生的成本。包括培训和受培训人员的工资福利费、为培训而消耗的材料费、培训过程中因培训人员占用时间学习新技术而对生产造成的损失等。③脱产培训成本。企业为了满足对企业发展起重要作用的高层次管理人才或关键技术人才的需要而脱产培训员工所产生的成本费用。包括支付培训机构的培养费、支付给受训人员的生活费、交通费、住宿费、出差补贴费等。通过对人力资源开发，可以提高员工的生产技术水平、管理能力和综合素质，从而提高工作效率。

3. 人力资源使用成本

人力资源使用成本是指企业为了补偿员工在企业服务期间支付的费用。具体包括以下几项：①维持成本。维持成本是企业为了保持员工的正常生产需要所发生的费用，主要指支付给员工的工资福利费等。②奖励成本。奖励成本是指为激励企业职工，使人力资源发挥更大作用，对其超额劳动或其他特别贡献所支付的奖金。③调剂成本。调剂成本是企业为了提高员工在企业中的幸福感和归属感，稳定员工的整体工作和生活节奏而发生的支出。

4. 人力资源保障成本

人力资源保障成本是指为了保障人力资源在暂时或长期丧失使用价值时的生存权而必须支付的费用。具体包括以下几项：①健康保障成本。健康保障成本是指企业支付给那些由工作之外的因素导致身体健康出现问题而不能胜任原有工作岗位的员工的经济补偿支出，如伤病期间的补贴等。②劳动事故保障成本。劳动事故保障成本是指企业承担的职工因工伤事故而应给予的经济补偿，包括工伤职工的工资、医疗费等。③退休养老保障成本。退休养老保障成本是指员工退休之后的退休金及其他一些费用，这种支出也是企业社会责任的一种体现，是对退休员工老有所养的一种保障，主要包括养老保险和养老金等。④失业保障成本。失业保障成本是指企业对员工在辞退之后为保障他们寻找新的工作岗位而支付的补偿费用，主要形式是失业救济金。这项支出并不能给企业带来经济利益，是一种社会责任的体现。

5. *人力资源离职成本*

人力资源离职成本是指员工离职时企业可能支付的一切离职补偿费用以及离职前员工怠于工作产生的损失和离职后职位空缺带来的损失。①离职补偿成本。企业在员工离职时给予的经济补偿，主要包括支付给员工的离职津贴补偿金、离职时的交通费用及一定时期内的生活补助等。②离职前低效成本。职工在离职前由移交工作或办理各种手续造成的工作或生产效率低下所带来的损失费用，是由员工的使用价值降低而造成的收益减少。③空职成本。由职工离职后职位空缺而导致某项工作或任务不能完成而造成的损失或费用，包括由某职工空缺而造成的该职位业绩的减少，以及由空职影响其他职工的工作而引起的企业整体效益降低而造成的相关业绩的减少。

**（四）人力资源成本理论基础**

1. *人力资本理论*

人力资本理论的发展起源于18世纪，现代经济学的创始人亚当·斯密在他的代表作《国富论》中首创性地将劳动者的知识和技能看作一种资本，这对后来进行人力资本的研究具有非常重要的历史意义。人力资本理论的先驱舒尔茨认为，人是国民财富的重要组成部分，人力资本是一个国家经济发展的关键因素，而人力资本表现为人身上的知识和技能的存量。他通过对人力资本进行定量分析和解释，建立经济模型，把人力资本纳入经济增长模型，研究人力资本对经济增长的重要作用。随着经济社会的发展，人力资源的作用越来越凸显，人力资本理论的发展和完善也对人力资源进行单独确认与计量提供了理论支撑，人力资本理论为人力资源成本会计的出现奠定了坚实的基础。人力资本理论主要包括：①人力资源是一切资源中最主要的资源，人力资本理论是经济学的核心问题。②在经济增长中，人力资本的作用大于物质资本的作用。③人力资本的核心是提高人口质量，教育投资是人力投资的主要部分。不应当将人力资本的再生产仅仅视为一种消费，而应将其视为一种投资，这种投资的经济效益远大于物质投资的经济效益。

2. *劳动价值论*

劳动决定价值思想最初由英国经济学家配第提出，亚当·斯密对劳动价值论做出了巨大贡献。劳动价值论认为价值是一种凝结在商品中的无差别的人类劳动，亚当·斯密系统地阐述了劳动价值学说，认为商品交换价值的真实尺度是劳动，劳动的价值或工资就体现在劳动的产品当中。亚当·斯密把一个人学习的知识和增长的才智归于他个人财产的一部分，将其同机器和工具一样看作社会上的固定资本，因为它同样具备带来利润的能力。马克思继承了亚当·斯密理论的科学成分，用辩证法和历史唯物论从根本上论证了它的历史性质，并在劳动价值论基础上科学地创立了剩余价值理论，认为资本主义企业追求的是剩余价值这种剩余劳动，而不是使用价值。马克思认为人的能力的充分发挥才是最根本的财富，并且把具有一定知识和技能的劳动者看成一种社会的固定资本。马克思把个人的发展认为是固定资本增加的思想为以后人力资源成本会计理论的产生和完善提供了理论基础。

## 三、人力资源成本的计量方法

### （一）历史成本

历史成本法是以企业取得、开发和使用人力资源时实际发生的支出来计量人力资源成本的一种核算方法，这种方法符合传统会计的核算原则和核算方法，它反映的是企业人力资源的实际成本。历史成本法的优点是操作简便，取得的数据较客观，具有可验证性。缺点是人力资源的实际成本与历史成本有较大的差异，历史成本法核算的是人力资源发生时的成本，与现在的实际成本有一些差距，相关性不高，人力资源的增值或摊销并不直接与人力资源的实际生产能力相关联，从而在一定程度上削弱了人力资源计量的可靠性。

### （二）重置成本

重置成本是在现有的条件下重新得到企业目前所拥有或控制的人力资源发生的支出的一种计量属性。它体现了对人力资源成本评估的一种现实价值，有利于企业管理层实时掌握所拥有的人力资源价值。采用这种方法不足之处是增加了会计核算的工作量，核算时按重置成本调整人力资源成本的账面价值，将重置成本与账面价值的差额计入当期损益，同时对以后会计期间分摊的成本也要进行相应调整，会导致提供的会计信息失真，重置成本的确定具有一定的主观性。

### （三）公允价值

公允价值是指在公平交易中，熟悉情况的双方自愿进行资产交换或债务清偿的金额的一种计量属性。采用公允价值计量模式应该符合以下两个条件：一是存在人力资源的活跃市场；二是企业能够从活跃的人力资源市场获得同类或类似人力资源的价格等相关信息，以便对其公允价值进行合理的估计。如果在人力资源取得及以后的评估中满足以上两个条件，就能对人力资源成本采用公允价值计量。公允价值计量能够对人力资源的现实成本做出合理准确的估计，为企业管理层或者外部信息使用者做出准确的判断提供一种比较准确的依据。

### （四）机会成本

机会成本是企业员工不在企业期间，未能参加企业的生产运营过程所产生的经济损失。机会成本的发生主要体现在两个方面：一是指企业员工脱产培训学习期间或者离职人员在离职前工作效率下降带来的无形损失；二是这种离职带来的职位空缺，可能会导致企业运转不灵所带来的损失。机会成本计量模式确定的成本比较接近于人力资源的实际经济价值，以机会成本作为人力资源价值的计量依据，有助于正确评价人力资源的价值，合理评估其作用。

## 四、人力资源成本核算的账户设置及会计处理

### （一）人力资源成本核算的账户设置

（1）“人力资产”账户。该账户以员工类别进行详细核算，记录企业能够支配的人力资源的价值。借方与贷方分别反映企业人力资产的增减状况，余额记录在借方，体现企业当前人力资产价值。

（2）“应付职工薪酬”账户。应付职工薪酬是企业根据有关规定应付给职工的各种薪酬，按照“工资，奖金，津贴，补贴”“职工福利”“社会保险费”“住房公积金”“工会经费”“职工教育经费”“解除职工劳动关系补偿”“非货币性福利”“其他与获得职工提供的服务相关的支出”等应付职工薪酬项目进行明细核算。

（3）“人力资源成本”账户。按照“人力资源取得成本”“人力资源开发成本”“人力资源使用成本”“人力资源保障成本”“人力资源离职成本”设置二级明细账户。此账户用于对取得、开发、使用、保障、离职等过程中产生的所有支出进行核算。该账户借方反映企业在人力资源方面进行的投资，贷方反映转入“人力资产”账户时减少的金额。其中，“人力资源取得成本”“人力资源开发成本”应予以资本化，“人力资源使用成本”“人力资源保障成本”“人力资源离职成本”应予以费用化。

**（二）人力资源成本核算的会计处理**

（1）发生各项人力资源支出时。

借：人力资源成本——人力资源取得成本
　　人力资源成本——人力资源开发成本
　　人力资源成本——人力资源使用成本
　　人力资源成本——人力资源保障成本
　　人力资源成本——人力资源离职成本
　　贷：应付职工薪酬
　　　　银行存款等

（2）人力资源成本资本化时。

借：人力资产
　　贷：人力资源成本——人力资源取得成本
　　　　人力资源成本——人力资源开发成本

（3）人力资源成本费用化时。

借：生产成本
　　制造费用
　　管理费用
　　销售费用
　　贷：人力资源成本——人力资源使用成本
　　　　人力资源成本——人力资源保障成本
　　　　人力资源成本——人力资源离职成本

目前人力资源成本会计研究方面形成了较多的观点，有共识，有争议，也有突破。现代企业管理人员已经意识到了人力资源的重要性，但我国现行会计准则尚未对人力资源会计进行明确规定，因此人力资源会计在我国理论研究较多，实务应用较少，其推广存在一定难度。

# 第三节 物流成本会计

## 一、物流成本会计的产生与发展

对于现代物流的产生，不同的学者持不同的见解，目前为止被普遍认同的观点是现代物流发源于军事领域。1905年，詹姆士·约翰逊和唐纳德·伍德在《当代物流》一书中首次提出军事领域中物流的概念。20世纪30年代初市场营销著作中开始出现物资运输、物资储存等业务名词。1935年美国销售协会对“物流”一词进行了定义，认为物流是销售的物质资料和服务从生产地点到消费地点流动过程中伴随的活动。早期的物流活动主要是从有利于商品销售的角度出发，研究如何进行物资分配和加强物资分布过程的管理，被看作市场的延伸。随着科技的不断发展及企业间的竞争加剧，人们逐渐认识到企业要想在竞争中获胜，仅仅依赖降低生产成本已经很难实现，因此竞争的焦点开始从生产领域转向物流领域。人们开始关注物流，研究如何在这个领域中降低成本，提高质量，获得竞争优势，创造“第三利润源泉”，物流管理从传统的生产和销售中分离出来，形成独立的研究领域。

美国、日本是现代物流业发达的国家，在物流成本会计核算方法与规范的制定方面处于世界领先地位。1977年，日本运输省流通对策部根据流通理论和经济活动制定了计算物流成本的基本方法，公布了《物流成本计算统一标准》，1992年日本通产省政策局流通产业课又编写了《物流成本计算实用手册》，使得日本企业清楚地了解企业在物流方面的费用开支，从此为日本现代物流的发展奠定了基础。1996年，日本中小企业厅发布了《简单易懂的物流成本计算指南》，2000年日本中小企业厅再次发布了《物流成本计算指南——不同行业》。日本最新的物流成本计算标准是2003年日本中小企业厅颁布的《物流作业成本法物流成本计算、效率化指南》，这一标准对中小企业应用新的物流管理方法核算物流成本起到了一定的推进作用。美国现有的物流成本核算制度规范主要是美国管理会计师协会1992年发布的《物流成本管理公告》，其为物流成本的核算与管理提供了较为系统的思路。该公告界定的企业物流活动包括采购，运输，仓储，存货管理，顾客服务，订单处理，预测和生产计划，相关的信息系统，支持活动，并对作业成本法在物流业中的应用作了非常详细的阐述。

2006年9月国家标准化管理委员会批准发布了《企业物流成本构成与计算》，它建立了一套涵盖物流成本项目、物流范围和物流成本支付形态三个维度的物流成本计算体系，为企业物流成本的计算提供了理论支持。

## 二、物流成本会计的基本内容

### （一）物流成本的概念

物流是指市场主体利用现代信息技术和先进设备，将物品从供应地向接收地进行准确、及时、安全保量、点到点的合理化服务模式和先进的服务流程。物流成本有广义和狭义之分。广义的物流成本不仅包括物流活动过程中产生的狭义物流成本，还包括客户服务成本及提供物流服务时所产生的交易成本。狭义的物流成本是指在物流过程中企业为了提供有关的物流服务，所有占有和耗费的资源，是物流服务价值的重要组成部分。我国 2006 年颁布实施的国家标准中指出："物流成本是企业物流活动中所消耗的物化劳动和活劳动的货币表现，包括货物在运输、储存、包装、装卸搬运、流通加工、物流信息、物流管理等过程中所耗费的人力、物力和财力的总和及与存货有关的流动资金占用成本、存货风险成本和存货保险成本。"

**（二）物流成本的分类**

1. 按物流活动发生的范围划分

现代物流范围包括从原材料采购开始，经过企业内的生产周转，到产品的销售乃至退货以及废弃物的处理等领域。按物流活动的范围，物流成本可分为供应物流成本、生产物流成本、销售物流成本、回收物流成本和废弃物物流成本。

（1）供应物流成本，指原材料、燃料、包装材料等辅助材料从采购到送达企业仓库为止的供应物流活动所发生的成本。企业供应物流不仅是企业生产正常、高效进行的保证，还有最低成本、最小消耗的作业目标，表现最为明显的就是对采购成本和原材料仓储成本的控制。

（2）生产物流成本，是货物在企业内部流转所发生的物流费用。具体是指从原材料进入企业仓库开始，经过出库、制造形成产品以及产品进入成品库，直到产品从成品库出库为止的物流过程中发生的物流费用。

（3）销售物流成本，是企业在销售环节所发生的物流费用。具体是指为了进行销售，产品从成品仓库运动开始，经过流通环节，直到运输至消费者手中或终端销售点的物流活动过程中所发生的物流费用。

（4）回收物流成本，指退货、返修物品和周转使用的包装容器等从需求方返回供应方的物流活动过程中所发生的物流费用。

（5）废弃物物流成本，指将经济活动中失去原有价值的物品，根据实际需要进行收集、分类、加工、包装、搬运、储存等环节，并分送到专门处理场所的物流活动过程中所发生的物流费用。

2. 按照费用的支付形态划分

按物流费用的支付形态划分，物流成本可分为委托物流成本和企业内部物流成本。

（1）委托物流成本，是由于企业将其物流活动外包而需支付给其他企业的物流费用，包括企业外支付的运输费、保管费、包装费、出入库装卸费、委托物流加工费和手续费等。

（2）企业内部物流成本，是指物流活动由自己完成时所发生的费用。包括材料费、人工费、维护费、一般经费。材料费是指因物料消耗而发生的费用，具体包括资材费、工具费、器具费、低值易耗品摊销以及其他物料消耗等。人工费，指人力劳务的消耗而发生的费用，具体包括职工工资、福利、奖金、津贴、补贴、住房公积金、职工劳动保护费、人员保险费等。维护费，指土地、建筑物以及各种设施设备等固定资产的使用、运转和维护保养所产生的费用。一般经费，包含各物流功能成本在材料费、人工费和维护费三种支付形态之外的所有费用项目，如办公费、差旅费、会议费、教育费、通信费、咨询费、水电费等。

3. 按企业的经营性质划分

按企业的经营性质划分，物流成本可分为制造企业的物流成本、流通企业的物流成本和第三方物流企业的物流成本。

（1）制造企业的物流成本，主要是产品的生产和销售产生的物流成本，关注的是企业生产过程中的物流成本消耗。

（2）流通企业的物流成本，主要是企业在商品销售过程中的物流活动消耗，关注的是商品流通过程中的物流成本。

（3）第三方物流企业的物流成本，主要是物流企业在完成合同的过程中发生的可以归属于某一合同的运营成本和相关费用，其本质就是企业物流成本的转移。

**（三）物流成本的构成**

物流成本由以下几方面构成。

（1）运输成本。运输成本是指一定时期内，企业为完成货物运输业务而发生的全部费用，包括人工费、营运费和其他一般经费。

（2）仓储成本。仓储成本有广义和狭义之分。广义的仓储成本通常包括仓储持有成本、订货和生产准备成本、缺货成本和在途库存持有成本等；狭义的仓储成本是指一定时期内，企业为完成货物存储业务而发生的全部费用，包括人工费、营运费和其他一般经费。

（3）包装成本。包装成本指企业为完成一定的物流包装任务而消耗或占用的全部资源的货币表现。具体包括包装工具的折旧费、周转材料摊销费、维修保养费、财产保险费，包装人员的工资、福利费、培训费、社保费等，包装过程中的动力消耗费和包装材料消耗等成本，包装技术设计、实施费用以及包装标记的设计、印刷等辅助费用。

（4）装卸搬运成本。装卸搬运成本指成本企业为完成物资的装卸搬运任务而消耗资源的货币表现，装卸搬运活动发生于企业生产经营流程的各个环节，贯穿物流活动始终。具体包括装卸搬运工具的折旧费、维修保养费、财产保险费，装卸搬运过程中的燃动费，物品的毁损成本，装卸搬运人员的工资福利费、培训费等。

（5）流通加工成本。流通加工成本指成本企业为协助流通而对物资进行加工所消耗或占用的全部资源的货币表现。具体包括流通加工业务人员费用，材料消耗，加工设施折旧费、维修保养费、财产保险费，燃料与动力消耗费，等等。

（6）物流信息成本。物流信息成本指企业为进行物流信息收集、存储与传递而消耗或占用的全部资源的货币表现。具体包括物流信息收集、存储与传递有关的软硬件设备的折旧费和摊销费、维修护理费、财产保险费、入网费、物流信息技术的购买费和维护升级费，物流信息业务人员的工资、福利费、培训费、社保费等人员费，通信费，等等。

（7）物流管理成本。物流管理成本指企业为了进行物流管理而消耗或占用的全部资源的货币表现，物流管理成本是站在对物流各项活动进行优化调节的角度，因对各种物流相关活动进行计划、组织、协调、监督和控制所发生的成本费用，包括幕后管理团队和幕前作业现场管理指挥等发生的人员工资、差旅费、办公费、会议费等。

**（四）物流成本的特征**

物流成本具有以下几方面特征。

（1）隐含性。物流成本是特定物流活动过程中发生的费用支出，与物流活动不相关的费用不能计入物流成本。现行会计体系中没有单独设置物流成本核算科目，经营过程中企业内部发生的与物流活动相关的费用被计入相关的会计科目，导致物流费用隐藏在采购成本、管理费用等科目中，给物流成本的收集和核算带来困难。

（2）分散性。物流成本的产生并不单纯集中在某个或几个职能部门，而是跨越涉及企业的全部物资流动活动范畴，包括采购、生产、销售及其他的相关部门，使得物流成本的形态呈现出比较分散的态势。

（3）复杂性。物流费用的构成复杂，它不仅涉及企业运营多个环节，而且各个环节中的费用组成多样化，包括人工费、管理费、设施设备折旧费和维护费等。

（4）独特性。企业在经营理念、资源结构、业务发展方向等方面都存在一定的差异，因此各企业所具备的竞争能力是不一致的。具体到企业的物流服务能力方面，企业在地理位置、业务流程构造、人员能力、资产结构等许多方面存在的差异性，由此决定了企业的物流具有独特性。

**（五）物流成本的理论基础**

1.“黑大陆”学说

“黑大陆”学说主要是指尚未认识、了解的领域，在“黑大陆”中，如果理论研究和实践探索照亮了这块“黑大陆”，那么摆在人们面前的可能是一片不毛之地，也可能是一片宝藏。1962 年，著名的管理学家彼得·德鲁克在《财富》杂志上发表了一篇文章《经济的黑暗大陆》，指出应该非常重视物品在流通过程中的物流管理，因为在流通领域中只有物流的模糊性特别突出，所以“黑大陆”主要指物流领域而言。存在“黑大陆”是由于没有单独的物流成本核算体系，因此物流成本被分别计入生产成本、管理费用、营业费用、财务费用和营业外支出等项目。而在利润表中所列出的只是物流成本非常小的一部分。大部分的物流成本不能从企业的会计核算体系中剥离出来，因此物流成本的重要性自然不会被认识到。

2. 物流“冰山”说

物流“冰山”说是日本早稻田大学的西泽修教授在 1970 年提出的，物流成本正如浮在水面上的冰山，是指当计算物流成本时，企业公布的财务数据中的物流费用只是露出海面的冰山的一角，因此其只能反映物流成本的一部分，海水中的冰山才是物流成本的主要部分，水下的物流内耗越深，露出水面的冰山反而越小，将各种问题掩盖起来了。

3.“第三利润源”理论

“第三利润源”理论也是日本西泽修教授于 1970 年提出的，是对物流潜力及效益的描述。西泽修教授在他的著作《物流——降低成本的关键》中谈到，企业的利润源泉随着时代的发展和企业经营重点的转移而变化。从发展历程来看，曾经有两个提供利润的领域：当生产力比较落后、产品供不应求时，挖掘的对象是生产力中的劳动对象——资源领域，即第一利润源泉；当产品供大于求，第一利润源泉已经到了极限时，此时开始采用扩大销售来寻找新的利润点，或通过提高劳动力的训练程度来提高劳动生产率，从而增加利润，挖掘的对象是生产力中的劳动者——人力领域，即第二利润源。当这两个利润空间越来越小时，物流领域便开始被人们所重视，主要挖掘生产力中劳动工具的潜力——物流领域，即第三利润源。物流作为第三利润源，同时注重劳动对象和劳动者的潜力，合理组织产供销环节，将货物按必要的数量以必要的方式在要求的时间内送到必要的地点，就是让每个要素、每个环节均达到最优，该利润源因而更具全面性。

4. 效益背反理论

效益背反理论表明两个相互排斥而又被认为是同样正确的命题之间的矛盾，是物流领域中很普遍的现象，是物流领域中内部矛盾的反映和表现。效益背反指的是物流的若干功能要素之间存在损益的矛盾，即某一功能要素的优化和利益发生的同时，必然会存在另一个或几个功能要素的利益损失，反之亦如此。这种现象导致整个物流系统效率低下，最终损害物流系统利益。物流成本也具有效益背反性，这不仅表现在物流成本与物流服务水平之间，在物流各功能活动之间也存在效益背反关系。

## 三、物流成本的核算

### （一）物流成本核算模式选择

物流成本核算模式是通过会计凭证、账簿和报表对物流成本进行连续、系统、全面核算的模式，物流成本的会计核算模式分为单轨制和双轨制。

1. 单轨制

单轨制是把物流成本核算与企业财务会计和成本核算结合起来进行，在现有成本核算的基础上增设与物流成本相关的会计科目、凭证和账簿。使用这种模式在会计处理上，与物流成本无关的部分直接计入相关的成本费用账户，把与物流成本有关的部分直接计入物流成本账户中，这种模式下物流成本账户和传统的成本费用账户是合一的。

2. 双轨制

双轨制是在现有成本核算体系之外重新构建另一套成本核算体系反映物流相关的成本费用，把物流成本核算与其他成本核算分开，单独建立物流成本核算体系。对于每项物流业务，在登记财务会计账户的同时，物流成本核算人员登记物流成本账户，形成相互独立的两套系统，两套系统分别按不同要求进行，向不同的信息要求者提供信息，提供的信息比较系统、全面、连续、准确和真实。

单轨制要对现有成本计算体系进行较大变革及内容调整，而双轨制对企业现有体系变动相对较小，因此，双轨制比单轨制更符合我国企业会计准则的规定。另外，单轨制在一套成本核算体系中提供多种成本核算信息，而双轨制下物流成本核算体系只反映物流成本的情况。

### （二）物流成本的核算对象

1. 以物流成本项目作为物流成本核算对象

物流项目包括运输、仓储、包装、装卸搬运、流通加工、物流信息和物流管理几部分，这些部分可分别作为物流成本核算对象。

2. 以物流范围作为物流成本核算对象

以物流活动的范围作为物流成本核算对象，具体包括供应物流、生产物流、销售物流、回收物流和废弃物物流等不同阶段所发生的成本支出。通过物流数据计算，得出不同范围的物流成本和物流成本总额，使管理者了解物流成本的全貌，并据此进行分析比较。

3. 以物流成本支付形态作为物流成本核算对象

将物流成本分为企业内物流费用（包括为组织物流活动发生的材料费、人工费、燃料费、办公费、维护费、折旧费等）和委托物流费用（包括企业为组织物流向外单位支付的包装费、保管费、运输费等）等成本支付形态，由此可以得到不同形态的物流成本支出数据，了解企业本身的物流成本支出和对外支付的物流成本支出。

4. 以部门作为物流成本核算对象

以部门作为物流成本核算对象获取物流成本信息有利于明确物流成本责任中心，开展物流责任成本管理。

**（三）传统成本法下物流成本核算的局限性**

（1）造成物流成本“冰山说”。传统成本法下企业只把支付给外部运输、仓储企业的费用列入物流成本，而没有对企业利用自己的车辆运输、仓库保管货物和由人工包装及装卸等发生在制造企业内部的相关费用进行会计核算。实际上支付给外部的物流费用是企业发生的整个物流费用的一部分，这些费用在整个物流费用中犹如冰山一角，造成物流成本失真，不能真实地反映企业的物流成本状况。

（2）传统费用分配方法不合理。传统成本核算中大部分物流费用是企业间接费用的一部分，其分配方法是采用与产量关联的分配基础，即生产工时、机器小时、材料费用定额等。随着物流费用对企业利润贡献的加大，传统会计间接费用分配方法不仅扭曲了产品成本或服务成本，而且不利于企业业绩的考核与评价，容易导致决策偏差。

（3）无法有效进行物流成本控制。传统的计算方法提供的物流成本信息失真，不利于科学地控制企业的物流成本。在现代制造环境下，产品成本结构发生了较大变化，机械化操作取代了人工操作，减少了企业生产成本中直接人工成本的份额。同时，产品品种结构以及生产工艺的多样化，使得订货作业、物料搬运、物流信息系统的维护等与企业产品产量无关的物流费用大大增加。

综上所述，按照传统成本法进行物流成本核算存在一些局限性，导致物流成本不能真实反映物流信息，且不利于物流成本控制，当前会计理论与实务工作者普遍赞成采用作业成本法核算物流成本，进而增强物流成本核算的科学合理性。

**（四）作业成本法下物流成本的核算**

1. 作业成本法基本原理

作业成本法是将间接成本更准确地分配到作业、产品、服务以及其他成本计算对象的一种成本计算方法，体现的是一种精细化和多元化的成本计算与管理的思想。作业成本法的基本原理是“作业消耗资源，产品消耗作业”，物流成本的作业成本核算方法将物流成本按作业进行分类，该方法科学准确，基本涵盖物流活动的各个方面，能够提供相对准确的成本信息。在作业成本法下，按照各种产品实际消耗的与间接成本相关的作业量进行分配。按作业成本法计算的成本也包括直接成本和间接成本，对直接成本的核算与传统成本核算方法一致，对于间接成本的分配，根据各种间接成本的作业性质和特点采取不同的分配标准。引起各种间接成本的原因是不同的，因此以多种分配标准来分配间接成本能使企业的成本计算更加准确。

由于直接物流成本与传统成本法计算方法一致，本书只从间接物流成本的角度按照作业成本法进行核算。

（1）确认和计量资源耗费。企业的资源一般有货币、人工、材料、动力、机器设备、厂房等，作业成本法的运用并不会改变企业所消耗资源的总额，改变的只是资源成本总额在各成本对象之间的分配，因而物流企业的各类资源耗费可以按照现行成本法获得。

（2）确定物流作业。作业是资源耗费的活动，企业应根据实际情况和管理需求，在考虑成本收益原则的前提下确定。企业所有的作业活动分为物流作业和非物流作业，将物流作业进一步细分为运输作业、仓储作业、包装作业、装卸搬运作业、流通加工作业、物流信息作业、物流管理作业。

（3）确定资源动因。确认资源动因、归集资源成本到作业并形成作业成本库。物流作业确定以后要为每一项作业设立一个物流作业成本库，然后将资源耗费分配至物流作业成本库，建立起作业和资源之间的对应关系。确定资源动因分配率，然后确定各物流作业所耗费的资源，具体计算公式为

$$\text{资源动因分配率}=\text{某项资源耗费}/\text{该项资源耗费的动因总量}$$

$$\text{某物流作业应分配的资源耗费}=\text{该项物流作业所耗费的资源动因量}\times\text{资源动因分配率}$$

（4）确定作业动因。将作业成本分配至成本计算对象确定作业动因，一项作业的成本动因不止一个，应选择与实际消耗资源相关程度较高且易于量化的作业成本动因作为分配作业成本、计算产品成本的依据，将各作业成本分配至最终成本计算对象，作业动因和作业消耗之间相关程度越高，实际成本被歪曲的可能性越小。

$$\text{作业动因分配率}=\text{某作业中心所发生的作业成本}/\text{该作业中心可提供的作业动因量}$$

$$\begin{matrix}\text{某物流成本核算对象应}\\\text{分配的某项作业成本}\end{matrix}=\begin{matrix}\text{该项物流成本核算对象耗用}\\\text{的该项作业的作业动因量}\end{matrix}\times\text{作业动因分配率}$$

2. 作业成本法下物流成本核算账户设置

企业设置一级会计科目“物流成本”对物流业务进行核算，并按照物流成本的核算对象设置二级会计科目，并设置“运输作业成本”“仓储作业成本”“包装作业成本”“装卸作业成本”“订单处理作业成本”等明细科目，用于核算各作业耗费资源的数量，如“物流成本——××产品（运输作业成本）”。

3. 作业成本法下物流成本会计处理

（1）如果某项资源耗费能直观地确定为某种产品服务，则直接计入“物流成本——××产品”，不需确认资源动因和成本动因。

（2）如果某项资源耗费可以根据发生领域确定为某项作业所消耗，可直接计入“物流成本——××作业成本”，不需确认资源动因。

（3）某项物流作业成本核算之后，将该部分计入“物流成本——××作业成本”的费用，转入“物流成本——××产品（××作业成本）”中，将一定时期内不同作业成本合并得到物流成本核算对象的总物流成本。

借：物流成本——××作业成本

　　贷：银行存款

　　　　原材料

　　　　应付职工薪酬等

借：物流成本——××产品（××作业成本）

　　贷：物流成本——××作业成本

当前理论与实务界对物流成本的研究尚存在一些不尽完善之处，如隐性物流成本的核算带有一定的主观性，没有具体的标准，运用作业成本进行物流成本核算时，实际操作复杂很多，而且成本动因的确立带有一定的主观性，动因之间的关联性考虑得很少等。应进一步深入物流成本核算工作，为企业利益相关者提供真实全面的成本信息，使其做出正确的成本决策。

## 第四节　反倾销成本会计

### 一、反倾销相关概念界定

知识链接
反倾销等同于反进口吗?

#### （一）正常价值与出口价格

1. 正常价值

正常价值，也被称为正常价格，是反倾销诉讼中判定倾销与否以及计算倾销幅度的重要因素之一。经过调查之后的正常价值的数据将直接决定倾销指控的成立与否。《关税与贸易总协定》第六条规定了确定应诉产品正常价值的三种规则：出口国国内销售价格、第三国出口价格、出口国结构价格。出口国国内销售价格是指在正常交易中出口国国内销售该产品的价格，即国内市场价格；第三国出口价格是指若在出口国国内正常贸易中没有该相同或类似产品的销售，则该出口国出口到相应的第三国的相同或类似产品价格；出口国结构价格是指以该出口国产品的生产成本加上销售管理和一般费用，并加以适当的利润作为该产品的正常价值。

2. 出口价格

出口价格是指出口国出口产品的价格或进口国进口产品的价格，是进出口双方达成的交易价格。在实务中，它通常指进口方实际支付的价格或买卖合同中签订的价格。WTO（World Trade Organization，世界贸易组织）反倾销协议规定，出口价格通常有两种核算方法：一是实际出口价格，是指货物在输出国的出口方送至出口岸甲板上交货时所计算的价格，实务中出口价格通常是进口方实际支付的价格；二是推定价格，若反倾销调查机构认为进出口双方不存在实际的出口行为，使出口价格不可信，出口价格的界定应根据进口产品首次转卖给独立的消费者的价格考虑。

### （二）倾销及其判定标准

英国经济学家亚当·斯密在其代表作《国富论》中论述了欧洲各国允许对出口实行官方奖励的做法，并称之为倾销，这是经济学界最早提及倾销的概念，亚当·斯密的倾销与现代意义上补贴的定义更为接近。从19世纪末开始，西方国家利用厂房及机器设备实现大规模生产，厂商有能力垄断国内市场，进而有能力以较低的价格抢占国际市场。在此背景下，美国经济学家雅各布·瓦恩纳提出了现代意义的倾销的概念，即同一商品在不同国家市场上的价格歧视。《关税与贸易总协定》将倾销定义为：一国产品以低于正常价值的水平进入他国市场，由此对该国相关产业造成实质性的损害或重大威胁的行为。在《关税与贸易总协定》对倾销的定义的基础上，本书对倾销的定义如下：在正常贸易过程中，出口国将产品出口到另一国的出口价格，低于该出口国国内用于正常消费时的销售价格，即低于该产品的正常价值而进入另一国，并对进口国已经建立的同类产业造成实质性的伤害，则该出口销售视为倾销。其具有如下特点：①倾销的动机多样化，如销售过剩商品或为争夺市场份额；②倾销是不公平的竞争行为，即通过低价销售来打击竞争对手；③倾销的结果是扰乱市场经济秩序，对进口国的经济造成沉重打击。

界定倾销行为必须同时满足三个条件：第一，倾销行为确实存在，即出口产品以低于正常价值出售，但以下三种情况例外，出口价格低于产品成本的销售持续不足6个月、出口价格低于产品成本的销售量小于为确定正常价值而被调查当局调查交易的销售总量的20%、出口价格低于产品成本的销售能在合理的期间内回收成本；第二，这种行为对进口国相关产业造成损害的事实已经发生；第三，倾销行为与损害之间存在一定的因果关系，即对同类产业造成的伤害是由低于正常价值销售造成的。

### （三）反倾销的含义及调查程序

反倾销与倾销是一组相对应的概念。目前各国对于反倾销还没有进行明确界定。倾销是一种不合理的贸易行为，会扰乱国际正常的贸易秩序，世界贸易组织和大多数国家都对此进行了相应的立法，授权进口国相关行政机构采取相应的措施对其进行制裁，即反倾销。WTO反倾销协议允许其成员国按照有关规定通过调查和采取征税等措施限制该产品的进口，以救助国内受到损害的产业，这些措施手段就称为反倾销。本书对反倾销的界定是进口国为保护本国相关产业，依据法律法规，对违反正常国际贸易秩序而对国内相关产业造成损害或威胁行为所采取的抵制措施。

在进口国相关企业提起反倾销调查申请之后，进口国的有关部门将对其进行审核，并做出是否受理的决定。当受理决定做出之后，进口国的相关部门则按照有关法律规定展开反倾销调查。通过出口企业填写反倾销调查问卷，进口国的反倾销调查机构对涉案产品的相关信息进行计算、分析、归类、汇总，得出涉案产品的正常价值，然后将计算出来的正常价值与出口价格进行比较，进而判断倾销是否存在以及倾销幅度的大小。

### （四）应对反倾销成本核算的含义

应对反倾销实质上是对成本核算信息的收集和整理、分析和处理，从而重构涉案产品价格及其成本。因此，本书将应对反倾销成本核算定义为：企业为实现及时规避和有效应诉反倾销的目标，对发生的生产经营管理费用和涉案产品成本的构成进行正确的核算，从而在反倾销调查提起前提供准确的成本信息以及时规避，并在反倾销调查提起后提供规范的成本信息以有效应诉。

## 二、反倾销调查中对产品成本的调查

### （一）成本信息与被调查产品正常价值的关系

被调查企业的成本数据影响到最终倾销裁定及倾销幅度，因此，确定正常价值的前提是要求被调查企业的成本信息能够真实地反映产品的成本。在倾销与反倾销调查中，正常价值往往是反倾销发起方和应诉方关注的焦点，出口价格与正常价值的高低，是判断是否构成反倾销行为及判定结果的关键。

正常价值＝产品生产成本＋利润＋涉案产品应摊销的销售和一般行政费用

倾销幅度＝（正常价值－出口价格）/出口价格×100％

### （二）反倾销调查中成本调查分析重点

1. 产品成本划分是否合理

产品成本依据成本性态将成本分为变动成本和固定成本两部分。WTO 反倾销协议、欧盟反倾销基本法及美国反倾销调查明确规定被调查产品总成本应由制造成本和销售与一般行政费用两部分构成，其中制造成本细分为固定制造成本和变动制造成本，这表明成本性态的划分在反倾销的结构价格的计算中有非常重要的地位。使用成本性态作为成本核算的基础，直接影响到共同费用分配的精准性，既有利于分析涉诉产品成本结构合理性，又有利于分析企业生产能力利用水平、市场化水平、技术水平，多数国家的反倾销法对被调查产品成本构成规定与 WTO 反倾销协定的原则基本一致，因此反倾销调查所需涉诉产品成本信息是基于变动成本法的思想。

2. 产品成本组成项目是否全面

产品成本是否包含其全部成本。在反倾销调查中，反倾销调查当局根据生产过程中已经全部分配的实际成本决定产品的成本。按照我国会计准则核算的产品成本包括产品的生产成本，即直接人工、直接原材料和制造费用。但国际会计准则对成本的界定不仅仅局限在产品的制造成本上，国际上核算的产品的生产成本通常是制造成本加销售管理费用和一般费用，即不仅包括为生产产品而发生的各种支出，也应包括应摊销的销售和一般行政费用。

3. 是否提供细化的成本信息

应对反倾销是对应诉企业成本核算的一场挑战，以产品成本核算项目为例，国内把产品成本一般分为直接材料、直接人工和制造费用三项，有些企业可能增设燃料和动力费用、废品损失等成本项目，这远远不能满足反倾销涉诉产品成本调查的要求。

4. 间接费用分配方法的合理性

现代企业生产产品具有多样化及大批量的特点，因此，通常会存在被调查产品与其他产品分摊共同成本的问题。由于现代制造条件下间接费用在产品总成本中所占的比重较大，同时间接费用与代表生产数量指标的相关性正在逐渐减弱，其分配方法单一性和不合理性导致产品成本不精确。例如，如果间接费用在产品中所占的比重较大，采用生产工时、机器工时、生产工人工资、产量等分配标准，会导致不同产品成本之间的交叉补贴。因此，要求被调查企业成本计算与分配方法有合理性，产品成本计算必须反映其真实的成本。

## 三、应对反倾销成本核算的方法

我国企业根据会计准则规定，在进行产品成本核算时采用制造成本法。但是，国际广泛采用和认定的产品核算方法是作业成本法。调查方和被调查方成本核算方法存在的差异，直接导致在进行产品成本核算上产生的分歧，进而影响我国企业的反倾销应诉结果。我国企业想要规避产品成本方法差异所带来的影响，应选用科学合理且国际上比较认可的作业成本法。

## 四、应对反倾销成本核算的范围

反倾销案件具有突发性的特点，企业在接受反倾销调查时需要在极短的时间内提供大量的相关涉案产品的成本信息，而成本信息数量庞大，所以如果企业有完善的应对反倾销成本核算体系，那么应诉工作将容易得多。应对反倾销成本核算体系并不是对我国传统的成本核算体系的否定，而是在成本核算范围、成本核算方法等方面进行改进，以进一步满足企业应对反倾销的要求。

产品生产的每一个环节都与产品成本的确定息息相关，国外反倾销调查机构对我国成本核算体系的调查主要是确定我国现行的成本核算体系是否如实反映了产品的生产成本。国外反倾销机构在进行调查时要求涉案企业提供涉案产品相应的各项成本核算信息资料，所涉及的成本构成直接影响正常价值的判定结果。

由于我国会计准则对产品成本的要求与WTO反倾销协议对产品成本的规定存在较大的差异，这也导致我国出口企业“市场经济地位”申请被驳回，甚至直接影响裁定结果。以调查机构对产品成本组成内容的要求为依据，应对反倾销成本核算范围不仅包括生产过程中各种资源的耗费，还包括研发阶段、销售阶段、售后服务阶段所耗费的各项资源。国际反倾销调查机构相对于我国对产品成本核算的范围更广，不仅包括我国会计准则所要求的生产成本，还包括应摊销的销售和一般行政费用，国际惯例要求摊入成本的费用除了生产成本之外，还要计算出每个产品所包含的运输费、研发费、包装费、保险费、广告费等。因此，我国应该加强与生产产品相关的成本核算，将其纳入产品成本中，以制造成本与销售和一般行政费用为基础计算产品的成本。

出口企业可以按照全新的成本核算体系的要求，在原有成本核算基础上扩大产品成本核算的范围，规避我国成本核算范围与国际反倾销法成本核算范围的差异给我国出口企业带来的危害。除此之外，我国产品成本核算范围还存在成本支出计量不足的问题，如忽视土地成本、环境成本、人力成本、知识产权成本等，而调查机构在进行成本核算时通常把这一系列相关成本计算在内，因此在确定反倾成本核算范围时，应充分考虑国际国内各项成本内容差异，充分反映企业产品成本。

反倾销诉讼是一项复杂的系统工程，它涵盖政治、法律、经济、会计等多方面的因素，而且在每一方面中，还可以从不同的角度来考察。因此反倾销诉讼涉及方方面面的因素，并且各方面的因素是有机地联系在一起、不可分割的。本书将成本工作作为应对反倾销诉讼的关键和重点，不断地研究分析反倾销调查机构对成本问题的调查重点与测算方法，规范企业成本会计的核算，收集同行业同类产品相应的成本资料信息，为应对反倾销做好预防工作。

第十一章重要术语　　第十一章案例分析　　第十一章思政课堂

## 课后练习题

1. 简述环境成本核算的内容并说明理由。
2. 简述环境成本计量方法的优缺点。
3. 简述环境成本报告模式并对其进行评价。
4. 简述人力资源成本构成中哪些项目应予以资本化并说明理由。
5. 人力资源成本计量的难点有哪些？
6. 当前我国物流成本核算应选择哪种模式？
7. 传统成本法下物流成本核算的缺陷有哪些？
8. 如何从产品成本的角度应对反倾销诉讼？

# 参考文献


董雪艳，袁建华. 2016. 农业企业会计学. 北京：高等教育出版社.

方晶晶，张思纯. 2015. 建筑施工企业会计核算实务. 2版. 北京：化学工业出版社.

胡国强. 2010. 成本会计学. 北京：中国财政经济出版社.

胡玉明. 2002. 高级成本管理会计. 厦门：厦门大学出版社.

莱恩 W N，安德森 S W，马厄 M W. 2012. 成本会计精要. 刘宵仑，朱晓辉，译. 北京：人民邮电出版社.

林万祥. 2001. 成本论. 北京：中国财政经济出版社.

刘仲文. 2016. 人力资源会计. 3版. 北京：首都经济贸易大学出版社.

潘煜双. 2007. 反倾销应诉会计理论与实务. 上海：上海财经大学出版社.

平准. 2017. 房地产开发企业会计核算与纳税实务（升级版）. 北京：人民邮电出版社.

孙茂竹，姚岳. 2003. 成本管理学. 北京：中国人民大学出版社.

万寿义. 2004. 现代企业成本管理研究. 大连：东北财经大学出版社.

王福胜，张林. 2008. 成本会计学. 北京：科学出版社.

王立彦，蒋洪强. 2014. 环境会计. 北京：中国环境出版社.

王仲兵. 2016. 应诉反倾销会计：理论框架与运作实务. 北京：经济科学出版社.

肖序，王芸. 2016. 交通运输企业成本会计学. 上海：立信会计出版社.

杨美秋. 2017. 商品流通企业会计核算实务. 2版. 北京：电子工业出版社.

易华，李伊松. 2014. 物流成本管理. 3版. 北京：机械工业出版社.

于富生，黎来芳，张敏. 2016. 成本会计学. 7版. 北京：中国人民大学出版社.

袁广达. 2016. 环境管理会计. 北京：经济科学出版社.

张林. 2000. 成本会计. 长春：吉林人民出版社.

张林. 2003. 成本会计. 哈尔滨：黑龙江人民出版社.

张林. 2007. 成本管理研究. 哈尔滨：黑龙江人民出版社.

张林. 2015. 成本会计. 2版. 北京：人民邮电出版社.

张文贤. 2015. 人力资源会计. 北京：科学出版社.